TABELLENBUCH BAU

Dipl.-Ing. Balder Batran
Dipl.-Gwl. Volker Frey
Dr. rer. nat. Klaus Köhler

27., überarbeitete und erweiterte Auflage

HANDWERK UND TECHNIK · HAMBURG

VORWORT

Das **Tabellenbuch Bau** enthält die notwendigen Informationen und Zusammenhänge für alle Berufe und Ausbildungsstufen im Baugewerbe. Es unterstützt damit die Verwirklichung der in den Bundesrahmenplänen, in den Ausbildungsverordnungen und in den Lehrplänen der Länder vorgesehenen Lernziele.

Das **Tabellenbuch** ist inhaltlich und von der Gliederung her auf das **Unterrichtswerk Bau** abgestimmt, kann aber auch unabhängig von diesem eingesetzt werden.

Durch die formale Gestaltung und die Beschränkung der Inhalte auf das Wesentliche wurde ein Höchstmaß an Übersichtlichkeit erreicht. Entsprechende Aufbereitung technischer Texte und Tabellen ermöglicht eine Verwendung auch außerhalb des Unterrichts.

Selbstverständlich sind in allen Bereichen die SI-Einheiten entsprechend den Empfehlungen des Fachnormenausschusses Bauwesen eingeführt und der neueste Stand von Technik und Normung berücksichtigt.

Die Verfasser

VORWORT ZUR 27. AUFLAGE

Auch diese Neuauflage wurde intensiv genutzt, um das Werk im Hinblick auf die **aktuellen Entwicklungen von Technik und Normung** auf den neuesten Stand zu bringen. Beispielhaft kann hier auf zahlreiche Änderungen durch das **Gebäudeenergiegesetz** (GEG) verwiesen werden. Zusätzlich wurde ein Abschnitt **„Abdichten von erdberührten Bauteilen"** aufgenommen und zum Beispiel beim Beton **Infraleichtbeton** und **Beton mit rezyklierter Gesteinskörnung** berücksichtigt. Darüber hinaus wurden aber auch noch viele andere Aktualisierungen vorgenommen.

Weitere **Verbesserungen** ergaben sich aus dem **ständigen intensiven Dialog** mit den Benutzern. Wir danken an dieser Stelle deshalb ausdrücklich allen, die durch Hinweise und Vorschläge zur **Weiterentwicklung** dieses Werkes beigetragen haben.

Solche **Anregungen** nehmen wir unter **bau@handwerk-technik.de** auch weiterhin sehr gerne entgegen.

Stuttgart, im Frühjahr 2022 — Die Verfasser

ISBN 978-3-582-15839-0 Best. Nr. 3590

Verlag Handwerk und Technik GmbH,
Lademannbogen 135, 22339 Hamburg; Postfach 63 05 00, 22331 Hamburg – 2022
E-Mail: info@handwerk-technik.de – Internet: www.handwerk-technik.de

Satz: CMS – Cross Media Solutions GmbH, 97082 Würzburg
Druck und Bindung: Grafisches Centrum Cuno, 39240 Calbe

INHALTSÜBERSICHT

INHALTSVERZEICHNIS

NATURWISSENSCHAFTLICHE GRUNDLAGEN

TECHNISCHE MATHEMATIK

TECHNOLOGIE BAU

TECHNOLOGIE FLIESENLEGER

TECHNOLOGIE STUCKATEURE

TECHNOLOGIE TIEFBAU

TECHNISCHES ZEICHNEN

EINHEITEN UND FORMELZEICHEN

Übersicht über die wichtigsten Einheiten

Die zulässigen Einheiten sind in DIN EN ISO 80000 und in DIN1301 festgelegt.

Physikalische Größen	Formelzeichen	SI-Einheiten und abgeleitete Einheiten	Einheitenzeichen	Weitere Einheiten, Erklärungen, Einheiten außerhalb des SI
Länge	l, s	Meter	**m**	1 Seemeile = 1852 m
Fläche	A	Quadratmeter	$\mathbf{m^2}$	a, ha (s. S. 2)
Volumen	V	Kubikmeter	$\mathbf{m^3}$	1 Liter = 1 dm^3
Ebener Winkel	α, β, γ...	Radiant	**rad**	$360° = 2\pi$ rad, 1 rad = 57,29°
		Grad	°	$1° = \frac{\pi}{180}$ rad; 1 gon = 0,9°
		Minute	′	$1' = \frac{1°}{60} = \frac{\pi}{10\,800}$ rad
		Sekunde	″	$1'' = \frac{1'}{60} = \frac{\pi}{648\,000}$ rad
Masse	m	Kilogramm	**kg**	Vorsätze für dezimale Vielfache und Teile (s. S. 2) werden nicht auf das kg, sondern auf das g angewendet.
Längenbezogene Masse	m'	Kilogramm pro Meter	$\mathbf{\frac{kg}{m}}$	
Flächenbezogene Masse	m''	Kilogramm pro m^2	$\mathbf{\frac{kg}{m^2}}$	
Dichte	ϱ	Kilogramm pro m^3	$\mathbf{\frac{kg}{m^3}}$	$1\frac{g}{cm^3} = 1\frac{kg}{dm^3} = 1\frac{t}{m^3}$ (s. S. 6)
Zeit, Zeitspanne, Dauer	t	Sekunde	**s**	
		Minute	**min**	1 min = 60 s
		Stunde	**h**	1 h = 60 min = 3600 s
		Tag	**d**	1 d = 24 h = 86 400 s
Kraft	F	Newton	**N**	$1\,N = 1\,\frac{kg \cdot m}{s^2}$
Geschwindigkeit	v	Meter pro Sekunde	$\mathbf{\frac{m}{s}}$	$1\,\frac{m}{s} = 3{,}6\,\frac{km}{h}$
Beschleunigung	a	Meter pro s^2	$\mathbf{\frac{m}{s^2}}$	$g = 9{,}81\,\frac{m}{s^2}$ Erdbeschleunigung
Druck	p	Pascal	**Pa**	$1\,Pa = 1\,\frac{N}{m^2}$; 1 bar = 10^5 Pa
Mechanische Spannung	σ	Pascal	**Pa**	$1\,Pa = 1\,\frac{N}{m^2}$
Energie, Arbeit, Wärmemenge	W, A, E, Q	Joule	**J**	$1\,J = 1\,N \cdot m = 1\,W \cdot s$
Leistung	P	Watt	**W**	$1\,W = 1\,\frac{N \cdot m}{s} = 1\,\frac{J}{s} = 1\,V \cdot A$
Elektrische Stromstärke	I	Ampere	**A**	
Elektrische Spannung	U	Volt	**V**	$1\,V = 1\,\frac{W}{A}$
Elektrischer Widerstand	R	Ohm	**Ω**	$1\,\Omega = 1\,\frac{V}{A}$
Temperatur thermodynamisch	T, Θ	Kelvin	**K**	0 K = −273,15 °C; 0 °C = 273,15 K; $t = T - 273{,}15$ K
Celsius	t, ϑ	Grad Celsius	**°C**	
Wärmeleitfähigkeit	λ	Watt pro m und Kelvin	$\mathbf{\frac{W}{m \cdot K}}$	
Wärmedurchgangskoeffizient	U	Watt pro m^2 und Kelvin	$\mathbf{\frac{W}{m^2 \cdot K}}$	

Dezimale Vielfache und Teile von Einheiten

Bezeichnung

Dezimale Vielfache und dezimale Teile von Einheiten können durch Vorsätze vor dem Namen der Einheit bezeichnet werden (DIN 1301). Die Tabellen geben für die wichtigsten Vielfachen und Teile Vorsätze, Kurzzeichen und Bezug zur Grundeinheit sowie Beispiele und Ableitungen an.

	Vielfache			Teile	
Vorsätze	**Kurzzeichen**	**für das**	**Vorsätze**	**Kurzzeichen**	**für das**
Giga	**G**	Milliardenfache	Dezi	**d**	Zehntel
Mega	**M**	Millionenfache	Zenti	**c**	Hundertstel
Kilo	**k**	Tausendfache	Milli	**m**	Tausendstel
Hekto	**h**	Hundertfache	Mikro	**µ**	Millionstel
Deka	**da**	Zehnfache	Nano	**n**	Milliardstel

Ableitung

Länge	Fläche	Volumen	Masse	Kraft
1 km = 1000 m	1 km² = 100 ha	1 m³ = 1000 dm³	1 t = 1000 kg	1 MN = 1000 kN
1 m = 10 dm	1 ha = 100 a	1 dm³ = 1000 cm³	1 kg = 1000 g	1 kN = 1000 N
1 dm = 10 cm	1 a = 100 m²		1 mg = 0,001 g	
1 cm = 10 mm	1 m² = 100 dm²	1 hl = 100 l		
1 mm = 0,001 m	1 cm² = 100 mm²	1 l = 1000 ml		
		1 ml = 0,001 l		

Umrechnung in gesetzliche Einheiten

Nach dem „Gesetz über Einheiten im Messwesen" sind einige früher übliche Einheiten **nicht mehr zulässig**. Wo diese Einheiten noch angetroffen werden, sind sie umzurechnen.

Physikalische Größe	Nicht mehr zulässige Einheit	Übliche gesetzliche Einheit	Umrechnung im Bauwesen
Kraft	kp	N	1 kp = 10 N
Spannung	kp/cm²	MPa (MN/m², N/mm²)	1 kp/cm² = 0,1MPa (= 0,1 MN/m² = 0,1 N/mm²)
Energie, Arbeit, Wärmemenge	kpm kcal	J kJ	1 kpm = 10 J = 0,01 kJ 1 kcal = 4,2 kJ
Leistung	PS	kW	1 PS = 0,74 kW
Wärmeübergangs-koeffizient	kcal/m² · h · grd	W/m² · K	1 kcal/m² · h · grd = 1,16 W/m² · K
Wärmeleitfähigkeit	kcal/m · h · grd	W/m · K	1 kcal/m · h · grd = 1,16 W/m · K

Griechisches Alphabet

Alpha	Beta	Gamma	Delta	Epsilon	Zeta	Eta	Theta	Jota	Kappa	Lambda	My
A	B	Γ	Δ	E	Z	H	Θ	I	K	Λ	M
α	β	γ	δ	ε, ϵ	ζ	η	ϑ, θ	ι	$\kappa, \varkappa$	λ	μ
Ny	**Xi**	**Omikron**	**Pi**	**Rho**	**Sigma**	**Tau**	**Ypsilon**	**Phi**	**Chi**	**Psi**	**Omega**
N	Ξ	O	Π	P	Σ	T	Υ	Φ	X	Ψ	Ω
ν	ξ	o	π, ϖ	ϱ, ρ	σ	τ	υ	ϕ, φ	χ	ψ	ω

Römische Zahlen

1	2	3	4	5	6	7	8	9	10	50	100	500	1000
I	II	III	IV	V	VI	VII	VIII	IX	X	L	C	D	M

11 = XI 30 = XXX 40 = XL 90 = XC 1877 = MDCCCLXXVII 1997 = MCMXCVII 2022 = MMXXII

Allgemeine Formelzeichen in alphabetischer Reihenfolge

Die allgemeinen Formelzeichen werden für spezielle Probleme durch Indizes u.Ä. der besonderen Bedeutung angepasst. Diese speziellen Formelzeichen werden in den entsprechenden Abschnitten angegeben.

Physikalische Größe	Formelzeichen
Arbeit	W, A
Atommasse (relative)	A_r
Beschleunigung	a
Breite	b
Celsius-Temperatur	t
Dehnung	ε
Dichte	ϱ
Drehzahl	n
Druck	p
Druckspannung	σ
Durchmesser	d
Elastizitätsmodul	E
Elektrizitätsmenge, Ladung	Q
Elektrische Spannung	U
Elektrische Stromstärke	I
Elektrischer Widerstand	R
Energie	W, E
Fallbeschleunigung	g
Fläche	A
Frequenz	f, ν
Geschwindigkeit	v
Höhe	h
Kelvin-Temperatur	T
Kraft	F

Physikalische Größe	Formelzeichen
Länge	l
Längenausdehnungskoeffizient	α
Leistung	P
Lichtgeschwindigkeit	c
Lichtstärke	I_v
Masse	m
Moment	M
Radius	r
Reibungszahl	μ
Schalldämm-Maß	R
Schubmodul	G
Schub-, Scherspannung	τ
Verlustfaktor	d
Volumen	V
Volumenausdehnungskoeffizient	γ
Wärmeleitfähigkeit	λ
Wärmemenge	Q
Wärmeübergangskoeffizient	α
Weglänge, Strecke	s
Winkel	α, β, γ
Wirkleistung	P
Wirkungsgrad	η
Zeit	t
Zugspannung	σ

Mathematische Zeichen

Zeichen	Bedeutung
$=$	gleich
$\neq$	ungleich
$<$	kleiner als
$\leq$	kleiner/gleich
$>$	größer als
$\geq$	größer/gleich

Zeichen	Bedeutung
$<<$	viel kleiner als
$>>$	viel größer als
$\sim$	proportional zu
$\approx$	ungefähr gleich
$\widehat{=}$	entspricht
$\cong$	kongruent zu

Zeichen	Bedeutung
$\perp$	rechtwinklig
$\parallel$	parallel
Σ	Summe
$\sqrt{}$	Wurzel
$\measuredangle$	Winkel
∞	unendlich

Übersicht der Elemente

Ordnungszahl	Kurzzeichen	Bezeichnung
1	H	**Wasserstoff**
2	He	**Helium**
3	Li	**Lithium**
4	Be	**Beryllium**
5	B	**Bor**
6	C	**Kohlenstoff**
7	N	**Stickstoff**
8	O	**Sauerstoff**
9	F	**Fluor**
10	Ne	**Neon**
11	Na	**Natrium**
12	Mg	**Magnesium**
13	Al	**Aluminium**
14	Si	**Silicium**
15	P	**Phosphor**
16	S	**Schwefel**
17	Cl	**Chlor**
18	Ar	**Argon**
19	K	**Kalium**
20	Ca	**Calcium**
21	Sc	**Scandium**
22	Ti	**Titan**
23	V	**Vanadium**
24	Cr	**Chrom**
25	Mn	**Mangan**
26	Fe	**Eisen**
27	Co	**Cobalt**
28	Ni	**Nickel**
29	Cu	**Kupfer**
30	Zn	**Zink**
31	Ga	**Gallium**
32	Ge	**Germanium**
33	As	**Arsen**
34	Se	**Selen**
35	Br	**Brom**
36	Kr	**Krypton**
37	Rb	**Rubidium**
38	Sr	**Strontium**
39	Y	**Yttrium**
40	Zr	**Zirkonium**
41	Nb	**Niob**
42	Mo	**Molybdän**
43	Tc	**Technetium***
44	Ru	**Ruthenium**
45	Rh	**Rhodium**
46	Pd	**Palladium**
47	Ag	**Silber**
48	Cd	**Cadmium**
49	In	**Indium**
50	Sn	**Zinn**
51	Sb	**Antimon**
52	Te	**Tellur**
53	I	**Iod**
54	X	**Xenon**
55	Cs	**Caesium**
56	Ba	**Barium**
57	La	**Lanthan**
58	Ce	**Cer**
59	Pr	**Praseodym**
60	Nd	**Neodym**
61	Pm	**Promethium***
62	Sm	**Samarium**
63	Eu	**Europium**
64	Gd	**Gadolinium**
65	Tb	**Terbium**
66	Dy	**Dysprosium**
67	Ho	**Holmium**
68	Er	**Erbium**
69	Tm	**Thulium**
70	Yb	**Ytterbium**
71	Lu	**Lutetium**
72	Hf	**Hafnium**
73	Ta	**Tantal**
74	W	**Wolfram**
75	Re	**Rhenium**
76	Os	**Osmium**
77	Ir	**Iridium**
78	Pt	**Platin**
79	Au	**Gold**
80	Hg	**Quecksilber**
81	Tl	**Thallium**
82	Pb	**Blei**
83	Bi	**Bismut (Wismut)**
84	Po	**Polonium***
85	At	**Astat***
86	Rn	**Radon***
87	Fr	**Francium***
88	Ra	**Radium***
89	Ac	**Actinium***
90	Th	**Thorium***
91	Pa	**Protactinium***
92	U	**Uran***
93	Np	**Neptunium***
94	Pu	**Plutonium***
95	Am	**Americium***
96	Cm	**Curium***
97	Bk	**Berkelium***
98	Cf	**Californium***
99	E	**Einsteinium***
100	Fm	**Fermium***
101	Md	**Mendelevium***
102	No	**Nobelium***
103	Lr	**Lawrencium***
104	Rf	**Rutherfordium***
105	Db	**Dubnium***
106	Sg	**Seaborgium***
107	Bh	**Bohrium***
108	Hs	**Hassium***
109	Mt	**Meitnerium***
110	Ds	**Darmstadtium***
111	Rg	**Roentgenium***
112	Cn	**Copernicium***
113	Nh	**Nihonium***
114	Fl	**Flerovium***
115	Mc	**Moscovium***
116	Lv	**Livermorium***
117	Ts	**Tenessin***
118	Og	**Oganesson***

* = radioaktives Element

Periodensystem der Elemente (PSE)

Periode	Hauptgruppen		Nebengruppen										Hauptgruppen					
	Ia	IIa	IIIb	IVb	Vb	VIb	VIIb	VIII	VIII	VIII	Ib	IIb	IIIa	IVa	Va	VIa	VIIa	0
1	1 ○ **H** 1,0																	2 ○ **He** 4,0
2	3 ● **Li** 6,9	4 ● **Be** 9,0											5 ◐ **B** 10,8	6 ○ **C** 12,0	7 ○ **N** 14,0	8 ○ **O** 16,0	9 ○ **F** 19,0	10 ○ **Ne** 20,2
3	11 ● **Na** 23,0	12 ● **Mg** 24,3											13 ● **Al** 27,0	14 ◐ **Si** 28,1	15 ○ **P** 31,0	16 ○ **S** 32,1	17 ○ **Cl** 35,5	18 ○ **Ar** 39,9
4	19 ● **K** 39,1	20 ● **Ca** 40,1	21 ● **Sc** 45,0	22 ● **Ti** 47,9	23 ● **V** 50,9	24 ● **Cr** 52,0	25 ● **Mn** 54,9	26 ● **Fe** 55,8	27 ● **Co** 58,9	28 ● **Ni** 58,7	29 ● **Cu** 63,5	30 ● **Zn** 65,4	31 ● **Ga** 69,7	32 ◐ **Ge** 72,6	33 ◐ **As** 74,9	34 ◐ **Se** 79,0	35 ○ **Br** 79,9	36 ○ **Kr** 83,8
5	37 ● **Rb** 85,5	38 ● **Sr** 87,6	39 ● **Y** 88,9	40 ● **Zr** 91,2	41 ● **Nb** 92,9	42 ● **Mo** 95,9	43 ● **Tc** 98	44 ● **Ru** 101,1	45 ● **Rh** 102,9	46 ● **Pd** 106,4	47 ● **Ag** 107,9	48 ● **Cd** 112,4	49 ● **In** 114,8	50 ● **Sn** 118,7	51 ◐ **Sb** 121,8	52 ◐ **Te** 127,6	53 ○ **I** 126,9	54 ○ **Xe** 131,3
6	55 ● **Cs** 132,9	56 ● **Ba** 137,3	57…71	72 ● **Hf** 178,5	73 ● **Ta** 180,9	74 ● **W** 183,8	75 ● **Re** 186,2	76 ● **Os** 190,2	77 ● **Ir** 192,2	78 ● **Pt** 195,1	79 ● **Au** 197,0	80 ● **Hg** 200,6	81 ● **Tl** 204,4	82 ● **Pb** 207,2	83 ● **Bi** 209,0	84 ● **Po** 209	85 ○ **At** 210	86 ○ **Rn** 222
7	87 ● **Fr** 223	88 ● **Ra** 226	89…103	104 ● **Rf** 261	105 ● **Db** 262	106 ● **Sg** 266	107 ● **Bh** 264	108 ● **Hs** 277	109 **Mt** 268	110 **Ds** 281	111 **Rg** 272	112 ● **Cn** 277	113 **Nh** 284	114 ● **Fl** 289	115 **Mc** 288	116 **Lv** 292	117 **Ts** 292	118 **Og** 294

Feste Elemente

Flüssige Elemente

Gasförmige Elemente

□ Künstlich erzeugte Elemente

● Metalle

◐ Halbmetalle

○ Nichtmetalle

57 ● **La** 138,9	58 ● **Ce** 140,1	59 ● **Pr** 140,9	60 ● **Nd** 144,2	61 ● **Pm** 145	62 ● **Sm** 150,4	63 ● **Eu** 152,0	64 ● **Gd** 157,3	65 ● **Tb** 158,9	66 ● **Dy** 162,5	67 ● **Ho** 164,9	68 ● **Er** 167,3	69 ● **Tm** 168,9	70 ● **Yb** 173,0	71 ● **Lu** 175,0
89 ● **Ac** 227	90 ● **Th** 232,0	91 ● **Pa** 231,1	92 ● **U** 238,0	93 ● **Np** 237,0	94 ● **Pu** 244,1	95 ● **Am** 243	96 ● **Cm** 247	97 ● **Bk** 247	98 ● **Cf** 251	99 ● **Es** 252	100 ● **Fm** 257	101 ● **Md** 258	102 ● **No** 259	103 ● **Lr** 262

26 ● **Fe** 55,8

- 26: Ordnungszahl
- ●: Metall (oder Halbmetall oder Nichtmetall)
- Fe: Elementsymbol
- 55,8: Relative Atommasse

STOFFEIGENSCHAFTEN

Roh- bzw. Schüttdichten einiger Baustoffe

Die **Dichte** (ϱ) ist der Quotient aus der Masse (m) eines Stoffes und seinem Volumen (V).

Mithilfe der Dichte können somit auch V oder m berechnet werden, wenn der jeweils andere Wert bekannt ist.

$$\varrho = \frac{m}{V}; \quad V = \frac{m}{\varrho}; \quad m = \varrho \cdot V$$

Dabei müssen im Stoff enthaltene Poren und Hohlräume vom Volumen abgezogen werden.
Die **Rohdichte** geht vom Volumen einschließlich Poren und Hohlräumen aus, ist also für Baustoffe, die mit Poren und Hohlräumen verwendet werden, die maßgebende Größe. Die **Schüttdichte** gilt für lose geschüttete Güter mit Haufwerksporigkeit und geht vom Volumen einschließlich Korn- und Haufwerksporen aus.

Baustoff	Rohdichte Schüttdichte in kg/dm³*)
Bodenarten (erdfeucht)	
Sand (2...5% Feuchte)	1,3
Kies, sandfrei	1,7
Schotter	1,7
Kiessand (0...32 mm)	1,9
Ton	2,0
Lehm, Mergel	2,15
Natursteine	
Granit	2,8
Basalt	3,0
Kalkstein, dicht	2,8
Sandstein	2,6
Gneis	3,0
Bindemittel (locker geschüttet)	
Kalkteig	≈ 1,25
Kalkhydrat	0,5
Hydraulischer Kalk 2 und 3,5	0,8
Hydraulischer Kalk 5	1,0
Putz- und Mauerbinder	1,0
Zement	1,2
Stuckgips, Putzgips	0,9
Calciumsulfatbinder	1,0
Mörtel	
Gipsmörtel ohne Sand	1,2
Kalkmörtel	1,8
Kalkzementmörtel	2,0
Zementmörtel	2,1
Künstliche Steine	
Vollziegel	1,8
Lochziegel	1,0...1,8
Vollklinker	2,0
Hochlochklinker	1,9
Kalksand-Vollsteine	1,6...2,0
Kalksand-Lochsteine	1,2...1,6
Kalksand-Hohlblocksteine	1,0...1,6
Leichtbeton-Vollsteine	0,8...1,6
Leichtbeton-Hohlblocksteine	1,0...1,4
Porenbetonsteine	0,5...0,8
Beton	
Frischbeton	2,35
Normalbeton	2,3
Stahlbeton	2,5
Blähton-/Blähschieferbeton	1,2...2,0

Baustoff	Rohdichte Schüttdichte in kg/dm³*)
Mauerwerk aus	
Vollklinker	2,0
Vollziegel	1,8
Lochziegel (ϱ = 1,2 kg/dm³)	1,4
Kalksand-Vollstein	1,8
Kalksand-Lochstein (ϱ = 1,6)	1,5
Leichtbeton-Hohlblockstein (ϱ = 1,2)	1,2
Porenbetonstein (ϱ = 0,6)	0,8
Sandstein	2,6
Kalkstein, dicht	2,8
Hölzer, lufttrocken	
Eiche	0,75
Pappel	0,45
Kiefer	0,52
Fichte	0,48
Tanne	0,45
Lärche	0,60
Metalle	
Stahl	7,85
Aluminium	2,7
Kupfer	8,9
Blei	11,4
Kunststoffe	
PVC-U (Polyvinylchlorid)	1,38
PE-HD (Polyethylen)	0,95
PS (Polystyrol)	1,05
Dämmstoffe	
Polystyrolschaum	0,02
Polyurethan-Hartschaum	0,03
Faserdämmstoffe	0,03...0,2
Plattenförmige Werkstoffe	
Faserzementplatten	1,8
Holzspanplatten	0,8
Gipsplatten	0,9
Bitumenhaltige Stoffe	
Rohbitumen	2,5
Dachpappe	1,1
Asphalttragschicht	2,3
Asphaltbinderschicht	2,4
Asphaltdeckschicht	2,5

*) Die SI-Einheit der Dichte ist kg/m³, in der Praxis wird aber meist mit kg/dm³ gerechnet, um die Zahlenwerte kleiner zu halten (1 kg/dm³ ≙ 1000 kg/m³).

Wichte

Die **Wichte** γ eines Stoffes ist der Quotient aus Eigenlast und Volumen. Ihr Zahlenwert ergibt sich aus Dichte (ϱ) mal Fallbeschleunigung (g). Die Fallbeschleunigung wird dabei aufgerundet mit 10 m/s² angenommen.

Wichten für Baustoffe sind auf den Seiten 26 und 27 zusammengestellt.

Härteskala nach Mohs

Die **Härte** eines Stoffes gibt an, welchen Widerstand der Stoff dem Eindringen anderer Körper entgegensetzt. Die Härte kann durch Ritzversuch geprüft werden; der härtere Stoff ritzt den weicheren. Darauf beruht die Einteilung von Härtegraden in der **mohsschen Härteskala**. Die Härtegrade sind durch Mineralien entsprechender Härte angegeben.

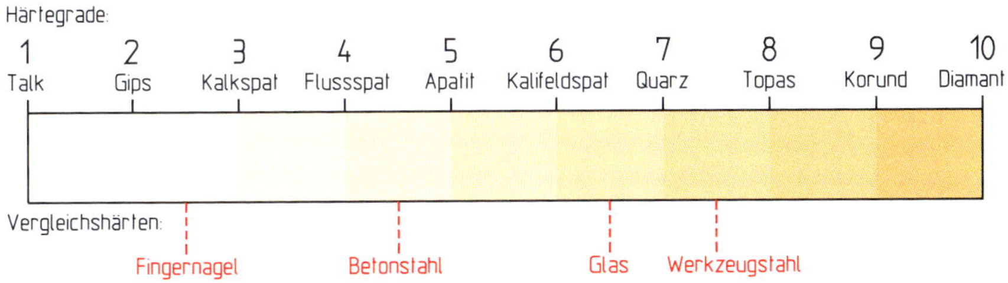

Zur Bestimmung der Härte gibt es Zusammenstellungen der Mineralien Talk ... Diamant. Andere Stoffe können durch Ritzversuche eingeordnet werden.

Elastizitätsmoduln wichtiger Baustoffe

Der **Elastizitätsmodul *E*** gibt das Verhältnis von Spannung (σ) zu spannungsbedingter Dehnung (ε) an.

$$E = \frac{\sigma}{\varepsilon}$$

Er ist damit ein Maß für die Elastizität der Stoffe, eine für den Einsatz als Baustoff wichtige Eigenschaft. Gesetzliche Einheit ist **MPa (N/mm²)**.
Der Elastizitätsmodul wird durch Zugversuche ermittelt, er gilt nur für den jeweiligen elastischen Bereich. Zur Messung der Längenänderungen bzw. Dehnungen werden Sensoren, sogenannte Extensometer, eingesetzt.
In der Abbildung ist beispielhaft die Spannung/Extensometer-Dehnungs-Kurve für einen Betonstahl B500A dargestellt.

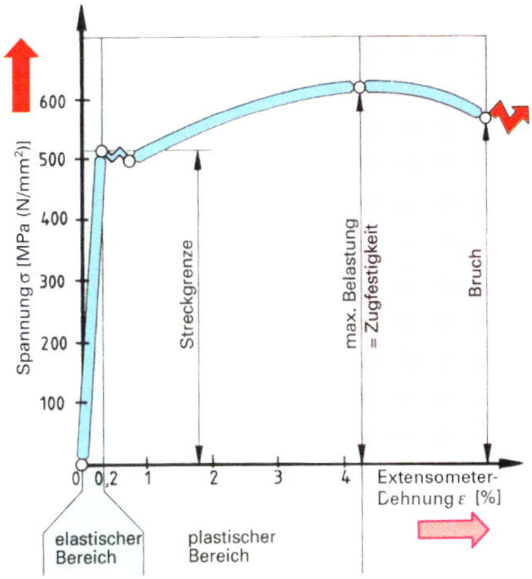

Spannung/Extensometer-Dehnungs-Kurve

Baustoff	**Elastizitätsmodul *E* in MPa (N/mm²)**
Metalle	
Stahl	210 000
Grauguss	75 000 ... 130 000
Aluminium	63 000 ... 72 000
Kupfer	100 000 ... 130 000
Blei	15 000 ... 17 000
Hölzer	
Europäisches Nadelholz	
parallel zur Faser	10 000
senkrecht zur Faser	300
Eiche, Buche	
parallel zur Faser	12 500
senkrecht zur Faser	600
Brettschichtholz, verleimt	
parallel zur Faser	11 000
senkrecht zur Faser	300
Nichtmetalle	
Glas	50 000 ... 80 000
Gummi	3 ... 8

Baustoff		**Elastizitätsmodul *E* in MPa (N/mm²)**
Mauerwerk		
Steinfestigkeitsklasse	Mörtelgruppe	
2,5	II/IIa	1 500
5	II/IIa	2 000
5	III	2 500
7,5/10	II/IIa	3 000
7,5/10	III	4 000
15	II/IIa	5 000
15	III	6 000
25	II/IIa	7 000
25	III	8 000
35	II/IIa	8 000
35	III	10 000
Beton		
C20/25		28 800
C30/37		31 900
C35/45		33 300
C40/50		34 500
C60/75		38 800
C100/115		45 200

Reibungszahlen

Die **Reibung (*R*)** zweier Stoffe ist von der Größe der **Normalkraft (F_n)**, der die Stoffe zusammengedrückt werden, und von der Art der Stof- abhängig. Die stoffbedingte Reibung wird durch die **Reibungszahl** berücksichtigt.

$$R = \mu \cdot F_n$$

Die Reibungszahl μ ist eine unbenannte Verhältniszahl.

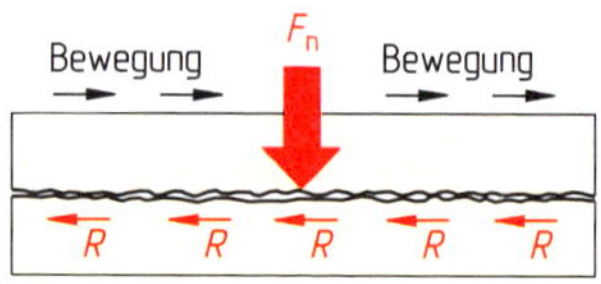

Reibung

Stoffpaar	Haftreibung	Gleitreibung (trocken)
Stahl/Stahl	0,2	0,1
Mauerwerk/Beton	1,0	0,8
Gummi/Asphalt	0,9	0,8
Bremsbeläge/Stahl	0,8	0,5

Stoffpaar	Haftreibung	Gleitreibung (trocken)
Holz/Holz		
in Faserrichtung	0,6	0,5
senkrecht z. Faserricht.	0,5	0,3
Holz/Stahl	0,5	0,3
Holz/Stein	0,7	0,3

Längenausdehnungszahlen (Längenausdehnungskoeffizienten)

Feste Körper vergrößern ihr Volumen beim Erwärmen. Die durch auftretenden Längenänderungen von Bauteilen müs- erfasst und berücksichtigt werden.

Die **Längenänderung (Δl)** ist abhängig von
- **der Temperaturdifferenz ΔT**
- **der Länge des Bauteils l_1**
- **der Längenausdehnungszahl α**

$$\Delta l = \alpha \cdot l_1 \cdot \Delta T$$

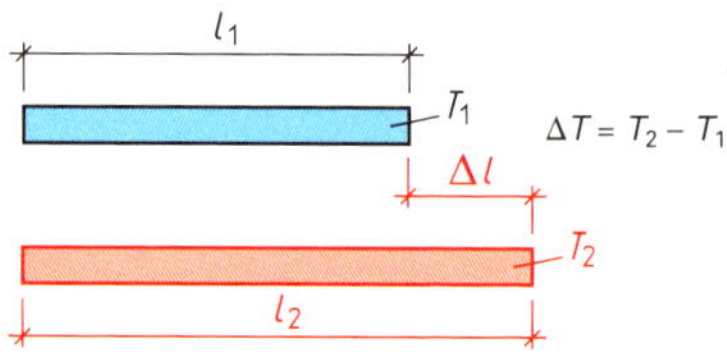

Die Längenausdehnungszahl α gibt an, um wie viele mm sich 1 m eines festen Baustoffes bei einer Temperaturdiffere von 1 K ausdehnt oder zusammenzieht. Die Einheit ist dementsprechend **mm/m · K**.

Stoff	Längenausdehnungszahl α mm/m · K
Mauerwerk	
aus porigen Ziegeln	0,006
aus Vormauerziegeln	0,008
aus Klinkern	0,01
aus Kalksandsteinen	0,008
Putz	
Kalkputz	0,009
Kalkzementputz	0,010
Zementputz	0,010
Gipsputz	0,018…0,025
Beton	
Normalbeton, Stahlbeton	0,010
Bimsbeton	0,008
Blähtonbeton, unbewehrt	0,006
Porenbeton	0,008
Glas	
Bauglas	0,008
Steingut, Steinzeug	
Wandplatten, Bodenplatten	0,008

Stoff	Längenausdehnungszahl α mm/m · K
Metalle	
Stahl (Betonstahl)	0,012
Aluminium	0,024
Kupfer	0,017
Blei	0,029
Grauguss	0,012
Zink	0,029
Kunststoffe	
PVC (Polyvinylchlorid)	0,08
PE (Polyethylen)	0,2
PMMA (Acrylglas)	0,08
Glasfaserverstärktes Polyester	0,02
Dämmstoffe	
Leichtbauplatten	0,010
PS-Hartschaum	0,050…0,080
Asphalt	
Harte Asphaltbeläge	0,03

PHYSIKALISCHE ZUSAMMENHÄNGE

Arbeit, Leistung und Wirkungsgrad

Arbeit: Unter Arbeit (W) im physikalischen Sinn wird das Produkt aus der zu überwindenden Kraft (F) und dem in Kraftrichtung zurückzulegenden Weg (s) verstanden.

$$W = F \cdot s$$

Im Bauwesen übliche Einheit ist das **kJ**.

1 kJ = 1000 J = 1000 Nm

Berechnungsbeispiel:
Welche Arbeit verrichtet ein Bauhelfer, der 5 Säcke Zement ins 3. OG (Höhenunterschied 8,20 m) trägt?

$$W = F \cdot s = 5 \cdot 250\ \text{N} \cdot 8{,}20\ \text{m} = 10\,250\ \text{Nm} = 10\,250\ \text{J} = \underline{10{,}25\ \text{kJ}}$$

Leistung: Unter Leistung (P) im physikalischen Sinn wird der Quotient aus der Arbeit (W) und der hierfür benötigten Zeit (t) verstanden.

$$P = \frac{W}{t}$$

Im Bauwesen übliche Einheit ist das **kW**.

1 kW = 1000 W = 1000 J/s

Berechnungsbeispiel:
Welche Leistung gibt ein Kran ab, der einen Dielenstapel von 320 kg in 10 s 11 m hoch hebt?

$$P = \frac{W}{t} = \frac{F \cdot s}{t} = \frac{3200\ \text{N} \cdot 11\ \text{m}}{10\ \text{s}} = 3520\ \text{W} = \underline{3{,}52\ \text{kW}}$$

Wirkungsgrad: Der Wirkungsgrad (η) ist das Verhältnis von Nutzleistung (P_{nutz}) zu zugeführter Leistung ($P_{\text{zugef.}}$).

$$\eta = \frac{P_{\text{nutz}}}{P_{\text{zugef.}}}$$

Der Wirkungsgrad ist eine Zahl ohne Einheit.

Berechnungsbeispiel:
Welchen Wirkungsgrad hat der Kran in obigem Beispiel, wenn er 5 kW aufnimmt?

$$\eta = \frac{P_{\text{nutz}}}{P_{\text{zugef.}}} = \frac{3{,}52\ \text{kW}}{5\ \text{kW}} = \underline{0{,}704}$$

Elektrotechnik

Ohmsches Gesetz: Der Quotient aus Spannung (U) und Stromstärke (I) ist konstant und wird als Widerstand (R) bezeichnet.

$$R = \frac{U}{I}$$

Die Einheit des Widerstandes ist Ω (Ohm).

1 Ω = 1 V/A

Gesamtwiderstand:
im unverzweigten Stromkreis:

$$R_{\text{ges.}} = R_1 + R_2 + R_3 + \ldots$$

im verzweigten Stromkreis:

$$\frac{1}{R_{\text{ges.}}} = \frac{1}{R_1} + \frac{1}{R_2} + \frac{1}{R_3} + \ldots$$

Berechnungsbeispiel:
Eine Hausklingel 6 Ω und eine Haussprechanlage 2 Ω sind in einem Stromkreis parallel geschaltet und werden gleichzeitig betrieben. Die Spannung beträgt 9 Volt. Wie groß ist der Strom?

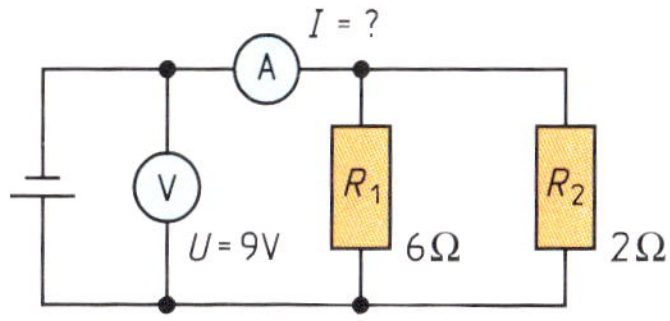

$$\frac{1}{R} = \frac{1}{R_1} + \frac{1}{R_2} = \frac{1}{6\ \Omega} + \frac{1}{2\ \Omega} = \frac{4}{6\ \Omega} = \frac{2}{3\ \Omega}$$

$$R = 1{,}5\ \Omega; \quad I = \frac{U}{R} \quad I = \frac{9\ \text{V}}{1{,}5\ \Omega} = \underline{6\ \text{A}}$$

Leiterwiderstand: Der Leiterwiderstand (R) wird berechnet, indem das Produkt aus Leiterlänge (l) und spezifischem Leiterwiderstand (ϱ) durch den Leiterquerschnitt (A) dividiert wird.

$$R = \frac{l \cdot \varrho}{A}$$

Spezifische Leiterwiderstände

Werkstoff	Spez. Leiterwiderstand in $\frac{\Omega\ \text{mm}^2}{\text{m}}$
Kupfer	0,018
Aluminium	0,029
Eisen	0,125

Kräfte – Hebel – Momente siehe Abschn. 2 – Technische Mathematik – Seiten 20/21.

DAS SICHERHEITSKONZEPT

Grundsätzliches

Um sichere, tragfähige Bauteile herstellen zu können, sind Kenntnisse über deren Bemessung erforderlich. Dabei steht die **Sicherheit** im Vordergrund. Statische Berechnungen und Bemessungen von Bauteilen durchzuführen ist die Aufgabe von Bautechnikern und Bauingenieuren. Das Tabellenbuch BAU will einen kleinen Einblick in dieses Gebiet ermöglichen, um die Zusammenhänge zwischen Belastungen, Baustofffestigkeiten und Bemessungsfestigkeiten verstehen zu lernen.

Begriffe, Formelzeichen, Einheiten

Begriff	Formelzeichen	Einheit
Teilsicherheitsbeiwert	γ	–
Spannung	σ	MPa $\left(= \frac{N}{mm^2} = \frac{MN}{m^2}\right)$
Bemessungsfestigkeit	f_d	
charakteristische Festigkeit	f_k	
ständige Last (Einwirkung) z. B. Eigenlast	G	N, kN, MN
veränderliche Last (Einwirkung) z. B. Nutzlast	Q	

Lasten treten auch streckenbezogen (als Streckenlasten in kN/m) oder flächenbezogen (als Flächenlasten in kN/m²) auf.

Ermittlung der Lasten

Die Belastungen eines Bauteils (= Einwirkungen auf ein Bauteil) können sich trotz genauer und gewissenhafter Ermittlung verändern. Eine Schneelast kann sich z. B. durch Verwehungen ungünstig verändern oder die Eigenlast eines Baustoffes kann sich erhöhen, wenn er durchfeuchtet. Ebenso kann sich eine Nutzlast auf eine Decke erhöhen, wenn auf der Decke mehr Lasten abgesetzt werden als ursprünglich in der Berechnung angenommen wurde. Um derartigen Problemen gerecht zu werden, müssen die Einwirkungen (ständige und veränderliche Lasten) mit einem Teilsicherheitsbeiwert multipliziert werden.
Die zunächst ermittelten Lasten werden als „charakteristische" Lasten bezeichnet. Die Bemessungslasten entstehen durch Multiplikation mit den Teilsicherheitsbeiwerten.

Charakteristische Lasten:
ständige Last G_k
veränderliche Last Q_k

Bemessungslast = $\gamma_G \cdot G_k + \gamma_Q \cdot Q_k$
(bei nur einer veränderlichen Last)
Teilsicherheitsbeiwert $\gamma_G = 1{,}35$
Teilsicherheitsbeiwert $\gamma_Q = 1{,}50$

Vereinfacht:

Bemessungslast $\approx 1{,}40 \cdot (G_k + Q_k)$

Berechnung der Bemessungsfestigkeiten f_d

Baustoff	Angaben dazu siehe	charakteristische Festigkeit f_k	Bemessungsfestigkeit f_d
Beton (unbewehrt)	Tabellen Seite 38	1. Zahlenwert der Betonbezeichnung z. B. für C 16/20 $f_k = 16$ MPa $\left(\frac{N}{mm^2}\right)$	$f_d = 0{,}85 \cdot \frac{f_k}{1{,}80} = \frac{f_k}{2{,}12}$
Beton (für Stahlbeton)	Tabellen Seite 38	1. Zahlenwert der Betonbezeichnung z. B. für C 25/30 $f_k = 25$ MPa $\left(\frac{N}{mm^2}\right)$	$f_d = 0{,}85 \cdot \frac{f_k}{1{,}50} = \frac{f_k}{1{,}76}$
Betonstahl	Tabelle Seite 57	B500 $f_k = 500$ MPa $\left(\frac{N}{mm^2}\right)$	$f_d = \frac{f_k}{115} = 435$ MPa $\left(\frac{N}{mm^2}\right)$
Baustahl	Tabellen Seite 97	S 235 $f_k = 240$ MPa $\left(\frac{N}{mm^2}\right)$	$f_d = \frac{f_k}{1{,}10} = 218$ MPa $\left(\frac{N}{mm^2}\right)$
		S 355 $f_k = 360$ MPa $\left(\frac{N}{mm^2}\right)$	$f_d = \frac{f_k}{1{,}10} = 327$ MPa $\left(\frac{N}{mm^2}\right)$
Bauholz, überdacht eingebaut und bei Langzeitbelastung	Tabellen Seiten 143, 144	unterschiedliche f_k-Werte bei Nadelholz, Laubholz und Brettschichtholz	$f_d = 0{,}60 \cdot \frac{f_k}{1{,}30} = \frac{f_k}{2{,}17}$
Mauerwerk aus künstlichen Steinen aus natürlichen Steinen	Tabellen Seiten 87, 88 Tabelle Seite 96	bei Mauerpfeilern mit $A < 1000$ cm² $k_0 = 1{,}25$, sonst 1,0	$f_d = 0{,}85 \cdot \frac{f_k}{1{,}50 \cdot k_0} = \frac{f_k}{1{,}76 \cdot k_0}$

Dreisatz mit geradem Verhältnis

Ein gerades Verhältnis ist gegeben, wenn beide veränderlichen Größen zu- oder abnehmen.

je mehr . . . . desto mehr
oder
je weniger . . . . desto weniger

Zum Beispiel:
doppelte Menge . . . . doppelter Preis
oder
halbe Menge . . . . halber Preis

Beispiel:
Ein Bagger hebt in 8 Stunden 400 m³ Boden aus. Wie viele Stunden braucht er für 4500 m³?

Die Lösung erfolgt in drei Schritten:

Im **1. Satz** wird das bekannte Verhältnis ausgedrückt.

400 m³ werden in 8 Stunden ausgehoben.

Im **2. Satz** wird das bekannte Verhältnis auf eine Einheit bezogen.

1 m³ wird in $\frac{8}{400}$ Stunden ausgehoben.

Im **3. Satz** wird auf das gesuchte Verhältnis geschlossen.

4500 m³ werden in $\frac{8 \cdot 4500}{400}$ Stunden ausgehoben.

Damit kann die gesuchte Größe berechnet werden.

$$\frac{8\,\text{h} \cdot 4500\,\text{m}^3}{400\,\text{m}^3} = \underline{90\,\text{h}}$$

Zeichnerische Darstellung:
Wertetabelle

Aushub in m³	100	200	300	400	500	600
Arbeitszeit in h	2	4	6	8	10	12

Die Zuordnung der Zahlenpaare wird im Achsenkreuz dargestellt. Verbindet man die Punkte, so entsteht bei einem geraden Verhältnis immer eine **Gerade**.

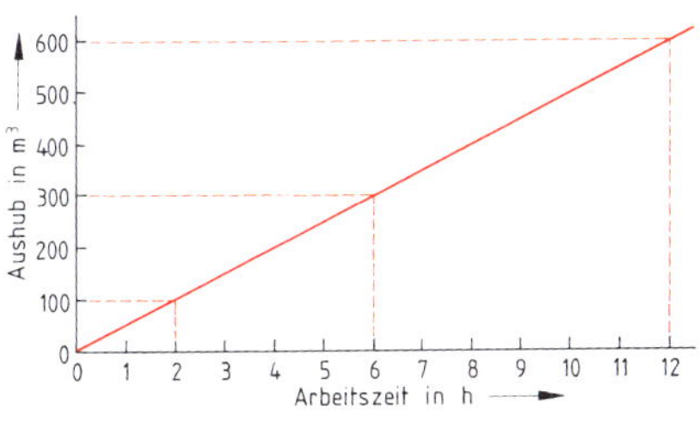

Dreisatz mit umgekehrtem Verhältnis

Ein umgekehrtes Verhältnis liegt vor, wenn die eine veränderliche Größe zunimmt und die andere dabei abnimmt.

je mehr . . . . desto weniger
oder
je weniger . . . . desto mehr

Zum Beispiel:
doppelte Arbeiterzahl . . . . . . halbe Arbeitszeit
oder
halbe Arbeiterzahl . . . . doppelte Arbeitszeit

Der Lösungsweg und die Schreibweise des Dreisatzes entsprechen dem Dreisatz mit geradem Verhältnis.

Beispiel:
3 Estrichleger benötigen für den Einbau von Estrichen in ein Einfamilienhaus 18 Stunden. Wie lange benötigen dazu 2 Estrichleger bei gleichem Arbeitstempo?

1. Satz 3 Estrichleger benötigen 18 Stunden

2. Satz 1 Estrichleger benötigt 18 · 3 Stunden

3. Satz 2 Estrichleger benötigen $\frac{18 \cdot 3\ \text{Stunden}}{2}$

$\frac{18 \cdot 3}{2}$ Stunden = $\underline{27\ \text{Stunden}}$

Ergebnis: 2 Estrichleger benötigen 27 Stunden.

Zeichnerische Darstellung:
Wertetabelle

Anzahl der Estrichleger	1	2	3	4	5	6
Arbeitsstunden	54	27	18	13,5	10,8	9

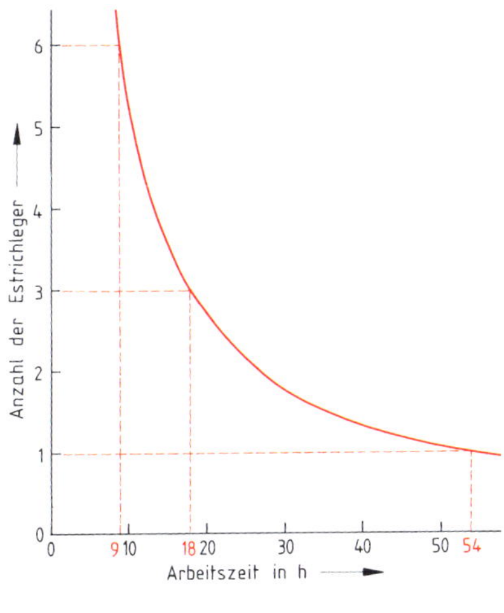

PROZENTRECHNEN

Den hundertsten Teil eines Wertes nennt man auch ein **Prozent** (%).

Sollen z. B. mehrere Werte miteinander verglichen werden, so kann man als Vergleichszahl **100** verwenden, auf welche die Vergleichswerte bezogen werden.

2 % Skonto von 500,– € sind 10,– €

500,– € ist der **Grundwert (*G*)**, er entspricht dem Ganzen, also 100 %.

10,– € ist der **Prozentwert (*P*)**, er entspricht einem Teil des Grundwertes.

2 % ist der **Prozentsatz (*p* %)**, er gibt an, wie viele Hundertstel (Prozent) des Grundwertes dem Prozentwert entsprechen.

Berechnung des Grundwertes

Prozentwert und Prozentsatz sind gegeben.

$$\text{Grundwert } G = \frac{\text{Prozentwert } P \cdot 100\,\%}{\text{Prozentsatz } p\%}$$

Berechnung des Prozentwertes

Grundwert und Prozentsatz sind gegeben.

$$\text{Prozentwert } P = \frac{\text{Grundwert } G \cdot \text{Prozentsatz } p\%}{100\,\%}$$

Berechnung des Prozentsatzes

Grundwert und Prozentwert sind gegeben.

$$\text{Prozentsatz } p\% = \frac{\text{Prozentwert } P \cdot 100\,\%}{\text{Grundwert } G}$$

In der Praxis sind Aufgabenstellungen häufig, bei denen nicht der Grundwert selbst, sondern ein **vermehrter** oder **verminderter Grundwert** gegeben ist. Es muss dann der Grundwert berechnet werden.

Beispiele:

1. Der Bauunternehmer erhält 185 000,– € für den Rohbau eines Einfamilienhauses. Wie hoch sind die Baukosten, wenn der Rohbau 40 % der Baukosten entspricht?

Gesuchte Baukosten = Grundwert *G*

Rohbaukosten = Prozentwert *P*

40 % = Prozentsatz *p* %

$$G = \frac{P \cdot 100\,\%}{p\%}$$

$$G = \frac{185\,000{,}\text{– €} \cdot 100\,\%}{40\,\%}$$

$$G = 462\,500{,}\text{– €}$$

Die Baukosten betragen <u>462 500,– €</u>.

2. Das Volumen einer Baugrube beträgt 2500 m³. Die Bodenauflockerung beim Aushub beträgt 15 %. Wie groß ist das aufgelockerte Bodenvolumen?

Anmerkung: Beim Aushub von Böden entsteht eine Auflockerung. Diese Auflockerung wird als Prozentsatz angegeben und liegt je nach Bodenart zwischen etwa 5 und 20 %.

Volumen der Baugrube = Grundwert *G*

Volumen der Bodenauflockerung = Prozentwert *P*

Auflockerung in % = Prozentsatz *p* %

$$P = \frac{G \cdot p\%}{100\,\%} = \frac{2500\text{ m}^3 \cdot 15\,\%}{100\,\%} = 375\text{ m}^3$$

Aufgelockertes Bodenvolumen = Volumen der Baugrube + Volumen der Bodenauflockerung

Aufgelockertes Volumen = 2500 m³ + 375 m³
= <u>2875 m³</u>

3. Wie viel % Preisnachlass gewährt ein Handwerker, wenn er für einen Auftrag statt der berechneten Summe von 12 840,– € nur 12 198,– € bezahlt haben will?

12 840,– € = Grundwert *G*

(12 840,– € – 12 198,– €) = Prozentwert *P*

Preisnachlass in % = Prozentsatz *p* %

$$p\% = \frac{P \cdot 100\,\%}{G}$$

$$p\% = \frac{(12\,840{,}\text{– €} - 12\,198{,}\text{– €}) \cdot 100\,\%}{12\,840{,}\text{– €}}$$

Prozentsatz = <u>5 %</u>

Der Handwerker gewährt einen Preisnachlass von <u>5 %</u>.

4. Ein Bauunternehmer muss an ein Betonwerk für eine Lieferung Transportbeton 5431,50 € bezahlen, da die Preise um 6,5 % angehoben wurden. Wie viel hätte er vor dieser Verteuerung bezahlen müssen?

Rechnungsbetrag = erhöhter Grundwert (entspricht 100 % + 6,5 %)

Verteuerung = Prozentwert *P*

Verteuerung in % = Prozentsatz *p* %

$$P = \frac{\text{erhöhter Grundwert} \cdot p\%}{100\,\% + p\%}$$

Verteuerung $= \dfrac{5431{,}50\text{ €} \cdot 6{,}5\,\%}{100\,\% + 6{,}5\,\%} = 331{,}50\text{ €}$

Alter Preis = Neuer Preis – Verteuerung

Alter Preis = <u>5100,00 €</u>

Vierecke

Quadrat

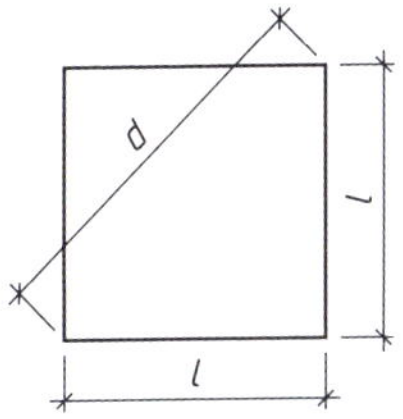

$A = l^2$

$U = 4 \cdot l$

$d = 1{,}414 \cdot l$

Rechteck

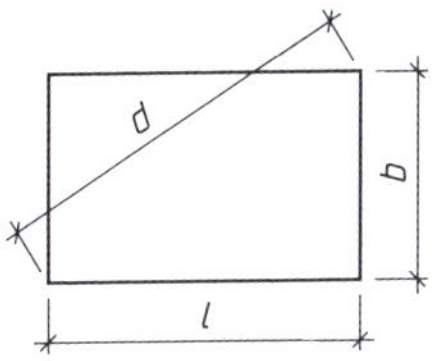

$A = l \cdot b$

$U = 2 \cdot (l + b)$

$d = \sqrt{b^2 + l^2}$

Parallelogramm

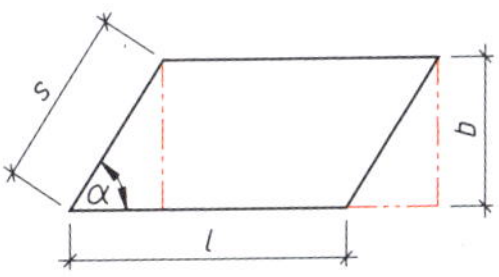

$A = l \cdot b$

$U = 2\,(l + s)$

Raute

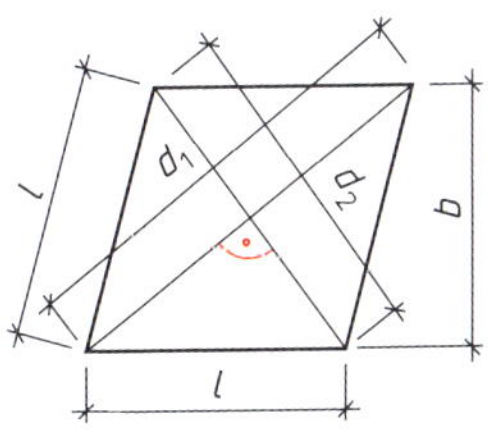

$A = l \cdot b$

$U = 4 \cdot l$

(Die Diagonalen d_1 und d_2 schneiden sich in der Mitte und stehen senkrecht zueinander.)

Trapez

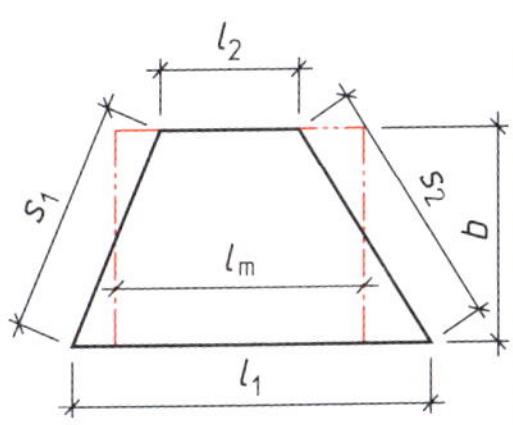

$A = \frac{l_1 + l_2}{2} \cdot b$

$U = l_1 + l_2 + s_1 + s_2$

$l_m = \frac{l_1 + l_2}{2}$

Dreiecke

rechtwinklig

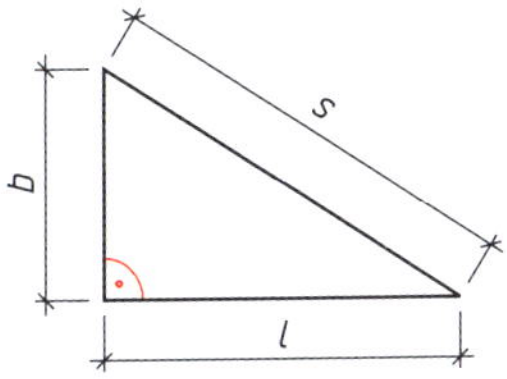

$A = \frac{l \cdot b}{2}$

$U = l + b + s$

spitzwinklig

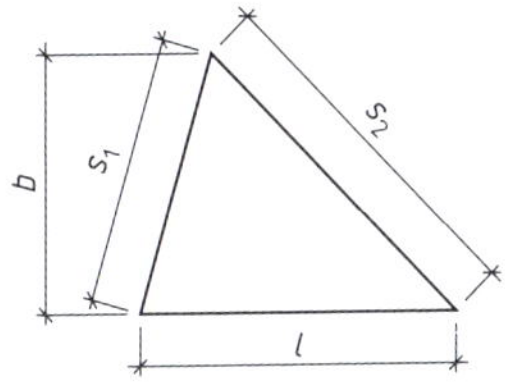

$A = \frac{l \cdot b}{2}$

$U = l + s_1 + s_2$

stumpfwinklig

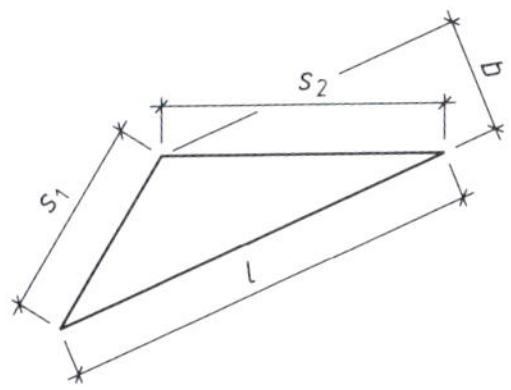

$A = \frac{l \cdot b}{2}$

$U = l + s_1 + s_2$

gleichseitig

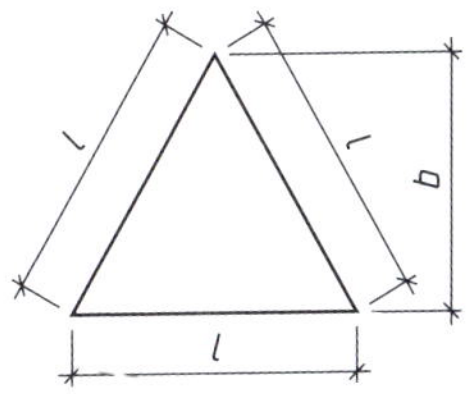

$A = \frac{l \cdot b}{2}$

$U = 3 \cdot l$

gleichschenklig

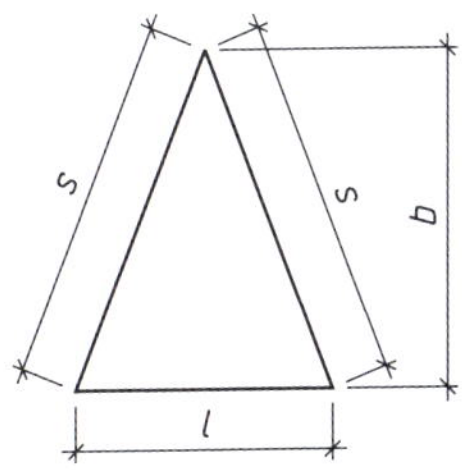

$A = \frac{l \cdot b}{2}$

$U = l + 2\,s$

Kreis und Kreisteile

Kreis

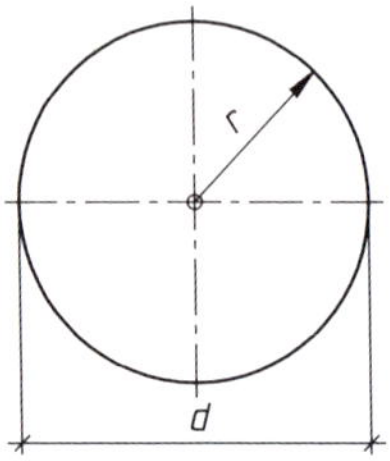

$A = \frac{d^2 \cdot \pi}{4}$

$A = 0{,}785 \cdot d^2$

$A = r^2 \cdot \pi$

$U = d \cdot \pi$

$U = 3{,}1415 \cdot d$

$d = 2 \cdot r$

Kreisausschnitt

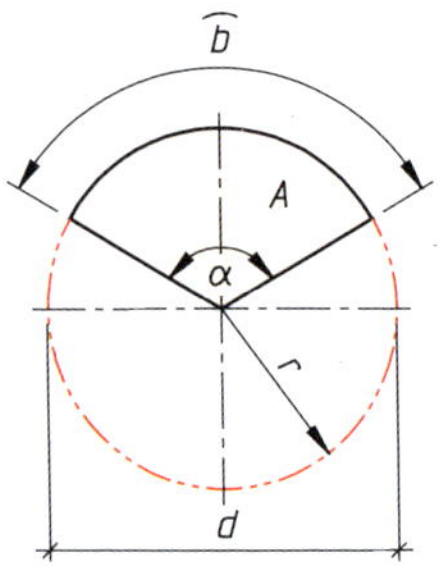

$A = \frac{d^2 \cdot \pi \cdot \alpha}{4 \cdot 360°}$

$b = \frac{d \cdot \pi \cdot \alpha}{360°}$

$A = \frac{r^2 \cdot \pi \cdot \alpha}{360°}$

$b = \frac{r \cdot \pi \cdot \alpha}{180°}$

Kreisabschnitt

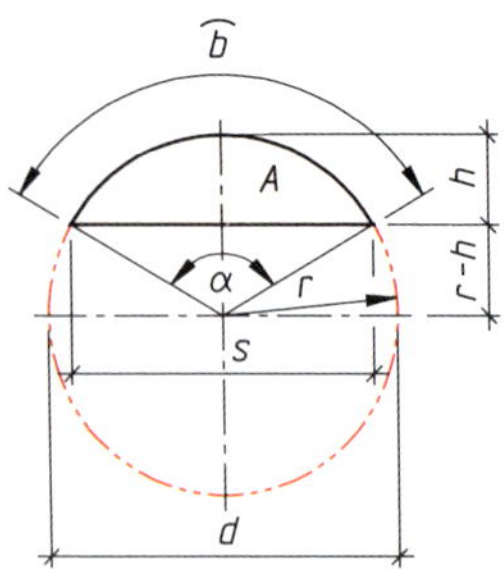

$A \approx \frac{2}{3} \cdot s \cdot h$

$b = \frac{d \cdot \pi \cdot \alpha}{360°}$

$s = 2 \cdot r \cdot \sin\left(\frac{\alpha}{2}\right)$

genau:

$A = \frac{r^2 \cdot \pi \cdot \alpha}{360°} - \frac{s \cdot (r - h)}{2}$

$r = \frac{s^2}{8h} + \frac{h}{2}$; $s = \sqrt{\left(r - \frac{h}{2}\right) 8h}$

Kreisring

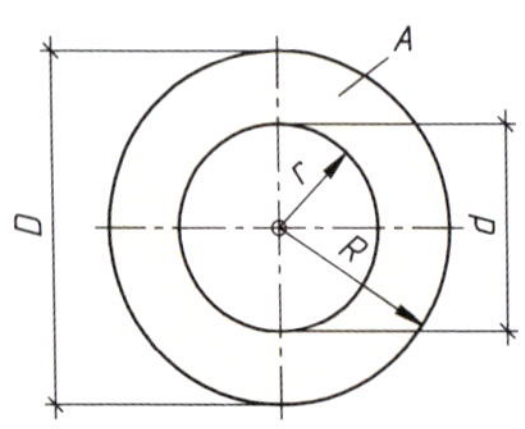

$A = (D^2 - d^2) \cdot \frac{\pi}{4}$

$A = (R^2 - r^2) \cdot \pi$

Ellipse

Ellipse

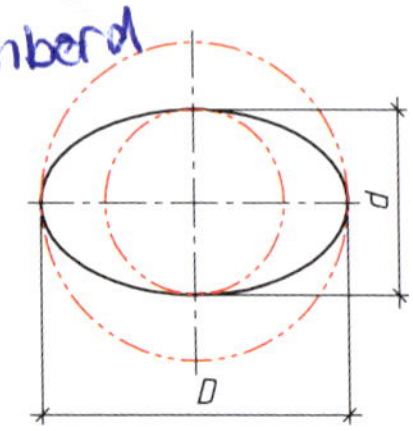

$A = \frac{D \cdot d \cdot \pi}{4}$

$A = 0{,}785 \cdot d \cdot D$

$U \approx \frac{D + d}{2} \cdot \pi$

$U \approx 1{,}57 \cdot (D + d)$

Prismen

Quader

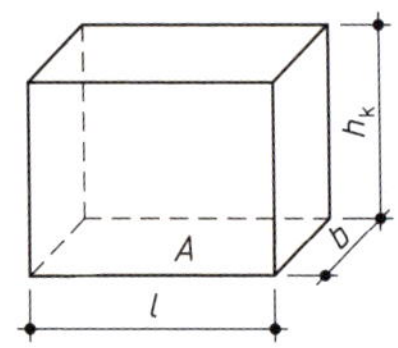

$V = A \cdot h_k$

$V = l \cdot b \cdot h_k$

$A_M = U \cdot h_k$

$A_M = 2 \cdot (l + b) \cdot h_k$

$A_O = 2 \cdot A + A_M$

$A_O = 2 \cdot l \cdot b + 2 \cdot (l + b) \cdot h_k$

Würfel

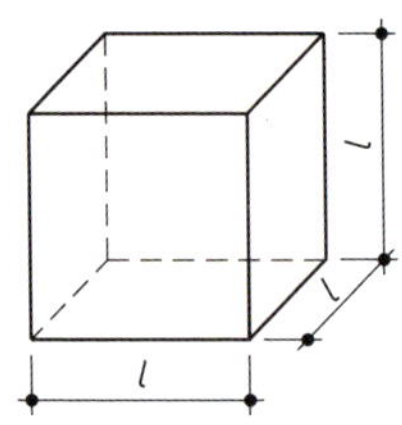

$V = l^3$

$A_M = 4 \cdot l^2$

$A_O = 6 \cdot l^2$

senkrechtes oder schiefes Prisma

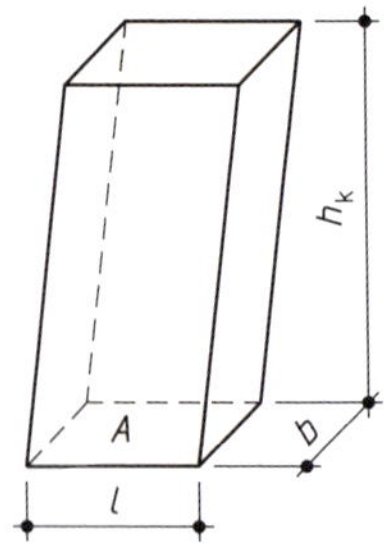

$V = A \cdot h_k$

für senkrechtes Prisma

$A_M = U \cdot h_k$

$A_O = 2 \cdot A + U \cdot h_k$

A_M = Mantelfläche
A_O = Oberfläche

Stumpfe Körper

Pyramidenstumpf

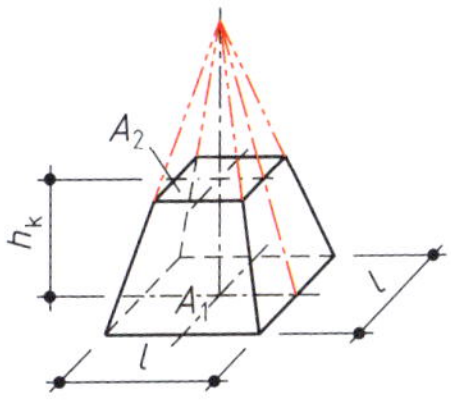

$V \approx A_m \cdot h_k$

$V = \frac{h_k}{6} \cdot (A_1 + A_2 + 4 \cdot A_m)$

$V = \frac{h_k}{3}(A_1 + A_2 + \sqrt{A_1 \cdot A_2})$

A_M = Summe der Trapezflächen

$A_O = A_M + A_1 + A_2$

(A_m = Querschnittsfläche in halber Höhe)

Kegelstumpf

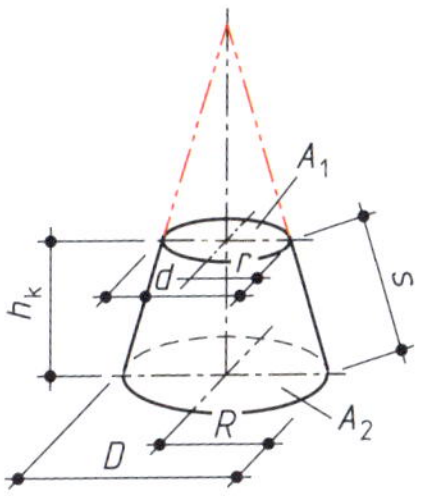

$V = \frac{h_k}{6}(A_1 + A_2 + 4 \cdot A_m)$

$V = \frac{\pi \cdot h_k}{12}(D^2 + d^2 + D \cdot d)$

$V = \frac{\pi \cdot h_k}{3}(R^2 + r^2 + R \cdot r)$

$A_M = \frac{\pi \cdot s}{2} \cdot (D + d)$

$A_O = A_M + A_1 + A_2$

$s = \sqrt{h_k^2 + \left(\frac{D - d}{2}\right)^2}$

Keilstumpf

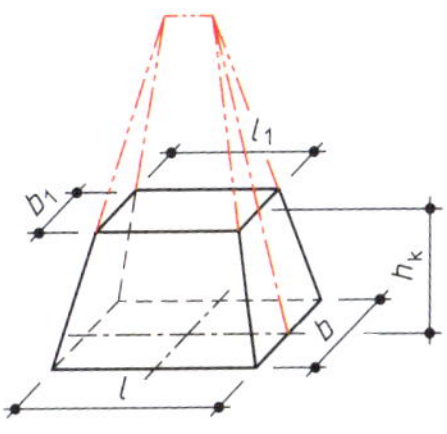

$V = \frac{h_k}{6}[(2 \cdot l + l_1) \cdot b + (2 \cdot l_1 + l) \cdot b_1]$

Näherungsformel

$V \approx h_K \cdot \frac{l + l_1}{2} \cdot \frac{b + b_1}{2}$

elliptischer Kübel

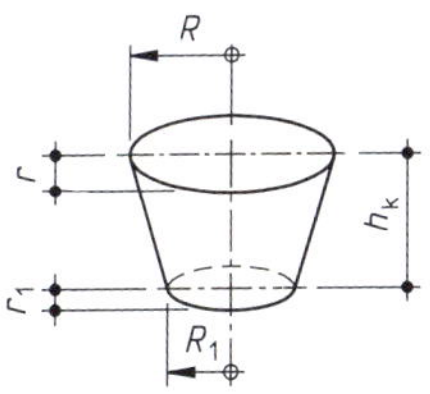

$V = \frac{\pi \cdot h_k}{6} \cdot [(2 \cdot R + R_1) \cdot r + (2 \cdot R_1 + R) \cdot r_1]$

Kugel und Kugelteile

Kugel

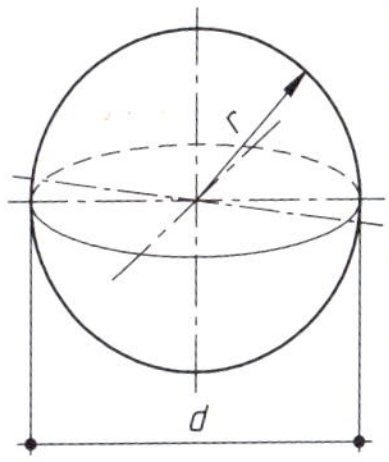

$V = \frac{4}{3} \cdot \pi \cdot r^3$

$V = \frac{\pi \cdot d^3}{6}$

$A_O = 4 \cdot \pi \cdot r^2$

$A_O = \pi \cdot d^2$

Kugelabschnitt

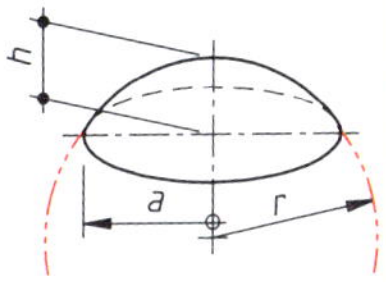

$V = \pi \cdot h^2 \cdot \left(r - \frac{h}{3}\right)$

$V = \frac{\pi \cdot h}{6} \cdot (3\,a^2 + h^2)$

$a = \sqrt{h \cdot (2 \cdot r - h)}$

$A_O = \pi \cdot (2 \cdot a^2 + h^2)$

$A_M = 2 \cdot \pi \cdot r \cdot h$

$A_M = \pi \cdot (a^2 + h^2)$

Kugelausschnitt

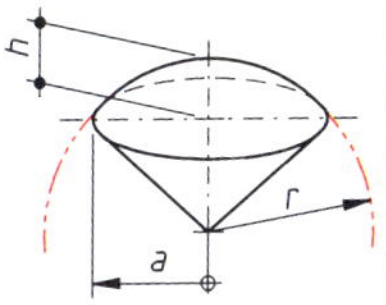

$V = \frac{2}{3}\pi \cdot r^2 \cdot h$

$A_O = \pi \cdot r \cdot (a + 2\,h)$

$A_M = \pi \cdot r \cdot a$

Kugelschicht

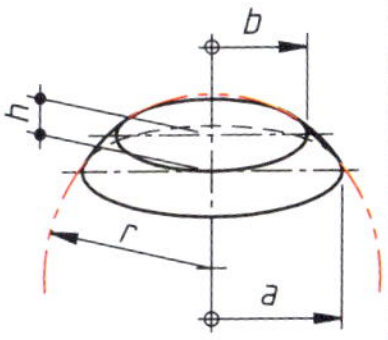

$V = \frac{\pi \cdot h}{6} \cdot (3\,a^2 + 3\,b^2 + h^2)$

$A_M = 2 \cdot \pi \cdot r \cdot h$

Zylinder und Ring

gerader oder schiefer Zylinder

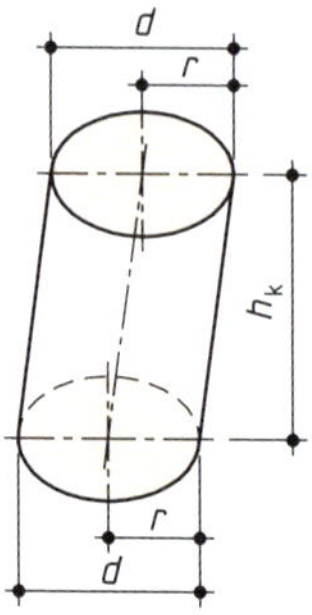

$V = \frac{\pi \cdot d^2}{4} \cdot h_k$

$V = \pi \cdot r^2 \cdot h_k$

für geraden Zylinder

$A_M = \pi \cdot d \cdot h_k$

$A_O = \pi \cdot d \cdot \left(\frac{d}{2} + h_k\right)$

gerader oder schiefer Hohlzylinder

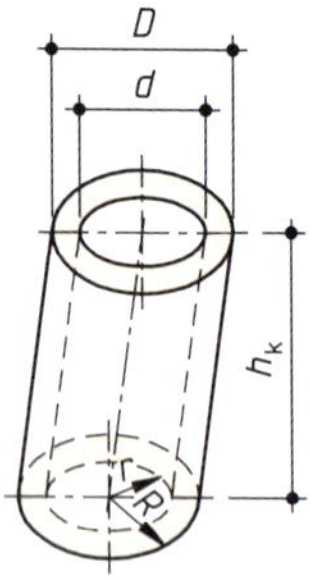

$V = (D^2 - d^2) \cdot \frac{\pi}{4} \cdot h_k$

$V = (R^2 - r^2) \cdot \pi \cdot h_k$

zylindrischer Ring

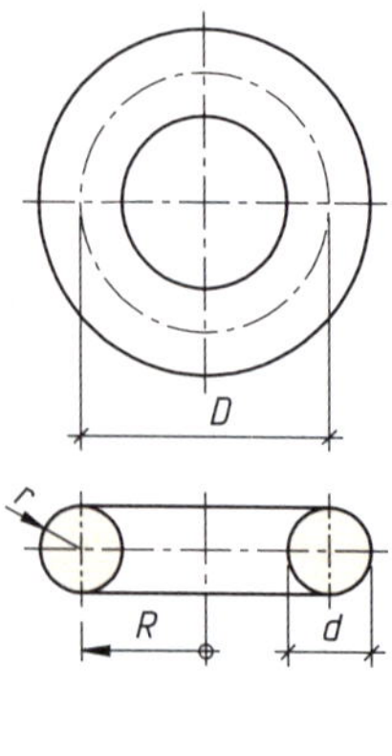

$V = r^2 \cdot \pi^2 \cdot 2 \cdot R$

$V = \frac{D \cdot d^2 \cdot \pi^2}{4}$

$A_O = 4 \cdot \pi^2 \cdot R \cdot r$

$A_O = D \cdot d \cdot \pi^2$

Spitze Körper

gerade oder schiefe Pyramide

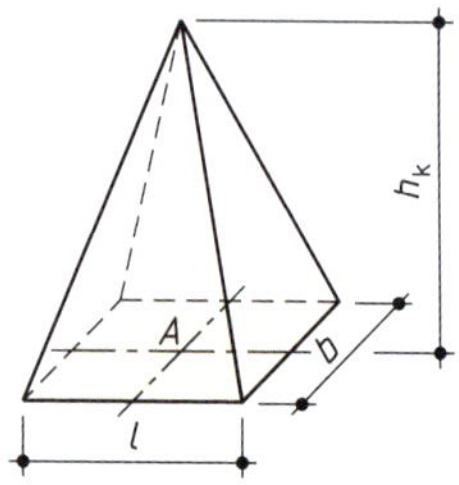

$V = \frac{A \cdot h_k}{3}$

A_M = Summe der Dreiecksflächen

$A_O = A + A_M$

gerader oder schiefer Kegel

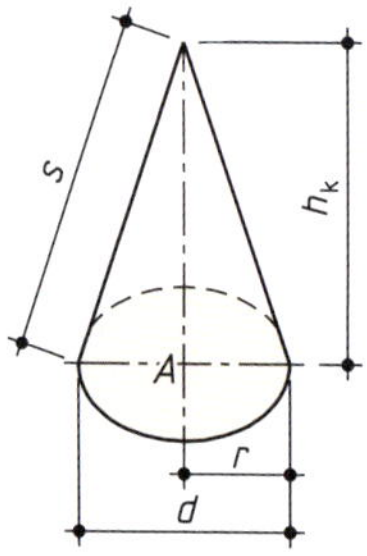

$V = \frac{A \cdot h_k}{3}$

$V = \frac{\pi \cdot d^2 \cdot h_k}{12}$

$V = \frac{\pi \cdot r^2 \cdot h_k}{3}$

$A_M = \frac{\pi \cdot d \cdot s}{2}$

$A_O = \frac{\pi \cdot d}{2} \cdot \left(\frac{d}{2} + s\right)$

Keil, Dach

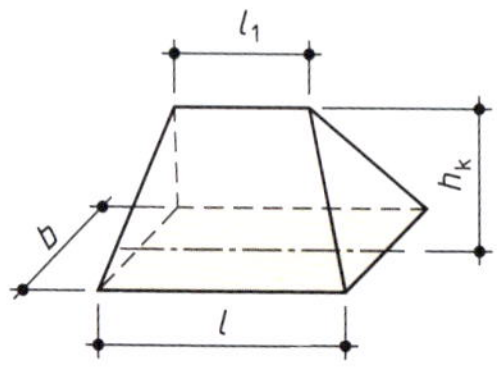

$V = \frac{b \cdot h_k}{6} \cdot (2 \cdot l + l_1)$

Rampe

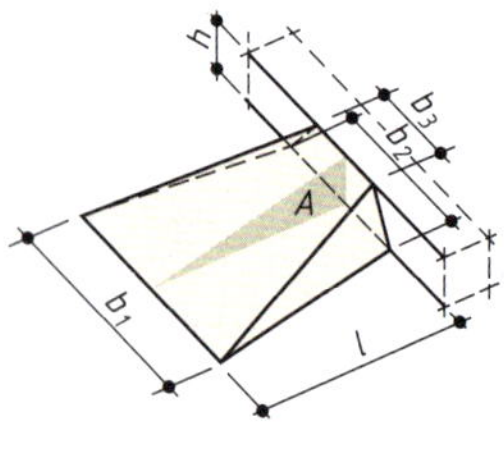

$V = A \cdot b_m$

$A = l \cdot \frac{h}{2}$

$b_m = \frac{b_1 + b_2 + b_3}{3}$

Bezeichnungen am rechtwinkligen Dreieck

Im rechtwinkligen Dreieck werden die den rechten Winkel bildenden Seiten als **Katheten** bezeichnet und die dem rechten Winkel gegenüberliegende Seite – also die längste Seite – **als Hypotenuse**.

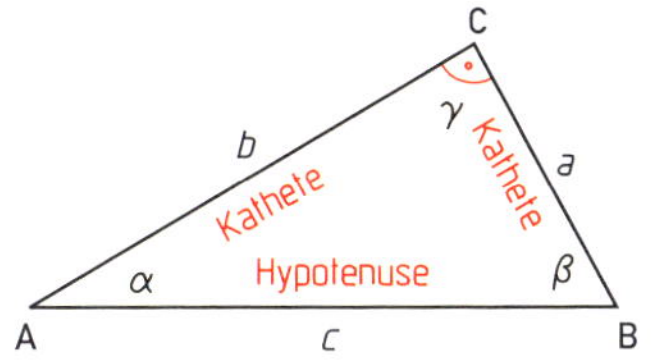

Die Ecken werden mit den Großbuchstaben A, B und C bezeichnet und die Winkel mit α, β und γ, wobei α immer bei A, β immer bei B und der rechte Winkel γ immer bei C ist.
Die Seite gegenüber A wird mit *a*, die Seite gegenüber B wird mit *b* und die Seite gegenüber C wird mit *c* bezeichnet.

Im rechtwinkligen Dreieck ist das Quadrat über der Hypotenuse gleich der Summe der Quadrate über den Katheten.

$$c^2 = a^2 + b^2$$

Pythagoreischer Lehrsatz

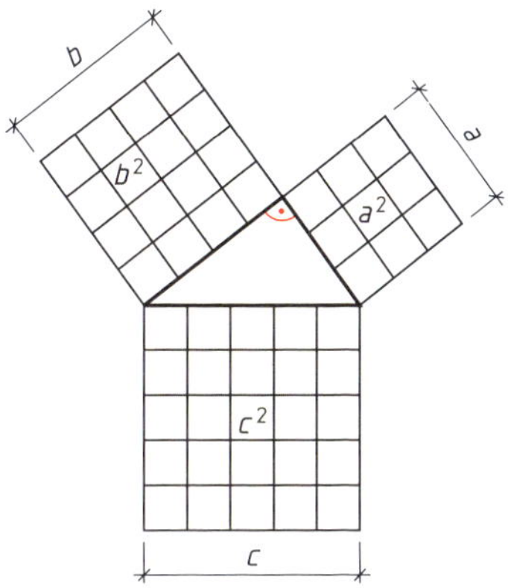

$$a^2 = c^2 - b^2$$
$$b^2 = c^2 - a^2$$
$$c = \sqrt{a^2 + b^2}$$
$$a = \sqrt{c^2 - b^2}$$
$$b = \sqrt{c^2 - a^2}$$

Verreihungstabelle

Zur Benutzung der Tabellen: Ein Dreieck ist immer rechtwinklig, wenn die Seiten die Abmessungen einer Tabellenzeile haben. Das Verhältnis der Dreiecksseiten ist dann immer 3 : 4 : 5.

a	b	c
1.000	1.333	1.667
1.100	1.467	1.833
1.200	1.600	2.000
1.300	1.733	2.167
1.400	1.867	2.333
1.500	2.000	2.500
1.600	2.133	2.667
1.700	2.267	2.833
1.800	2.400	3.000
1.900	2.533	3.167
2.000	2.667	3.333
2.100	2.800	3.500
2.200	2.933	3.667
2.300	3.067	3.833
2.400	3.200	4.000
2.500	3.333	4.167
2.600	3.467	4.333

a	b	c
2.700	3.600	4.500
2.800	3.733	4.667
2.900	3.867	4.833
3.000	4.000	5.000
3.100	4.133	5.167
3.200	4.267	5.333
3.300	4.400	5.500
3.400	4.533	5.667
3.500	4.667	5.833
3.600	4.800	6.000
3.700	4.933	6.167
3.800	5.067	6.333
3.900	5.200	6.500
4.000	5.333	6.667
4.100	5.467	6.833
4.200	5.600	7.000
4.300	5.733	7.167

a	b	c
0.750	1.000	1.250
0.825	1.100	1.375
0.900	1.200	1.500
0.975	1.300	1.625
1.050	1.400	1.750
1.125	1.500	1.875
1.200	1.600	2.000
1.275	1.700	2.125
1.350	1.800	2.250
1.425	1.900	2.375
1.500	2.000	2.500
1.575	2.100	2.625
1.650	2.200	2.750
1.725	2.300	2.875
1.800	2.400	3.000
1.875	2.500	3.125
1.950	2.600	3.250

a	b	c
2.025	2.700	3.375
2.100	2.800	3.500
2.175	2.900	3.625
2.250	3.000	3.750
2.325	3.100	3.875
2.400	3.200	4.000
2.475	3.300	4.125
2.550	3.400	4.250
2.625	3.500	4.375
2.700	3.600	4.500
2.775	3.700	4.625
2.850	3.800	4.750
2.925	3.900	4.875
3.000	4.000	5.000
3.075	4.100	5.125
3.150	4.200	5.250
3.225	4.300	5.375

a	b	c
0.600	0.800	1.000
0.660	0.880	1.100
0.720	0.960	1.200
0.780	1.040	1.300
0.840	1.120	1.400
0.900	1.200	1.500
0.960	1.280	1.600
1.020	1.360	1.700
1.080	1.440	1.800
1.140	1.520	1.900
1.200	1.600	2.000
1.260	1.680	2.100
1.320	1.760	2.200
1.380	1.840	2.300
1.440	1.920	2.400
1.500	2.000	2.500
1.560	2.080	2.600

a	b	c
1.620	2.160	2.700
1.680	2.240	2.800
1.740	2.320	2.900
1.800	2.400	3.000
1.860	2.480	3.100
1.920	2.560	3.200
1.980	2.640	3.300
2.040	2.720	3.400
2.100	2.800	3.500
2.160	2.880	3.600
2.220	2.960	3.700
2.280	3.040	3.800
2.340	3.120	3.900
2.400	3.200	4.000
2.460	3.280	4.100
2.520	3.360	4.200
2.580	3.440	4.300

Ähnliche rechtwinklige Dreiecke

Rechtwinklige Dreiecke sind einander ähnlich, wenn ihre Winkel gleich groß sind.

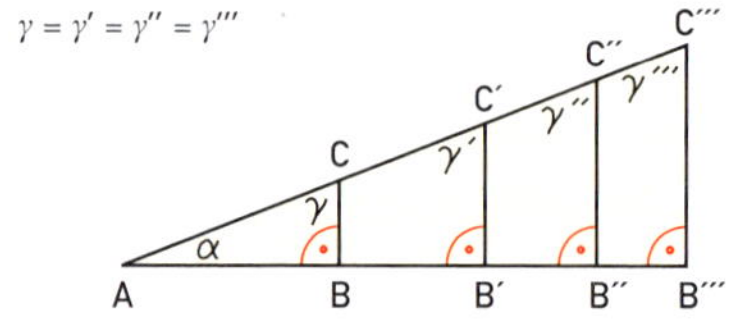

ΔABC ~ ΔAB′C′ ~ ΔAB″C″ ~ ΔAB‴C‴

~ bedeutet ähnlich

$\overline{AB} : \overline{AB'} = \overline{BC} : \overline{B'C'} = \overline{AC} : \overline{AC'}$

$\overline{AB} : \overline{AB''} = \overline{BC} : \overline{B''C''} = \overline{AC} : \overline{AC''}$

$\overline{AB} : \overline{AB'''} = \overline{BC} : \overline{B'''C'''} = \overline{AC} : \overline{AC'''}$

Steigung, Neigung, Gefälle

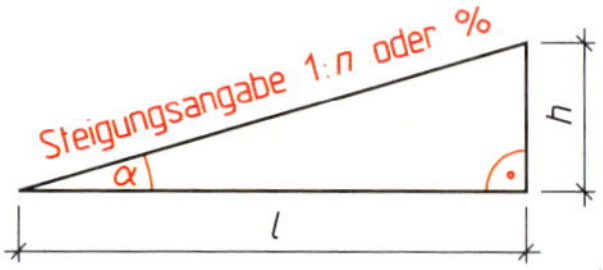

$$\text{Prozentsatz } (p) = \frac{100\,\%}{\text{Verhältniszahl } (n)}$$

$$\text{Verhältniszahl } (n) = \frac{100\,\%}{\text{Prozentsatz } (p)}$$

$$\text{Steigungsverhältnis} = \frac{\text{Höhe } (h)}{\text{Länge } (l)} = \frac{1}{n} = 1:n$$

$$\text{Verhältniszahl } (n) = \frac{\text{Länge } (l)}{\text{Höhe } (h)}$$

$$\text{Prozentsatz } (p) = \frac{\text{Höhe } (h)}{\text{Länge } (l)} \cdot 100\,\%$$

$$\text{Höhe } (h) = \frac{\text{Länge } (l)}{\text{Verhältniszahl } (n)}$$

$$\text{Höhe } (h) = \frac{\text{Prozentsatz } (p) \cdot \text{Länge } (l)}{100\,\%}$$

$$\text{Länge } (l) = \text{Verhältniszahl } (n) \cdot \text{Höhe } (h)$$

$$\text{Länge } (l) = \frac{\text{Höhe } (h) \cdot 100\,\%}{\text{Prozentsatz } (p)}$$

$$\frac{1}{n} = \frac{h}{l} = \frac{p\%}{100\,\%} = \frac{p‰}{1000\,‰} = \tan\alpha$$

Winkelfunktionen (Trigonometrie)

In rechtwinkligen Dreiecken besteht ein Zusammenhang zwischen den Winkeln und den Seiten.

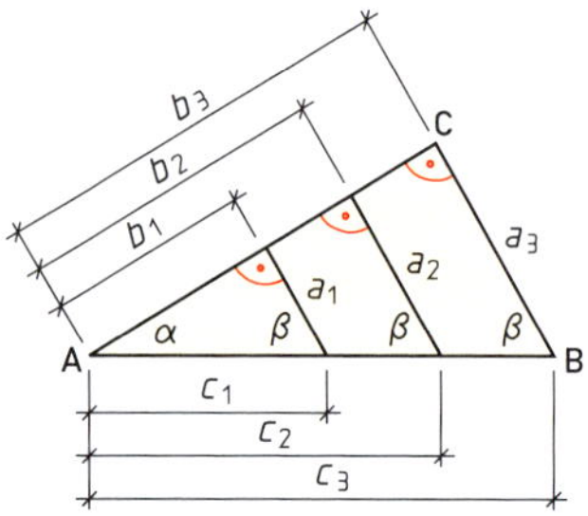

Aufgrund der Ähnlichkeit der Dreiecke ist:

$$\frac{a_1}{c_1} = \frac{a_2}{c_2} = \frac{a_3}{c_3};\quad \frac{b_1}{c_1} = \frac{b_2}{c_2} = \frac{b_3}{c_3};\quad \frac{a_1}{b_1} = \frac{a_2}{b_2} = \frac{a_3}{b_3}$$

Wird der Winkel α geändert, so ändern sich auch die Seitenverhältnisse. Die Seitenverhältnisse sind also von der Größe des Winkels α abhängig.
Im rechtwinkligen Dreieck sind sechs verschiedene Seitenverhältnisse möglich:

$\frac{a}{c}; \frac{b}{c}; \frac{a}{b}$ und ihre Kehrwerte $\frac{c}{a}; \frac{c}{b}; \frac{b}{a}$

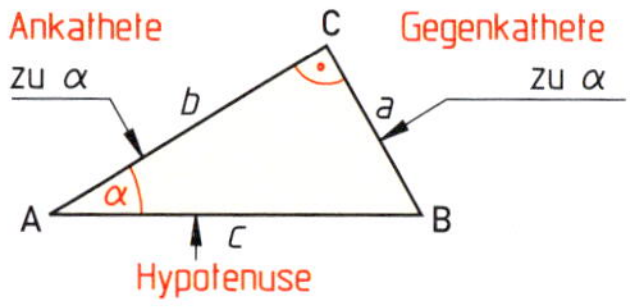

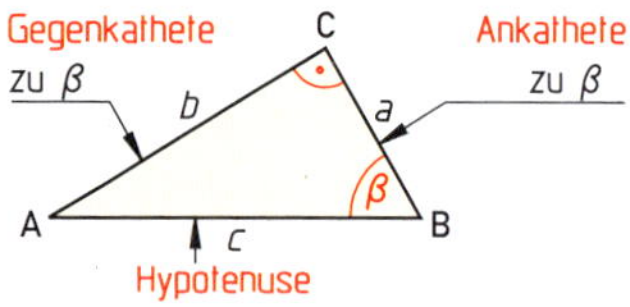

Sekans und Kosekans werden nur sehr selten, z. B. in der Astronomie oder Nautik, verwendet.

Winkelfunktion		bezogen auf α	bezogen auf β
Sinus	$= \frac{\text{Gegenkathete}}{\text{Hypotenuse}}$	$\sin\alpha = \frac{a}{c}$	$\sin\beta = \frac{b}{c}$
Kosinus	$= \frac{\text{Ankathete}}{\text{Hypotenuse}}$	$\cos\alpha = \frac{b}{c}$	$\cos\beta = \frac{a}{c}$
Tangens	$= \frac{\text{Gegenkathete}}{\text{Ankathete}}$	$\tan\alpha = \frac{a}{b}$	$\tan\beta = \frac{b}{a}$
Kotangens	$= \frac{\text{Ankathete}}{\text{Gegenkathete}}$	$\cot\alpha = \frac{b}{a}$	$\cot\beta = \frac{a}{b}$
Sekans	$= \frac{\text{Hypotenuse}}{\text{Ankathete}}$	$\sec\alpha = \frac{c}{b}$	$\sec\beta = \frac{c}{a}$
Kosekans	$= \frac{\text{Hypotenuse}}{\text{Gegenkathete}}$	$\operatorname{cosec}\alpha = \frac{c}{a}$	$\operatorname{cosec}\beta = \frac{c}{b}$

Winkelfunktionen (Trigonometrie)

Der zu einem bestimmten Winkel gehörende Winkelfunktionswert oder der zu einem bestimmten Winkelfunktionswert gehörende Winkel kann entweder aus Tabellen abgelesen oder von Taschenrechnern abgerufen werden.

Mithilfe des Taschenrechners werden die gesuchten Werte **schneller** und **genauer** ermittelt als anhand von Tabellen.

Der Taschenrechner muss neben der üblichen Grundausstattung eine Sinus-, Kosinus-, Tangens-, Doppelfunktions- und Reziprokwert-Taste besitzen. Bei vielen Taschenrechnern ist der Winkelmodus wählbar, d. h., es ist zwischen Grad (°), Gon (Neugrad) und Bogenmaß zu wählen. In der Bautechnik ist es üblich, in Grad (°) (rechter Winkel = 90°) zu rechnen. Vor dem Durchführen von Winkelfunktionsberechnungen muss geprüft werden, ob der Grad (°)-Winkelmodus am Taschenrechner eingestellt ist. Bei vielen Taschenrechnern wird dies durch das Zeichen **DEG** in der Anzeige signalisiert.

Beispiel 1:
Für folgende Winkel sind die Funktionswerte mithilfe des Taschenrechners zu ermitteln:

a) Sinus des Winkels 35°
b) Kosinus des Winkels 66,7°
c) Tangens des Winkels 50,77°
d) Kotangens des Winkels 28,3°

	Eingabe		Taste		Anzeige
a)	35	→	SIN	→	**0,5736**
b)	66,7	→	COS	→	**0,3955**
c)	50,77	→	TAN	→	**1,2248**
d)	28,3	→	TAN	→	0,5384
			1/x	→	**1,8572**

SIN **Sinustaste**
Durch Drücken dieser Taste wird die **Sinusfunktion** eines zuvor eingegebenen Winkels ermittelt.

COS **Kosinustaste**
Durch Drücken dieser Taste wird die **Kosinusfunktion** eines zuvor eingegebenen Winkels ermittelt.

TAN **Tangenstaste**
Durch Drücken dieser Taste wird die **Tangensfunktion** eines zuvor eingegebenen Winkels ermittelt.

2nd **Doppelfunktionstaste**
2nd = second (2.)
Zweite Tastenbelegung. Durch Drücken dieser Taste wird der Winkel eines zuvor errechneten **Funktionswertes** ermittelt.

1/x **Reziprokwert-(Kehrwert-)Taste**
Durch Drücken dieser Taste werden durch Umkehrung die Winkelfunktionen wie folgt verändert:

sin	→	Kosekans
cos	→	Sekans
tan	→	Kotangens

Beispiel 2:
Für folgende Funktionswerte sind die Winkel mithilfe des Taschenrechners zu ermitteln:

a) Sinus = 0,5075
b) Kosinus = 0,8646
c) Tangens = 2,0204

Zur Ermittlung der Winkel ist nach Eingabe der Funktionswerte die Doppelfunktionstaste 2nd zu drücken. Diese Taste wird bei manchen Rechnern auch als ARC (Arcus), bei anderen als INV (inverse = umgekehrt) bezeichnet.

	Eingabe	Taste	Anzeige	Taste	Anzeige
a)	0,5075 →	2nd →	0,5075 →	SIN →	**30,50**
b)	0,8646 →	2nd →	0,8646 →	COS →	**30,16**
c)	2,0204 →	2nd →	2,0204 →	TAN →	**63,67**

KRÄFTE – HEBEL – MOMENTE

Kräfte

Kraft F = Masse $m \cdot$ Beschleunigung a

In der Bautechnik entspricht (vereinfacht) die Masse m von 1 kg infolge der Erdanziehung der Kraft F von 10 N.

Kräftemaßstab – Kräfte können zeichnerisch als Strecke dargestellt werden, d. h., der Größe einer Kraft entspricht eine bestimmte Streckenlänge. Dazu muss ein geeigneter Kräftemaßstab zugrunde gelegt werden.

Kräftemaßstab $M_F = \dfrac{\text{Kraft } F}{\text{Länge } l}$

Gezeichnete Länge $l = \dfrac{\text{Kraft } F}{\text{Kräftemaßstab } M_F}$

Kraft F = gezeichnete Länge $l \cdot$ Kräftemaßstab M_F

Beispiel: Eine Strecke von 1 cm Länge soll eine Kraft von 0,1 kN darstellen.

Der Kräftemaßstab ist $M_F = \dfrac{0{,}1 \text{ kN}}{1 \text{ cm}}$

Darstellung von Kräften

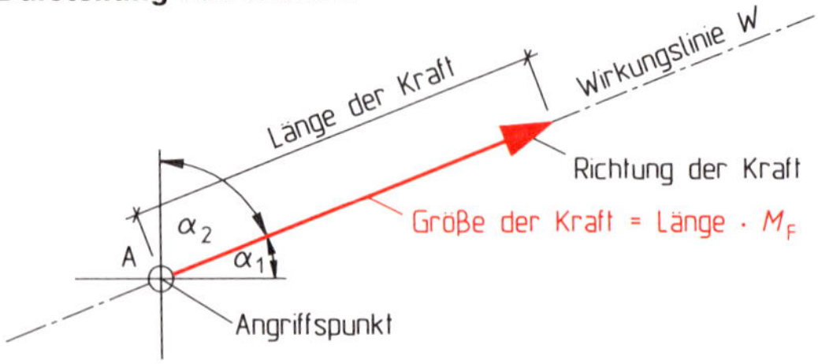

Kräfteparallelogramm und Krafteck

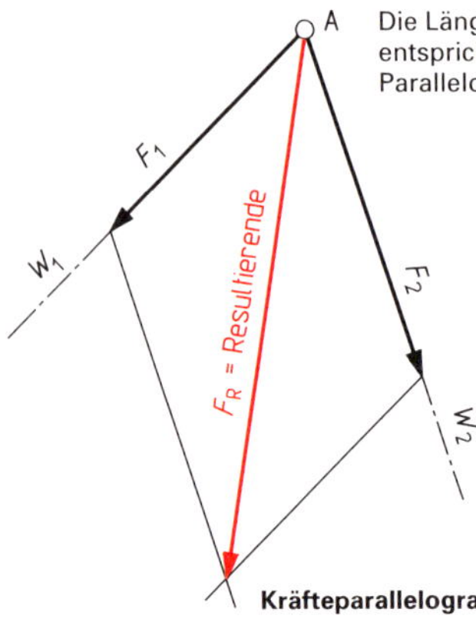

Kräfteparallelogramm

Die Länge der Resultierenden entspricht der Diagonalen im Parallelogramm.

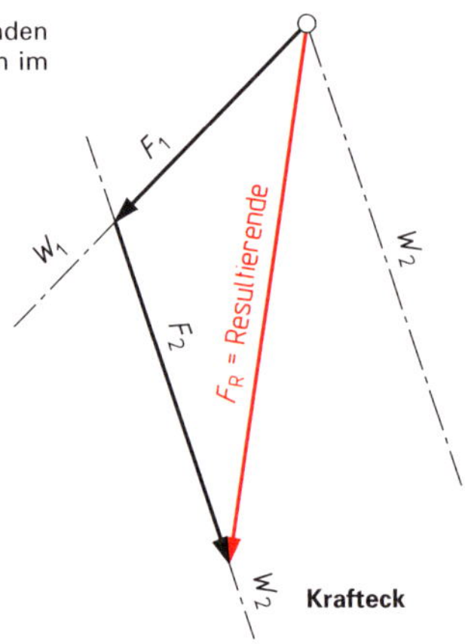

Krafteck

1. Sonderfall: Die Kräfte F_1 und F_2 bilden einen rechten Winkel.

$F_R^2 = F_1^2 + F_2^2;\quad F_R = \sqrt{F_1^2 + F_2^2}$

2. Sonderfall: Die Kraft F soll in zwei Komponenten F_1 und F_2 zerlegt werden, wobei eine Komponente mit der Kraft F einen rechten Winkel bildet.
Mithilfe der Winkelfunktionen kann berechnet werden:

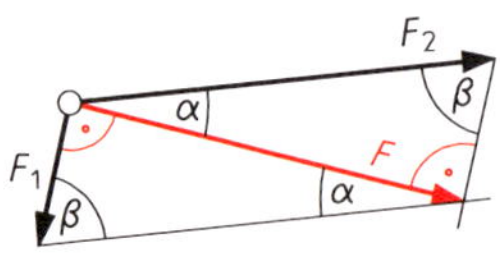

$\sin\alpha = \dfrac{F_1}{F_2} \rightarrow F_1 = \sin\alpha \cdot F_2;\; F_2 = \dfrac{F_1}{\sin\alpha}$

$\tan\alpha = \dfrac{F_1}{F} \rightarrow F_1 = \tan\alpha \cdot F;\; F_2 = \dfrac{F_1}{\tan\alpha}$

Momente

Wirkt auf einen festen Körper eine Kraft, so kann eine Drehwirkung hervorgerufen werden.

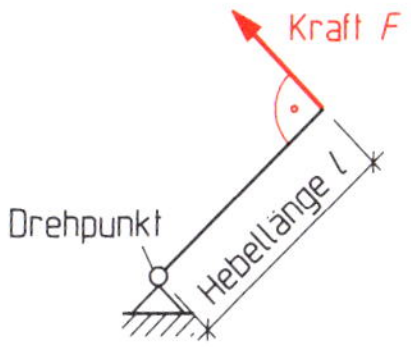

Die Hebellänge ist immer der rechtwinklig zur Kraftwirkung gemessene Abstand zum Drehpunkt.

Das Produkt aus der Hebellänge und der *rechtwinklig* dazu angreifenden Kraft wird als **Drehmoment** (kurz: Moment) bezeichnet.

Befindet sich der Hebel im Gleichgewicht, so ist die Summe aller Momente um einen Drehpunkt gleich null ($\Sigma M = 0$). Die Gleichgewichtsbedingung $\Sigma M = 0$ wird auch als **Hebelgesetz** bezeichnet. Momente mit unterschiedlichem Drehsinn erhalten unterschiedliche Vorzeichen.

Zweiseitiger Hebel

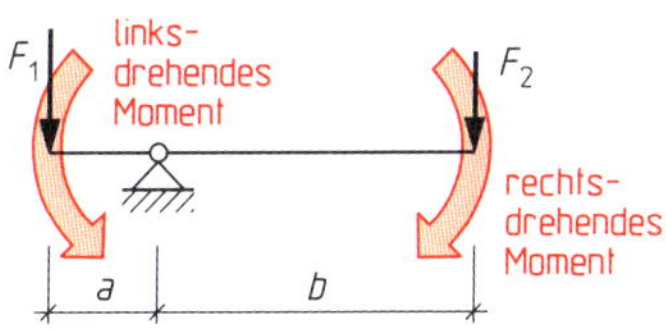

rechtsdrehendes Moment $= F_2 \cdot b$
linksdrehendes Moment $= F_1 \cdot a$
$\Sigma M = 0; \quad F_2 \cdot b - F_1 \cdot a = 0$

Beispiel:
Berechnen Sie die Befestigungskraft F_1 am dargestellten Auslegergerüst.

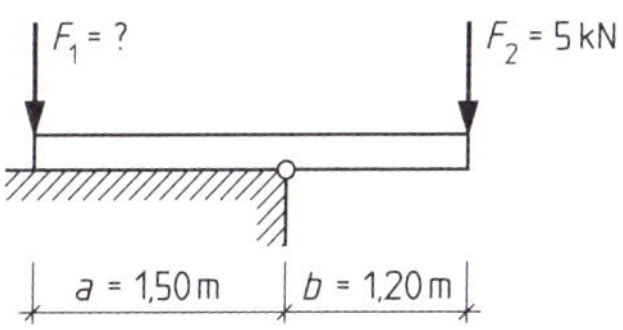

Lösung:

$\Sigma M = 0$

$F_2 \cdot b - F_1 \cdot a = 0$

$F_1 = \dfrac{F_2 \cdot b}{a}$

$F_1 = \dfrac{5\ \text{kN} \cdot 1{,}20\ \text{m}}{1{,}50\ \text{m}}$

$F_1 = \underline{4\ \text{kN}}$

Einseitiger Hebel

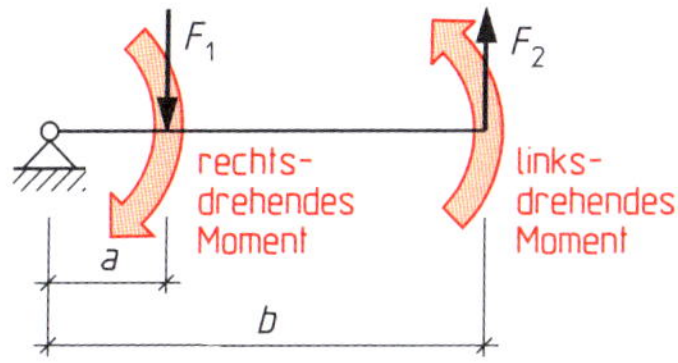

rechtsdrehendes Moment $= F_1 \cdot a$
linksdrehendes Moment $= F_2 \cdot b$
$\Sigma M = 0; \quad F_1 \cdot a - F_2 \cdot b = 0$

Beispiel:
Welche Kraft F ist erforderlich, um den dargestellten Hebel im Gleichgewicht zu halten?

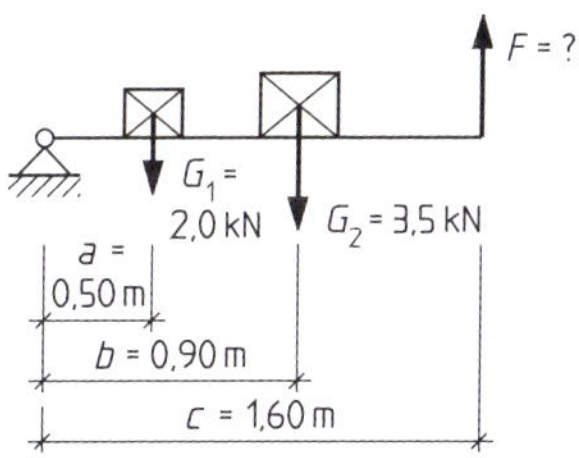

Lösung:

$\Sigma M = 0;\ G_1 \cdot a + G_2 \cdot b - F \cdot c = 0$

$F = \dfrac{G_1 \cdot a + G_2 \cdot b}{c} \qquad F = \dfrac{2{,}0\ \text{kN} \cdot 0{,}50\ \text{m} + 3{,}5\ \text{kN} \cdot 0{,}90\ \text{m}}{1{,}6\ \text{m}}$

$F = \dfrac{4{,}15\ \text{kN m}}{1{,}6\ \text{m}} = \underline{2{,}59\ \text{kN}}$

Auflagerkräfte – Sollen bei einem Träger auf 2 Stützen die Auflagerkräfte berechnet werden, so betrachtet man den Träger als Hebel, wobei zuerst das eine, dann das andere Auflager als Drehpunkt angenommen wird.

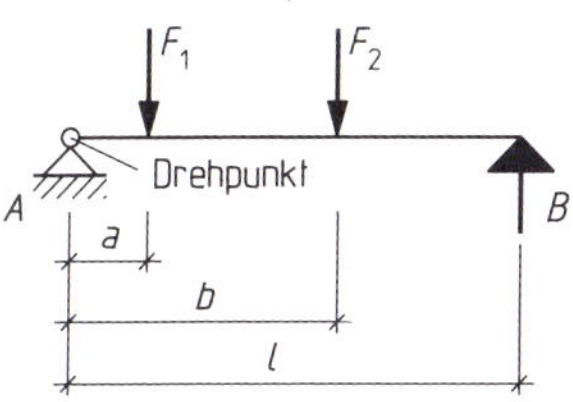

$\Sigma M_{(A)} = 0; \quad F_1 \cdot a + F_2 \cdot b - B \cdot l = 0$

$B = \dfrac{F_1 \cdot a + F_2 \cdot b}{l}$

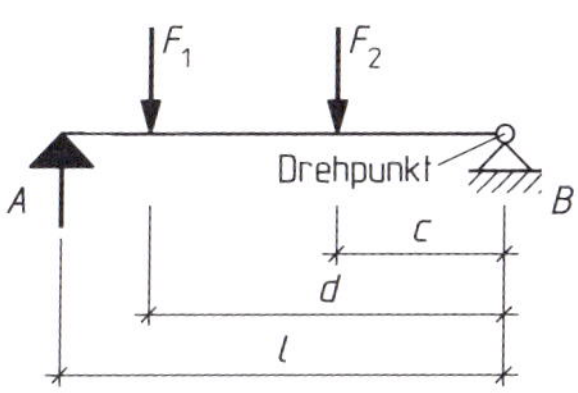

$\Sigma M_{(B)} = 0; \quad A \cdot l - F_1 \cdot d - F_2 \cdot c = 0$

$A = \dfrac{F_1 \cdot d + F_2 \cdot c}{l}$

Feste Rolle

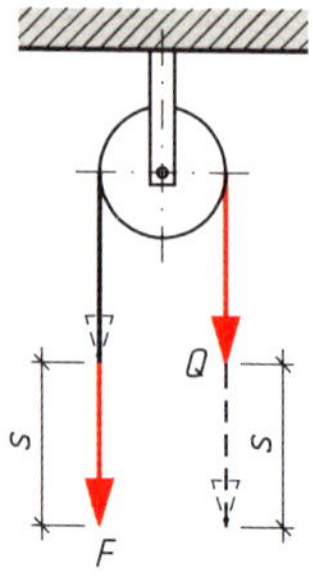

$F = Q$

Lose Rolle

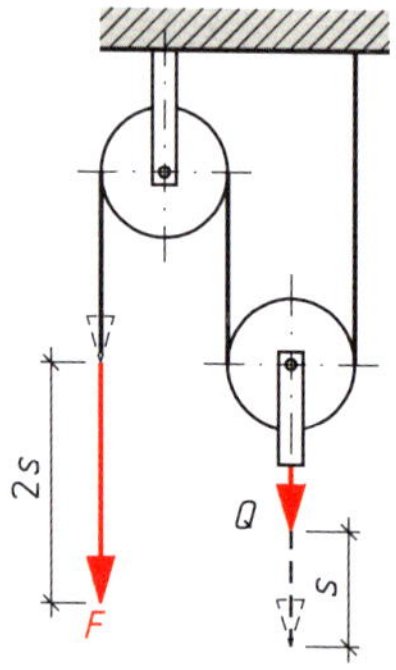

$F = \frac{Q}{2}$

Flaschenzug

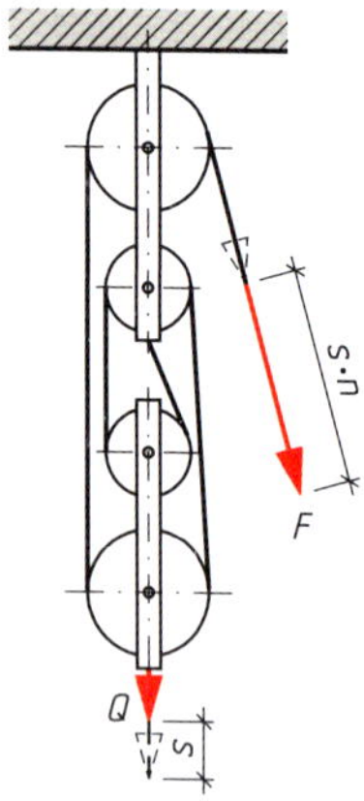

n = Anzahl der Rollen

$F = \frac{Q}{n}$

Differenzialflaschenzug

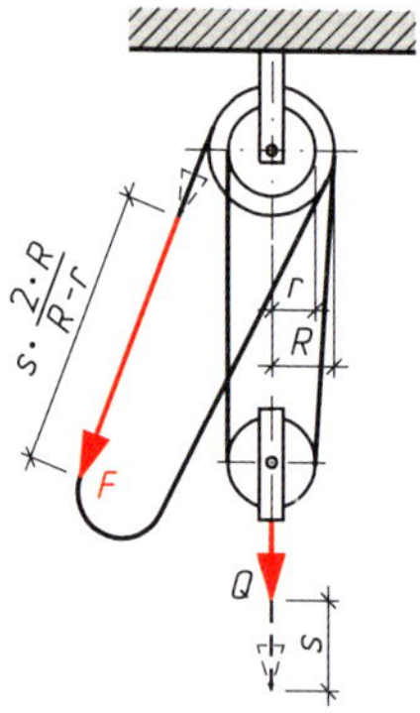

$F = Q \cdot \frac{R - r}{2R}$

Schiefe Ebene

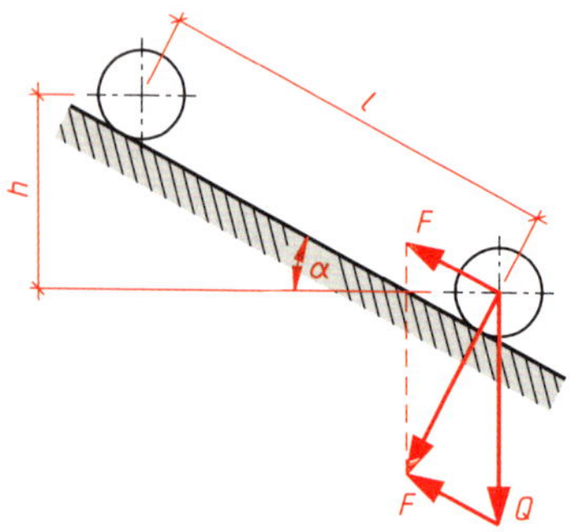

$F = Q \cdot \frac{h}{l} = Q \cdot \sin\alpha$

Keil

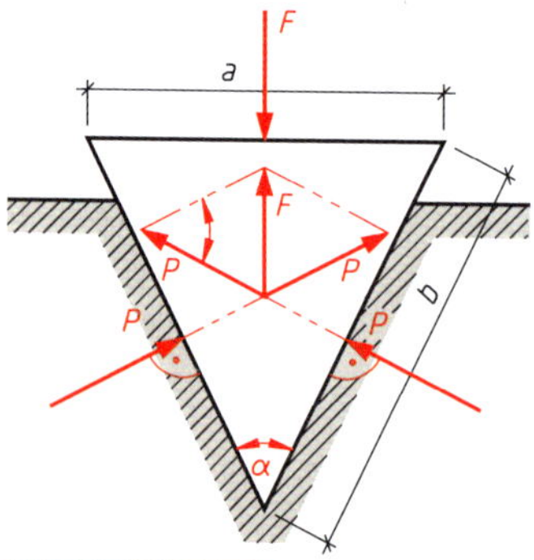

$P = \frac{F}{2 \sin\alpha/2} = \frac{F \cdot b}{a}$

FLÄCHENLASTEN VON BAUSTOFFEN UND BAUTEILEN (DIN EN 1991-1-1/NA)

Flächenlast: Gesamtlast eines Stoffes oder der Anordnung mehrerer Stoffe je Flächeneinheit

Gegenstand		Flächenlast je cm Dicke in kN/m²
Wandbauplatten	Porengips-Wandbauplatten, Rohdichteklasse 0,7	0,07
	Gips-Wandbauplatten, Rohdichteklasse 0,9	0,09
	Gipsplatten	0,09
Fußboden- und Wandbeläge	Asphaltbeton, Betonwerksteinplatten, Terrazzo, kunstharzgebundene Werksteinplatten	0,24
	Calciumsulfatestrich (Anhydrit-, Natur-, Kunst-, REA[1]-Gipsestrich)	0,22
	Gipsestrich	0,20
	Gussasphaltestrich	0,23
	Industrieestrich	0,24
	Zementestrich; Kunstharz- und Magnesiaestrich	0,22
	Keramische Wandfliesen (Steingut einschließlich Verlegemörtel)	0,19
	Keramische Bodenfliesen (Steinzeug und Spaltplatten einschließlich Verlegemörtel)	0,22
	Natursteinplatten (einschließlich Verlegemörtel)	0,30
	Kunststoff-Fußbodenbelag	0,15
	Linoleum	0,13
	Teppichboden	0,03
Lose Stoffe	Bimskies, geschüttet	0,07
	Blähglimmer, geschüttet	0,02
	Blähschiefer und Blähton, geschüttet	0,15
	Faserdämmstoff, z. B. Glas-, Schlacken-, Steinfaser	0,01
	Faserstoffe, bituminiert, als Schüttung	0,02
	Gummischnitzel	0,03
	Hanfschäben, bituminiert	0,02
	Hochofenschlackensand	0,10
	Kieselgur	0,03
	Korkschrot, geschüttet	0,02
	Magnesia, gebrannt	0,10
	Schaumkunststoffe	0,01
Platten, Matten, Bahnen	Asphaltplatten	0,22
	Holzwolleplatten, Plattendicke ≤ 100 mm	0,06
	Holzwolleplatten, Plattendicke > 100 mm	0,04
	Kieselgurplatten	0,03
	Korkschrotplatten aus imprägniertem Kork	0,02
	Mehrschicht-Leichtbauplatten, Zweischichtplatte	0,05
	Mehrschicht-Leichtbauplatten, Dreischichtplatte	0,09
	Korkschrotplatten aus Backkork	0,01
	Perlitplatten	0,02
	Polyurethan-Ortschaum	0,01
	Schaumglas (Rohdichte 0,07g/cm³) in Dicken von 4 … 6 cm mit Pappekaschierung und Verklebung	0,02
	Schaumkunststoffplatten	0,004

[1]) Rauchgasentschwefelungsanlage

Gegenstand		Flächenlast in kN/m²
Putze ohne und mit Putzträgern	Gipskalkputz: – auf Putzträgern (z. B. Ziegeldrahtgewerbe, Streckmetall) bei 30 mm Mörteldicke – auf Holzwolleplatten mit einer Dicke von 15 mm und Mörtel mit einer Dicke von 20 mm – auf Holzwolleplatten mit einer Dicke von 25 mm und Mörtel mit einer Dicke von 20 mm	 0,50 0,35 0,45
	Gipsputz, Dicke 15 mm	0,18
	Kalk-, Kalkgips- und Gipssandmörtel, Dicke 20 mm	0,35
	Kalkzementmörtel, Dicke 20 mm	0,40
	Leichtputz, Dicke 20 mm	0,30
	Putz aus Putz- und Mauerbinder, Dicke 20 mm	0,40
	Rohrdeckenputz (Gips), Dicke 20 mm	0,30
	Wärmedämmputzsysteme (WDPS) Dämmputz Dicke 20 mm Dicke 60 mm Dicke 100 mm	0,24 0,32 0,40
	Wärmedämmbekleidung aus Kalkzementputz mit einer Dicke von 20 mm und Holzwolleplatten Plattendicke 15 mm Plattendicke 50 mm Plattendicke 100 mm	0,49 0,60 0,80
	Wärmedämm-Verbundsystem (WDVS) aus 15 mm dickem bewehrtem Oberputz und Schaumkunststoff oder Faserdämmstoff	0,30
	Zementmörtel, Dicke 20 mm	0,42
Deckungen aus Dachziegeln, Dachsteinen und Glasdeckstoffen[1]	Dachsteine aus Beton mit mehrfacher Fußverrippung und hochliegendem Längsfalz bis 10 Stück/m² über 10 Stück/m²	0,50 0,55
	Dachsteine aus Beton mit mehrfacher Fußrippung und tiefliegendem Längsfalz bis 10 Stück/m² über 10 Stück/m²	0,60 0,65
	Biberschwanzziegel 155 × 3375 mm und 180 × 3380 mm und ebene Dachsteine aus Beton im Biberformat – Spließdach (einschließlich Schindeln) – Doppeldach und Kronendach	 0,60 0,75
	Falzziegel, Reformpfannen, Falzpfannen, Flachdachpfannen	0,55
	Glasdeckstoffe	–[2]
	Großformatige Pfannen bis 10 Stück/m²	0,50
	Kleinformatige Biberschwanzziegel und Sonderformate (Kirchen-, Turmbiber usw.)	0,95
	Krempziegel, Hohlpfannen	0,45
	Krempziegel, Hohlpfannen in Pappdocken verlegt	0,55
	Mönch- und Nonnenziegel (mit Vermörtelung)	0,90
	Strangfalzziegel	0,60
Schieferdeckungen	Altdeutsche Schieferdeckung und Schablonendeckung auf 24 mm Schalung, einschließlich Vordeckung und Schalung – in Einfachdeckung – in Doppeldeckung	 0,50 0,60
	Schablonendeckung auf Lattung, einschließlich Lattung	0,45

[1]) Die Flächenlasten gelten, soweit nicht anders angegeben, ohne Vermörtelung, aber einschließlich der Lattung. Bei einer Vermörtelung sind 0,1 kN/m² zuzuschlagen.

[2]) Die Flächenlasten der Glasdeckstoffe entsprechen bei gleicher Deckungsart den Flächenlasten der Dachsteine aus Beton, den Biberschwanzziegeln und den ebenen Dachsteinen aus Beton im Biberformat.

Flächenlasten von Baustoffen und Bauteilen (Fortsetzung)

Gegenstand		Flächenlast in kN/m²
Metall-deckungen	Aluminiumblechdach (Aluminium 0,7 mm dick, einschließlich 24 mm Schalung)	0,25
	Aluminiumblechdach aus Well-, Trapez- und Klemmrippenprofilen	0,05
	Doppelstehfalzdach aus Titanzink oder Kupfer, 0,7 mm dick, einschließlich Vordeckung und 24 mm Schalung	0,35
	Stahlpfannendach (verzinkte Pfannenbleche) – einschließlich Lattung – einschließlich Vordeckung und 24 mm Lattung	 0,15 0,30
	Stahlblechdach aus Trapezprofilen	[1]
	Wellblechdach (verzinkte Stahlbleche, einschließlich Befestigungsmaterial)	0,25
Faserzement-Dachplatten	Deutsche Deckung auf 24 mm Schalung, einschließlich Vordeckung und Schalung	0,40
	Doppeldeckung auf Lattung, einschließlich Lattung	0,38[2]
	Waagerechte Deckung auf Lattung, einschließlich Lattung	0,25[2]
Faserzement-Wellplatten	Faserzement-Kurzwellplatten	0,24[3]
	Faserzement-Wellplatten	0,20[3]
Sonstige Deckungen	Deckung mit Kunststoffwellplatten (Profilformen), ohne Pfetten, einschließlich Befestigungsmaterial – aus faserverstärkten Polyesterharzen, Plattendicke 1 mm – wie vor, jedoch mit Deckkappen – aus glasartigem Kunststoff (Rohdichte 1,2 kg/dm³), Plattendicke 3 mm	 0,03 0,06 0,08
	PVC-beschichtetes Polyestergewebe, ohne Tragwerk – Typ I (Reißfestigkeit 3,0 kN/5 cm Breite) – Typ II (Reißfestigkeit 4,7 kN/5 cm Breite) – Typ III (Reißfestigkeit 6,0 kN/5 cm Breite)	 0,0075 0,0085 0,01
	Rohr- oder Strohdach, einschließlich Lattung	0,70
	Schindeldach, einschließlich Lattung	0,25
	Sprossenlose Verglasung – Profilbauglas, einschalig – Profilbauglas, zweischalig	 0,27 0,54
	Zeltleinwand, ohne Tragwerk	0,03
Bitumen und Kunststoff-bahnen im Lieferzustand	Bitumen- und Polymerbitumen-Dachbahnen	0,04
	Bitumen- und Polymerbitumen-Schweißbahnen	0,07
	Bitumen-Dichtungsbahnen mit Metalleinlage	0,03
	Nackte Bitumenbahnen	0,01
	Glasvlies-Bitumen-Dachbahnen	0,03
	Kunststoffbahnen, 1,5 mm Dicke	0,02
Bitumen- und Kunst-stoffbahnen in verlegtem Zustand	Bitumen- und Polymerbitumenbahnen, einschließlich Klebemasse bzw. Bitumen- und Polymerbitumen-Schweißbahnen, je Lage	0,07
	Bitumenbahnen, einschließlich Klebemasse, je Lage	0,06
	Nackte Bitumenbahnen, einschließlich Klebemasse, je Lage	0,04
	Glasvlies-Bitumen-Dachbahnen, einschließlich Klebemasse, je Lage	0,05
	Dampfsperre, einschließlich Klebemasse bzw. Schweißbahn, je Lage	0,07
	Ausgleichsschicht, lose verlegt	0,03
	Dachabdichtungen und Bauwerksabdichtungen aus Kunststoffbahnen, lose verlegt, je Lage	0,02
Schwerer Oberflächenschutz auf Dachabdichtungen		
	Kiesschüttung, Dicke 5 cm	1,0

[1]) Nach Angaben des Herstellers.
[2]) Bei Verlegung auf Schalung sind 0,1 kN/m² zu addieren.
[3]) Ohne Pfetten, jedoch einschließlich Befestigungsmaterial.

WICHTEN UND BÖSCHUNGSWINKEL FÜR BAUSTOFFE UND LAGERSTOFFE (DIN EN 1991-1-1)

Wichte: Sie ist das Gesamtgewicht je Volumeneinheit eines Stoffes einschließlich Mikro- und Makrohohlräumen und Poren.
Böschungswinkel: Er stellt den natürlichen Winkel gegenüber der Horizontalen dar, der sich beim Schütten des losen Stoffes einstellt.

	Baustoffe	Wichte γ[3]) in kN/m³
Beton	Leichtbeton LC[1]) [2])	
	– Rohdichteklasse LC 1,0	9,0 … 10,0
	– Rohdichteklasse LC 1,2	10,0 … 12,0
	– Rohdichteklasse LC 1,4	12,0 … 14,0
	– Rohdichteklasse LC 1,6	14,0 … 16,0
	– Rohdichteklasse LC 1,8	16,0 … 18,0
	– Rohdichteklasse LC 2,0	18,0 … 20,0
	Normalbeton[1]) [2])	24,0
	Schwerbeton[1]) [2])	> 24,0
Mörtel	Zementmörtel	19,0 … 23,0
	Gips- und Kalkmörtel	12,0 … 18,0
	Kalkzementmörtel	18,0 … 20,0
	Normal-, Leicht-, Dünnbettmörtel (Rohdichte 2,41 … 2,60 kg/dm³)	26,0
Steine	Vollklinker	18,0 … 22,0
	Hochlochklinker	18,0
	Vollziegel, Lochziegel	14,0 … 20,0
	Leichtlochziegel	9,0 … 12,0
	Kalksand-Vollsteine	16,0 … 20,0
	Kalksand-Lochsteine	12,0 … 16,0
	Kalksand-Hohlblocksteine	10,0 … 14,0
	Vollsteine, Vollblöcke aus LC	8,0 … 14,0
	Lochsteine aus Leichtbeton	8,0 … 14,0
	Hohlblocksteine aus LC	7,0 … 10,0
	Porenbetonsteine	5,0 … 8,0
Natursteine	Granit, Syenit, Porphyr	27,0 … 30,0
	Basalt, Diorit, Gabbro	27,0 … 31,0
	Basalt	24,0
	Grauwacke, Sandstein	21,0 … 27,0
	dichter Kalkstein	20,0 … 29,0
	Kalkstein, Tuffstein	20,0
	Gneis	30,0
	Schiefer	28,0
Holz	Festigkeitsklasse C 14	3,5
	Festigkeitsklasse C 16	3,7
	Festigkeitsklasse C 18	3,8
	Festigkeitsklasse C 22	4,1
	Festigkeitsklasse C 24	4,2
	Festigkeitsklasse C 27	4,5
	Festigkeitsklasse C 30	4,6
	Festigkeitsklasse C 35	4,8
	Festigkeitsklasse C 40	5,0
	Festigkeitsklasse D 30	6,4
	Festigkeitsklasse D 35	6,7
	Festigkeitsklasse D 40	7,0
	Festigkeitsklasse D 50	7,8
	Festigkeitsklasse D 60	8,4
Brettschichtholz	Festigkeitsklasse GL24h	3,7
	Festigkeitsklasse GL28h	4,0
	Festigkeitsklasse GL32h	4,2
	Festigkeitsklasse GL36h	4,4
	Festigkeitsklasse GL24c	3,5
	Festigkeitsklasse GL28c	3,7
	Festigkeitsklasse GL32c	4,0

[1]) Erhöhung um 1 kN/m³ bei üblichem Bewehrungsgrad für Stahlbeton und Spannbeton.

	Baustoffe	Wichte γ[3]) in kN/m³
Holzwerkstoffe	Weichholz-Sperrholz	5,0
	Birken-Sperrholz	7,0
	Laminate und Tischlerplatten	4,5
	Spanplatten	7,0 … 8,0
	zementgebundene Spanplatten	12,0
	Sandwichplatten	7,0
	Hartfaserplatten	10,0
	Faserplatten mittlerer Dichte	8,0
	Leichtfaserplatten	4,0
Metalle	Aluminium	27,0
	Messing und Bronze	83,0 … 85,0
	Kupfer	87,0 … 89,0
	Gusseisen	71,0 … 72,5
	Schmiedeeisen	76,0
	Blei	112,0 … 114,0
	Stahl	77,0 … 78,5
	Zink	71,0 … 72,0
Glas	Glas, gekörnt	22,0
	Glasscheiben, -platten, -fliesen, -wandplatten	25,0
Kunststoffe	Acrylscheiben	12,0
	Polystryrol aufgeschäumt	0,3
	Glasschaum	1,4
	Polyesterharze	11,8
	Leimharze	10,0

Baustoffe, Lagerstoffe		Wichte γ[3]) in kN/m³	Böschungswinkel ϕ
Gesteinskörnung für Leichtbeton		9 … 20	30
Gesteinskörnung für Normalbeton		20 … 30	30
Gesteinskörnung für Schwerbeton		> 30	30
Kies und Sand als Schüttung		15 … 20	35
Sand		14 … 19	30
Hochofenschlacke	Stücke	17,0	40
	gekörnt	12,0	30
	Hüttenbims	9,0	35
Ziegelsplitt, gemahlen/gebrochen		15,0	35
Bentonit	lose	8,0	40
	gerüttelt	11,0	–
Zement	geschüttet	16,0	28
	in Säcken	15,0	–
Flugasche		10 … 14	25
Gips, gemahlen		15,0	25
Kalkstein		13,0	25
Kalk, gemahlen		13,0	25 … 27
Magnesit, gemahlen		12,0	–
Polyethylen, Polystyrol (Granulat)		6,4	30
Polyvinylchlorid, gemahlen		5,9	40
Bücher, Akten, dicht gelagert		8,5	–
Regale, Schränke		6,0	–
Sägespäne	in Säcken	3,0	–
	trocken, lose	2,5	45
	feucht, lose	5,0	45
Teer, Bitumen		14,0	–

[2]) Erhöhung um 1 kN/m³ als Frischbetonzuschlag.
[3]) Werden die Wichten zuverlässig direkt bestimmt, dürfen diese Werte verwendet werden.

Bodenkenngrößen – Erfahrungswerte der Wichte (DIN 1055-2)

Bodenart			Kurzzeichen nach DIN 18196	Lagerungsdichte, Zustandsform	Wichte γ in kN/m³		
					erdfeucht	wassergesättigt	unter Auftrieb
nichtbindige Böden	Kies, Sand eng gestuft		GE, SE mit $U < 6$	locker	16,0	18,5	8,5
				mitteldicht	17,0	19,5	9,5
				dicht	18,0	20,5	10,5
	Kies, Sand weit oder intermittierend gestuft		GW, GI, SW, SI mit $6 \leq U \leq 15$	locker	16,5	19,0	9,0
				mitteldicht	18,0	20,5	10,5
				dicht	19,5	22,0	12,0
	Kies, Sand weit oder intermittierend gestuft		GW, GI, SW, SI mit $U > 15$	locker	17,0	19,5	9,5
				mitteldicht	19,0	21,0	11,0
				dicht	21,0	22,5	12,5
bindige Böden	Schluffböden	leicht plastische Schluffe ($w_L < 35\,\%$)	UL	weich	17,5	19,0	9,0
				steif	18,5	20,0	10,0
				halbfest	19,5	21,0	11,0
		mittelplastische Schluffe ($35\,\% \leq w_L \leq 50\,\%$)	UM	weich	16,5	18,5	8,5
				steif	18,0	19,5	9,5
				halbfest	19,5	20,5	10,5
	Tonböden	leicht plastische Tone ($w_L < 35\,\%$)	TL	weich	19,0	19,0	9,0
				steif	20,0	20,0	10,0
				halbfest	21,0	21,0	11,0
		mittelplastische Tone ($35\,\% \leq w_L \leq 50\,\%$)	TM	weich	18,5	18,5	8,5
				steif	19,5	19,5	9,5
				halbfest	20,5	20,5	10,5
		ausgeprägt plastische Tone ($w_L > 50\,\%$)	TA	weich	17,5	17,5	7,5
				steif	18,5	18,5	8,5
				halbfest	19,5	19,5	9,5

Bodenkenngrößen – Erfahrungswerte der Scherfestigkeit (DIN 1055-2)

Bodenart			Kurzzeichen nach DIN 18196	Lagerungsdichte	Reibungswinkel φ'		
nichtbindige Böden	Kies, Sand eng, weit oder intermittierend gestuft		GE, GW, GI SE, SW, SI	locker	30,0°		
				mitteldicht	32,5°		
				dicht	35,0°		
				Zustandsformen	Scherfestigkeit		
					Reibung	Kohäsion	
					φ'	c' kN/m²	c_u kN/m²
bindige Böden	Schluffböden	leicht plastische Schluffe ($w_L < 35\,\%$)	UL	weich	27,5°	0	0
				steif		2	15
				halbfest		5	40
		mittelplastische Schluffe ($35\,\% \leq w_L \leq 50\,\%$)	UM	weich	22,5°	0	5
				steif		5	25
				halbfest		10	60
	Tonböden	leicht plastische Tone ($w_L < 35\,\%$)	TL	weich	22,5°	0	0
				steif		5	15
				halbfest		10	40
		mittelplastische Tone ($35\,\% \leq w_L \leq 50\,\%$)	TM	weich	17,5°	5	5
				steif		10	25
				halbfest		15	60
		ausgeprägt plastische Tone ($w_L > 50\,\%$)	TA	weich	15,0°	5	15
				steif		10	35
				halbfest		15	75

EIGEN- UND NUTZLASTEN (DIN EN 1991-1-1/NA)

Eigenlasten eines Bauwerks gelten als ständige ortsfeste Einwirkungen. **Nutzlasten** sind als veränderliche freie Einwirkungen anzusehen. Wirken neben den Nutzlasten gleichzeitig andere veränderliche Einwirkungen wie z. B. Schnee, Wind, Kranbetrieb oder Maschinenbetrieb mit, so ist die Gesamtheit aller Nutzlasten als eine einzige Einwirkung anzusehen. DIN EN 1991-1-1 verwendet für den Begriff „Eigenlast" den Begriff „Eigengewicht". **Horizontale Nutzlasten**, die infolge von Personen auf Brüstungen, Geländer und andere Konstruktionen wirken, sind in Absturzrichtung in voller Höhe und in der Gegenrichtung mit 50 %, mindestens jedoch 0,5 kN/m, anzusetzen. Die charakteristischen Werte der horizontalen Streckenlast q_k werden an Zwischenwänden in Höhe von bis zu 1,20 m angesetzt.

Entsprechend ihrer Nutzung werden Bauteile in **Nutzungskategorien** eingeteilt. Für die Bemessung ist bei gleichmäßig verteilter Last der **charakteristische Wert q_k in kN/m²** und bei konzentrierter Einzellast der **charakteristische Wert Q_k in kN** zu verwenden.

Q_k – charakteristischer Wert einer veränderlichen Einzellast
g_k – „Gewicht" je Einheitsfläche oder Einheitslänge
q_k – charakteristischer Wert einer gleichförmig verteilten Belastung oder Linienlast

Lotrechte Lasten für Decken, Dächer, Parkhäuser, Treppen und Balkone (DIN EN 1991-1-1/NA)

Kategorie		Nutzung	Beispiele	Gleichförmig verteilte Last q_k in kN/m²	Einzellast Q_k[1]) in kN
A	A1	Spitzboden	für Wohnzwecke nicht geeigneter, aber zugänglicher Dachraum bis 1,80 m lichter Höhe	1,0	1,0
	A2	Wohn- und Aufenthaltsräume	Decken mit ausreichender Querverteilung der Lasten, Räume und Flure in Wohngebäuden, Bettenräume in Krankenhäusern, Hotelzimmer einschließlich zugehöriger Küchen und Bäder	1,5	–
	A3		wie A2, aber ohne ausreichende Querverteilung der Lasten	2,0[2])	1,0
B	B1	Büroflächen, Arbeitsflächen, Flure	Flure in Bürogebäuden, Büroflächen, Arztpraxen ohne schweres Gerät, Stationsräume, Aufenthaltsräume einschließlich der Flure, Kleinviehställe	2,0	2,0
	B2		Flure und Küchen in Krankenhäusern, Hotels, Altenheimen, Flure in Internaten usw.; Behandlungsräume in Krankenhäusern, einschließlich Operationsräume ohne schweres Gerät, Kellerräume in Wohngebäuden	3,0	3,0
	B3		alle Beispiele von B1 und B2, jedoch mit schwerem Gerät	5,0	4,0
C	C1	Räume, Versammlungsräume und Flächen, die der Ansammlung von Personen dienen können (mit Ausnahme von unter A, B, D und E festgelegten Kategorien)	Flächen mit Tischen; z. B. Kindertagesstätten, Kinderkrippen, Schulräume, Cafés, Restaurants, Speise-, Lesesäle, Empfangsräume, Lehrerzimmer	3,0	4,0
	C2		Flächen mit fester Bestuhlung; z. B. Flächen in Kirchen, Theatern, Kinos, Kongress-, Hör- und Wartesälen	4,0	4,0
	C3		frei begehbare Flächen; z. B. Museums-, Ausstellungsflächen, Eingangsbereiche in öffentlichen Gebäuden, Hotels, nicht befahrbare Hofkellerdecken, sowie die zur Nutzungskategorie C1 ... C3 gehörigen Flure	5,0	4,0
	C4		Sport- und Spielflächen; z. B. Tanzsäle, Sporthallen, Gymnastik- und Kraftsporträume, Bühnen	5,0	7,0
	C5		Flächen für große Menschenansammlungen; z. B. in Gebäuden wie Konzertsälen, Terrassen und Eingangsbereiche sowie Tribünen mit fester Bestuhlung	5,0	4,0
	C6		Flächen mit regelmäßiger Nutzung durch erhebliche Menschenansammlungen, Tribünen ohne feste Bestuhlung	7,5	10,0

[1]) Falls der Nachweis der örtlichen Mindesttragfähigkeit erforderlich ist (z. B. bei Bauteilen ohne ausreichende Querverteilung der Lasten), so ist er mit den charakteristischen Werten für die Einzellast Q_k ohne Überlagerung mit der Flächenlast q_k zu führen. Die Aufstandsfläche für Q_k umfasst ein Quadrat mit einer Seitenlänge von 50 mm.
[2]) Für die Weiterleitung der Lasten in Räumen mit Decken ohne ausreichende Querverteilung auf stützende Bauteile darf der angegebene Wert um 0,5 kN/m² abgemindert werden.

Lotrechte Lasten (Fortsetzung)

Kategorie		Nutzung	Beispiele	Gleichförmig verteilte Last q_k in kN/m²	Einzellast Q_k[1] in kN
D	D1	Verkaufsräume	Flächen von Verkaufsräumen bis 50 m² Grundfläche in Wohn-, Büro- und vergleichbaren Gebäuden	2,0	2,0
	D2		Flächen in Einzelhandelsgeschäften und Warenhäusern	5,0	4,0
	D3		Flächen wie D2, jedoch mit erhöhten Einzellasten infolge hoher Lagerregale	5,0	7,0
E[5]	E1.1	Lager, Fabriken und Werkstätten, Ställe, Lagerräume und Zugänge	Flächen in Fabriken[3] und Werkstätten[3] mit leichtem Betrieb und Flächen in Großviehställen	5,0	4,0
	E1.2		allgemeine Lagerflächen, einschließlich Bibliotheken	6,0[4]	3,0
	E2.1		Flächen in Fabriken[3] und Werkstätten[3] mit mittlerem oder schwerem Betrieb	7,5[4]	4,0
F	F1		Verkehrs- und Parkflächen für leichte Fahrzeuge (Gesamtlast 30 kN)	3,0 oder	20
	F2		Zufahrtsrampen	5,0 oder	20
H	H	Dächer	nicht begehbare Dächer, außer für übliche Erhaltungsmaßnahmen, Reparaturen	–	1,0
T[6]	T1	Treppen und Treppenpodeste	Treppen und Treppenpodeste in Wohngebäuden, Bürogebäuden und von Arztpraxen ohne schweres Gerät	3,0	2,0
	T2		alle Treppen und Treppenpodeste, die nicht in T1 oder T3 eingeordnet werden können	5,0	2,0
	T3		Zugänge und Treppen von Tribünen ohne feste Sitzplätze, die als Fluchtwege dienen	7,5	3,0
Z[6]	Z	Zugänge, Balkone und Ähnliches	Dachterrassen, Laubengänge, Loggien usw., Balkone, Ausstiegspodeste	4,0	2,0

3) Nutzlasten in Fabriken und Werkstätten gelten als vorwiegend ruhend. Im Einzelfall sind häufig wiederholende Lasten je nach Gegebenheit als nicht vorwiegend ruhende Lasten einzuordnen.

4) Bei diesen Werten handelt es sich um Mindestwerte. In Fällen, in denen höhere Lasten vorherrschen, sind die höheren Lasten anzusetzen.

5) Die Kategorien E2.1 ... E2.5 erfassen Nutzlasten auf Lagerflächen mit Gabelstaplern. q_k richtet sich nach den Gabelstaplerklassen FL1 ... FL6 und Q_k nach den Achslasten.

6) Hinsichtlich der Einwirkungskombination sind die Einwirkungen der Nutzungskategorie des jeweiligen Gebäudes oder Gebäudeteils zuzuordnen.

Trennwandzuschlag

Der Einfluss leichter Trennwände einschließlich des Putzes darf bis zu einer Höchstlast von 5,0 kN/m durch einen gleichmäßig verteilten Zuschlag (Trennwandzuschlag) berücksichtigt werden. In Abhängigkeit von der Eigenlast der Trennwände darf er wie folgt festgelegt werden:

- Eigenlast der Trennwand ≤ 3,0 kN/m: $q_k \geq 0{,}8$ kN/m²
- Eigenlast der Trennwand > 3,0 kN/m und ≤ 5,0 kN/m: $q_k \geq 1{,}2$ kN/m²

Horizontale Nutzlasten

Belastete Fläche nach Kategorie	Horizontale Nutzlast q_k in kN/m
A, B1, H, F1[1] ... F4[1], T1, Z[2]	0,5
B2, B3, C1 ... C4, D, E1.1[3], E2.1[3] E2.5[3], FL1[1] ... FL6[1], HC, T2, Z[2]	1,0
C5, C6, T3	2,0

1) Anprall wird durch konstruktive Maßnahmen ausgeschlossen.

2) Für Kategorie Z ist die Zuordnung entsprechend der zugehörigen maßgeblichen Nutzungskategorie nach der Tabelle für die lotrechten Nutzlasten vorzunehmen.

3) Bei Flächen der Kategorie E1.1, E1.2 ... E2.5, die nur zu Kontroll- und Wartungszwecken begangen werden, sind die Lasten in Abstimmung mit dem Bauherrn festzulegen, jedoch mindestens 0,5 kN/m.

Baukalke (DIN EN 459)

Baukalke sind Bindemittel für Mauer- und Putzmörtel, deren Hauptbestandteile Calcium- und/oder Calciummagnesiumoxid sowie Calcium- und/oder Calciummagnesiumhydroxid sind. Man unterscheidet Luftkalke und Kalke mit hydraulischen Eigenschaften.
Zu den **Luftkalken** zählen Weißkalk (CL) und Dolomitkalk (DL). Sie kommen als ungelöschte Kalke (Q), als Kalkhydratpulver (S), als halbgelöschter Dolomitkalk in Pulverform (S 1), als Kalkhydratteig (S PL), als Kalkhydratsuspension oder als Kalkhydratmilch (S ML) in den Handel.
Zu den **Kalken mit hydraulischen Eigenschaften** zählen die natürlichen hydraulischen Kalke (NHL), die hydraulischen Kalke (HL) und die formulierten Kalke (FL).
Weißkalk und Dolomitkalk sind nach dem Calcium- und Magnesiumoxidgehalt, natürlicher hydraulischer Kalk und hydraulischer Kalk sind nach der Druckfestigkeit, formulierter Kalk ist nach dem Anteil an verfügbarem Kalk und nach der Druckfestigkeit zu klassifizieren.

Luftkalke

Benennung	Kurzzeichen	Zusammensetzung als Masseanteil in Prozent				
		CaO + MgO	MgO	CO_2	SO_3	verfügbarer Kalk
Weißkalk 90	CL 90	≥ 90	≤ 5	≤ 4	≤ 2	80
Weißkalk 80	CL 80	≥ 80	≤ 5	≤ 7	≤ 2	65
Weißkalk 70	CL 70	≥ 70	≤ 5	≤ 12	≤ 2	55
Dolomitkalk 90-30	DL 90-30	≥ 90	≥ 30	≤ 6	≤ 2	–
Dolomitkalk 90-5	DL 90-5	≥ 90	> 5	≤ 6	≤ 2	–
Dolomitkalk 85-30	DL 85-30	≥ 85	≥ 30	≤ 9	≤ 2	–
Dolomitkalk 80-5	DL 80-5	≥ 80	> 5	≤ 9	≤ 2	–

Kalke mit hydraulischen Eigenschaften

Benennung	Kurzzeichen	Zusammensetzung als Masseanteil in Prozent	
		SO_3	verfügbarer Kalk als $Ca(OH)_2$
natürlicher hydraulischer Kalk 2	NHL 2	≤ 2	≥ 35
natürlicher hydraulischer Kalk 3,5	NHL 3,5	≤ 2	≥ 25
natürlicher hydraulischer Kalk 5	NHL 5	≤ 2	≥ 15
hydraulischer Kalk 2	HL 2	≤ 3	≥ 10
hydraulischer Kalk 3,5	HL 3,5	≤ 3	≥ 8
hydraulischer Kalk 5	HL 5	≤ 3	≥ 4
formulierter Kalk A 2	FL A 2	≤ 2	≥ 40 … < 80
formulierter Kalk A 3,5	FL A 3,5	≤ 2	≥ 40 … < 80
formulierter Kalk A 5	FL A 5	≤ 2	≥ 40 … < 80
formulierter Kalk B 2	FL B 2	≤ 2	≥ 25 … < 50
formulierter Kalk B 3,5	FL B 3,5	≤ 2	≥ 25 … < 50
formulierter Kalk B 5	FL B 5	≤ 2	≥ 25 … < 50
formulierter Kalk C 2	FL C 2	≤ 2	≥ 15 … < 40
formulierter Kalk C 3,5	FL C 3,5	≤ 2	≥ 15 … < 40
formulierter Kalk C 5	FL C 5	≤ 2	≥ 15 … < 40

Druckfestigkeit und Schüttdichte von Baukalken

Kurzname	Druckfestigkeit in MPa (N/mm^2)		Schüttdichte in kg/dm^3
	7 Tage	28 Tage	
CL 70, CL 80, CL 90	–	–	0,3 … 0,6
DL 80-5, DL 80-30, DL 90-5, DL 90-30	–	–	0,4 … 0,6
NHL 2	–	≥ 2 … ≤ 7	0,4 … 0,7
NHL 3,5	–	≥ 3,5 … ≤ 10	0,45 … 0,75
NHL 5	≥ 2	≥ 5 … ≤ 15	0,5 … 0,8
FL 2	–	≥ 2 … ≤ 7	0,4 … 0,7
FL 3,5	–	≥ 3,5 … ≤ 10	0,4 … 0,8
FL 5	≥ 2	≥ 5 … ≤ 15	0,5 … 0,9
HL 2	–	≥ 2 … ≤ 7	0,4 … 0,8
HL 3,5	–	≥ 3,5 … ≤ 10	0,4 … 0,9
HL 5	≥ 2	≥ 5 … ≤ 15	0,4 … 1,0

Normenbezeichnungen
Beispiel 1 Weißkalk 80 in Form von Kalkteig: EN 459-1 CL 80-S
Beispiel 2 natürlicher hydraulischer Kalk 3,5: EN 459-1 NHL 3,5

Formulierter Kalk (FL)
Formulierter Kalk ist ein Kalk mit hydraulischen Eigenschaften, der hauptsächlich aus Luftkalk (CL) und/oder natürlichem hydraulischem Kalk (NHL) und weiteren Zusätzen besteht. Die Erhärtung erfolgt zusätzlich durch die Reaktion mit Kohlenstoffdioxid.

Formulierter Kalk hat folgende Hauptbestandteile:
- Baukalk: CL und NHL
- Zement: CEM I, CEM II, CEM III
- Portlandzementklinker (K)
- natürliches Puzzolan (P)
- natürliches getempertes Puzzolan (Q)
- Kalkstein (L, LL)
- Hüttensand (S)

Nebenbestandteile:
- Calciumsulfat (G)
- Silicastaub (D)

Baugipse (DIN EN 13279-1)

Arten/Kennzeichnung	Verwendung
Gipsbinder A	Direktverwendung auf der Baustelle oder zur Weiterverarbeitung
Gips-Trockenmörtel B	B1 für Gips-Putz-, B2 für gipshaltigen Putz-, B3 für Gipskalk-Putz-, B4 für Gipsleicht-Putz-, B5 für gipshaltigen Leicht-Putz-, B6 für Gipskalkleicht-Putztrockenmörtel, B7 für Gipstrockenmörtel als Putz mit erhöhter Oberflächenhärte
Gips-Trockenmörtel für besondere Zwecke C	C1 für Formteile aus faserverstärktem Gips, C2 für Gipsmörtel, C3 für Akustikputze, C4 für Wärmedämmputze, C5 für Brandschutzputze, C6 für Dünnlagenputze

Calciumsulfat-Binder, Calciumsulfat-Compositbinder und Calciumsulfat-Werkmörtel (DIN EN 13454-1)

Calciumsulfat-Binder (Kurzzeichen **CAB**) bestehen aus Calciumsulfat-Komponenten, die durch Hydratation abbinden. Sie können Zusatzmittel und Zusatzstoffe enthalten.
Calciumsulfat-Compositbinder (Kurzzeichen **CAC**) bestehen aus Calciumsulfat-Bindern und weiteren Zusatzstoffen. Die Binder werden durch die **Festigkeitsklassen 20, 30** und **40** gekennzeichnet.
Calciumsulfat-Werkmörtel (Kennzeichen **CA**) bestehen aus Bindern oder Compositbindern und Gesteinskörnungen. Sie können Zusatzstoffe und Zusatzmittel enthalten. Calciumsulfat-Werkmörtel wird in die **Druckfestigkeitsklassen** C5, C7, C12, C16, C20, C25, C30, C35, C40, C50, C60 und C80 eingeteilt.

Hydraulische Bindemittel für nichttragende Anwendungen (DIN EN 15368)

Es handelt sich um ein werkmäßig hergestelltes, feingemahlenes hydraulisches Bindemittel mit dem **Kurznamen HB**. Zusammen mit Wasser und feinen Gesteinskörnungen ergibt sich ein Mörtel, der für Putz- und Mauerarbeiten geeignet ist. Die Erhärtung beruht auf der Hydratation von Calciumsilicaten.
Bestandteile und Zusammensetzung: Portlandzementklinker ≥ 20 % Masseanteile, Normalzement, Bestandteile (wie in DIN EN 197-1 angegeben), Calciumsulfat, Baukalkhydrat und/oder hydraulische Baukalke, Zusätze ≤ 1,0 % Masseanteile. Es gibt zwei Festigkeitsklassen: **1,5** und **3,0**.

Putz- und Mauerbinder (DIN EN 413-1)

Es handelt sich um ein werkmäßig hergestelltes, feingemahlenes hydraulisches Bindemittel mit dem **Kurzzeichen MC** (engl. **M**asonry **C**ement), dessen Festigkeit vorwiegend auf dem Vorhandensein von Portlandzementklinker beruht. Zusammen mit Wasser und Sand ergibt sich ein Mörtel, der für Mauer- und Putzarbeiten geeignet ist. Bestandteile, wie Mahlhilfen oder Luftporenbildner, können hinzugefügt werden, um die Herstellung oder die Eigenschaften zu verbessern. Putz- und Mauerbinder ohne Luftporenbildner erhalten den Buchstaben „X".
Es gibt drei Festigkeitsklassen: **MC 5**, **MC 12,5** und **MC 22,5**.

Zusammensetzung von Putz- und Mauerbinder

Art	Gehalt Massenanteil in %		Druckfestigkeit in MPa (N/mm^2)		
	Portland-zementklinker	Zusätze	nach 7 Tagen (Anfangsfestigkeit)	nach 28 Tagen (Normfestigkeit)	
MC 5	≥ 25	≤ 1[1])	–	≥ 5	≤ 15
MC 12,5; MC 12,5X	≥ 40		≥ 7	≥ 12,5	≤ 32,5
MC 22,5; MC 22,5X			≥ 10	≥ 22,5	≤ 42,5

[1]) Der Gehalt an organischen Zusätzen bezogen auf die Trockenmasse darf einen Massenanteil von 0,5 % des Putz- und Mauerbinders nicht überschreiten.

Bezeichnung

Putz- und Mauerbinder der Festigkeitsklassen 12,5 ohne Luftporenbildner: EN 413-1 – MC 12,5X

Normalzemente (DIN EN 197-1)

Hauptbestandteile	Kennbuchstabe
Portlandzementklinker	K
Hüttensand	S
Puzzolane natürliches Puzzolan natürliches getempertes Puzzolan	 P Q
Flugasche kieselsäurereiche Flugasche kalkreiche Flugasche	 V W
gebrannter Schiefer	T
Kalkstein, Gehalt an organischem Kohlenstoff (TOC): TOC ≤ 0,20 Masseprozent TOC ≤ 0,50 Masseprozent	 LL L
Silicastaub	D

Zemente sind hydraulische Bindemittel für Mörtel und Beton. Nach der Zugabe von Wasser erhärten sie durch Hydratation zu Zementstein. Nach der Zementnorm DIN EN 197-1 werden 27 verschiedene Zemente in fünf Hauptarten unterteilt: **Portlandzemente CEM I, Portlandkompositzemente CEM II, Hochofenzemente CEM III, Puzzolanzemente CEM IV, Kompositzemente CEM V.** Die Zementarten sind aus verschiedenen Hauptbestandteilen zusammengesetzt. Sie sind durch Angabe eines **Kennbuchstabens** in der Zementbezeichnung zu erkennen.

Bei Portlandkompositzementen werden die Gruppen A, B und bei Hochofenzementen die Gruppen A, B, C unterschieden.

Portlandkompositzement:
Gruppe A: hoher Portlandzementklinkergehalt
Gruppe B: niedriger Portlandzementklinkergehalt

Hochofenzement:
Gruppe A: mittlerer Hüttensandgehalt
Gruppe B: hoher Hüttensandgehalt
Gruppe C: sehr hoher Hüttensandgehalt

Zementarten und ihre Zusammensetzung (Auszug aus DIN EN 197-1)

Zementart			Hauptbestandteile mit Angabe der Masse-%[1])									
Hauptart	**Benennung**	**Kurzzeichen**	**K**	**S**	**D[2])**	**P**	**Q**	**V**	**W**	**T**	**L**	**LL**
CEM I	Portlandzement	CEM I	95 … 100	–	–	–	–	–	–	–	–	–
CEM II	Portlandhüttenzement	CEM II/A-S	80 … 94	6 … 20	–	–	–	–	–	–	–	–
		CEM II/B-S	65 … 79	21 … 35	–	–	–	–	–	–	–	–
	Portlandsilicastaubzement	CEM II/A-D	90 … 94	–	6 … 10	–	–	–	–	–	–	–
	Portlandpuzzolanzement	CEM II/A-P	80 … 94	–	–	6 … 20	–	–	–	–	–	–
		CEM II/B-P	65 … 79	–	–	21 … 35	–	–	–	–	–	–
		CEM II/A-Q	80 … 94	–	–	–	6 … 20	–	–	–	–	–
		CEM II/B-Q	65 … 79	–	–	–	21 … 35	–	–	–	–	–
	Portlandflugaschezement	CEM II/A-V	80 … 94	–	–	–	–	6 … 20	–	–	–	–
		CEM II/B-V	65 … 79	–	–	–	–	21 … 35	–	–	–	–
		CEM II/A-W	80 … 94	–	–	–	–	–	6 … 20	–	–	–
		CEM II/B-W	65 … 79	–	–	–	–	–	21 … 35	–	–	–
	Portlandschieferzement	CEM II/A-T	80 … 94	–	–	–	–	–	–	6 … 20	–	–
		CEM II/B-T	65 … 79	–	–	–	–	–	–	21 … 35	–	–
	Portlandkalksteinzement	CEM II/A-L	80 … 94	–	–	–	–	–	–	–	6 … 20	–
		CEM II/B-L	65 … 79	–	–	–	–	–	–	–	21 … 35	–
		CEM II/A-LL	80 … 94	–	–	–	–	–	–	–	–	6 … 20
		CEM II/B-LL	65 … 79	–	–	–	–	–	–	–	–	21 … 35
	Portlandkompositzement[3])	CEM II/A-M	80 … 88	← 12 … 20 → (S bis LL)								
		CEM II/B-M	65 … 79	← 21 … 35 → (S bis LL)								
CEM III	Hochofenzement	CEM III/A	35 … 64	36 … 65	–	–	–	–	–	–	–	–
		CEM III/B	20 … 34	66 … 80	–	–	–	–	–	–	–	–
		CEM III/C	5 … 19	81 … 95	–	–	–	–	–	–	–	–
CEM IV	Puzzolanzement[3])	CEM IV/A	65 … 89	–	← 11 … 35 → (D bis W)					–	–	–
		CEM IV/B	45 … 64	–	← 36 … 55 → (D bis W)					–	–	–
CEM V	Kompositzement[3])	CEM V/A	40 … 64	18 … 30	–	← 18 … 30 → (P bis V)			–	–	–	–
		CEM V/B	20 … 38	31 … 49	–	← 31 … 49 → (P bis V)			–	–	–	–

1) Bei allen Normalzementarten haben die Nebenbestandteile einen Massenanteil von 0 … 5 %. Nebenbestandteile sind besonders ausgewählte, anorganische natürliche mineralische Stoffe. Sie verbessern die physikalischen Eigenschaften, wie z. B. Verarbeitbarkeit oder Wasserrückhaltevermögen.

2) Der Anteil an Silicastaub ist auf 10 % begrenzt.

3) Bei den Zementen CEM II/A–M, CEM II/B–M, CEM IV/A, CEM IV/B, CEM V/A und CEM V/B müssen die Hauptbestandteile außer Klinker durch die Bezeichnung des Zements angegeben werden.

Familie der Normalzemente mit hohem Sulfatwiderstand DIN EN 197-1

Hauptart	Normalzemente mit hohem Sulfatwiderstand SR[2])		Hauptbestandteile mit Angabe der Massen-%[1])					
			K	**C_3A[3])**	**S**	**P**	**V**	**Nebenbestandteile**
CEM I	Portlandzement mit hohem Sulfatwiderstand	CEM I-SR 0	95 … 100	0	–	–	–	0 … 5
		CEM I-SR 3		≤ 3				
		CEM I-SR 5		≤ 5				
CEM III	Hochofenzement mit hohem Sulfatwiderstand	CEM III/B-SR	20 … 34	keine	66 … 80	–	–	0 … 5
		CEM III/C-SR	5 … 19	keine	81 … 95	–	–	0 … 5
CEM IV	Puzzolanzement mit hohem Sulfatwiderstand[4])	CEM IV/A-SR	65 … 79	≤ 9	–	21 … 35 (P und V)		0 … 5
		CEM IV/B-SR	45 … 64	≤ 9	–	36 … 55 (P und V)		0 … 5

1) Die Werte in der Tabelle beziehen sich auf die Summe der Haupt- und Nebenbestandteile.

2) Sulfatwiderstand SR, engl. sulfate resistent

3) Gehalt des Klinkers an Tricalciumaluminat C_3A. Es entsteht als Klinkerphase bei der Sinterung.

4) Für Puzzolanzemente mit hohem Sulfatwiderstand, d. h. für die Zementarten CEM IV/A-SR und CEM IV/B-SR, sind neben Klinker die Hauptbestandteile in der Bezeichnung der Zementart anzugeben.

Zementarten nach DIN EN 197-5

DIN EN 197-5 regelt die Anforderungen an Portlandkompositzement CEM II/C-M und Kompositzemente CEM VI, die nicht in DIN EN 197-1 behandelt werden. Sie werden für die Herstellung von Beton, Mörtel und Einpressmörtel verwendet.

Zementart			Hauptbestandteile mit Angabe der Massen-%[1]									
Hauptart	Benennung	Kurzzeichen	K	S	D[2]	P	Q	V	W	T	L[3]	LL[3]
CEM II	Portlandkompositzement[4]	CEM II/C-M	50 ... 64	36 ... 50								
CEM VI	Kompositzement	CEM VI (S-P)	35 ... 49	31 ... 59	–	6 ... 20	–	–	–	–	–	–
		CEM VI (S-V)	35 ... 49	31 ... 59	–	–	–	6 ... 20	–	–	–	–
		CEM VI (S-L)	35 ... 49	31 ... 59	–	–	–	–-	–	–	6 ... 20	–
		CEM VI (S-LL)	35 ... 49	31 ... 59	–	–	–	–	–	–	–	6 ... 20

[1]) Die Werte in der Tabelle beziehen sich auf die Summe der Haupt- und Nebenbestandteile. Die Nebenbestandteile betragen jeweils 0 ... 5 % Massenanteil.
[2]) Im Falle einer Verwendung von Silicastaub ist dessen Anteil auf 6 ... 10 % Massenanteil begrenzt.
[3]) Im Falle einer Verwendung von Kalkstein ist dessen Anteil (Summe von L und LL) auf 6 ... 20 % Massenanteil begrenzt.
[4]) Die Anzahl der Hauptbestandteile, außer Klinker, ist auf zwei begrenzt und diese Hauptbestandteile müssen durch die Bezeichnung des Zements angegeben werden.

Festigkeitsklassen und ihre Kennzeichnung

Festigkeitsklasse[1]	Druckfestigkeit in MPa (N/mm²)				Erstarrungsbeginn in min	Raumbeständigkeit in mm	Kennfarbe des Sackes[2]	Farbe des Aufdrucks[2]
	Anfangsfestigkeit		Normfestigkeit					
	2 Tage	7 Tage	28 Tage					
22,5[3]	–	–	≥ 22,5	≤ 42,5	–	–	–	–
32,5 L[4]	–	≥ 12,0						–
32,5 N	–	≥ 16,0	≥ 32,5	≤ 52,5	≥ 75		hellbraun	schwarz
32,5 R	≥ 10,0	–						rot
42,5 L[4]	–	≥ 16,0						–
42,5 N	≥ 10,0	–	≥ 42,5	≤ 62,5	≥ 60	≤ 10	grün	schwarz
42,5 R	≥ 20,0	–						rot
52,5 L[4]	≥ 10,0	–						–
52,5 N	≥ 20,0	–	≥ 52,5	–	≥ 45		rot	schwarz
52,5 R	≥ 30,0	–						weiß

[1]) **L** = Klasse mit **niedriger** Anfangsfestigkeit, **N** = Klasse mit **üblicher** Anfangsfestigkeit, **R** = Klasse mit **hoher** Anfangsfestigkeit
[2]) Farbliche Unterscheidung der Verpackung gilt nur für Zemente mit besonderen Eigenschaften nach DIN 1164.
[3]) Die Festigkeitsklasse 22,5 gilt nur für Sonderzemente nach DIN EN 14216.
[4]) Die Festigkeitsklassen 32,5 L; 42,5 L und 52,5 L gelten nur für CEM III-Zemente.

Normbezeichnungen

Beispiel 1: Bezeichnung eines Portlandzements nach DIN EN 197-1 der Festigkeitsklasse 42,5 mit niedriger Anfangsfestigkeit:
Portlandzement EN 197-1 – CEM I 42,5 L

Beispiel 2: Bezeichnung eines Hochofenzements nach DIN EN 197-1 mit einem Massenanteil an Hüttensand (S) zwischen 66 und 80 %, der Festigkeitsklasse 32,5, mit üblicher Anfangsfestigkeit, niedriger Hydratationswärme und hohem Sulfatwiderstand:
Hochofenzement EN 197-1 – CEM III/B 32,5 N – LH/SR

Beispiel 3: Bezeichnung eines Portlandkompositzements nach DIN EN 197-1 mit einem Massenanteil an Hüttensand (S), kieselsäurereicher Flugasche (V) und Kalkstein (L) zwischen 12 % und 20 %, der Festigkeitsklasse 42,5 mit üblicher Anfangsfestigkeit:
Portlandkompositzement EN 197-1 – CEM II/A-M (S-V-L) 42,5 N

Beispiel 4: Bezeichnung eines Puzzolanzements nach DIN EN 197-1 mit einem Massenanteil an natürlichem Puzzolan (P) zwischen 21 % und 35 %, der Festigkeitsklasse 32,5 mit üblicher Anfangsfestigkeit, hohem Sulfatwiderstand und einem Massenanteil an C_3A im Klinker ≤ 9 %:
Puzzolanzement EN 197-1 – CEM IV/A (P) 32,5 N – SR

Beispiel 5: Bezeichnung eines Portlandkompositzements CEM II nach DIN EN 197-5 mit einem Massenanteil an Kalkstein (LL) von 20 % und Hüttensand (S) von 30 %, der Festigkeitsklasse 52,5 mit hoher Anfangsfestigkeit:
Portlandkompositzement EN 197-5 – CEM II/C-M (LL-S) 42,5 R

Beispiel 6: Bezeichnung eines Kompositzements CEM VI nach DIN EN 197-5 mit einem Massenanteil an Hüttensand (S) zwischen 31 % und 59 % und an natürlichem Puzzolan (P) zwischen 6 % und 20 %, der Festigkeitsklasse 42,5 mit geringer Anfangsfestigkeit:
Kompositzement EN 197-5 – CEM VI (S-P) 42,5 L

Sulfathüttenzement SSC (DIN EN 15743)

Festigkeitsklassen und Zusammensetzung

Festigkeitsklasse	Druckfestigkeit in MPa (N/mm^2)				Zusammensetzung (Massenanteil in %)[1]			
	Anfangsfestigkeit		Normfestigkeit		Hauptbestandteile		Zusätzliche Bestandteile	
	2 Tage	7 Tage	28 Tage		Hüttensand S	Calciumsulfat Cs	Portlandzementklinker K	Weitere A
32,5 L	–	≥ 12,0	≥ 32,5	≤ 52,5	≥ 75	5 ≤ Cs ≤ 20	0 ≤ K ≤ 5	0 ≤ A ≤ 5
32,5 N	–	≥ 16,0						
42,5 L	–	≥ 16,0	≥ 42,5	≤ 62,5				
42,5 N	≥ 10,0	–						
52,5 L	≥ 10,0	–	≥ 52,5	–				
52,5 N	≥ 20,0	–						

[1]) Die in der Tabelle angegebenen Werte beziehen sich auf die Summe der Hauptbestandteile und der zusätzlichen Bestandteile.

Normbezeichnung
Beispiel: Bezeichnung eines Sulfathüttenzements der Festigkeitsklasse 52,5 L
Sulfathüttenzement EN 15743 – SSC 52,5 L

Tonerdezement CAC (DIN EN 14647)

Tonerdezemente sind **Calciumaluminatzemente (CAC)**, deren Klinker aus Bauxit und Kalkstein durch Schmelzen und Sintern hergestellt werden. Tonerdezement ist in Deutschland für die Herstellung von Beton nach DIN EN 206 und DIN 1045-2 nicht zugelassen.

Druckfestigkeit, Erstarrungsbeginn und Eigenschaften

Druckfestigkeit in MPa (N/mm^2)		Erstarrungsbeginn in min	Eigenschaften
nach 6 h	nach 24 h		
≥ 18,0	≥ 40,0	≥ 90,0	– schnell erhärtend[1]) – Verarbeitbarkeit 1,5 ... 2 h – feuerfest – sulfatbeständig – hohe Abriebfestigkeit – hohe chemische Beständigkeit

[1]) Tonerdezement erhärtet sehr schnell, sodass die 28-Tage-Festigkeit bei 20 °C nicht von Bedeutung ist. Es entspricht der Tradition, die Übereinstimmung der Konformität bezüglich der Festigkeit in diesen frühen Altersstufen des Zements zu prüfen.

Normbezeichnung
Tonerdezement wird nach der Norm wie folgt bezeichnet:
Tonerdezement EN 14647 CAC

Sonderzemente mit sehr niedriger Hydratationswärme (DIN EN 14216)

Sonderzemente kommen nur in der **Festigkeitsklasse 22,5** vor. Sie werden in folgende **drei Hauptzemente** unterteilt:

Hauptzementart	Bezeichnung der Produkte		Zusammensetzung
VLH III	Hochofenzement	VLH III/B VLH III/C	wie CEM III/B wie CEM III/C
VLH IV	Puzzolanzement	VLH IV/A VLH IV/B	wie CEM IV/A wie CEM IV/B
VLH V	Kompositzement	VLH V/A VLH V/B	wie CEM V/A wie CEM V/B

Normbezeichnung
Beispiel: Bezeichnung eines Sonderzements mit sehr niedriger Hydratationswärme mit einem Masseanteil an Hüttensand zwischen 81 % und 95 %, der Festigkeitsklasse 22,5, mit sehr niedriger Hydratationswärme:
Sonder-Hochofenzement mit sehr niedriger Hydratationswärme EN 14216 – VLH III/C 22,5

Zemente mit besonderen Eigenschaften (DIN 1164)

Es gelten die Anforderungen nach DIN EN 197 sowie zusätzliche bzw. abweichende Anforderungen. Die besonderen Eigenschaften werden durch zusätzliche Bezeichnungen gekennzeichnet. Folgende Arten werden unterschieden:

- Zement mit **niedrigem wirksamem Alkaligehalt**: **NA-Zement** nach DIN 1164-10
- Zement mit **frühem Erstarren**: **FE-Zement** nach DIN 1164-11
- Zement mit **schnellem Erstarren**: **SE-Zement** nach DIN 1164-11
- Zement mit einem erhöhten Anteil an **organischen Bestandteilen**: **HO-Zement**
- Zement für **Fahrbahndecken aus Beton**:
  - Portlandzement CEM I 32,5 R; 42,5 N; 42,5 R (für frühhochfesten Straßenbeton)
  - Portlandkompositzement CEM II
  - Hochofenzement CEM III

GESTEINSKÖRNUNG FÜR BETON UND MÖRTEL (DIN EN 12620)

Gesteinskörnungen können **natürlich**, **industriell hergestellt** und **rezykliert** (wieder aufbereitet) sein. Natürliche Gesteinskörnungen (Kornrohdichte > 2,0 kg/dm³) aus mineralischen Vorkommen werden ausschließlich mechanisch aufbereitet. Industriell hergestellte Gesteinskörnungen (Kornrohdichte > 2,0 kg/dm³) entstehen unter Einfluss einer thermischen Veränderung. Hierher gehören gebrochene und ungebrochene dichte Gesteinskörnungen, Hochofenstückschlacke, ungemahlener Hüttensand und Schmelzkammergranulat mit 8 mm Größtkorn. Rezyklierte Gesteinskörnungen (Kornrohdichte > 1,5 kg/dm³) werden aus anorganischem oder mineralischem Material, das zuvor als Baustoff eingesetzt war, aufbereitet.

Begriffe

Füller **Fremdfüller**	Gesteinskörnung, deren überwiegender Teil durch das 0,063-mm-Sieb hindurchgeht. Füller mineralischen Ursprungs, der getrennt hergestellt wird und der Baustoffen zur Erreichung bestimmter Eigenschaften zugegeben werden kann.
Feinanteil	Anteil einer Gesteinskörnung, die durch das 0,063-mm-Sieb hindurchgeht.
Korngruppe **Lieferkörnung**	Korngruppen werden unter Verwendung der Bezeichnung ***d/D*** beschrieben, dabei bezeichnet ***d*** die untere Grenze und ***D*** die obere Grenze, zwischen denen die Korngrößenverteilung hauptsächlich liegt. Das Verhältnis *D/d* der Korngruppen darf nicht kleiner als 1,4 sein. Die Korngruppen werden mit folgenden **Siebgrößen in mm** festgelegt: **Grundsiebsatz:** 0 – 1 – 2 – 4 – 8 – 16 – 31,5 (32) – 63 **Grundsiebsatz plus Ergänzungssiebsatz 1:** 0 – 1 – 2 – 4 – 5,6 (5) – 8 – 11,2 (12) – 16 – 22,4 (22) – 31,5 (32) – 45 – 56 – 63 **Grundsiebsatz plus Ergänzungssiebsatz 2:** 0 – 1 – 2 – 4 – 6,3 (6) – 8 – 10 – 12,5 (12) – 14 – 16 – 20 – 31,5 (32) – 40 – 63 Eine Kombination der Siebgrößen von Ergänzungssiebsatz 1 und 2 ist nicht zulässig. Die Zahlen in Klammern können zur vereinfachten Benennung von Korngruppen verwendet werden. **Überkorn** = Anteil einer Gesteinskörnung, die auf dem größeren, die Korngruppe bezeichnenden Sieb liegen bleibt **Unterkorn** = Anteil einer Gesteinskörnung, die durch das kleinere, die Korngruppe bezeichnenden Sieb hindurchgeht
Feine Gesteinskörnung	Bezeichnung für die kleineren Korngruppen mit $D \leq 4$ mm und mit $d = 0$
Grobe Gesteinskörnung	Bezeichnung für die größeren Korngruppen mit $D > 4$ mm und $d \geq 1$ mm
Gesteinskörnungsgemisch	Gesteinskörnung, bestehend aus einem Gemisch grober und feiner Gesteinskörnungen mit $D > 4$ mm und mit $d = 0$

Bezeichnungen für Gesteinskörnungen

Gesteinskörnungen mit		**Zusätzliche Bezeichnungen der Korngruppen**		
unterer Siebgröße *d* in mm	oberer Siebgröße *D* in mm	nicht gebrochene, natürliche Gesteinskörnungen¹)	gebrochene Gesteinskörnungen natürlich	gebrochene Gesteinskörnungen rezykliert
0	≤ 4	Sand	Brechsand	Beton-, Bauwerk-, Mauerwerk- und Mischbrechsand
> 4	≤ 32	Kies	Splitt, Edelsplitt	Beton-, Bauwerk-, Mauerwerk- und Mischsplitt
32	45	Grobkies	Schotter	–

¹) Natürlich zusammengesetzte (nicht aufbereitete) Gesteinskörnung darf nur für Beton der Druckfestigkeitsklasse ≤ C12/15 verwendet werden.

Rohdichte (Anhaltswerte)

Art der Gesteinskörnung	**Beispiel**	**Rohdichte in kg/dm³**
leichte Gesteinskörnungen	Naturbims Hüttenbims Blähton, Blähschiefer	0,4 … 0,7 0,5 … 1,5 0,4 … 1,9
normale Gesteinskörnungen	Kiessand (Quarz) Granit Dichter Kalkstein Basalt	2,9 … 3,0 2,6 … 2,8 2,7 … 2,8 2,9 … 3,0
schwere Gesteinskörnungen	Baryt (Schwerspat) Magnetit Hämatit	4,6 … 4,8 4,0 … 4,3 4,7 … 4,9
rezyklierte Gesteinskörnungen (DAfStb-Richtlinie für Beton mit rezyklierten Gesteinskörnungen beachten)	Betonsplitt, Bauwerksplitt, Betonbrechsand, Bauwerkbrechsand Mauerwerksplitt, Mauerwerkbrechsand Mischsplitt, Mischbrechsand	1,85 … 2,15 1,65 … 1,95 ≥1,5

Allgemeine Anforderungen an die Korngrößenverteilung

DIN EN 12620 verwendet für die Korngruppen **Kategorien**. An sie werden Regelanforderungen gestellt bzw. für sie gelten Grenzwerte der Betonzusammensetzung. Die Korngruppenkategorien werden als „G_nX/Y" angegeben. Die Buchstaben haben folgende Bedeutung: „n" steht für die Art der Korngruppe (C = grob, G = Feinsplitt mit $D > 4$ mm und $d > 1$ mm, F = fein, NG = natürlich zusammengesetzt, A = Gesteinskörnungsgemisch). „X" bezeichnet den unteren Grenzwert für den Durchgang *D* und „Y" den oberen Grenzwert für den Durchgang *d*.

Gesteinskörnung	Korngröße in mm	Durchgang – Masseanteil in Prozent					Kategorie G_nX/Y[4]
		2 *D*	1,4 *D*[1,2]	*D*[3]	*d*[2]	*d*/2[1,2]	
Grob	$D/d \le 2$ oder $D \le 11{,}2$	100 100	98 … 100 98 … 100	85 … 99 80 … 99	0 … 20 0 … 20	0 … 5 0 … 5	G_C85/20 G_C80/20
	$D/d > 2$ und $D > 11{,}2$	100	98 … 100	90 … 99	0 … 15	0 … 5	G_C90/15
Fein	$D \le 4$ und $d = 0$	100	95 … 100	85 … 99	–	–	G_F85
Natürlich zusammengesetzte Gesteinskörnung 0/8	$D = 8$ und $d = 0$	100	98 … 100	90 … 99	–	–	G_{NG}90
Korngemisch	$D \le 45$ und $d = 0$	100 100	98 … 100 98 … 100	90 … 99 85 … 99	–	–	G_A90 G_A85

[1]) Wenn die errechneten Siebgrößen nicht mit der ISO-565:1990-R20-Reihe übereinstimmen, ist stattdessen das nächstliegende Sieb der Reihe heranzuziehen.

[2]) Für Beton mit Ausfallkörnung oder andere spezielle Verwendungszwecke können zusätzliche Anforderungen vereinbart werden.

[3]) Der Siebdurchgang durch *D* darf unter Umständen auch mehr als 99 % Massenanteil betragen; in diesen Fällen muss der Hersteller die typische Kornzusammensetzung aufzeichnen und angeben, wobei die Siebgrößen *D*, *d*, *d*/2 und die zwischen *d* und *D* liegenden Siebe des Grundsiebsatzes plus Ergänzungssiebsatz 1 oder des Grundsiebsatzes plus Ergänzungssiebsatz 2 enthalten sein müssen. Siebe, die nicht mindestens 1,4-mal größer sind als das nächstkleinere Sieb, können davon ausgenommen werden.

[4]) Weitere Produktnormen für Gesteinskörnungen umfassen andere Anforderungen an die Kategorien.

Sieblinien

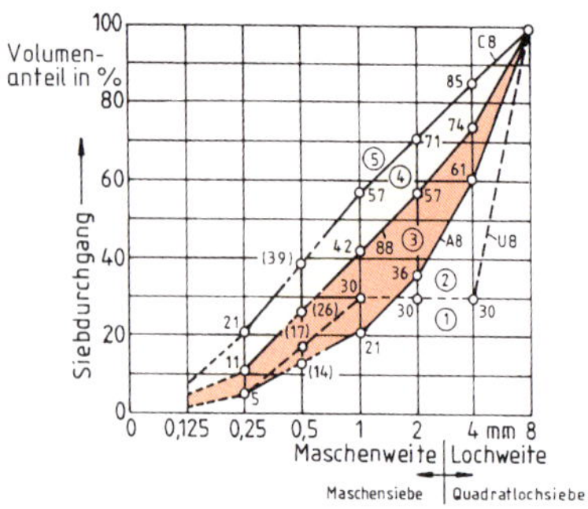

Sieblinien mit einem Größtkorn von 8 mm

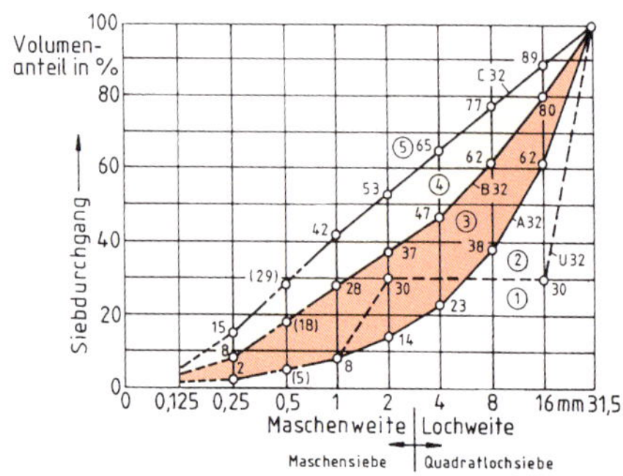

Sieblinien mit einem Größtkorn von 32 mm

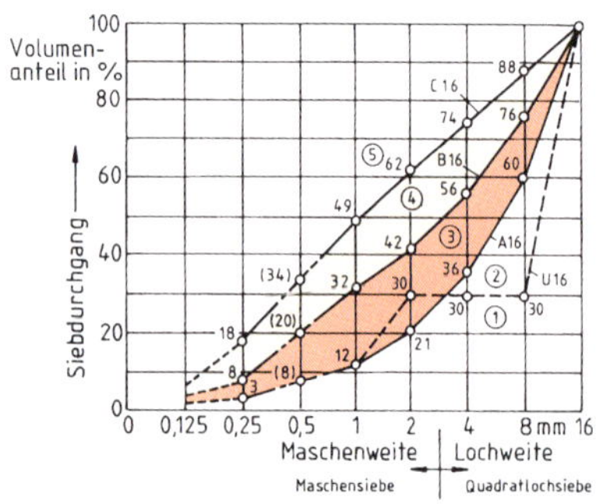

Sieblinien mit einem Größtkorn von 16 mm

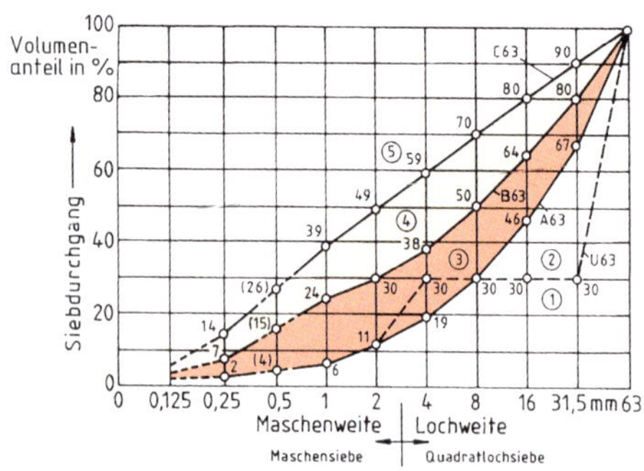

Sieblinien mit einem Größtkorn von 63 mm

Anforderungen an die Gesteinskörnungen (Auswahl) (DIN EN 12620)

Kategorie für Höchstwerte der Plattigkeitskennzahl

	Plattigkeitskennzahl	Kategorie *FI*
Kornform von groben Gesteinskörnungen und Gesteinskörnungsgemischen	≤ 15	FI_{15}
	≤ 20	FI_{20}
	≤ 35	FI_{35}
	≤ 50	FI_{50}
	> 50	$FI_{angegeben}$
	keine Anforderung	FI_{NR}

Kategorie für Höchstwerte der Kornformkennzahl

	Kornformkennzahl	Kategorie *SI*
Kornform von groben Gesteinskörnungen und Gesteinskörnungsgemischen	≤ 15	SI_{15}
	≤ 20	SI_{20}
	≤ 40	SI_{40}
	≤ 55	SI_{55}
	> 55	$SI_{angegeben}$
	keine Anforderung	SI_{NR}

Kategorie für Höchstwerte des Gehalts an Feinteilen

	Siebdurchgang durch das 0,063-mm-Sieb in M.-%	Kategorie *f*
Grobe Gesteinskörnung	≤ 1,5	$f_{1,5}$
	≤ 4	f_4
	> 4	$f_{angegeben}$
	keine Anforderung	f_{NR}
Natürlich zusammengesetzte Gesteinskörnung 0/8 mm	≤ 3	f_3
	≤ 10	f_{10}
	≤ 16	f_{16}
	> 16	$f_{angegeben}$
	keine Anforderung	f_{NR}
Korngemisch	≤ 3	f_3
	≤ 11	f_{11}
	> 11	$f_{angegeben}$
	keine Anforderung	f_{NR}
Feine Gesteinskörnung	≤ 3	f_3
	≤ 10	f_{10}
	≤ 16	f_{16}
	≤ 22	f_{22}
	> 22	$f_{angegeben}$
	keine Anforderung	f_{NR}

Kategorie für Höchstwerte des Frost-Taumittel-Widerstandes	Frost-Taumittel-Widerstand Masseverlust in %	Kategorie *F*
	≤ 1	F_1
	≤ 2	F_2
	≤ 4	F_4
	> 4	$F_{angegeben}$
	keine Anforderung	F_{NR}

Kategorie für die Magnesiumsulfat-Widerstandsfähigkeit	Magnesiumsulfat-Wert Masseverlust in %	Kategorie *MS*
	≤ 18	MS_{18}
	≤ 25	MS_{25}
	≤ 35	MS_{35}
	> 35	$MS_{angegeben}$
	keine Anforderung	MS_{NR}

Kategorie für Höchstwerte des Widerstandes gegen Oberflächenabrieb

	Abriebwert der Gesteinskörnung	Kategorie *AAV*
Soweit gefordert, muss der Widerstand gegen Oberflächenabrieb nach DIN EN 1097-8, Anhang A bestimmt werden.	≤ 10	AAV_{10}
	≤ 15	AAV_{15}
	≤ 20	AAV_{20}
	Zwischenwerte und solche > 20	$AAV_{angegeben}$
	keine Anforderung	AAV_{NR}

Beton ist ein künstlicher Baustoff, der durch Mischen von Zement, groben und feinen Gesteinskörnungen und Wasser, mit oder ohne Zugabe von Zusatzmitteln und Zusatzstoffen, hergestellt wird. Er erhält seine Eigenschaften u. a. durch Hydratation des Zements.

Betonarten nach den Rohdichteklassen

Betonarten	Trockenrohdichte in kg/m³	Gesteinskörnungen
Leichtbeton	≥ 800 und ≤ 2000	Blähschiefer und Blähton, Hüttenbims, Naturbims, Ziegelsplitt
(Normal-)Beton[1])	> 2000 und ≤ 2600	Sand, Kies, Splitt, Hochofenschlacke
Schwerbeton	> 2600	Schwerspat, Eisenerz, Eisengranulat

1) Wenn keine Verwechslung mit Schwer- oder Leichtbeton möglich ist, wird Normalbeton als „Beton" bezeichnet.

Beton nach dem Ort des Einbringens

Ortbeton	Betonfertigteile Betonwaren Betonwerkstein
Einbringen des Frischbetons in endgültiger Lage, Erhärten an dieser Stelle.	Erhärten an Fertigungsstelle, dann Einbau in endgültiger Lage.

Beton nach dem Ort des Abmessens und Mischens

Baustellenbeton	Transportbeton
Die Bestandteile werden auf der Baustelle zugegeben und gemischt.	Der Beton wird in einbaufertigem Zustand an die Baustelle geliefert.

Beton nach dem Erhärtungszustand

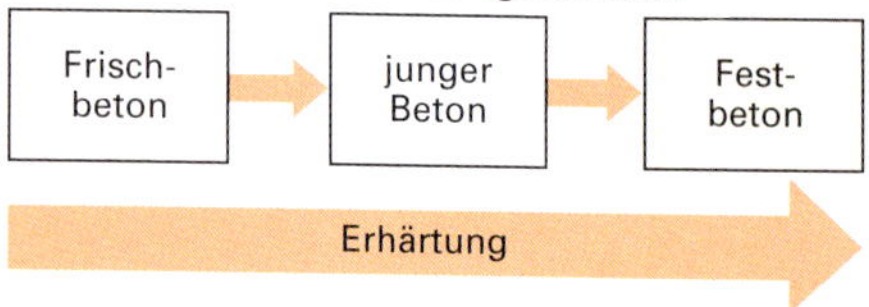

Beton nach den Leistungsanforderungen

Standardbeton	Beton nach Eigenschaften	Beton nach Zusammensetzung
Beton mit einer nach Norm geregelten Zusammensetzung.	Beton, dessen Eigenschaften festgelegt sind. Sie müssen vom Hersteller erzielt werden.	Beton, dessen Zusammensetzung festgelegt ist. Sie wird dem Hersteller vorgegeben.

Festigkeitskennwerte für Normal- und Schwerbeton (DIN EN 1992-1-1/DIN EN 206)

Wenn die charakteristische Druckfestigkeit an würfelförmigen Probekörpern (150 mm Kantenlänge) bestimmt wird, muss sie als $f_{ck,cube}$ bezeichnet werden; wenn sie an zylinderförmigen Prüfkörpern (300 mm Länge und 150 mm Durchmesser) ermittelt wurde, wird sie als $f_{k,cyl}$ bezeichnet. Wenn nichts anderes vereinbart ist, ist die Druckfestigkeit an Probewürfeln zu bestimmen.

Betonart	Betondruckfestigkeitsklasse*)	charakteristische Zylinderdruckfestigkeit $f_{ck,cyl}$ in MPa (N/mm²)	charakteristische Würfeldruckfestigkeit $f_{ck,cube}$ in MPa (N/mm²)	Mittelwert der Zylinderdruckfestigkeit f_{cm} in MPa (N/mm²)	Mittelwert der zentrischen Zugfestigkeit f_{ctm} in MPa (N/mm²)
normalfester Beton	C8/10	8	10	–	–
	C12/15	12	15	20	1,6
	C16/20	16	20	24	1,9
	C20/25	20	25	28	2,2
	C25/30	25	30	33	2,6
	C30/37	30	37	38	2,9
	C35/45	35	45	43	3,2
	C40/50	40	50	48	3,5
	C45/55	45	55	53	3,8
	C50/60	50	60	58	4,1
hochfester Beton	C55/67	55	67	63	4,2
	C60/75	60	75	68	4,4
	C70/85	70	85	78	4,6
	C80/95	80	95	88	4,8
	C90/105	90	105	98	5,0
	C100/115	100	115	–	–

*) Die Festigkeitsklassen beziehen sich auf die charakteristische Zylinderdruckfestigkeit $f_{k,cyl}$ für ein Alter von 28 Tagen mit einem Maximalwert von C_{max}.

Würfeldruckfestigkeiten – Umrechnungen

Für besondere Anwendungen kann es notwendig sein, die Druckfestigkeit zu einem früheren oder späteren Zeitpunkt zu bestimmen. Auch die Lagerungsbedingungen können verändert werden.

$f_{ck,\,cube}$ = an Würfel geprüfte Druckfestigkeit, Lagerung nach DIN EN 12390-2 (28 Tage unter Wasser)

$f_{ck,\,dry}$ = Betondruckfestigkeit an Probekörpern, gelagert nach DIN EN 12390-2 (7 Tage unter Wasser, 21 Tage an der Luft)

Druckfestigkeit bei Lagerung nach dem Referenzverfahren an Probewürfeln mit 150 mm Kantenlänge	Normalbeton ≤ C50/60 $f_{ck,\,cube} = 0{,}92 \cdot f_{ck,\,dry}$
	hochfester Normalbeton ≥ C55/67 $f_{ck,\,cube} = 0{,}95 \cdot f_{ck,\,dry}$
Verwendung von Würfeln mit 100 mm Kantenlänge	$f_{ck,\,dry\,(150\,mm)} = 0{,}97 \cdot f_{ck,\,dry\,(100\,mm)}$

Festigkeitskennwerte für Leichtbeton (DIN EN 206)

Druckfestigkeitsklasse	charakteristische Zylinderdruckfestigkeit $f_{lck,\,cyl}$ in MPa (N/mm²)	charakteristische Würfeldruckfestigkeit $f_{lck,\,cube}$ in MPa (N/mm²)	Mittelwert der Zylinderdruckfestigkeit f_{lcm} in MPa (N/mm²)
LC8/9	8	9	–
LC12/13	12	13	17
LC16/18	16	18	22
LC20/22	20	22	28
LC25/28	25	28	33
LC30/33	30	33	38
LC35/38	35	38	43
LC40/44	40	44	48
LC45/50	45	50	53
LC50/55	50	55	58
LC55/60	55	60	63
LC60/66	60	66	68
LC70/77	70	77	78
LC80/88	80	88	88

Für $f_{lck,\,cyl} \geq 20$ MPa gilt:
$f_{lcm} = f_{lck,\,cyl} + 8$ MPa.
Die Zugfestigkeit f_{lctm} von Leichtbeton darf durch Multiplikation von f_{ctm} (siehe Tabelle Seite 38) mit einem Beiwert η_1 ermittelt werden.

$f_{lctm} = f_{ctm} \cdot \eta_1$

$\eta_1 = 0{,}40 + 0{,}60 \cdot \varrho / 2200\ \text{kg/m}^3$

Dabei ist ϱ der obere Grenzwert der Trockenrohdichte der maßgebenden Rohdichteklasse.

1. Beispiel: Die Zugfestigkeit von LC40/44, bewehrt, Rohdichteklasse 1,4, ist zu bestimmen:
   $f_{lctm} = 3{,}5\ \text{MPa} \cdot (0{,}40 + 0{,}60 \cdot 1400\ \text{kg/m}^3/2200\ \text{kg/m}^3) = \underline{2{,}74\ \text{MPa}}$
2. Beispiel: Die Zugfestigkeit von LC60/66, unbewehrt, Rohdichteklasse 1,8, ist zu bestimmen:
   $f_{lctm} = 4{,}4\ \text{MPa} \cdot (0{,}40 + 0{,}60 \cdot 1800\ \text{kg/m}^3/2200\ \text{kg/m}^3) = \underline{3{,}92\ \text{MPa}}$

Rohdichteklassen von Leichtbeton (DIN EN 206)

Rohdichteklasse	D1,0	D1,2	D1,4	D1,6	D1,8	D2,0
Rohdichtebereich in kg/m³	≥ 800 ≤ 1000	> 1000 ≤ 1200	> 1200 ≤ 1400	> 1400 ≤ 1600	> 1600 ≤ 1800	> 1800 ≤ 2000

Infraleichtbeton (ILC)

Infraleichtbeton ist ein konstruktiver Leichtbeton mit einer Rohdichte ≤ 800 kg/m³. Die wesentliche Eigenschaft des Infraleichtbetons **ILC** (engl.: **i**nfra **l**ightweight **c**oncrete) ist die sehr niedrige Wärmeleitfähigkeit.

Materialeigenschaften von Infraleichtbeton

Kennzeichnung	ILC600	ILC650	ILC700	ILC750	ILC800
Rohdichte in kg/m³	551 … 600	501 … 650	651 … 700	701 … 750	751 … 800
Druckfestigkeit in MPa (N/mm²)	5,3	7,4	9,4	11,3	13,0
Gesteinskörnung	Blähton, Blähglas, Bims				
Zementart	CEM II und CEM II				
	Wärmeleitfähigkeit in W/(m · K)				
Nennwert λ_D	0,141	0,153	0,166	0,176	0,193
Bemessungswert λ_B	0,160	0,174	0,189	0,202	0,219
Wanddicke in cm	Wärmedurchgangskoeffizient U in W/(m² · K)				
50	0,30	0,33	0,35	0,38	0,41
55	0,28	0,30	0,32	0,35	0,37
60	0,26	0,28	0,30	0,32	0,34
65	0,24	0,26	0,28	0,30	0,32

Beton mit rezyklierter Gesteinskörnung (R-Beton)

Rezyklierte Gesteinskörnungen (RC-Gesteinskörnungen) werden aus Abbruchmaterial gewonnen. Der daraus hergestellte **R**ecycling-Beton wird als **R-Beton** bezeichnet. „R" wird auch für den Begriff „ressourcenschonend" benutzt, da ein Teil der aus der Natur gewonnenen Gesteinskörnungen eingespart wird.
Bei den Gesteinskörnungen werden **zwei Typen** unterschieden:

Typ 1 (Betonsplitt): ≥ 90 M.-% aus Beton oder Natursteinen, ≤ 10 M.-% aus Ziegel oder Kalksandsteinen
Typ 2 (Bauwerkssplitt): ≥ 70 M.-% aus Beton oder Natursteinen, ≤ 30 M.-% aus Ziegel oder Kalksandsteinen

Bestandteile der RC-Gesteinskörnungen und ihre Abkürzungen

Abkürzung	Bestandteile
Rc	Beton, Betonprodukte, Mörtel, Mauersteine aus Beton
Ru	ungebundene Gesteinskörnung, Naturstein, hydraulisch ungebundene Gesteinskörnung
Rb	Mauerziegel und Kalksandsteine
Ra	bitumenhaltige Materialien
X	Ton und Boden, Eisen und Nichteisenmetalle, nichtschwimmendes Holz, Kunststoff, Gummi, Gips
FL	schwimmendes Material mit Volumen

Anwendungsbereiche für Betone mit rezyklierter Gesteinskörnung

Expositions-klasse	Anwendungsbeispiele
XO	Füllbeton, Sauberkeitsschicht, Fundamente ohne Bewehrung (kein Frost), Innenbauteile der Bewehrung
XC1	Innenbauteile mit üblicher Luftfeuchte
XC2	Teile von Wasserbehältern, Gründungsbauteile
XC3	Bauteile, zu denen die Außenluft häufig oder ständig Zugang hat, wie offene Hallen, gewerbliche Küchen, Dachflächen mit flächiger Abdeckung, Verkehrsflächen mit flächiger, unterlaufsicherer Abdichtung
XC4	Außenbauteile mit direkter Beregnung
XF1	Außenbauteile
XF3	Außenbauteile mit hoher Durchfeuchtung, offene Wasserbehälter, Bauteile in der Wasserwechselzone von Süßwasser
XA1	Behälter von Kläranlagen, Güllebehälter

Selbstverdichtender Beton (DIN EN 206)

Selbstverdichtender Beton (SVB) fließt unter dem Einfluss der Schwerkraft, verdichtet sich selbst, füllt die Schalung und die Räume zwischen Bewehrung, Kanälen, Aussparungskasten usw. aus und behält dabei seine Homogenität. Die Bestimmung der Fließfähigkeit von SVB erfolgt durch einen Setzfließversuch nach DIN EN 12350-8. Es gelten folgende **Setzfließmaßklassen (SF)**:

Klasse	Setzfließmaß in mm[1, 2]
SF1	550 ... 650
SF2	660 ... 750
SF3	760 ... 850

[1]) Die Festlegung einer Klasse des Setzfließmaßes kann durch einen Zielwert ersetzt werden.
[2]) Die Klasseneinteilung gilt nicht für Beton mit einem Größtkorn der Gesteinskörnung über 40 mm.

Die Bestimmung der **Viskosität** von SVB erfolgt durch die Prüfung der **t_{500}-Zeit** nach DIN EN 12350-8 oder durch den **Trichterauslaufversuch** nach DIN EN 12350-9.
Unter Viskosität wird der Fließwiderstand eines frischen SVBs nach Beginn des Fließens verstanden. Mit t_{500} wird die Fließzeit, in Sekunden, bis zum Erreichen eines Setzfließmaßes von 500 mm bezeichnet.

Viskositätsklassen – t_{500}-Zeit

Klasse	t_{500} in s[3, 4])
VS1	< 2,0
VS2	≥ 2,0

Viskositätsklassen – Trichterauslaufzeit

Klasse	Trichterauslaufzeit in s[3, 4])
VF1	9,0
VF2	9,0 ... 25,0

[3]) Die Festlegung einer Viskositätsklasse kann durch einen Zielwert ersetzt werden.
[4]) Die Klasseneinteilung gilt nicht für Beton mit einem Größtkorn der Gesteinskörnung über 40 mm.

Die Blockierneigung, auch Durchgangsfähigkeit genannt, bezieht sich auf die Eigenschaft des Frischbetons, ohne Verlust der Gleichmäßigkeit und blockierfrei durch enge Bereiche (z.B. dichte Bewehrung) und schmale Öffnungen zu fließen. Die Bestimmung der Blockierneigung erfolgt entweder durch den **L-Kasten-Versuch** nach DIN EN 12350-10 oder den **Blockierring-Versuch** nach DIN EN 12350-12.

Blockierungsklassen – L-Kasten-Versuch

Klasse	L-Kasten-Wert[1])
PL1	≥ 0,80[2]) mit 2 Bewehrungsstäben
PL2	≥ 0,80[2]) mit 3 Bewehrungsstäben

Die Sedimentstabilität ist die Eigenschaft des SVBs im frischen Zustand, hinsichtlich der Zusammensetzung homogen zu bleiben. Die Bestimmung der Sedimentstabilität erfolgt durch einen **Siebversuch** nach DIN EN 12350-11.

Klasse	sedimentierter Anteil in %[3, 5])
SR1	≤ 20
SR2	≤ 15

[1]) Die Festlegung einer Klasse kann auch durch die Angabe eines anderen unteren Grenzwertes ersetzt werden.

Blockierungsklassen – Blockierring-Versuch

Klasse	Blockierringneigungsmaß in mm[3, 4])
PJ1	≤ 10 mit 12 Bewehrungsstäben
PJ2	≤ 10 mit 16 Bewehrungsstäben

[2]) Die Dezimalzahl gibt das Verhältnis zwischen der Höhe des Betons im horizontal liegenden Kasten hinter den Bewehrungsstäben und der Höhe des Betons im vertikal verlaufenden Kasten an.

[3]) Die Festlegung einer Klasse kann auch durch die Angabe eines anderen oberen Grenzwertes ersetzt werden.

[4]) Die Klasseneinteilung gilt nicht für Beton mit einem Größtkorn der Gesteinskörnung über 40 mm.

[5]) Die Klasseneinteilung gilt nicht für Beton mit Fasern oder leichten Gesteinskörnungen.

Konsistenzklassen und Verdichtbarkeit

Die Konsistenz ist ein Maß für die Verarbeitbarkeit des Frischbetons. Sie muss entweder als Ausbreit-, Verdichtungs-, Setz- oder Setzzeitmaß gemessen werden. Bevorzugte Prüfverfahren sind die Prüfung des Ausbreitmaßes und für steifere Betone des Verdichtungsmaßes. Die Konsistenz des Betons muss zum Zeitpunkt der Verwendung oder – bei Transportbeton – zum Zeitpunkt der Lieferung des Betons bestimmt werden.

Ausbreitmaßklassen[1])

Klasse	Ausbreitmaß f[2]) (Durchmesser in mm)	Konsistenz-beschreibungen
F 1	≤ 340	steif
F 2	350 … 410	plastisch
F 3[4])	420 … 480	weich
F 4	490 … 550	sehr weich
F 5	560 … 620	fließfähig
F 6[2])	≥ 630	sehr fließfähig

[2]) Beispiel:
In zwei rechtwinklig zueinander stehenden Richtungen werden die Ausbreitmaße d_1 = 42 cm und d_2 = 44 cm ermittelt. Der Mittelwert (42 cm + 44 cm) : 2 = 43 cm zeigt, dass der untersuchte Beton in die Konsistenzklasse F3 (weich) einzuordnen ist.

Verdichtungsmaßklassen[1])

Klasse	Verdichtungsmaß c	Konsistenz-beschreibung
C 0	≥ 1,46	sehr steif
C 1	1,45 … 1,26	steif
C 2	1,25 … 1,11	plastisch
C 3[4])	1,10 … 1,04	weich
C 4[3])	< 1,04	sehr weich

[3]) C4 nur für Leichtbeton

[4]) Hochfester Ortbeton muss eine Konsistenzklasse F3 bzw. C3 oder weicher aufweisen.

Setzmaßklassen[1])

Klasse	Setzmaß in mm
S 1	10 … 40
S 2	50 … 90
S 3	100 … 150
S 4	160 … 210
S 5	≥ 220

Setzzeitklassen (Vébé)[1])

Klasse	Setzzeit in s
V 0	≥ 31
V 1	30 … 21
V 2	20 … 11
V 3	10 … 6
V 4	5 … 3

[1]) Wegen der fehlenden Empfindlichkeit der Prüfverfahren in bestimmten Konsistenzbereichen wird empfohlen, sie wie folgt zu verwenden:
- Setzmaß ≥ 10 mm und ≤ 210 mm
- Setzzeitmaß (Vébé) ≤ 30 s und > 5 s
- Verdichtungsmaß ≥ 1,04 und < 1,46
- Ausbreitmaß > 340 mm und ≤ 620 mm

Wasserzementwert

Er gibt das Verhältnis der Masse des Wassers zur Masse des Zements an. Bei der Wassermenge muss auch die Eigenfeuchte der Gesteinskörnung berücksichtigt werden.

$$\text{Wasserzementwert} = \frac{\text{Wassermenge in kg/m}^3}{\text{Zementmenge in kg/m}^3}$$

$$w/z = \frac{w}{z}$$

Äquivalenter Wasserzementwert

Es ist das Masseverhältnis des wirksamen Wassergehaltes zur Summe aus Zementgehalt und *k*-fach anrechenbaren Anteilen von Zusatzstoffen.

w/z	Wasserzementwert
$(w/z)_{eq}$	äquivalenter Wasserzementwert
z	Zementgehalt im Beton
w	Gesamtwassermenge
f	Flugaschegehalt im Beton
s	Silicastaubgehalt im Beton
k	Faktor für die Berücksichtigung der Mitwirkung eines Zusatzstoffes Typ II
k_f	*k*-Wert zur Anrechnung von Flugasche
k_s	*k*-Wert zur Anrechnung von Silicastaub

Äquivalenter Wasserzementwert bei Verwendung von Flugasche	$(w/z)_{eq} = \frac{w}{(z + k_f \cdot f)}$
Äquivalenter Wasserzementwert bei Verwendung von Silicastaub	$(w/z)_{eq} = \frac{w}{(z + k_s \cdot s)}$
Äquivalenter Wasserzementwert bei Verwendung von Flugasche und Silicastaub	$(w/z)_{eq} = \frac{w}{(z + k_f \cdot f + k_s \cdot s)}$

Berechnungsbeispiele:

1. Die Stützen einer Tiefgarage werden aus hochfestem Beton C70/85 hergestellt. Der Beton muss der Expositionsklasse XC1 (siehe Tabelle Seite 44) entsprechen. Verwendet wird Zement CEM I 42,5 R. Der Zementgehalt beträgt 450 kg/m³, die Gesamtwassermenge 148,5 kg/m³. Das Größtkorn der Gesteinskörnung misst 16 mm.
Zu ermitteln ist:
a) der höchstzulässige Silicastaubgehalt,
b) der äquivalente Wasserzementwert,
c) der höchstzulässige Mehlkorngehalt.

Dichte von Zement

Zementart	Dichte in kg/dm³
Portlandzement	3,10
Portlandkalksteinzement	3,05
Portlandhüttenzement	3,05
Hochofenzement	3,00
Portlandpuzzolanzement	2,90

Mehlkorngehalt

Mehlkorngehalt = Zement + Gesteinskörnungen von 0 ... 0,125 mm + Zusatzstoffe

Einhaltung von Höchstwerten für
- bestimmte Expositionsklassen: XF und XM
- hochfesten Beton ab C60/75 und LC55/60

Höchstzulässiger Mehlkorngehalt

Für Beton mit einem Größtkorn der Gesteinskörnung von 16 ... 63 mm bis Betonfestigkeitsklassen C50/60 und LC50/55 bei den Expositionsklassen XF und XM

Zementgehalt in kg/m³	Höchstzulässiger Mehlkorngehalt in kg/m³
≤ 300	400
≥ 350	450

Für Beton mit einem Größtkorn der Gesteinskörnung von 16 ... 63 mm ab den Betonfestigkeitsklassen C55/67 und LC55/60 bei allen Expositionsklassen

Zementgehalt in kg/m³	Höchstzulässiger Mehlkorngehalt in kg/m³
≤ 400	500
450	550
≥ 500	600

Lösung:

Gesamtwassermenge = 148,5 kg Zementgehalt = 450 kg

a) Nach Tabelle Seite 43 beträgt die anrechenbare Silicastaubmenge $s = 0{,}11 \cdot z = 0{,}11 \cdot 450\ \text{kg} = \underline{49{,}5\ \text{kg}}$ und der *k*-Wert-Ansatz $k_s = 1{,}0$.

b) Der äquivalente Wasserzementwert wird bei Verwendung von Silicastaub berechnet nach der Formel

$$(w/z)_{eq} = \frac{W}{(z + k_s \cdot s)} = \frac{148{,}5\ \text{kg}}{(450\ \text{kg} + 1{,}0 \cdot 49{,}5\ \text{kg})} = \frac{148{,}5\ \text{kg}}{499{,}5\ \text{kg}} = 0{,}297 \Rightarrow \underline{0{,}30}$$

c) Der höchstzulässige Mehlkorngehalt beträgt 550 kg/m³.

2. Für die Ausführung von Streifenfundamenten in C12/15 wird eine Betonmischung mit 230 kg Zement, 1240 kg Gesteinskörnung einschließlich 3% Eigenfeuchte und 90 l Wasser hergestellt. Wie groß ist der Wasserzementwert?

Lösung:

$$\text{Gesamtwassergehalt} = 90\ \text{kg} + \frac{1240\ \text{kg} \cdot 3\%}{100\%} = \underline{127{,}2\ \text{kg}}$$

$$\text{Wasserzementwert } w/z = \frac{127{,}2\ \text{kg}}{230\ \text{kg}} = \underline{0{,}55}$$

Zusatzstoffe

Zusatzstoffe sind fein verteilte Stoffe, die im Beton verwendet werden, um bestimmte Eigenschaften zu verbessern oder um bestimmte Eigenschaften zu erreichen. DIN EN 206 unterscheidet zwei Typen:

- **Typ I:** nahezu inaktive Zusatzstoffe (Gesteinsmehl, Pigmente),
- **Typ II:** puzzolanische oder latenthydraulische Zusatzstoffe (Flugasche, Silicastaub, Trass).

Zusatzstoffe des Typs II dürfen bei nachgewiesener Eignung bei der Betonzusammensetzung auf den Zementgehalt und den Wasserzementwert angerechnet werden. Für die Berücksichtigung der Mitwirkung eines Zusatzstoffes des Typs II wird der **Faktor *k*** zugrunde gelegt.

k-Wert-Ansatz für Flugasche und Silicastaub (DIN EN 206/DIN 1045-2)
Flugasche und Silicastaub dürfen auf den Wasserzementwert und den Mindestzementgehalt angerechnet werden.

Flugasche f	**Silicastaub s**	**Flugasche und Silicastaub $f + s$**
Äquivalenter Wasserzementwert $(w/z)_{eq}$		
$(w/z)_{eq} = w : (z + 0{,}4 \cdot f)$[1]	$(w/z)_{eq} = w : (z + 1{,}0 \cdot s)$[1]	$(w/z)_{eq} = w : (z + 0{,}4 \cdot f + 1{,}0 \cdot s)$[1]
Maximal anrechenbare Zusatzstoffmenge		
$f \leq 0{,}15 \cdot z$ bei Zementen mit D $f \leq 0{,}33 \cdot z$ bei Zementen ohne P,V,D $f \leq 0{,}25 \cdot z$ bei Zementen mit P oder ohne D	$s \leq 0{,}11 \cdot z$	$f \leq 0{,}33 \cdot z$ und $s \leq 0{,}11 \cdot z$ $f \leq 0{,}66 \cdot z - 3 \cdot s$[2]) bzw. $f \leq 0{,}45 \cdot z - 3 \cdot s$[3])
Reduzierter Mindestzementgehalt[4]) bei Anrechnung von Zusatzstoffen		
240 kg/m³ bei XCl, XC2, XC3, sonst 270 kg/m³		
Zulässige Zementarten[5])		
CEM I CEM II/A-D CEM II/A-S oder CEM II/B-S CEM II/A-T oder CEM II/B-T CEM II/A-LL CEM II/A-P CEM II/A-V, CEM II/A-M mit S, D, P, V, T, LL CEM II/B-M mit S-D, S-T, D-T CEM III/A CEM III/B mit max. 70 % Hüttensand	CEM I CEM II/A-S oder CEM II/B-S CEM II/A-P, CEM II/B-P CEM II/A-V CEM II/A-T oder CEM II/B-T CEM II/A-LL CEM II/A-M mit S, P, V, T, LL CEM II/B-M mit S-T, S-V CEM III/A, CEM III/B	CEM I CEM II/A-S, CEM II/B-S CEM II/A-T, CEM II/B-T CEM II/A-LL CEM II/A-M mit S-T, S-LL, T-LL CEM II/B-M mit S-T CEM III/A

[1]) Für alle Expositionsklassen außer XF2 und XF4 darf anstelle des Wasserzementwertes (w/z) der äquivalente Wasserzementwert $(w/z)_{eq}$ verwendet werden. [2]) Gilt für CEM I.
[3]) Gilt für CEM II/A-S, CEM II/B-S, CEM II/A-T, CEM II/B-T, CEM II/A-LL, CEM II/A-M mit den Bestandteilen S-T, S-LL, CEM II/B-M mit den Bestandteilen S-T, CEM II/A.
[4]) Gilt bei Silicastaub und Flugasche + Silicastaub für alle Expositionsklassen außer XF2 und XF4.
[5]) Für andere Zemente kann die Anwendung von Flugasche im Rahmen einer bauaufsichtlichen Zulassung geregelt werden.

Zusatzmittel (DIN EN 934-2)

Es sind Stoffe, die während des Mischvorgangs des Betons in kleinen Mengen, bezogen auf den Zementgehalt, zugegeben werden. Sie verändern die Eigenschaften des Frisch- oder Festbetons.

Kennzeichnung von Zusatzmitteln

	Betonverflüssiger	**Fließmittel**	**Luftporenbildner**	**Betondichtungsmittel**	**Erstarrungs-verzögerer**	**Erstarrungs-beschleuniger**	**Einpresshilfen**	**Stabilisierer**	**Chromatreduzierer[1])**	**Recyclinghilfen[1])**	**Schaumbildner[1,2])**
Kurzzeichen	**BV**	**FM**	**LP**	**DM**	**VZ**	**BE**	**EH**	**ST**	**CR**	**RH**	**SB**
Farbkennzeichen	gelb	grau	blau	braun	rot	grün	weiß	violett	rosa	schwarz	orange

[1]) Zulassung erforderlich [2]) nicht für Beton nach DIN EN 206 und DIN 1045-2 zulässig
DIN EN 934-2 erfasst neben den in der Tabelle aufgeführten Betonzusatzmitteln noch den **Viskositätsmodifizierer**. Er wird dem Beton zur Begrenzung der Entmischung durch Verbesserung der Kohäsion beigegeben.

Verwendung von Zusatzmitteln

- **Zugabemengen**
  - ➨ mind. ≥ 2 g/kg Zement + anrechenbare Zusatzstoffe
    Ausnahme: bei Auflösung in einem Teil des Zugabewassers
  - ➨ max. ≤ 50 g/kg Zement + anrechenbare Zusatzstoffe
    Ausnahmen: z. B. hochfester Beton max. ≤ 70 g/kg Zement
- **Zugabe mehrerer Zusatzmittel**
  - ➨ Nachweis der Verträglichkeit bei Erstprüfung
  - ➨ allgemein: max. ≤ 60 g/kg Zement + anrechenbare Zusatzstoffe
  - ➨ für hochfeste Betone: max. ≤ 80 g/kg Zement
- **Anrechnung auf den w/z-Wert**
  - ➨ für flüssige Zusatzmittel mit > 3 l/m³ Beton
- **Beton der Konsistenzklasse ≥ F4**
  - ➨ Herstellung mit verflüssigendem Zusatzmittel
  - ➨ Ausgangskonsistenz ≤ F2
- **Zugabe während des Hauptmischprozesses**
  - ➨ Ausnahme bei Fließmitteln
    - Zugabe zu späterem Zeitpunkt in Fahrmischertrommel
    - Einmischzeit ≥ 1 min/m³ Beton, aber mind. ≥ 5 min

Expositionsklassen (DIN EN 206/DIN EN 1992-1-1/DIN 1045-2)

Um die Dauerhaftigkeit von Betonbauwerken und Betonbauteilen zu gewährleisten, werden die Anforderungen an den Beton in Abhängigkeit von einer Klasseneinteilung, den sogenannten Expositionsklassen, festgelegt. Entscheidend für die Einteilung in Expositionsklassen sind die chemischen und physikalischen Umgebungsbedingungen, denen der Beton ausgesetzt ist und die auf den Beton, die Bewehrung oder metallische Einbauteile einwirken können. Die Einwirkungsbedingungen werden als Kombination von Expositionsklassen ausgedrückt.

Die Wahl eines ausreichend dauerhaften Betons erfordert die Berücksichtigung der Betonzusammensetzung. Dies kann dazu führen, dass gegenüber der Bemessung eine höhere Betonfestigkeitsklasse erforderlich wird. Der Zusammenhang zwischen Betonfestigkeitsklassen und Expositionsklassen darf mittels **indikativer Mindestfestigkeitsklassen** beschrieben werden (DIN EN 1992-1-1/NA).

Expositionsklassen nach DIN EN 206 und DIN 1045-2 – baustoffliche Anforderungen

Empfohlene Grenzwerte für die Zusammensetzung und Eigenschaften von Beton. Bauaufsichtlich gilt DIN 1045-2.

Klasse	Umgebung	max w/z	min f_{ck}	min z in kg/m^3 [1])	Anwendungsbeispiele
X0	kein Korrosions- oder Angriffsrisiko	–	C8/10 C12/15	–	Füllbeton, Sauberkeitsschichten Fundamente und Innenbauteile ohne Bewehrung
XC	**Bewehrungskorrosion, ausgelöst durch Karbonatisierung (engl. „Carbonation")**				
XC1	trocken oder ständig nass	0,75	C16/20[2])	240 (240)	Beton in Gebäuden mit geringer Luftfeuchte; Beton, der ständig in Wasser getaucht ist
XC2	nass, selten trocken	0,75	C16/20[2])	240 (240)	langzeitig wasserbenetzte Betonoberflächen; vielfach bei Gründungen
XC3	mäßige Feuchte	0,65	C20/25	260 (240)	Beton in Gebäuden mit mäßiger oder hoher Luftfeuchte
XC4	wechselnd nass und trocken	0,60	C25/30	280 (270)	wasserbenetzte Betonoberflächen, die nicht der Klasse XC2 zuzuordnen sind
XD	**Bewehrungskorrosion, ausgelöst durch Chloride, ausgenommen Meerwasser (engl. „Deicing salt")**				
XD1	mäßige Feuchte	0,55	C30/37[3])	300 (270)	Betonoberflächen, die chloridhaltigem Sprühnebel ausgesetzt sind
XD2	nass, selten trocken	0,50	C35/45[3]) [4]) [5])	320[5]) (270)	Schwimmbäder; Beton, der chloridhaltigen Industriewässern ausgesetzt ist
XD3	wechselnd nass und trocken	0,45	C35/45[3]) [5])	320[5]) (270)	Teile von Brücken, die chloridhaltigem Spritzwasser ausgesetzt sind; Fahrbahndecken und Parkdecks
XS	**Bewehrungskorrosion, ausgelöst durch Chloride aus Meerwasser (engl. „Seawater")**				
XS1	salzhaltige Luft, aber kein unmittelbarer Kontakt mit Meerwasser	0,55	C30/37[3])	300 (270)	Bauwerke in Küstennähe oder an der Küste
XS2	ständig unter Wasser	0,50	C35/45[3]) [4]) [5])	320[5]) (270)	Teile von Meeresbauwerken
XS3	Tidebereiche[9]), Spritzwasser- und Sprühnebelbereiche	0,45	C35/45[3]) [5])	320[5]) (270)	Teile von Meeresbauwerken
XF	**Frostangriff mit oder ohne Taumittel (engl. „Freezing")**				
XF1	mäßige Wassersättigung, ohne Taumittel	0,60	C25/30	280 (270)	senkrechte Betonoberflächen, die Regen und Frost ausgesetzt sind
XF2	mäßige Wassersättigung, mit Taumittel	0,55[6])	C25/30	300 (270)[6])	senkrechte Betonoberflächen von Straßenbauwerken, die Frost und taumittelhaltigem Sprühnebel ausgesetzt sind
		0,50[6])	C35/45[4]) [5])	320[5]) (270)[6])	
XF3	hohe Wassersättigung, ohne Taumittel	0,55	C25/30	300 (270)	waagerechte Betonoberflächen, die Regen und Frost ausgesetzt sind
		0,50	C35/45[4]) [5])	320[5]) (270)	
XF4	hohe Wassersättigung, mit Taumittel oder Meerwasser	0,50[6])	C30/37	320[5]) (270)[6])	Straßendecken und Brückenplatten, die Taumitteln ausgesetzt sind; Betonoberflächen, die direkt taumittelhaltigem Spritzwasser und Frost ausgesetzt sind; Spritzwasserbereich von Meeresbauwerken, die Frost ausgesetzt sind

Expositionsklassen (Fortsetzung)

Klasse	Umgebung	max w/z	min f_{ck}	min z in kg/m³ [1]	Anwendungsbeispiele
XA	**Chemischer Angriff (engl. „Chemical attack")**				
XA1	chemisch schwach angreifende Umgebung	0,60	C25/30	280 (270)[5]	Beton, der natürlichem Boden und Grundwasser ausgesetzt ist, je nach chemischen Merkmalen
XA2	chemisch mäßig angreifende Umgebung	0,50	C35/45[3] [4] [5]	320[5] (270)	
XA3[10]	chemisch stark angreifende Umgebung	0,45	C35/45[3]	320 (270)	
XM	**Betonkorrosion durch Verschleißbeanspruchung (engl. „Mechanical abrasion")**				
XM1	mäßige Verschleißbeanspruchung	0,55	C30/37[3]	300[7] (270)	tragende oder aussteifende Industrieböden mit Beanspruchung durch luftbereifte Fahrzeuge
XM2	starke Verschleißbeanspruchung	0,55	C30/37[3] [8]	300[7] (270)	tragende oder aussteifende Industrieböden mit Beanspruchung durch luft- oder vollgummibereifte Gabelstapler
		0,45	C35/45[3]	320[7] (270)	
XM3	sehr starke Verschleißbeanspruchung	0,45	C35/45[3] [8]	320[7] (270)	tragende oder aussteifende Industrieböden mit Beanspruchung durch elastomer- oder stahlrollenbereifte Gabelstapler; Oberflächen, die häufig mit Kettenfahrzeugen befahren werden; Wasserbauwerke in geschiebebelasteten Gewässern, z. B. Tosbecken[11]

[1]) Klammerwerte geben den Mindestzementgehalt bei Anrechnung von Zusatzstoffen in kg/m³ an. Bei 63 mm Größtkorn darf der Zementgehalt um 30 kg/m³ reduziert werden. [2]) Für Stahlfaserbeton gilt für die Expositionsklassen XC1 und XC2 die Mindestfestigkeitsklasse C20/25. [3]) Bei Verwendung von Luftporenbeton, z. B. aufgrund gleichzeitiger Anforderungen aus der Expositionsklasse XF, eine Festigkeitsklasse niedriger. [4]) Bei langsam und sehr langsam erhärtendem Beton eine Festigkeitsklasse niedriger. [5]) Bei massigen Bauteilen eine Festigkeitsklasse niedriger. [6]) Nur Anrechnung von Flugasche zulässig. [7]) Höchstzementgehalt 360 kg/m³, jedoch nicht für hochfesten Beton. [8]) Anwendung von Luftporen nicht empfehlenswert. [9]) Unter Tide versteht man das Steigen und Fallen des Meerwassers im Gezeitenablauf. [10]) Schutz des Betons erforderlich. [11]) Als Tosbecken bezeichnet man im Wasserbau ein bremsendes Auffangbecken für das abfließende Wasser einer Talsperre oder einer andersgearteten Stauanlage.

Betonkorrosion infolge Alkali-Kieselsäure-Reaktion

Gesteinskörnungen können Stoffe wie Kalium und Natrium enthalten. Sie werden als **Alkalien** bezeichnet. Im Beton können sie Wasser aufnehmen. Dabei vergrößert sich das Volumen so stark, dass das Betongefüge geschädigt werden kann. Der Beton ist dann folgenden **Feuchtigkeitsklassen** zuzuordnen:

Feuchtigkeitsklassen	Beschreibung der Umgebung	Beispiele
WO	Beton, der nach normaler Nachbehandlung nicht längere Zeit feucht und nach dem Austrocknen während der Nutzung weitgehend trocken bleibt	– Innenbauteile des Hochbaus – Außenbauteile ohne Einwirkung beispielsweise durch Niederschläge, Oberflächenwasser, Bodenfeuchte oder einer ständigen relativen Luftfeuchte von mehr als 80 %
WF	Beton, der während der Nutzung häufig oder längere Zeit feucht ist	– ungeschützte Außenbauteile – Innenbauteile des Hochbaus für Feuchträume, in denen die relative Luftfeuchte überwiegend höher als 80 % ist – Bauteile mit häufiger Taupunktunterschreitung – massige Bauteile gemäß DAfStb-Richtlinie „Massige Bauteile aus Beton", deren kleinste Abmessung 0,80 m überschreitet (unabhängig vom Feuchtezutritt)
WA	Beton, der zusätzlich zu der Beanspruchung nach Klasse WF häufiger oder langzeitiger Alkalizufuhr von außen ausgesetzt ist	– Bauteile mit Meerwassereinwirkung – Bauteile unter Tausalzeinwirkung ohne zusätzliche dynamische Beanspruchung – Bauteile von Industriebauten und landwirtschaftlichen Bauwerken (z. B. Güllebehälter) mit Alkalisalzeinwirkung
WS	Beton, der hoher dynamischer Beanspruchung und direktem Alkalieintrag ausgesetzt ist	Bauteile unter Tausalzeinwirkung mit zusätzlicher hoher dynamischer Beanspruchung (z. B. Betonfahrbahnen)

Betonmischungen

Mindestluftgehalt

Als oberer Grenzwert des Luftgehalts gilt der festgelegte Mindestwert plus 4 % absolut.

Mindestluftgehalt bei Frostangriff

Expositionsklasse[1])	Wasserzementwert	Mindestluftporengehalt[3]) in Vol.-% bei Größtkorn der Gesteinskörnung			
		8 mm	16 mm	32 mm	63 mm
XF1	≤ 0,60	–	–	–	–
XF2	≤ 0,55	≥ 5,5	≥ 4,5	≥ 4,0	≥ 3,5
	≤ 0,50	–	–	–	–
XF3	≤ 0,55	≥ 5,5	≥ 4,5	≥ 4,0	≥ 3,5
	≤ 0,50	–	–	–	–
XF4[2])	≤ 0,50	≥ 5,5	≥ 4,5	≥ 4,0	≥ 3,5

[1]) Für Fließbeton ist der Mindestluftgehalt um 1 % zu erhöhen.
[2]) Erdfeuchter Beton mit $w/z \leq 0{,}40$ darf ohne Luftporen hergestellt werden.
[3]) Einzelwerte dürfen diese Anforderungen um höchstens 0,5 Vol.-% unterschreiten.

Körnungsziffer

Die **Körnungsziffer *k*** ist ein Maßstab für den Wasseranspruch des Korngemisches. Sie wird aus dem Ergebnis des Siebversuches ermittelt, indem die Summe der Rückstandsprozente auf den Sieben durch 100 dividiert wird. Auch die Summe der Durchgänge (= ***D*-Summe**) kann als Kennwert dienen.

$$k = \frac{\text{Summe der Rückstandsprozente}}{100}$$

D = Summe der Durchgangsprozente

Beispiel:
Es soll für einen Beton mit einer Konsistenz C 2, F 2 auf der Grundlage der dargestellten Sieblinie der Wasseranspruch ermittelt werden.

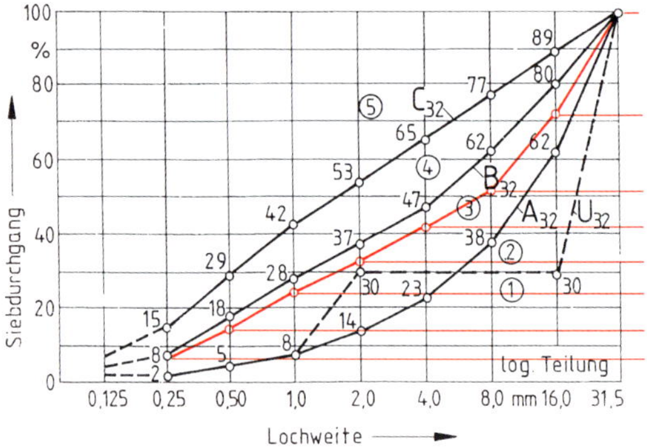

Sieb	Durchgang in %	Rückstand in %
31,5	100	0
16	73	27
8	52	48
4	42	58
2	34	66
1	24	76
0,5	15	85
0,25	8	92

Sieblinie für Korngemisch 0/32 mm

$$\text{Körnungsziffer } k = \frac{92 + 85 + 76 + 66 + 58 + 48 + 27 + 0}{100} = \underline{4{,}52}$$

Wasseranspruch nach Grafik
<u>160 l/m³</u>

Wasseranspruch von Betonmischungen

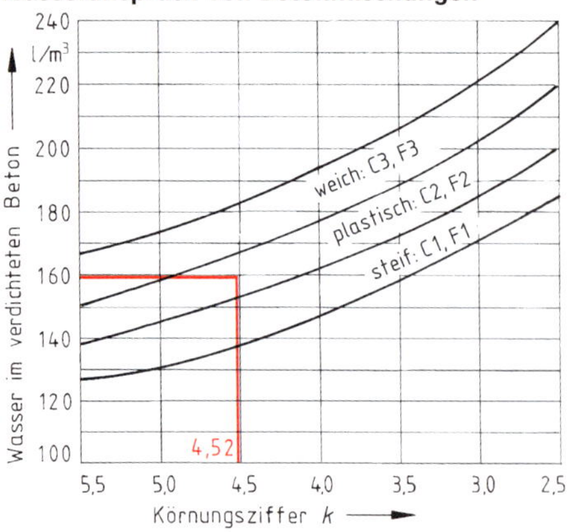

Beziehung zwischen *k*, K und *w*

Die Wassermenge ist abhängig von der Zusammensetzung des Korngemisches und von der angestrebten Konsistenz. Die Kornzusammensetzung wird durch die Körnungsziffer *k* angegeben. Zwischen diesen Größen besteht eine Beziehung. Daraus kann der Wasseranspruch grafisch ermittelt werden.

Zur Ermittlung des Wasseranspruchs wird auf der unteren waagerechten Skala die Körnungsziffer aufgesucht. Die Senkrechte im Skalenpunkt der Körnungsziffer schneidet den Konsistenzbereich. Waagerecht links von diesem Schnittpunkt kann der Wasseranspruch in l/m³ abgelesen werden.

Zusammenhang zwischen Betondruckfestigkeit, Normfestigkeit des Zements und Wasserzementwert (nach Walz)

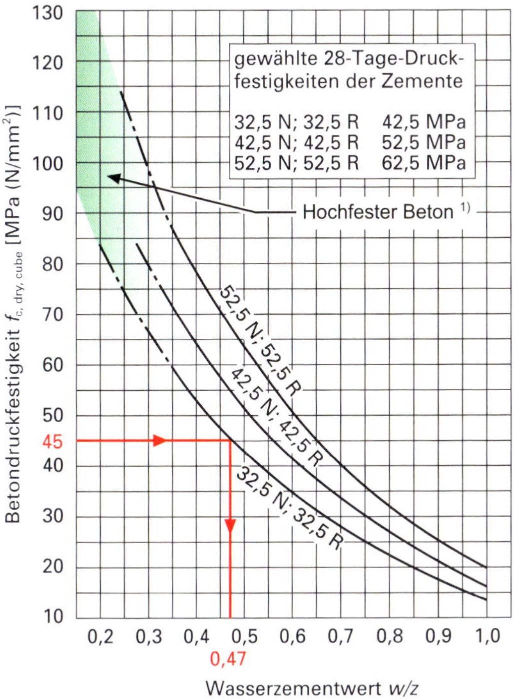

[1] Bei hochfestem Beton verliert der Einfluss der Zementnormdruckfestigkeit an Bedeutung.

Erläuterungen zum Diagramm:

$f_{c,\,dry,\,cube}$: mittlere 28-Tage-Betondruckfestigkeit von 15-cm-Probewürfeln; Lagerung 7 Tage unter Wasser, 21 Tage an der Luft

Beispiel:

Für einen Beton C35/45 – hergestellt aus CEM I 32,5 R – ist der Wasserzementwert zu bestimmen. Die anzustrebende Druckfestigkeit $f_{c,\,dry,\,cube}$ beträgt 45 MPa (N/mm²).

Der Wasserzementwert wird senkrecht unter dem Schnittpunkt der Druckfestigkeitslinie mit der Kurve der verwendeten Zementfestigkeitsklasse abgelesen. Aus der Grafik wird ein Wasserzementwert von $w/z = 0{,}47$ ermittelt.

Nach der statischen Berechnung wird eine Betonfestigkeitsklasse C30/37 gefordert. Bei der Erstprüfung ist ein Vorhaltemaß von 9 MPa (N/mm²) vorzusehen.

Zu ermitteln sind:

a) der Mittelwert der Druckfestigkeit $f_{ck,\,dry}$ der an der Luft gelagerten Würfel,
b) der höchstzulässige Wasserzementwert w/z.

Lösung:

a) $f_{ck,\,cube} = 0{,}92 \cdot f_{ck,\,dry}$

$$f_{ck,\,dry} = \frac{(f_{ck,\,cube} + 9\ \text{MPa})}{0{,}92}$$

$$f_{ck,\,dry} = \frac{37\ \text{MPa} + 9\ \text{MPa}}{0{,}92}$$

$$f_{ck,\,dry} = \underline{50\ \text{MPa}}$$

b) w/z-Wert nach Grafik:
$w/z = \underline{0{,}47}$

Erforderliche Gesteinskörnung

Sie kann durch Stoffraumberechnung ermittelt werden. Als Berechnungsgröße wird 1 m³ (= 1000 dm³) verdichteter Beton zugrunde gelegt.

Gesamtvolumen	Volumen der Gesteinskörnung	Volumen des Zementes	Volumen des Wassers	Volumen der Luftporen[1]

$$1000\ \text{dm}^3 = \frac{m_g}{\varrho_g} + \frac{m_z}{\varrho_z} + \frac{m_w}{\varrho_w} + p$$

$$m_g = \left(1000\ \text{dm}^3 - \frac{m_z}{\varrho_z} - \frac{m_w}{1} - p\right) \cdot \varrho_g$$

m_g = Masse der Gesteinskörnung in kg
m_w = Masse des Wassers in kg
m_z = Masse des Zementes in kg
ϱ_g = Dichte der Gesteinskörnung in kg/dm³ [2]
ϱ_w = Dichte des Wassers = 1 kg/dm³
ϱ_z = Dichte des Zementes in kg/dm³
p = Luftporengehalt in dm³

Erforderliche Zementmenge

$$\text{Zementmenge } z = \frac{\text{Wassermenge } w}{\text{Wasserzementwert } w/z}$$

Beispiel:

Für einen Beton C35/45 aus CEM I 52,5 N mit $k = 4{,}28$ und Grenzbereich C 1/C 2 ist der Zementgehalt zu veranschlagen.

Angestrebte Druckfestigkeit	= 55 MPa (N/mm²)
Wasseranspruch nach Grafik	= 155 kg/m³
Wasserzementwert nach Grafik	= 0,55

Zementmenge:

$$z = \frac{155\ \text{kg/m}^3}{0{,}55} = \underline{281{,}8\ \text{kg/m}^3}$$

[1] Nach sorgfältiger Verdichtung beträgt der im Beton verbleibende Luftgehalt beispielsweise bei 32 mm Größtkorn noch 1 ... 2 Vol.-% (10 ... 20 dm³/m³). Bei feinkörnigem Beton kann dieser Gehalt bis zu 6 Vol.-% (60 dm³/m³) ansteigen. Luftgehalt im Frischbeton mit Luftporen bildenden Zusatzmitteln siehe Seite 46.
[2] Wenn nichts anderes angegeben ist, wird die Dichte der Gesteinskörnung mit 2,65 kg/dm³ angenommen.

Beispiel für eine Stoffraumberechnung:

Für einen Beton C35/45 sind die Bestandteile zu veranschlagen. Betontechnische Angaben: $k = 4{,}68$; C3; CEM I 32,5 N; $\varrho_z = 3{,}10$ kg/dm³; $\varrho_g = 2{,}65$ kg/dm³; Größtkorn 32 mm; C2/3, $p = 1{,}5\,\%$.

Lösung:

Wasseranspruch nach Grafik (Seite 46): 164 kg/m³ Wasserzementwert nach Grafik (Seite 47): 0,47

$$\text{Zementgehalt } z = \frac{164 \text{ kg/m}^3}{0{,}47} = \underline{348{,}94 \text{ kg/m}^3}$$

$$\text{Gesteinskörnung } g = \left(1000 \text{ dm}^3 - \frac{348{,}94 \text{ kg}}{3{,}10 \text{ kg/dm}^3} - 164 \text{ dm}^3 - 15 \text{ dm}^3\right) \cdot 2{,}65 \text{ kg/dm}^3 = 708{,}44 \text{ dm}^3 \cdot 2{,}65 \text{ kg/dm}^3$$

$$= \underline{1877{,}37 \text{ kg}}$$

Mischungen/m³ für verschiedene Mischergrößen

Nenninhalt (m³) des Mischers		0,15	0,25	0,333	0,5	0,75	1,0	1,25	1,5
Mischungen je m³	C 1, F 1	8	4,8	3,6	2,4	1,6	1,2	0,96	0,8
	C 2, F 2	7,3	4,4	3,3	2,2	1,5	1,1	0,88	0,73
	C 3, F 3	7	4,2	3,1	2,1	1,4	1,05	0,84	0,7

Beispiel:

Der Beton, wie er entsprechend der Stoffraumberechnung ermittelt wurde, wird mit einem 500-l-Mischer hergestellt. Die Zugabemengen sind zu ermitteln.

Lösung:

$$\text{Zement} = \frac{348{,}94 \text{ kg/m}^3}{2{,}1 \text{ Mischungen/m}^3} = \underline{166{,}16 \text{ kg}} \qquad \text{Wasser} = \frac{164 \text{ kg/m}^3}{2{,}1 \text{ Mischungen/m}^3} = \underline{78{,}10 \text{ kg}}$$

$$\text{Gesteinskörnung} = \frac{1877{,}37 \text{ kg/m}^3}{2{,}1 \text{ Mischungen/m}^3} = \underline{893{,}99 \text{ kg}}$$

Nachbehandlungsklassen nach DIN EN 13670

	Klasse 1	Klasse 2	Klasse 3	Klasse 4
Dauer in Stunden	12¹)	nicht zutreffend		
prozentualer Anteil der charakteristischen Druckfestigkeit nach 28 Tagen	nicht zutreffend	35 %	50 %	70 %

¹) Sofern das Abbinden nicht länger als 5 Stunden dauert und die Betontemperatur an der Oberfläche mindestens 5 °C beträgt.

Mindestnachbehandlungsdauer für Nachbehandlungsklassen 2, 3 und 4

Oberflächentemperatur (t) des Betons in °C	Mindestnachbehandlungsdauer in Tagen¹)								
	Entwicklung der Betonfestigkeit³⁾ ⁴⁾ $r = f_{cm2}/f_{cm28}$								
	schnell $r \geq 0{,}50$			mittel $0{,}50 > r \geq 0{,}30$			langsam $0{,}30 > r \geq 0{,}15$		
	Nachbehandlungsklassen⁵)								
	2	3	4	2	3	4	2	3	4
$t \geq 25$	1	1,5	3	1,5	2,5	5	2,5	3,5	6
$25 > t \geq 15$	1	2	5	2,5	4	9	5	7	12
$15 > t \geq 10$	1,5	2,5	7	4	7	13	8	12	21
$10 > t \geq 5$²)	2	3,5	9	5	9	18	11	18	30

¹) Bei mehr als 5 Stunden Verarbeitungszeit ist die Nachbehandlungsdauer angemessen zu verlängern.

²) Bei Temperaturen unter 5 °C ist die Nachbehandlungsdauer um die Zeitspanne zu verlängern, während derer die Temperatur unter 5 °C lag.

³) Die Entwicklung der Betonfestigkeit ist der Quotient aus der mittleren Druckfestigkeit nach 2 Tagen und der mittleren Druckfestigkeit nach 28 Tagen, ermittelt in Erstprüfungen oder beruhend auf bekanntem Verhalten von Beton vergleichbarer Zusammensetzung (siehe DIN EN 206).

⁴) Bei einer sehr langsamen Entwicklung der Betonfestigkeit sollten in den bautechnischen Unterlagen besondere Anforderungen angegeben werden.

⁵) Die Wahl der Nachbehandlungsklassen hängt von den Expositionsklassen, der Wahl der Zusammensetzung der Betonmischung und der Wahl der Betondeckung ab. Klimatische Bedingungen und die Größe der Bauteile sind ebenfalls wichtige Parameter.

Beispiel: Für einen Industrieboden wird Transportbeton verwendet. Beim Einbau herrscht eine Lufttemperatur von 16 °C vor. In der Erstprüfung hat der Betonhersteller eine 2-Tage-Druckfestigkeit von 16 MPa (N/mm²) und eine 28-Tage-Druckfestigkeit von 42 MPa (N/mm²) ermittelt. Die Oberflächenfestigkeit des Betons beträgt 50 % der festgelegten charakteristischen Festigkeit.

Ermittlung der Nachbehandlungsdauer:

$r = f_{cm2}/f_{cm28} = 16$ MPa : 42 MPa = 0,38 ▶ Nachbehandlungsklasse 3 ▶ Nachbehandlung ≥ 4 Tage

Festlegung des Betons

Beton nach DIN EN 206 und DIN 1045-2 darf als Beton nach Eigenschaften, als Beton nach Zusammensetzung oder als Standardbeton beschrieben werden. Die Norm legt die Verantwortlichkeit der am Bau Beteiligten eindeutig fest. Der Verfasser der Leistungsbeschreibung ist verantwortlich für die Festlegung des Betons in der Leistungsbeschreibung.

Übersicht der Verantwortlichkeiten und Bestellvarianten

Verantwortlichkeit	**Beton nach Eigenschaften**	**Beton nach Zusammensetzung**
Verfasser der Leistungsbeschreibung (DIN 1045-3)	Festlegung Eigenschaften	Festlegung Eigenschaften Erstprüfung
Hersteller (DIN EN 206, DIN 1045-2)	Erstprüfung Zusammensetzung Konformitätsprüfung[1]	Zusammensetzung
Verwender (DIN 1045-3)	Annahmeprüfung	Annahmeprüfung Konformitätsprüfung[1]

[1] Systematische Überprüfung, in welchem Umfang der Beton die festgelegten Anforderungen erfüllt (siehe Seiten 53 und 54).

Mindest- und zusätzliche Angaben für Beton und Transportbeton nach Eigenschaften

Grundlegende Anforderungen	Zusätzliche Anforderungen
• Übereinstimmung mit DIN EN 206 • Druckfestigkeitsklasse • Expositionsklasse • Nennwert des Größtkorns der Gesteinskörnung • Konsistenzwert oder Zielwert der Konsistenz (Transportbeton und Baustellenbeton) • Klasse des Chloridgehaltes oder Art der Verwendung des Betons (unbewehrter Beton, Stahlbeton, Spannbeton) • Rohdichteklasse oder Zielwert der Rohdichte (Leichtbeton) • Zielwert der Rohdichte (Schwerbeton)	• besondere Arten oder Klassen von Zement (z. B. Zement mit niedriger Hydratationswärme) • besondere Arten oder Klassen von Gesteinskörnungen • erforderliche Eigenschaften für den Widerstand gegen Frosteinwirkung (z. B. Luftgehalt) • Anforderungen an die Frischbetontemperatur • Festigkeitsentwicklung • Wärmeentwicklung während der Hydratation • Wassereindringwiderstand • Abriebwiderstand • Spaltzugfestigkeit • andere technische Anforderungen (z. B. Oberflächenbeschaffenheit, Einbringverfahren)
	Zusätzliche Bedingungen für Transportbeton
	• Lieferzeit und Abnahmegeschwindigkeit • besonderer Transport auf der Baustelle • besondere Verfahren beim Einbringen (z. B. Pumpbarkeit bei Leichtbeton) • Beschränkung für das Lieferfahrzeug (z. B. Typ, Größe, Höhe oder Gesamtmasse)

Mindest- und zusätzliche Angaben für Beton und Transportbeton nach Zusammensetzung

Grundlegende Anforderungen	Zusätzliche Anforderungen
• Übereinstimmung mit DIN EN 206 • Zementart und Festigkeitsklasse • Zementgehalt • *w/z*-Wert • Gesteinskörnung, Art, Kategorie, max. Chloridgehalt • Nennwert des Größtkorns der Gesteinskörnung, Sieblinie • Art, Menge und Herkunft von Zusatzmitteln und Zusatzstoffen	• Herkunft aller Ausgangsstoffe • zusätzliche Anforderungen an die Gesteinskörnung • Frischbetontemperatur • andere technische Anforderungen **Zusätzliche Bedingungen für Transportbeton** • Lieferzeit und Abnahmegeschwindigkeit • Beschränkungen für das Lieferfahrzeug (z. B. Typ, Größe, Höhe oder Gesamtmasse)

Standardbeton

Darunter versteht man Normalbeton, dessen Zusammensetzung in einer am Ort der Verwendung des Betons gültigen Norm vorgegeben ist.

Anforderungen	Beschränkungen
• Normalbeton (bewehrt, unbewehrt) • Expositionsklassen nur X O, XC 1, XC 2 • Konsistenzbezeichnung • Druckfestigkeitsklasse max. bis C 16/20 • Nennwert des Größtkorns der Gesteinskörnung • Festigkeitsentwicklung, falls erforderlich	• natürliche Gesteinskörnungen • keine Zusatzstoffe • keine Zusatzmittel • Mindestzementgehalt nach Tabelle (siehe unten)

Mindestzementgehalt für Standardbeton mit Größtkorn von 32 mm und Zement der Festigkeitsklasse 32,5 (DIN EN 206)

Druckfestigkeitsklasse	Mindestzementgehalt in kg/m³ für folgende Konsistenzbezeichnungen		
	steif	plastisch	weich
C 8/10	210	230	260
C 12/15	270	300	330
C 16/20	290	320	360

Der Zementgehalt **darf verringert** werden um
- max. 10 % bei Zement der Festigkeitsklasse 42,5
- max. 10 % bei einem Größtkorn von 63 mm

Der Zementgehalt **muss vergrößert** werden um
- 10 % bei einem Größtkorn von 16 mm
- 20 % bei einem Größtkorn von 8 mm

Zusammensetzung von Standardbeton (Anhaltswerte)

Konsistenz	Druckfestigkeitsklasse	Sieblinienbereich	Baustoffbedarf		
			Zement in kg/m³	Gesteinskörnung (trockener Zustand) in kg/m³	Wasser in kg/m³
steif C 1, F 1	C8/10	3	230	2045	140
		4	250	1975	160
	C12/15	3	290	1990	140
		4	320	1915	160
	C16/20	3	310	1975	140
		4	340	1895	160
plastisch C 2, F 2	C8/10	3	250	1975	160
		4	270	1900	180
	C12/15	3	320	1915	160
		4	350	1835	180
	C16/20	3	340	1895	160
		4	370	1815	180
weich C 3, F 3	C8/10	3	280	1895	180
		4	300	1825	200
	C12/15	3	350	1835	180
		4	380	1755	200
	C16/20	3	380	1810	180
		4	410	1730	200

Betonfamilien

Darunter versteht man eine Gruppe von Betonzusammensetzungen, für die ein verlässlicher Zusammenhang zwischen maßgebenden Eigenschaften festgelegt und dokumentiert ist. Das Prinzip der Betonfamilien ist auf hochfesten Beton, Leichtbeton und Schwerbeton nicht anwendbar. Betone der Festigkeitsklassen C12/15 … C50/60 müssen in mindestens zwei Familien eingeteilt werden.

Kennzeichnung von Transportbeton

Nach DIN EN 206 wird bei jeder Lieferung von Transportbeton für den Abnehmer ein Lieferschein erstellt.

Angaben auf dem Lieferschein (DIN EN 206)

Angaben auf dem Lieferschein	Beton nach		Standardbeton
	Eigenschaften	Zusammensetzung	
• Name des Transportbetonwerks	+	+	+
• Lieferscheinnummer	+	+	+
• Datum und Zeit des Beladens, d. h. Zeitpunkt der ersten Reaktion zwischen Zement und Wasser	+	+	+
• Kennzeichen des Lkws oder Identifikation des Fahrzeugs	+	+	+
• Name des Käufers	+	+	+
• Bezeichnung und Ort der Baustelle	+	+	+
• Einzelheiten oder Verweise auf die Festlegung	+	+	+
• Menge des Betons in Kubikmetern	+	+	+
• Konformitätserklärung mit Bezug auf die Festlegung und auf DIN EN 206	+	+	+
• Name oder Zeichen der Zertifizierungsstelle, falls beteiligt	+	+	+
• Zeitpunkt des Eintreffens des Betons auf der Baustelle	+	+	+
• Zeitpunkt des Beginns des Entladens	+	+	+
• Zeitpunkt des Beendens des Entladens	+	+	+
• Festigkeitsklasse	+		
• Expositionsklassen	+		
• Klasse des Chloridgehaltes	+		
• Konsistenzklasse oder Zielwert der Konsistenz	+		
• Grenzwert der Betonzusammensetzung, falls festgelegt	+		
• Art und Festigkeitsklasse des Zements, falls festgelegt	+		
• Art der Zusatzmittel und Zusatzstoffe, falls festgelegt	+		
• besondere Eigenschaften, falls erforderlich	+		
• Nennwert des Größtkorns der Gesteinskörnung	+		
• Rohdichteklasse oder Zielwert der Rohdichte bei Leicht- oder Schwerbeton	+		
• Einzelheiten über die Zusammensetzung		+	
• entweder Wasserzementwert oder Konsistenz durch Angabe der Klasse oder des Zielwertes, wie festgelegt		+	
• Größtkorn der Gesteinskörnung		+	
• Druckfestigkeitsklasse			+
• Expositionsklassen			+
• Größtkorn der Gesteinskörnung			+
• Konsistenzbezeichnung			+
• Festigkeitsentwicklung, falls festgelegt			+

Konformitätskontrolle

Mit der Konformitätskontrolle wird die Übereinstimmung des Betons mit der Festlegung nachgeprüft. Sie erfolgt nach den in DIN EN 206 und DIN 1045-2 beschriebenen Anwendungsregeln und ist Bestandteil der Produktionskontrolle. Das bedeutet, dass die Vorgehensweise der Konformitätskontrolle im Handbuch der Produktionskontrolle zu beschreiben ist und die Ergebnisse entsprechend zu dokumentieren sind.
Die Konformitätskontrolle unterscheidet zwischen Beton nach Eigenschaften, Beton nach Zusammensetzung und Standardbeton. Je nach Betonart ergeben sich unterschiedliche Kontrollen. Sie kann an einzelnen Betonen und/oder Betonfamilien durchgeführt werden.

- Die **Erstherstellung** beinhaltet die Ergebnisse bis zum Erreichen von mindestens 35 Prüfergebnissen.
- Die **stetige Herstellung** ist erreicht, wenn innerhalb eines Zeitraumes von nicht mehr als 12 Monaten mindestens 35 Prüfergebnisse erhalten wurden.
- Wenn die Herstellung eines einzelnen Betons oder einer Betonfamilie **für mehr als 6 Monate unterbrochen** wurde, muss der Hersteller die Kriterien, den Probenahme- und den Prüfplan für die Erstherstellung übernehmen.

Konformitätskriterien für die Druckfestigkeit

Es werden 3 Kriterien unterschieden.

- Kriterium 1: Mittelwert Beton oder Betonfamilie
- Kriterium 2: Einzelwert Beton oder Betonfamilie
- Kriterium 3: Mittelwert eines jeden Betons in einer Betonfamilie

Der Nachweis der Konformität muss auf der Grundlage von Prüfergebnissen erfolgen, dessen Nachweiszeitraum die letzten 12 Monate nicht überschreiten darf. Die Konformität ist nachgewiesen, wenn die angegebenen Kriterien1 und 2 für die Erstherstellung und stetige Herstellung erfüllt sind.

f_c Betondruckfestigkeit
f_{cm} mittlere Druckfestigkeit des Betons
f_{ci} einzelnes Prüfergebnis für die Druckfestigkeit von Beton
f_{ck} charakteristische Betondruckfestigkeit, f_{ck} gilt sowohl für $f_{ck,cyl}$ als auch für $f_{ck,cube}$
σ Schätzwert für die Standardabweichung einer Gesamtheit
n Anzahl
s_n Standardabweichung von aufeinanderfolgenden Prüfergebnissen

Qualitätssicherung auf der Baustelle

Prüfungsarten (Druckfestigkeit)

Erstprüfung	
Zeitpunkt	vor Verwendung des Betons
Aufgabe	• Ermittlung der Zusammensetzung des Betons • festgelegte Anforderungen im frischen und erhärteten Zustand
Zuständigkeit	• Beton nach Eigenschaften ➨ Hersteller • Beton nach Zusammensetzung ➨ ausschreibende Stelle • Standardbeton ➨ Normungsorganisation (keine Erstprüfung erforderlich)
Häufigkeit der Erstprüfungen	• vor Verwendung eines neuen Betons oder einer neuen Betonfamilie • bei wesentlichen Änderungen der Ausgangsstoffe • bei wesentlichen Änderungen der festgelegten Anforderungen
Prüfbedingungen	• gleiches Mischverfahren wie bei Produktion • Frischbetontemperatur zwischen 15 °C und 22 °C • bei jeder Erstprüfung 3 Probekörper der jeweiligen Betonzusammensetzung • bei Betonfamilien: für jede Betonzusammensetzung innerhalb der Familie 3 Probekörper • Angabe der Zeit zwischen Mischen und Konsistenzprüfung
Anforderungen	• f_{ck} – charakteristische Zylinderdruckfestigkeit des Betons nach 28 Tagen • f_{cm} – Mittelwert der Zylinderdruckfestigkeit des Betons • das Vorhaltemaß beträgt 6 … 12 MPa (N/mm²) • $f_{cm} \geq f_{ck}$ + Vorhaltemaß

Konformitätskontrolle des Betonherstellers				
Zeitpunkt	während der Produktion des Betons			
Aufgabe	statistische Produktionskontrolle			
Zuständigkeit	Hersteller			
Häufigkeit der Probenahme		erste 50 m³ der Produktion	Mindesthäufigkeit der Probenentnahme – nach den ersten 50 m³ der Produktion: Beton mit Zertifizierung der Produktionskontrolle	Mindesthäufigkeit der Probenentnahme – nach den ersten 50 m³ der Produktion: Beton ohne Zertifizierung der Produktionskontrolle
	Erstherstellung	3 Proben	1 je 200 m³ oder 1 je 3 Produktionstage Leichtbeton und Beton ab C55/67: 1 je 100 m³ oder 1 je Produktionstag	1 je 150 m³oder 1 je Produktionstag
	stetige Herstellung (wenn mindestens 35 Prüfergebnisse verfügbar sind)		1 je 400 m³ oder 1 je 5 Produktionstage oder 1 je Kalendermonat Leichtbeton und Beton ab C55/67: 1 je 200 m³ oder 1 je Produktionstag	
Übereinstimmung für die Druckfestigkeit, Anforderungen		Anzahl „n" der Ergebnisse in der Reihe	Kriterium 1 Mittelwert von „n" Ergebnissen (f_{cm}) MPa (N/mm²)	Kriterium 2 Jedes einzelne Prüfergebnis (f_{ci}) MPa (N/ mm²)
	Erstherstellung	$n = 3$	$f_{cm} \geq (f_{ck} + 4)$ MPa hochfester Beton $f_{cm} \geq (f_{ck} + 5)$ MPa	$f_{ci} \geq (f_{ck} - 4)$ MPa hochfester Beton $f_{ci} \geq (f_{ck} - 5)$ MPa
	stetige Herstellung	$n \geq 15$	$f_{cm} \geq (f_{ck} + 1{,}48 \cdot \sigma)$ MPa $\sigma \geq 3$ MPa hochfester Beton $f_{cm} \geq (f_{ck} + 1{,}48 \cdot \sigma)$ MPa $\sigma \geq 5$ MPa	$f_{ci} \geq (f_{ck} - 4)$ MPa hochfester Beton $f_{ci} \geq (0{,}9 \cdot f_{ck})$ MPa

Überwachungsprüfungen durch das ausführende Bauunternehmen

Zur Überprüfung der maßgebenden Frisch- und Festbetoneigenschaften wird der Beton in **drei Überwachungsklassen** eingeteilt. Bei mehreren zutreffenden Überwachungsklassen ist die höchste maßgebend.

Überwachungsklassen für Beton			
Gegenstand	**Überwachungsklassen**		
	1	**2**[1]	**3**[1]
Druckfestigkeitsklassen für Normal- und Schwerbeton	≤ C25/30[1]	≥ C30/37 und ≤ C50/60	≥ C55/67
Druckfestigkeitsklassen für Leichtbeton der Rohdichteklassen			
D1,0 … D1,4	nicht anwendbar	≤ LC25/28	≥ LC30/33
D1,6 … D2,0	≤ LC25/28	LC30/33 und LC35/38	≥ LC40/44
Expositionsklassen	XO, XC, XF1	XS, XD, XA, XM[2]), XF2, XF3, XF4	–
besondere Betoneigenschaften	–	• Beton für wasserundurchlässige Baukörper (z. B. weiße Wanne)[3] • Unterwasserbeton • Beton für hohe Gebrauchstemperaturen $T \leq 250$ °C • Strahlenschutzbeton (außerhalb des Kernkraftwerkbaus) • für besondere Anwendungsfälle (z. B. verzögerter Beton, Betonbau beim Umgang mit wassergefährdenden Stoffen) sind die jeweiligen DafStb-Richtlinien anzuwenden	–

1) Das Bauunternehmen muss über eine ständige Betonprüfstelle verfügen. Die Fremdüberwachung muss durch eine anerkannte Überwachungsstelle erfolgen. Spannbeton der Festigkeitsklasse C25/30 ist stets in Überwachungsklasse 2 einzuordnen.
2) Gilt nicht für übliche Industrieböden.
3) Beton mit hohem Wassereindringwiderstand darf in die Überwachungsklasse 1 eingeordnet werden, wenn der Baukörper nur zeitweilig aufstauendem Sickerwasser ausgesetzt ist und wenn in der Projektbeschreibung nichts anderes festgelegt ist.

Umfang der Prüfungen an Beton nach Eigenschaften

Prüfgegenstand	**Mindestprüfhäufigkeit für Überwachungsklassen**		
	1	**2**	**3**
Lieferschein	jedes Lieferfahrzeug		
Konsistenzmessung[1]	nur in Zweifelsfällen	beim ersten Einbringen jeder Betonzusammensetzung; bei Herstellung von Probekörpern für die Festigkeitsprüfung; in Zweifelsfällen	
Frischbetonrohdichte von Leichtbeton und Schwerbeton	bei Herstellung von Probekörpern für die Festigkeitsprüfung; in Zweifelsfällen		
Gleichmäßigkeit des Betons (Augenscheinprüfung)	Stichprobe	jedes Lieferfahrzeug	
Druckfestigkeit an Probekörpern[2]	in Zweifelsfällen	3 Proben je 300 m³ oder je 3 Betoniertage[3]	3 Proben je 50 m³ oder je Betoniertag[3]
Luftgehalt von Luftporen	nicht zutreffend	zu Beginn jedes Betonierabschnitts; in Zweifelsfällen	
Frischbetontemperatur	in Zweifelsfällen	bei Lufttemperaturen unter + 5 °C und über + 30 °C beim Einbau des Betons	

1) Zusätzliche Augenscheinprüfung der Konsistenz als Stichprobe für die Überwachungsklasse 1 bzw. an jedem Lieferfahrzeug der Überwachungsklasse 2 und 3.
2) Prüfung muss für jeden verwendeten Beton erfolgen. Betone mit gleichen Ausgangsstoffen und gleichen Wasserzementwerten, aber anderem Größtkorn gelten als ein Beton.
3) Maßgebend ist, welche Forderung die größte Anzahl Proben ergibt.

Umfang der Prüfungen an Beton nach Zusammensetzung

Prüfgegenstand	Mindesthäufigkeit für Überwachungsklassen		
	1	2	3
Lieferschein	jedes Lieferfahrzeug		
Konsistenzmessung[1)]	beim ersten Einbringen jeder Betonzusammensetzung; bei Herstellung von Probekörpern für die Festigkeitsprüfung; bei Prüfung des Luftgehalts; in Zweifelsfällen		
Druckfestigkeit an Probekörpern	nach DIN EN 206, siehe Tabelle auf Seite 52; in Zweifelsfällen		
Frischbetonrohdichte von Leicht- und Schwerbeton	bei Herstellung von Probekörpern für die Festigkeitsprüfung		
Rohdichte von erhärtetem Leicht- und Schwerbeton	an jedem Probekörper für die Festigkeitsprüfung; in Zweifelsfällen		

[1)] Zusätzliche Augenscheinprüfung der Konsistenz als Stichprobe für die Überwachungsklasse 1 und an jeder Mischung bzw. an jedem Lieferfahrzeug für Überwachungsklassen 2 und 3

Betondeckung und Bewehrung (DIN EN 1992-1-1 und DIN EN 1992-1-1/NA)

Betondeckung	Minimaler Abstand zwischen Betonoberfläche und Außenkante Stahl
Mindestbetondeckung $c_{min,b}$	Mindestbetondeckung zur Sicherstellung des Verbundes $c_{min,b}$ (b: engl. bond)
Mindestbetondeckung $c_{min,dur}$	Mindestbetondeckung zur Sicherstellung der Dauerhaftigkeit $c_{min,dur}$ (dur: engl. durance)
Sicherheitszuschlag $\Delta c_{dur,\gamma}$	Sicherheitszuschlag $\Delta c_{dur,\gamma}$ beträgt in Deutschland für • XD1, XS1: 10 mm • XD2, XS2: 5 mm
Betondeckungsreduzierung $\Delta c_{dur,st}$	Für die Abminderung der Betondeckung bei Verwendung von nichtrostenden Stählen $\Delta c_{dur,st}$ (st: engl. stainless rebars) gelten die Bestimmungen der jeweiligen bauaufsichtlichen Zulassungen. Der landesspezifische Wert ist 0 mm
Abminderung der Betondeckung $\Delta c_{dur,add}$ durch Beschichtung	Die Abminderung der Mindestbetondeckung $\Delta c_{dur,add}$ darf in der Expositionsklasse XD mit 10 mm angesetzt werden. In allen anderen Fällen ist $\Delta c_{dur,add}$ = 0 mm.
Mindestbetondeckung c_{min}	Für die Mindestbetondeckung c_{min} (= Kontrollmaß am erhärteten Beton) gilt: $c_{min} \geq c_{min,b}$ $c_{min} \geq c_{min,dur} + \Delta c_{dur,\gamma} - \Delta c_{dur,st} - \Delta c_{dur,add}$ $c_{min} \geq$ **10 mm** Maßgebend ist der größte Wert, der sich aus den Verbund- und Dauerhaftigkeitsanforderungen ergibt.
Nennmaß der Betondeckung c_{nom}	Nennmaß c_{nom} ist definiert als die Summe aus der Mindestbetondeckung c_{min} und dem Vorhaltemaß Δc_{dev}: $c_{nom} = c_{min} + \Delta c_{dev}$
Vorhaltemaß Δc_{dev}	Das Vorhaltemaß Δc_{dev} beträgt 15 mm (für XC1 gilt Δc_{dev} = 10 mm) und wenn Verbundkriterien maßgebend sind, mindestens 10 mm.
Verlegemaß c_v	Für das Verlegemaß der Bewehrung gilt: $c_v \geq c_{nom}$. Es wird auf der Bewehrungszeichnung angegeben und auf je 5 mm gerundet.
Achsabstand a_i	a_i = Tragbewehrung – Außenkante Betonoberfläche
Achsabstand a_{sd}	a_{sd} = seitlicher Achsabstand – Außenkante Betonoberfläche
Anforderungsklassen S	Die Anforderungsklassen S1 … S6 ermöglichen eine verfeinerte Einstufung der Dauerhaftigkeitsanforderungen in Abhängigkeit von der Betonfestigkeitsklasse oder von nachgewiesenen Qualitätskontrollen. In Deutschland wird für Bauwerke mit einer geplanten Nutzungsdauer von 50 Jahren die Anforderungsklasse S3 angenommen.

Mindestbetondeckung $c_{min,\,b}$ – Anforderungen zur Sicherstellung des Verbundes

Verbundbedingungen	
Art der Bewehrung	**Mindestbetondeckung $c_{min,\,b}$ [1])**
Betonstabstahl	Stabdurchmesser
Stabbündel	Vergleichsdurchmesser ϕ_n [2])

[1]) Ist der Nenndurchmesser des Größtkorns der Gesteinskörnung größer als 32 mm, ist in der Regel $c_{min,\,b}$ um 5 mm zu erhöhen.

[2]) Für die Bemessung wird das Stabbündel durch einen Ersatzstab mit gleicher Querschnittsfläche und gleichem Schwerpunkt ersetzt.

Der **Vergleichsdurchmesser** ϕ_n des Ersatzstabes wird nach folgender Formel ermittelt:

$$\phi_n = \phi \cdot \sqrt{n_b} \leq 55 \text{ mm}$$

n_b – Anzahl der Bewehrungsstäbe eines Stabbündels mit folgenden Grenzwerten:

$n_b \leq 4$ für lotrechte Stäbe unter Druck und für Stäbe in einem Übergreifungsstoß,

$n_b \leq 3$ für alle anderen Fälle.

Mindestbetondeckung $c_{min,\,dur}$ – Anforderungen an die Dauerhaftigkeit von Betonstahl und Spannstahl (Klammerwerte), einschließlich eines Sicherheitselementes für Anforderungsklasse S3 (in Deutschland ausschließlich verwendet)

Dauerhaftigkeitsanforderungen für $c_{min,\,dur}$ in mm

Anforderungsklasse	Expositionsklasse						
	XO	XC1	XC2/XC3	XC4	XD1/XS1	XD2/XS2	XD3/XS3
S1	10 (10)	10 (15)	10 (20)	15 (25)	20 (30)	25 (35)	30 (40)
S2	10 (10)	10 (15)	15 (25)	20 (30)	25 (35)	30 (40)	35 (45)
S3	10 (10)	10 (20)	20 (30)	25 (35)	30 (40)	35 (45)	40 (50)
$\Delta c_{dur,\gamma}$ →	0 (0)	0 (0)	0 (0)	0 (0)	+ 10 (+ 10)	+ 5 (+ 5)	0 (0)
S4	10 (10)	15 (25)	25 (35)	30 (40)	35 (45)	40 (50)	45 (55)
S5	15 (15)	20 (30)	30 (40)	35 (45)	40 (50)	45 (55)	50 (60)
S6	20 (20)	25 (35)	35 (45)	40 (50)	45 (55)	50 (60)	55 (65)

Vergrößerung der Betondeckung

erforderlich bei	Anforderungen
Bauteilen aus Leichtbeton	Bei Leichtbeton (außer bei XC1) müssen die Werte für die Mindestbetondeckung in der Tabelle „Mindestbetondeckung $c_{min,\,b}$ – Anforderungen zur Sicherstellung des Verbundes" um 5 mm erhöht werden.
Verschleißbeanspruchungen	Alternativ zu zusätzlichen Anforderungen an die Gesteinskörnungen besteht die Möglichkeit, die Mindestbetondeckung der Bewehrung zu vergrößern (Opferbeton). Empfohlene Werte für Opferbeton: • bei XM1: $k_1 = 5$ mm • bei XM2: $k_2 = 10$ mm • bei XM3: $k_3 = 15$ mm
Beton gegen unebene Flächen	Das Nennmaß der Betondeckung c_{nom} ist zu erhöhen • generell um das Differenzmaß der Unebenheit, jedoch • mindestens um $k_1 = 40$ mm bei Herstellung auf vorbereitetem Untergrund, • mindestens um $k_2 = 75$ mm bei Herstellung unmittelbar auf dem Baugrund. k_1 und k_2 sind empfohlene Werte.
unebenen Oberflächen	Für unebene Oberflächen (z. B. herausstehendes Grobkorn) ist in der Regel die Mindestbetondeckung um mindestens 5 mm zu erhöhen.

Verminderung der Betondeckung

Wird Ortbeton kraftschlüssig mit einem Fertigteil oder erhärtetem Ortbeton verbunden, dürfen die Werte an den der Fuge zugewandten Rändern auf den Mindestwert zur Sicherstellung des Verbundes abgemindert werden. Dies gilt unter der Voraussetzung, dass

- die Betondruckfestigkeitsklasse mindestens C25/30 beträgt,
- die Betonoberfläche nicht länger als 28 Tage dem Außenklima ausgesetzt ist und die Fuge aufgeraut wurde.

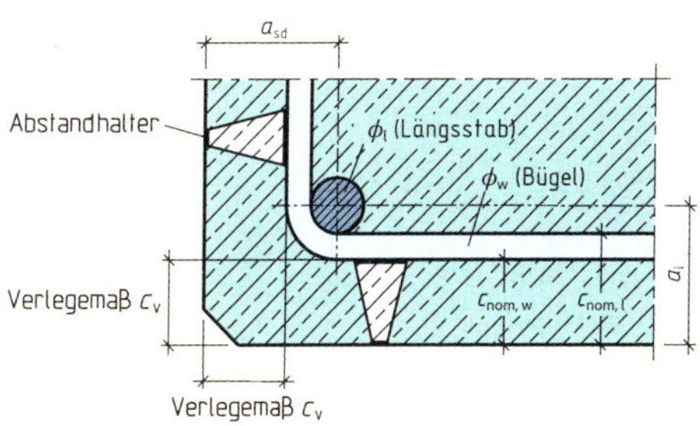

Verlegemaß $c_v \geq c_{nom,\,w}$, $\geq c_{nom,\,l} - \phi_w$ } DIN EN 1992-1-1

$$c_v \geq a_l - \frac{\phi_l}{2} - \phi_w, \quad c_v \geq a_{sd} - \frac{\phi_l}{2} - \phi_w \quad \text{DIN EN 1992-1-2}$$

Das Verlegemaß c_v ergibt sich als das größte Maß aus den Nennmaßen der Betondeckung für die Längsstäbe und die Querbewehrung (Bügel), bzw. aus den erforderlichen Betondeckungen für den Brandschutz.

Betondeckung – Mindestbetondeckung, Vorhaltemaß und Nennmaß
(Betonstahl)

Expositionsklasse[1]	Festigkeitsklasse f_{ck}	Stabdurchmesser ϕ bzw. ϕ_n[2] [mm]	Mindestbetondeckung und Vorhaltemaß					Nennmaß C_{nom} [mm]
			Dauerhaftigkeit			Verbund[5]		
			$c_{min,dur}$[3] [mm]	$\Delta c_{dur,\gamma}$ [mm]	Δc_{dev} [mm]	$c_{min,b}$[4] [mm]	Δc_{dev} [mm]	
XC1	C 16/20	6…10	10	0	10	10	10	20
		12				12		25
		14				14		
		16				16		30
		20				20		
		25				25		35
		28				28		40
		32				32		45
		40				40		50
XC2	C 16/20	6…20	20		15	20		35
		25				25		
		28				28		40
XC3	C 20/25	32				32		45
		40				40		50
XC4	C 25/30	6…25	25			25		40
		28				28		
		32				32		45
		40				40		50
XD1	C 30/37[7]	6…25	40	10		25		55
XD2	C 35/45[7]			5				
XD3[6]	C 35/45[7]	28…40		0		40		
XS1	C 30/37[7]	6…25		10		25		
XS2	C 35/45[7]			5				
XS3	C 35/45[7]	28…40		0		40		

[1]) Bei mehreren zutreffenden Expositionsklassen ist jeweils die Expositionsklasse mit der höchsten Anforderung (indikative Mindestfestigkeitsklasse) maßgebend.
[2]) Bei Stabbündeln ist anstelle ϕ der Vergleichsdurchmesser ϕ_n maßgebend.
[3]) Für die Dauerhaftigkeit von Betonstahl wird in Deutschland ausschließlich die Anforderungsklasse S3 verwendet.
[4]) Mindestmaß für Verbundsicherung wird auf volle 5-mm-Schritte gerundet.
[5]) Erhöhung von $c_{min,b}$ um 5 mm bei Nenndurchmesser des Größtkorns > 32 mm.
[6]) Für XD3 sind ggf. zusätzliche Maßnahmen zum Korrosionsschutz der Bewehrung notwendig.
[7]) Bei Luftporenbeton, z. B. wegen gleichzeitiger Expositionsklasse XF, eine Festigkeitsklasse niedriger.

Beispiel: Stahlbetonbalken

Gegeben: Expositionsklasse XC1, WO; Betonfestigkeitsklasse C16/20; Stabdurchmesser Längsbewehrung $\phi_l = 14$ mm; Stabdurchmesser Bügel $\phi_w = 6$ mm; Normalstahl, keine zusätzliche Schutzmaßnahmen

Gesucht: a) die Mindestbetondeckung c_{min} b) das Vorhaltemaß Δc_{dev}
c) das Nennmaß c_{nom} d) das Verlegemaß c_v

Lösung:

a) Additives Sicherheitselement nach Tabelle $\Delta c_{dur,\gamma} = 0$
Mindestmaß für XC1 nach Tabelle $c_{min,dur} = 10$ mm
Mindestbetondeckung aus Dauerhaftigkeitsanforderung $c_{min} = c_{min,dur} + \Delta c_{dur,\gamma} - \Delta c_{dur,add} = 10 \text{ mm} + 0 \text{ mm} - 0 \text{ mm} = \mathbf{10\ mm}$
Mindestbetondeckung aus Verbundanforderungen für Längsbewehrung $c_{min,b} = 14$ mm; **15 mm** (gerundet auf volle 5-mm-Schritte)
Mindestbetondeckung aus Verbundanforderungen für Bügel $c_{min,b} = 6$ mm; **10 mm** (gerundet auf volle 5-mm-Schritte)

b) Vorhaltemaß nach Tabelle $\Delta c_{dev} =$ **10 mm**

c) Nennmaß für Längsbewehrung $c_{nom,l} = c_{min} + \Delta c_{dev} = 15 \text{ mm} + 10 \text{ mm} =$ **25 mm**
Nennmaß für Bügel $c_{nom,w} = c_{min} + \Delta c_{dev} = 10 \text{ mm} + 10 \text{ mm} =$ **20 mm**

d) Verlegemaß c_v
$c_v = c_{nom,l} - \phi_w = 25 \text{ mm} - 6 \text{ mm} = 19$ mm, gewählt **20 mm**

Betonstahl (DIN 488/DIN EN 1992-1-1)

Betonstahl wird in **Betonstabstahl** (Kennzeichnung B500B), **Betonstahl in Ringen** (Kennzeichnungen B500A und B500B) und **glatten Bewehrungsdraht** (Kennzeichnung B500A+G) und **profilierten Bewehrungsdraht** (Kennzeichnung B500A+P) unterteilt. Für alle Betonstähle beträgt der für die Bemessung notwendige **Streckgrenzwert** einheitlich **500 MPa (N/mm²)**. Nach ihrer Dehn- und Formbarkeit werden drei **Duktilitätsklassen** unterschieden, die mit den Großbuchstaben „A, „B" und „C" gekennzeichnet werden. Duktilität ist ein Maß für die Dehnung, die der Betonstahl aufnehmen kann, ohne dass er zerstört wird. „A" kennzeichnet Betonstähle mit **normaler**, „B" mit **hoher Duktilität** und **„C"** mit sehr hoher Duktilität. In die Duktilitätsklasse C fallen Erdbebenstähle. In Deutschland ist dies durch allgemeine bauaufsichtliche Zulassungen geregelt.

Begriffe	Kurzname Streckgrenze/ Zugfestigkeit in MPa (N/mm²)	Form und Kennzeichnung	Durchmesser in mm	Schweißprozesse nach DIN EN ISO 4063[1])
Betonstabstahl	B500B 500/550	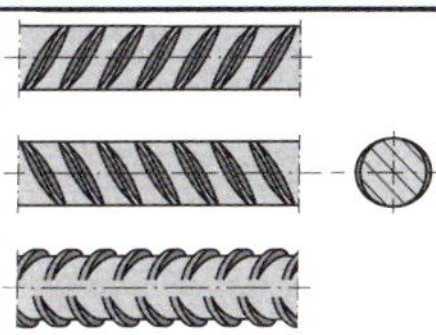 Betonstabstahl B500B mit 2 Reihen Schrägrippen ohne Längsrippen Betonstabstahl der Sorte B500B muss entweder 2 oder 4 Reihen Schrägripppen haben. Er kann mit oder ohne Längsrippen hergestellt werden.	6 … 40	111[2]) – Lichtbogenhandschweißen 114[2]) – Metall-Lichtbogenschweißen ohne Schutzgas 135[3]) – Metall-Aktivgasschweißen 136[4]) – Metall-Aktivgasschweißen mit Fülldrahtelektrode 21[5]) – Widerstandspunktschweißen 24[6]) – Abbrennstumpfschweißen 42[7]) – Reibschweißen
Betonstahl in Ringen	B500A B500B 500/550	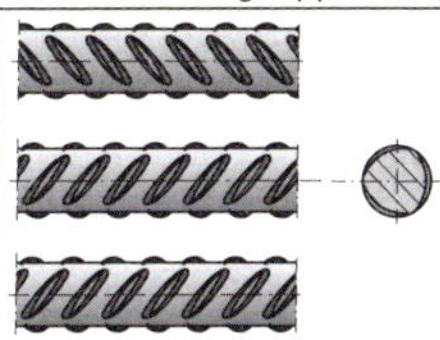 Betonstahl in Ringen B500A mit 3 Reihen Schrägrippen	4 … 16[8])	
Betonstahlmatten	B500A 500/550	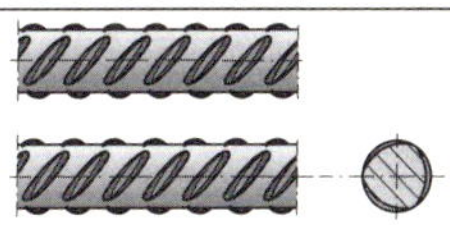 Betonstahlmatte B500A mit 3 Rippenreihen	5 … 11,5[9])	
	B500B 500/550	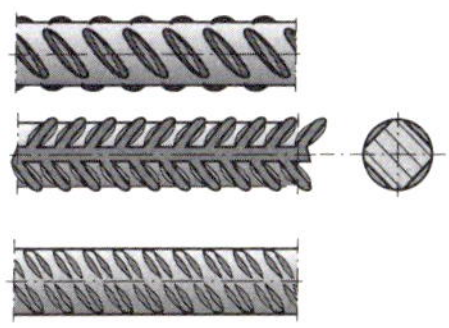 Betonstahlmatte B500B mit 2 bzw. 4 Rippenreihen	4 … 12	
Bewehrungsdraht	B500A + P 500/550	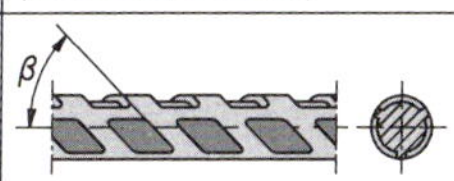 $\beta \approx 40..60°$ **Profilierter** Bewehrungsdraht	4 … 12	
	B500A + G 500/550	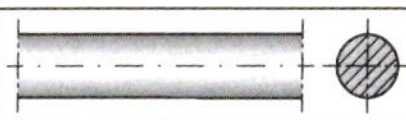 **Glatter** Bewehrungsdraht[10])	4 … 16	

[1]) Jedes Schweißverfahren ist durch eine **Ordnungsnummer** festgelegt. Diese Ordnungsnummer ist auch für die zeichnerische Darstellung von Schweißnähten in Zeichnungen zu benutzen.
[2]) 111 – Stumpfstoß mit $\phi \geq 20$ mm, Laschenstoß, Überlappstoß, Kreuzungsstoß für tragende Verbindungen mit $\phi \leq 16$ mm, Verbindung mit anderen Stahlteilen
[3]) 135 – Laschenstoß, Überlappstoß, Kreuzungsstoß für tragende Verbindungen mit $\phi \leq 16$ mm, Verbindung mit anderen Stahlteilen
[4]) 136 – für Druckstäbe gilt Stumpfstoß mit $\phi \geq 20$ mm
[5]) 21 – Überlappstoß für tragende Verbindungen $\phi \leq 28$ mm, Kreuzungsstoß für tragende Verbindungen mit $\phi \leq 28$ mm (zulässiges Verhältnis der Stabnenndurchmesser sich kreuzender Stäbe ≥ 0,57)
[6]) 24 – Stumpfstoß
[7]) 42 – Stumpfstoß, Verbindung mit anderen Stahlteilen
[8]) Durchmesser 14 und 16 mm nur für B500B
[9]) Herstellung auf Anfrage
[10]) Bewehrungsdraht ist kein Betonstahl im Sinne von DIN 488. Er wird für Sonderzwecke eingesetzt.

Zulässige Schweißverfahren und Anwendungsfälle (DIN EN 1992-1-1)

Belastungsart	Schweißverfahren	Kurzzeichen	Ordnungsnummer	Anwendungsfälle	
				Zugstäbe[1]	Druckstäbe[1]
vorwiegend ruhend	Abbrennstumpfschweißen	RA	24	Stumpfstoß	
	Lichtbogenhandschweißen	E	111	Stumpfstoß mit $\phi \geq 20$ mm, Laschenstoß, Überlappstoß, Kreuzungsstoß[3], Verbindung mit anderen Stahlteilen	
	Metall-Lichtbogenschweißen	MF	114		
	Metall-Aktivgasschweißen	MAG	135	Laschenstoß, Überlappstoß, Kreuzungsstoß[3], Verbindung mit anderen Stahlteilen	
			136	–	Stumpfstoß mit $\phi \geq 20$ mm
	Reibschweißen	FR	42	Stumpfstoß, Verbindung mit anderen Stahlteilen	
	Widerstandspunktschweißen	RP	21	Überlappstoß[4], Kreuzungsstoß[2, 4]	
nicht vorwiegend ruhend	Abbrennstumpfschweißen	RA	24	Stumpfstoß	
	Lichtbogenhandschweißen	E	111	–	Stumpfstoß mit $\phi \geq 14$ mm
	Metall-Aktivschweißen	MAG	135 136	–	Stumpfstoß mit $\phi \geq 14$ mm
	Widerstandspunktschweißen	RP	21	Überlappstoß[4], Kreuzungsstoß[2, 4]	

[1]) Es dürfen gleiche Stabnenndurchmesser sowie benachbarte Stabdurchmesser verbunden werden.
[2]) Zulässiges Verhältnis der Stabnenndurchmesser sich kreuzender Stäbe ≥ 0,57.
[3]) Für tragende Verbindungen $\phi \leq 16$ mm. [4]) Für tragende Verbindungen $\phi \geq 28$ mm.

Übergreifung bei Lagermatten im Zwei-Ebenen-Stoß[1]) für C20/25 ... C50/60 Maschenregel

Mattentyp/ Betondruckfestigkeit	Verbundbereich I (gute Bedingungen)							Verbundbereich II (mäßige Bedingungen)						
	Tragstoß in Längsrichtung/in Querrichtung							Tragstoß in Längsrichtung/in Querrichtung						
	20/25	25/30	30/37	35/45	40/50	45/55	50/60	20/25	25/30	30/37	35/45	40/50	45/55	50/60
Q 188 A/B	1/2	1/2	1/2	1/1	1/1	1/1	1/1	2/3	2/2	2/2	1/2	1/2	1/2	1/2
Q 257 A/B	2/2	1/2	1/2	1/2	1/2	1/1	1/1	3/3	2/3	2/3	2/2	1/2	1/2	1/2
Q 335 A/B	2/3	2/2	1/2	1/2	1/2	1/2	1/2	3/4	3/3	2/3	2/3	2/2	2/2	1/2
Q 424 A/B	2/3	2/3	2/3	1/3	1/3	1/3	1/3	4/4	3/4	3/3	2/3	2/3	2/3	2/3
Q 524 A/B	3/3	2/3	2/3	2/3	2/3	1/3	1/3	4/5	4/4	3/4	3/3	2/3	2/3	2/3
Q 636 A/B	4/6	3/5	3/4	2/4	2/3	2/3	2/3	5/8	4/7	4/6	3/5	3/5	3/5	2/5
R 188 A/B	1/1	1/1	1/1	1/1	1/1	1/1	1/1	1/1	1/1	1/1	1/1	1/1	1/1	1/1
R 257 A/B	1/1	1/1	1/1	1/1	1/1	1/1	1/1	1/1	1/1	1/1	1/1	1/1	1/1	1/1
R 335 A/B	1/1	1/1	1/1	1/1	1/1	1/1	1/1	1/2	1/1	1/1	1/1	1/1	1/1	1/1
R 424 A/B	1/2	1/2	1/2	1/2	1/2	1/2	1/2	2/2	1/2	1/2	1/2	1/2	1/2	1/2
R 524 A/B	1/2	1/2	1/2	1/2	1/2	1/2	1/2	2/2	2/2	2/2	1/2	1/2	1/2	1/2

Übergreifungslängen l_s in cm

Mattentyp/ Betondruckfestigkeit	Verbundbereich I (gute Bedingungen)							Verbundbereich II (mäßige Bedingungen)						
	Tragstoß in Längsrichtung/in Querrichtung							Tragstoß in Längsrichtung/in Querrichtung						
	20/25	25/30	30/37	35/45	40/50	45/55	50/60	20/25	25/30	30/37	35/45	40/50	45/55	50/60
Q 188 A/B	29/29	25/25	22/22	20/20	20/20	20/20	20/20	41/41	35/35	32/32	28/28	26/26	24/24	22/22
Q 257 A/B	34/34	29/29	26/26	23/23	21/21	20/20	20/20	48/48	41/41	37/37	32/32	30/30	28/28	26/26
Q 335 A/B	38/38	33/33	29/29	26/26	24/24	22/22	21/21	55/55	47/47	42/42	37/37	34/34	32/32	29/29
Q 424 A/B	43/50	37/50	33/50	29/50	27/50	25/50	23/50	61/61	52/52	47/50	42/50	38/50	35/50	33/50
Q 524 A/B	50/50	43/50	39/50	34/50	31/50	29/50	27/50	72/72	61/61	55/55	49/50	45/50	41/50	39/50
Q 636 A/B	51/57	44/48	39/43	35/38	32/35	30/35	28/35	73/81	62/69	56/62	50/55	46/50	42/50	39/50
R 188 A/B	29/15	25/15	25/15	25/15	25/15	25/15	25/15	41/15	35/15	32/15	28/15	26/15	24/15	22/15
R 257 A/B	34/15	29/15	26/15	25/15	25/15	25/15	25/15	48/15	41/15	37/15	32/15	30/15	28/15	26/15
R 335 A/B	38/15	33/15	29/15	26/15	25/15	25/15	25/15	55/15	47/15	42/15	37/15	34/15	32/15	29/15
R 424 A/B	43/25	37/25	33/25	29/25	27/25	25/25	25/25	61/25	52/25	47/25	42/25	38/25	35/25	33/25
R 524 A/B	50/25	43/25	39/25	34/25	31/25	29/25	27/15	72/25	61/25	55/25	49/25	45/25	41/25	39/25

[1]) Zwei-Ebenen-Stöße sind Mattenstöße, bei denen die zu stoßenden Stäbe übereinander liegen.

Betonstahlmatten

Mattenarten (Lieferprogramm)

Lagermatten	Listenmatten	Vorratsmatten
Standardisierte, normalduktile oder hochduktile Matten mit festgelegten Abmessungen und festgelegtem Aufbau. Mattengröße von 6,00 m auf 2,30 m bzw. 6,00 m auf 2,35 m bei Q 636.	Normal- oder hochduktile Matten, die vom Anwender nach individuellen Anforderungen konstruiert werden. Länge, Breite, Stabdurchmesser und Stababstand sind frei wählbar.	Standardisierte, normal- oder hochduktile Matten, die die Vorteile der Lagermatten und der Listenmatten miteinander verknüpfen. Sie werden direkt vom Werk geliefert.

Mattenbezeichnungen bei Lagermatten

R-Matten	Matten mit rechteckigen Stababständen von 150/250 mm; die Tragstäbe haben den kleineren Abstand und liegen in Spannrichtung (Zugrichtung); die Querstäbe sind lediglich Verteilerstäbe.
Q-Matten	Matten mit quadratischen Stababständen von 150/150 mm bei Q 188 A/B, Q 257 A/B, Q 335 A/B, Q 424 A/B und Q 524 A/B. Die Matte Q 636 A/B besitzt Stababstände von 125/100 mm. Q-Matten haben Tragstäbe sowohl in der Längs- als auch in der Querrichtung.

Aufbau der Lagermatten B500A und B500B

Mattentyp[1]	Stababstände in mm	Stabquerschnitte in cm^2/m		Anzahl Stäbe mit ϕ in mm		Anzahl Längsrandstäbe mit ϕ in mm		Überstände in mm		Masse in kg	
		längs	quer	längs	quer	links	rechts	Anfang / Ende	links / rechts	je Matte	je m^2
Q 188		1,88	1,88	16 ϕ 6,0	40 ϕ 6,0	–	–			41,7	3,02
Q 257		2,57	2,57	16 ϕ 7,0	40 ϕ 7,0	–	–			56,8	4,12
Q 335	150/150	3,35	3,35	16 ϕ 8,0	40 ϕ 8,0	–	–	75	25	74,3	5,37
Q 424		4,24	4,24	8 ϕ 9,0	40 ϕ 9,0					84,4	6,12
Q 524		5,24	5,24	8 ϕ 10,0	40 ϕ 10,0	4 ϕ 7,0	4 ϕ 7,0			100,9	7,31
Q 636	100/125	6,36	6,28	16 ϕ 9,0	48 ϕ 10,0			62,5	25	132,0	9,36
R 188		1,88	1,13	16 ϕ 6,0	24 ϕ 6,0	–	–			33,6	2,43
R 257		2,57	1,13	16 ϕ 7,0	24 ϕ 6,0	–	–			41,2	2,99
R 335	150/250	3,35	1,13	16 ϕ 8,0	24 ϕ 6,0	–	–	125	25	50,2	3,64
R 424		4,24	2,01	12 ϕ 9,0	24 ϕ 8,0					67,2	4,87
R 524		5,24	2,01	12 ϕ 10,0	24 ϕ 8,0	2 ϕ 8,0	2 ϕ 8,0			75,7	5,49

[1] Zur Unterscheidung der Lagermatten auf Bewehrungsplänen, bei Bestellungen und auf der Baustelle führen die Hersteller zur gewohnten Bezeichnung der Lagermatten (**Q** und **R**) den Zusatz **A** (= normalduktil) und den Zusatz **B** (= hochduktil) gemäß DIN EN 1992-1-1 ein.

Aufbau der Listenmatten B500A und B500B

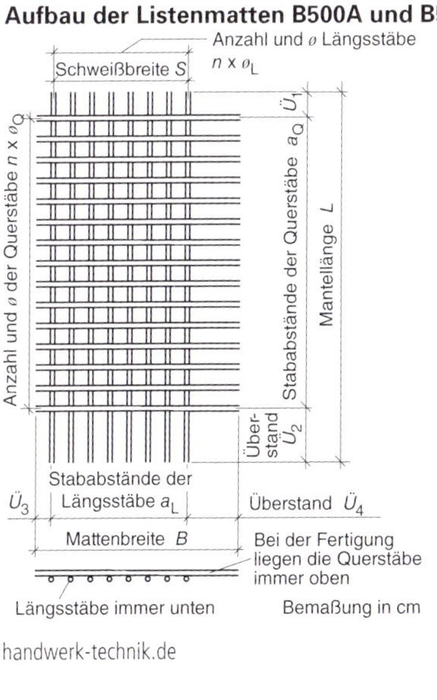

- *S* Schweißbreite – Abstand zwischen erstem und letztem Längsstab, max. 30 Maschen
- *L* Mattenlänge, frei wählbar von 4,00 … 14,00 m
- *B* Mattenbreite, frei wählbar von 1,85 … 3,00 m
- $Ü_1$ Überstand vom Mattenanfang, bestimmt die Lage des 1. Querstabes, mind. 25 mm, max. 150 × ϕ
- $Ü_2$ Überstand am Mattenende, bestimmt die Lage des letzten Querstabes, mind. 25 mm, max. 200 × ϕ
- $Ü_3$ Überstand am linken Mattenrand, bestimmt die Lage des 1. Längsstabes, mind. 25 mm, max. 100 × ϕ
- $Ü_4$ Überstand am rechten Mattenrand, bestimmt die Lage des letzten Längsstabes, mind. 25 mm, max. 100 × ϕ
- a_L wählbare Stababstände der Längsstähle
- ϕ wählbare Durchmesser der Längsstäbe
- a_Q wählbare Stababstände der Querstäbe
- ϕ_Q wählbare Durchmesser der Querstäbe

Listenmatten – Einzelstabmatten

Längsstäbe: Stababstände ≥ 75 mm, sie können beliebig kombiniert werden, maximal sind zwei unterschiedliche Stabdurchmesser möglich

Querstäbe: Stababstände ≥ 50 mm, sie können beliebig kombiniert werden

Mögliche Ausführungen

Beispiel a)

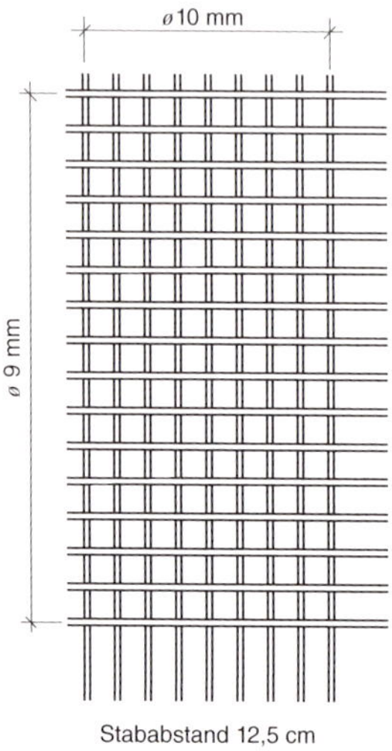

Beispiel b)

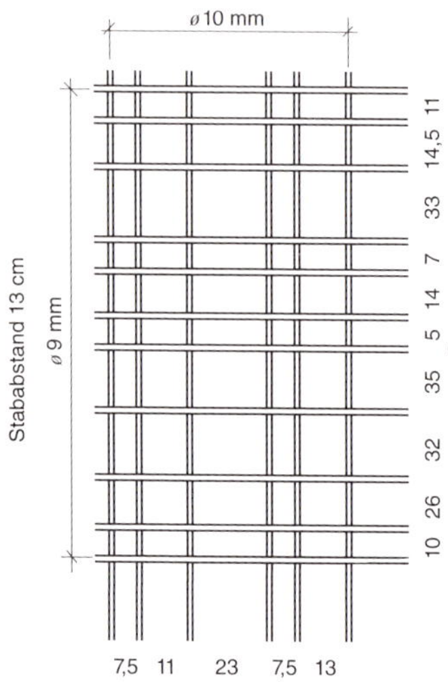

Beispiel c)
Längsstäbe mit unterschiedlichen Stabdurchmessern

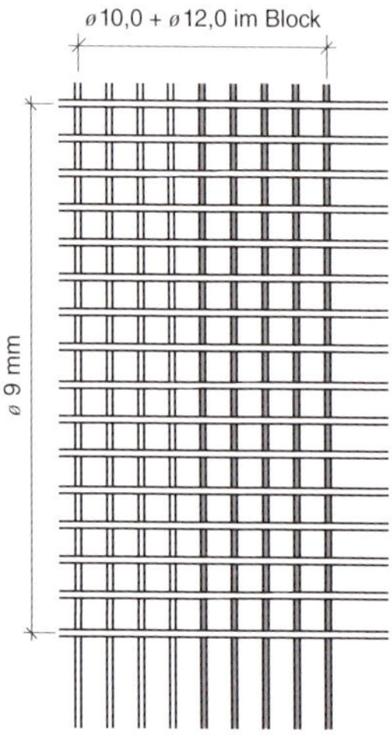

Listenmatten – Doppelstabmatten

Längsstäbe: Stababstände ≥ 100 mm, sie können beliebig kombiniert werden, Einzelstäbe gleichen Durchmessers liegen dicht nebeneinander

Querstäbe: Stababstände ≥ 50 m, sie können beliebig kombiniert werden, nur Einzelstäbe möglich

Mögliche Ausführungen

Beispiel a)

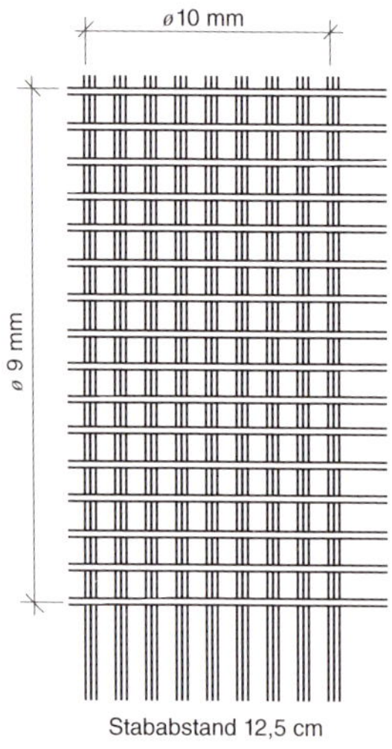

Beispiel b)

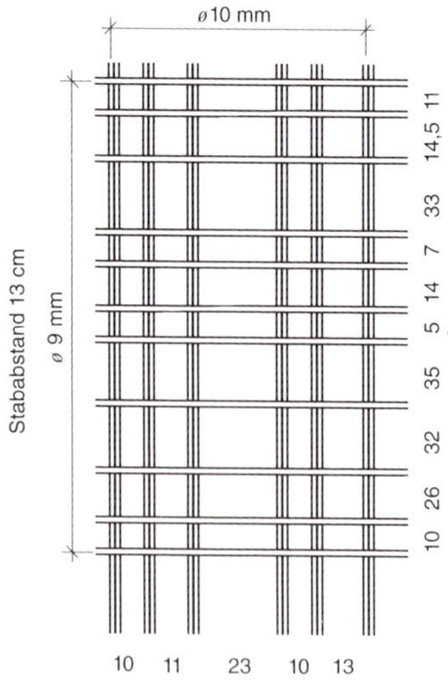

Beispiel c)
Längsstäbe mit unterschiedlichen Stabdurchmessern

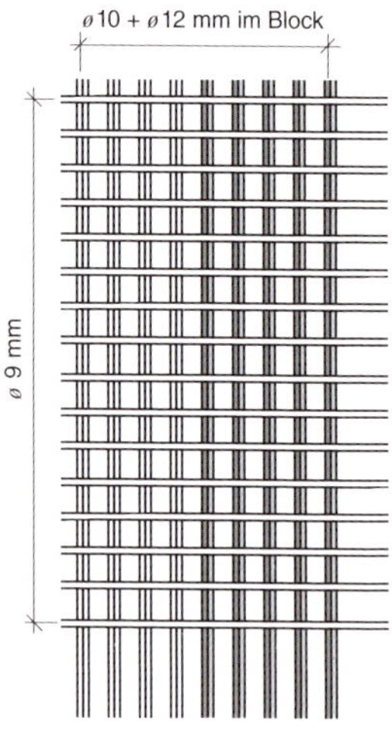

Aufbau der Vorratsmatten B500A und B500B

Vorratsmatten sind großflächige Matten mit kreuzweiser Bewehrung und zwei Überständen. Die Mattenlänge von 6,00 m ist eine Vorzugsgröße, die Mattenbreite beträgt 2,45 m. Die Überstände sind so gewählt, dass gute Verbundbedingungen hergestellt werden.

Mattentyp	Stababstände in mm	Stabquerschnitte in cm²/m		Anzahl Stäbe mit ϕ in mm		Masse in kg/Matte
		längs	quer	längs	quer	
B 188		1,88	1,88	14 ϕ 6,0	37 ϕ 6,0	38,8
B 257		2,57	2,57	14 ϕ 7,0	37 ϕ 7,0	52,7
B 335	150/150	3,35	3,35	14 ϕ 8,0	37 ϕ 8,0	69,0
B 424		4,24	4,24	14 ϕ 9,0	37 ϕ 9,0	87,2
B 524		5,24	5,24	13 ϕ 10,0	37 ϕ 10,0	104,1
B 636	100/125	6,36	6,28	20 ϕ 9,0	45 ϕ 10,0	127,9

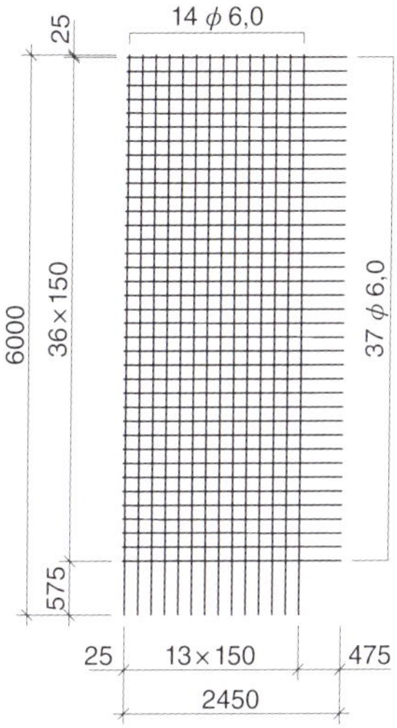

B 188

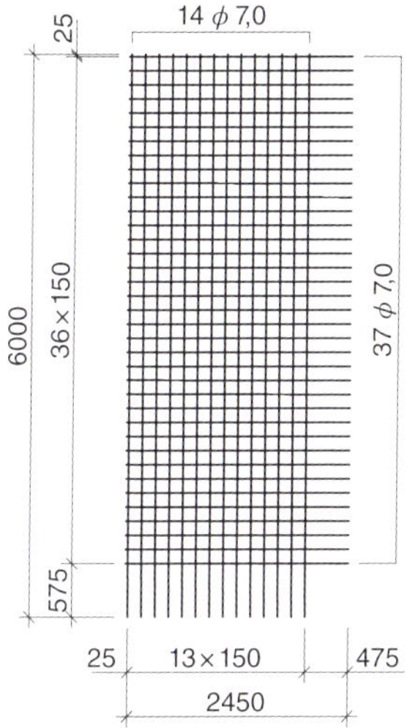

B 257

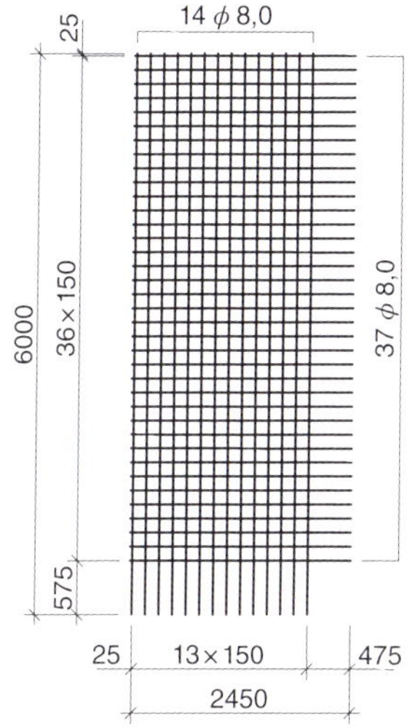

B 335

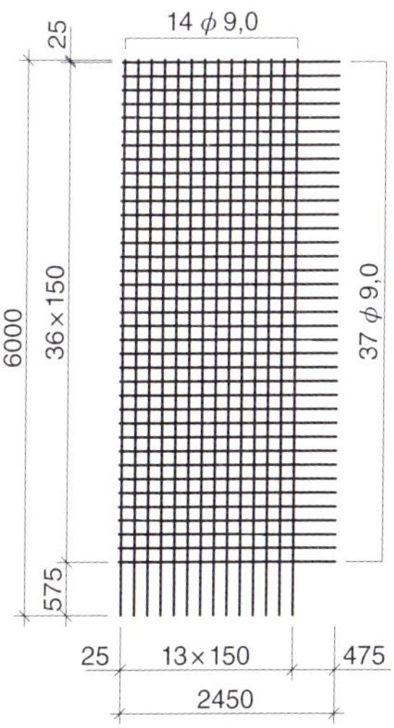

B 424

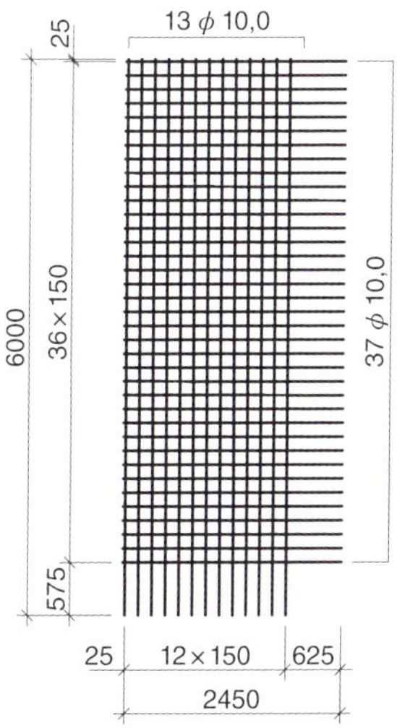

B 524

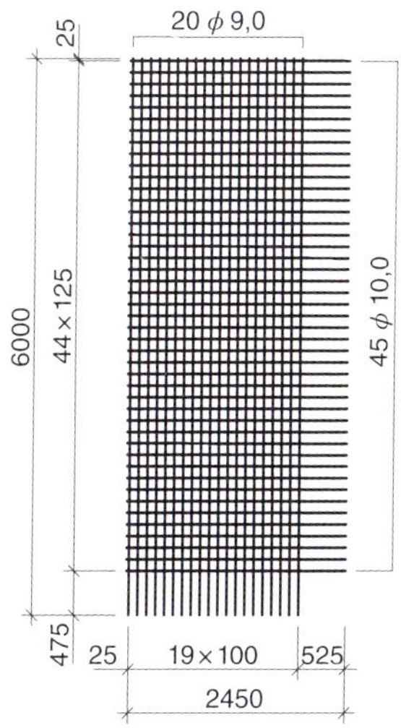

B 636

Abmessungen von Betonstahl nach DIN 488-1 – Nenndurchmesser, längenbezogene Masse und Nennquerschnittsfläche

Nenndurchmesser ϕ[1]) in mm	Längenbezogene Masse in kg/m[1])	Nennquerschnittsfläche A_n[1]) in mm²	Betonstabstahl	Betonstahl in Ringen	Bewehrungsdraht[2])	Betonstahlmatte	Gitterträger
4,0	0,099	12,6	–	x[2, 3])	x	x[2])	x[2])
4,5	0,125	15,9	–	x[2, 3])	x	x[2])	x[2])
5,0	0,154	19,6	–	x[2, 3])	x	x[2])	x[2])
5,5	0,187	23,8	–	x[2, 3])	x	x[2])	x[2])
6,0	0,222	28,3	x	x	x	x	x
6,5	0,260	33,2	–	x[3])	x	x	x
7,0	0,302	38,5	–	x[3])	x	x	x
7,5	0,347	44,2	–	x[3])	x	x	x
8,0	0,395	50,3	x	x	x	x	x
8,5	0,445	56,7	–	x[3])	x	x	x
9,0	0,499	63,6	–	x[3])	x	x	x
9,5	0,556	70,9	–	x[3])	x	x	x
10,0	0,617	78,5	x	x	x	x	x
11,0	0,746	95,0	–	x[3])	x	x	x
12,0	0,888	113	x	x	x	x	x
14,0	1,21	154	x	x[4])	x[5])	x[3])	x[4,5])
16,0	1,58	202	x	x[4])	x[5])	–	x[4,5])
20,0	2,47	314	x	–	–	–	–
25,0	3,85	491	x	–	–	–	–
28,0	4,83	616	x	–	–	–	–
32,0	6,31	804	x	–	–	–	–
40,0	9,86	1257	x	–	–	–	–

[1]) Nach DIN EN 1992-1-1 werden der Nenndurchmesser mit ϕ und die Nennquerschnittsfläche mit A_s gekennzeichnet. DIN 488-2 verwendet für die längenbezogene Masse den Begriff **„Nennmasse"**. Sie wird mit einer Dichte von 7,85 kg/dm³ errechnet.

[2]) Nicht für Anwendung nach DIN EN 1992-1-1.

[3]) Nur zur Verwendung für die Herstellung von Betonstahlmatten und Gitterträgern.

[4]) Nur für B500B.

[5]) Nur zur Herstellung von Obergurten von Gitterträgern mit glatter Oberfläche.

Stahlquerschnitt a_s in cm² je Plattenbreite

Abstand in cm	Stückzahl je m	Stabdurchmesser d_s in mm und Stahlquerschnitt a_s in cm²										
		6	8	10	12	14	16	18	20	22	25	28
10,0	10,0	2,83	5,00	7,85	11,31	15,39	20,11	25,45	31,41	38,01	49,10	61,60
10,5	9,5	2,69	4,79	7,48	10,77	14,66	19,15	24,24	29,91	36,20	46,76	58,67
11,0	9,1	2,57	4,57	7,14	10,28	13,99	18,28	23,14	28,55	34,55	44,64	56,00
11,5	8,7	2,46	4,37	6,83	9,84	13,39	17,49	22,13	27,31	33,05	42,70	53,57
12,0	8,3	2,36	4,19	6,54	9,42	12,83	16,76	21,21	26,17	31,67	40,92	51,33
12,5	8,0	2,26	4,02	6,28	9,05	12,32	16,09	20,36	25,13	30,41	39,28	49,28
13,0	7,7	2,17	3,87	6,04	8,70	11,84	15,47	19,58	24,16	29,24	37,77	47,38
13,5	7,4	2,09	3,72	5,82	8,38	11,40	14,90	18,85	23,27	28,16	36,37	45,63
14,0	7,1	2,02	3,59	5,61	8,08	11,00	14,36	18,18	22,44	27,15	35,07	44,00
14,5	6,9	1,95	3,47	5,42	7,80	10,62	13,87	17,55	21,66	26,21	33,86	42,48
15,0	6,7	1,89	3,35	5,24	7,54	10,26	13,41	16,97	20,94	25,34	32,73	41,07
15,5	6,5	1,82	3,24	5,07	7,30	9,93	12,97	16,42	20,27	24,52	31,68	39,74
16,0	6,3	1,77	3,14	4,91	7,07	9,62	12,57	15,90	19,64	23,76	30,69	38,50
16,5	6,1	1,71	3,05	4,76	6,85	9,33	12,19	15,42	19,04	23,04	29,76	37,33
17,0	5,9	1,66	2,96	4,62	6,65	9,05	11,83	14,97	18,48	22,36	28,88	36,24
17,5	5,7	1,62	2,87	4,49	6,46	8,79	11,49	14,54	17,95	21,72	28,06	35,20
18,0	5,6	1,57	2,79	4,36	6,28	8,55	11,17	14,14	17,46	21,12	27,28	34,22
18,5	5,4	1,53	2,72	4,25	6,11	8,32	10,87	13,76	16,94	20,55	26,54	33,30
19,0	5,3	1,49	2,65	4,13	5,95	8,10	10,58	13,39	16,54	20,01	25,84	32,42
19,5	5,1	1,45	2,58	4,03	5,80	7,89	10,31	13,05	16,11	19,49	25,18	31,59
20,0	5,0	1,41	2,51	3,93	5,65	7,69	10,05	12,72	15,71	19,01	24,55	30,80

Bewehrungsrichtlinien

Verankerungen

Gerade Stabenden	Haken	Winkelhaken	Schlaufen
	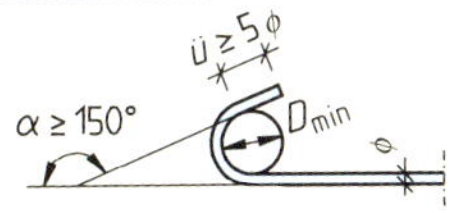	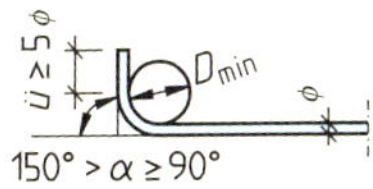	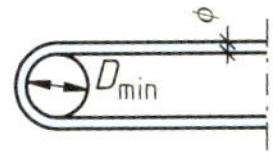

Biegerollendurchmesser D_{min} (DIN EN 1992-1-1 Nationaler Anhang)

Der kleinste Biegerollendurchmesser eines Stabes muss so festgelegt werden, dass Betonabplatzungen oder Zerstörungen des Betongefüges im Bereich der Biegung und Risse im Bewehrungsstab ausgeschlossen werden. Die Mindestwerte sind entsprechend der Tabelle einzuhalten. Bei Leichtbeton sind die Werte um 30 % zu vergrößern.

	Haken, Winkelhaken, Schlaufen, Bügel		**Schrägstäbe oder andere gebogene Stäbe**		
	Stabdurchmesser ϕ		**Mindestwerte der Betondeckung rechtwinklig zur Biegeebene**		
	ϕ < 20 mm	ϕ ≥ 20 mm	>100 mm und > 7 ϕ	> 50 mm und > 3 ϕ	≤ 50 mm oder ≤ 3 ϕ
Mindestwerte der Biegerollendurchmesser	4 ϕ	7 ϕ	10 ϕ	15 ϕ	20 ϕ

Mindestwerte der Biegerollendurchmesser für nach dem Schweißen gebogene Bewehrung (Stäbe und Matten)		**vorwiegend ruhende Einwirkung**		**nicht vorwiegend ruhende Einwirkung**	
		Schweißung außerhalb des Biegebereichs	Schweißung innerhalb des Biegebereichs	Schweißung auf der Außenseite der Biegung	Schweißung auf der Innenseite der Biegung
***a* = Abstand zwischen Biegeanfang und Schweißstelle**	**für *a* < 4 ϕ**	20 ϕ	20 ϕ	100 ϕ	500 ϕ
	für *a* ≥ 4 ϕ	Werte wie in Tabelle oben			

Aufbiegung von Schrägstäben

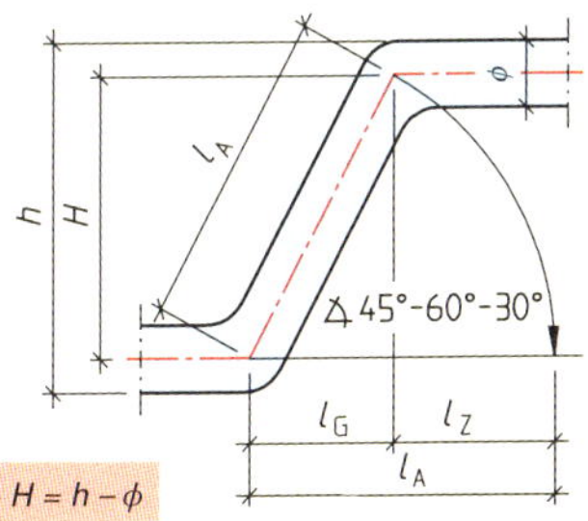

$H = h - \phi$

Winkel	∡ **45°**	∡ **60°**	∡ **30°**
Aufbiegelänge l_A	1,414 · *H*	1,155 · *H*	2 · *H*
Grundmaß l_G	*H*	0,577 · *H*	1,732 · *H*
Längenzugabe l_Z	0,414 · *H*	0,578 · *H*	0,288 · *H*

Mindestwanddicken für tragende Wände in cm

Betonart	**Druckfestigkeitsklasse**	**unbewehrte Wände**		**Stahlbetonwände**	
		Decken nicht durchlaufend	**Decken durchlaufend**	**Decken nicht durchlaufend**	**Decken durchlaufend**
Ortbeton	C12/15 oder LC12/13	20	14	–	–
Ortbeton	ab C16/20 oder LC16/18	14	12	12	10
Fertigteil	ab C16/20 oder LC16/18	12	10	10	8

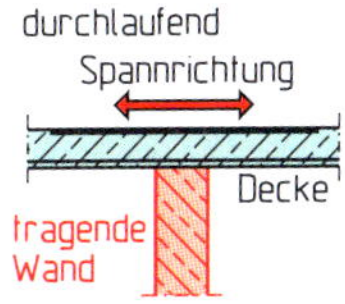

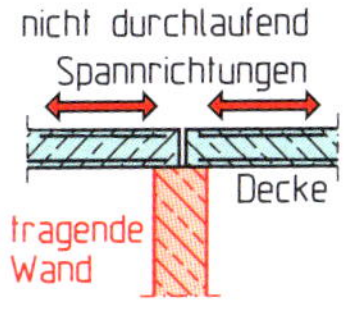

Balken und Decken aus Stahlbeton

Balken

Querschnittsformen bei Stahlbetonbalken

Auflagertiefe ≥ 10 cm

Platten-balken

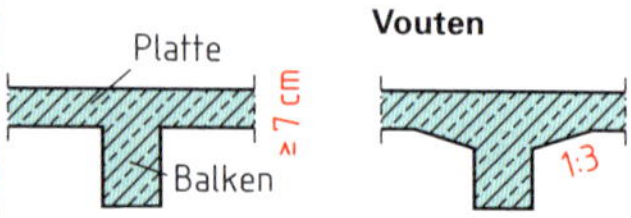

Plattendicke (Ortbeton) ≥ 7 cm
mit Querkraftbewehrung (aufgebogen) ≥ 16 cm
mit Querkraftbewehrung (Bügel) oder Durchstanzbewehrung ≥ 20 cm

Platten-balken-decke

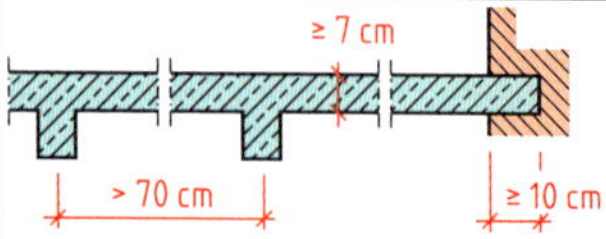

Auflagertiefe ≥ 10 cm
Plattendicke ≥ 7 cm
Abstand der Balken > 70 cm

Stahlbeton-rippen-decke

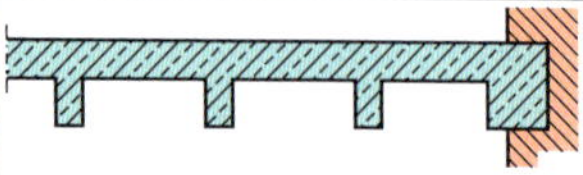

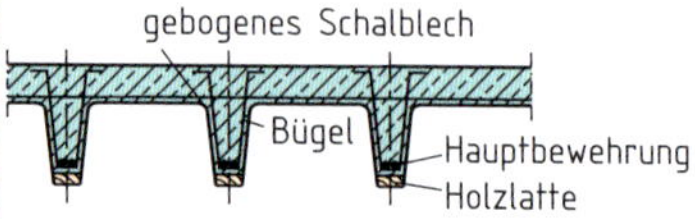

Stahlbetonrippendecken ohne Füllkörper

statisch nicht mitwirkende Füllkörper

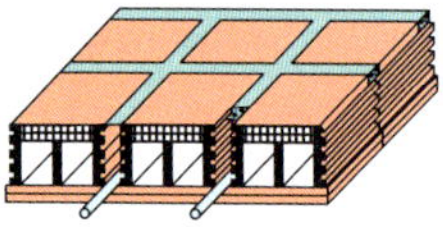

statisch mitwirkende Füllkörper

l_{eff} effektive Stützweite der Längsrippen
h Gesamtdicke der Rippendecke

Stahlbetonrippen- oder Kassettendecken dürfen für die Schnittgrößenermittlung als **Vollplatten** betrachtet werden, wenn die Gurtplatte zusammen mit den Rippen eine ausreichende Torsionssteifigkeit besitzt. Dies darf vorausgesetzt werden, wenn gleichzeitig

- der Rippenabstand 1500 mm nicht übersteigt,
- die Rippenhöhe unter der Gurtplatte die 4-fache Rippenbreite nicht übersteigt,
- die Dicke der Gurtplatte mindestens 1/10 des lichten Abstands zwischen den Rippen oder 50 mm beträgt, wobei der größere Wert maßgebend ist, und
- Querrippen vorgesehen sind, deren lichter Abstand nicht größer als die 10-fache Deckendicke ist.

Abstand s_T der Querrippen:

Gebäudeart	Achsabstand der Längsrippen s_L	
	$s_L \leq l_{eff}/8$	$s_L > l_{eff}/8$
Wohngebäude	–	12 h
andere Gebäude	10 h	8 h

Stahlbeton-platte

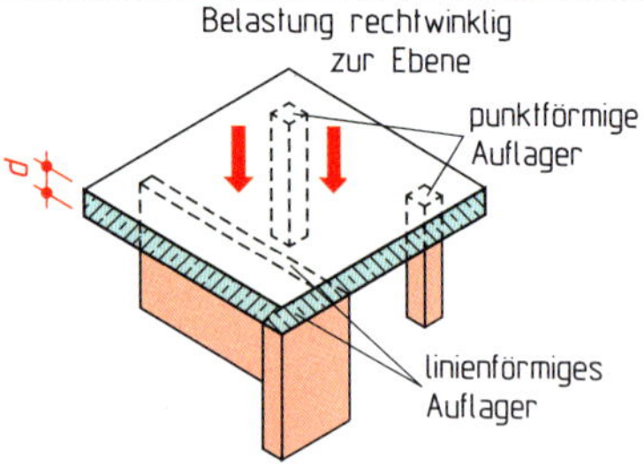

Mindestdicke d:
- 7 cm allgemein
- 16 cm für Platten mit Querkraftbewehrung
- 20 cm für Platten mit Durchstanzbewehrung
- 5 cm bei Platten, die nur selten begangen werden

Auflagertiefe auf Bauteile aus:
- Mauerwerk und Beton C8/10 ≥ 7 cm
- C16/20 … C50/60, Stahl ≥ 5 cm
- Stahlbeton oder Stahl, wenn seitliches Ausweichen verhindert und $l \leq 2{,}50$ m ist ≥ 3 cm

Stahlstein-decke

Auflagertiefe wie bei Stahlbetonplatte; im Auflagerbereich Massivstreifen erforderlich
Mindestdicke ≥ 9 cm
Fugenverguss aus ≤ C50/60

Flach-decken und Pilz-decken

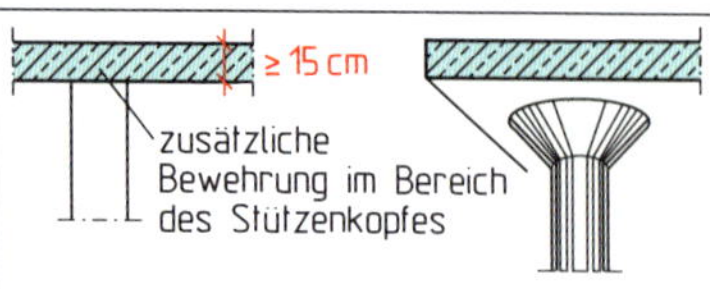

Mindestdicke ≥ 15 cm
Sicherheit gegen Durchstanzen, durch innen liegende oder durch außen liegende Stützenkopfverstärkung

Stahlbetonstützen (Druckglieder)

Bügelbewehrte, stabförmige Druckglieder

Querschnittsform	Mindestdicken in cm	
	stehend hergestellte Stützen aus Ortbeton	Fertigteile und liegend hergestellte Stützen
Vollquerschnitte	20	14

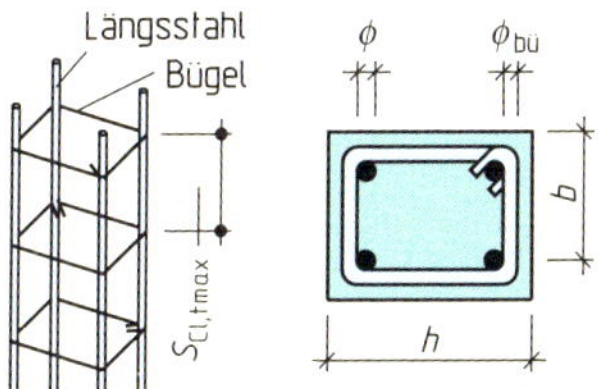

ϕ – ϕ Längsbewehrung
$\phi_{bü}$ – ϕ Bügelbewehrung
$S_{Cl,tmax}$ – Abstand der Bügel

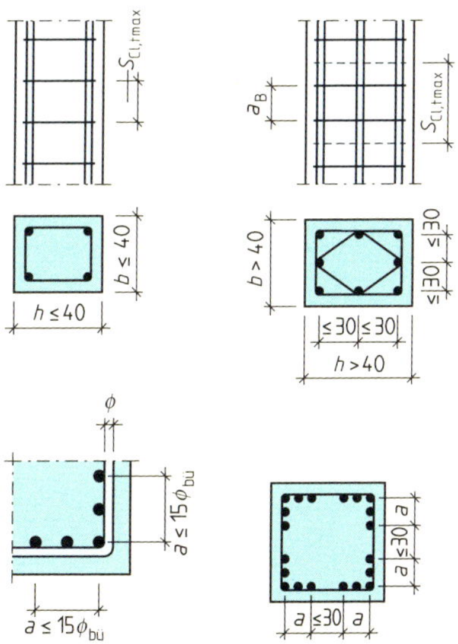

Durchmesser der Querbewehrung (Bügel, Schlaufen, Wendeln) darf betragen:
$\phi_{bü} \geq 1/4\ \phi$ jedoch
$\phi_{bü} \geq 6$ mm

Der Stabdurchmesser bei Betonstahlmatten als Bügelbewehrung muss mindestens 5 mm betragen.

Bei Verwendung von Stabbündeln mit $\phi_n > 28$ mm und bei Stäben mit $\phi > 32$ mm als Druckbewertung muss **$\phi_{bü} \geq 12$ mm** betragen.

Abstand $S_{bü}$ und **S_W** der Bügel dürfen den kleinsten der folgenden Abstände nicht überschreiten:

- **≤ 12 ϕ_{min}**
- **≤ kleinste Seitenlänge**
- **≤ Durchmesser der Stütze**
- **≤ 300 mm**

Die Bügelabstände sind mit dem Faktor 0,6 zu vermindern:

- unmittelbar über und unter Balken oder Platten, deren Höhe der größeren Abmessung des Stützenquerschnitts entspricht,
- bei Übergreifungsstößen der Längsstäbe, wenn deren Durchmesser ϕ größer als 14 mm ist.

In oder in der Nähe jeder Ecke ist eine Anzahl von maximal 5 Stäben durch die Querbewehrung gegen Ausknicken zu sichern.

Längsstähle, deren Abstand vom Eckbereich den 15-fachen Bügeldurchmesser überschreitet, sind durch zusätzliche Querbewehrung zu sichern. Der nach DIN EN 1992-1-1 empfohlene Wert für den Abstand der Querbewehrung $S_{Cl,tmax}$ darf den kleinsten der drei folgenden Abstände nicht überschreiten:

- das 20-Fache des kleinsten Durchmessers der Längsstähle,
- die kleinste Seitenlänge der Stütze,
- 400 mm.

Beispiel:

Eine Stahlbetonstütze hat einen Querschnitt von 25 cm auf 35 cm. Die eingebauten Längsstähle haben einen Durchmesser von 18 mm. Wie groß darf der Bügelabstand maximal sein?

Folgende 3 Bedingungen gelten:

1. $S_{Cl,tmax} \leq 12\ \phi$ = 12 × 18 mm = 216 mm
2. $S_{Cl,tmax} \leq \min b$ = 250 mm
3. $S_{Cl,tmax} \leq 300$ mm = 300 mm

Der kleinste Wert darf nicht überschritten werden, d. h., der Bügelabstand darf maximal **216 mm** betragen.

Umschnürte Druckglieder

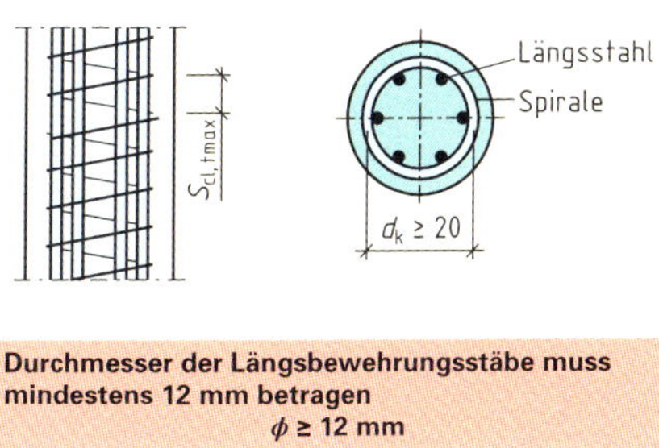

Durchmesser der Längsbewehrungsstäbe muss mindestens 12 mm betragen
$\phi \geq 12$ mm

Bei umschnürten Druckgliedern beträgt der Durchmesser d_k des Kernquerschnittes:

- bei Stützen aus Ortbeton ≥ 20 cm
- bei Fertigteilstützen ≥ 12 cm

Die Längsbewehrung besteht aus mind. 6 Längsstäben, die gleichmäßig auf den Umfang zu verteilen sind.

Die Ganghöhe S_w darf folgende Werte nicht überschreiten:

$S_{Cl,tmax} \leq 12 \min\phi_l$
$S_{Cl,tmax} \leq d$
$S_{Cl,tmax} \leq 300$ mm

Spannbetonbalken

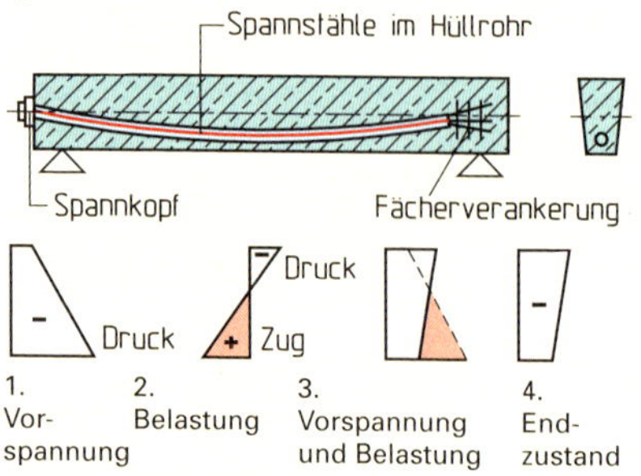

Spannungsdiagramm

„Spannbetonbauteile sind Bauteile, bei denen der Beton durch Einleiten besonderer Kräfte derart vorgespannt ist, dass er unter der Gebrauchslast nicht oder nur begrenzt auf Zug beansprucht wird." (DIN EN 1992-1-1)
Verwendet werden darf Gesteinskörnung, deren Gehalt an wasserlöslichem Chlorid 0,02 Masse-% nicht überschreitet. Betonzusatzstoffe dürfen nicht verwendet werden.
Verwendet werden dürfen alle Zemente nach DIN EN 197-1 der Festigkeitsklassen ≥ 42,5 sowie Portlandzement und Portlandhüttenzement der Festigkeitsklasse 32,5 R.

Zeitpunkt des Spannens

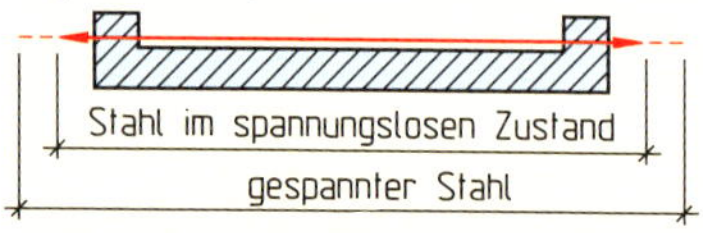

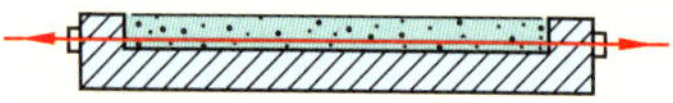

Einbringen des Betons, Stahl im gespannten Zustand

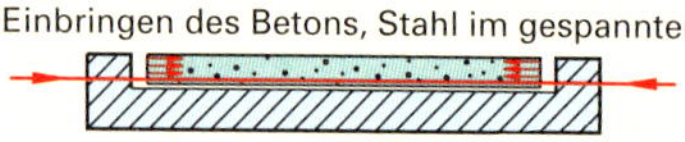

Lösen der Vorspannung nach dem Erhärten des Betons

Spannen vor dem Erhärten (sofortiger Verbund)
Stähle werden vor dem Einbringen des Betons gespannt. Nach dem Erhärten des Betons wird die Vorspannung gelöst, die Spannkraft überträgt sich auf den Beton.

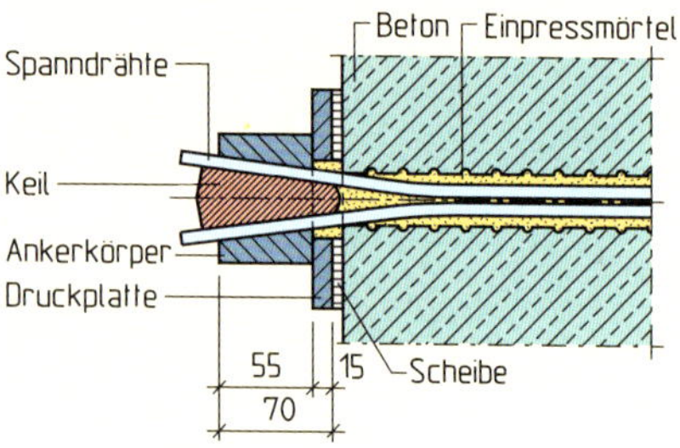

Spannen nach dem Erhärten (nachträglicher Verbund)
Die Spannstähle werden in **Blechhülsen** mit gerippter Oberfläche eingezogen, sodass kein Verbund mit dem Beton entsteht. Nach Erhärten des Betons werden die Stähle gespannt und Zementmörtel in die Hülsen eingepresst, wodurch der Verbund mit dem Beton hergestellt wird. Dieses Verfahren wird häufiger angewandt.

Betonfestigkeitsklassen	C25/30 … C100/115

Spannstähle (Beispiele)

Spannstahlsorte (Auswahl)	Herstellungsart	Form	Streckgrenze/ Zugfestigkeit in MPa (N/mm²)	Durchmesser in mm
Stabstahl 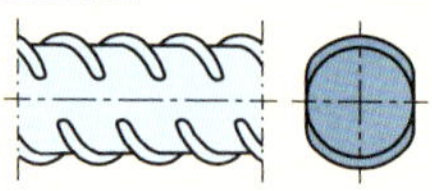	warmgewalzt, gereckt und angelassen	rund, gerippt, glatt	835/1030 … 1370/1570	12 … 36
Draht 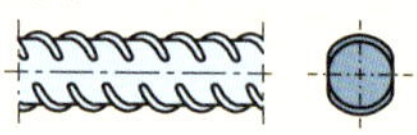	kaltgezogen und thermisch nachbehandelt	glatt, gerillt oder gerippt	835/1030 und 1570/1770	4 … 10
Litzen 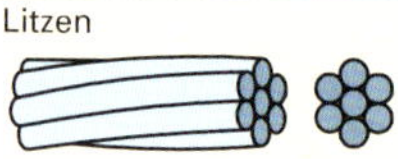	kaltgezogen	3- oder 7-drähtige Litzen	1370/1570 und 1600/1860	3 … 5

TREPPEN (DIN 18065)

DIN 18065 legt **Grenzmaße** für nutzbare Treppenlaufbreite, Treppensteigung und Treppenauftritt fest.

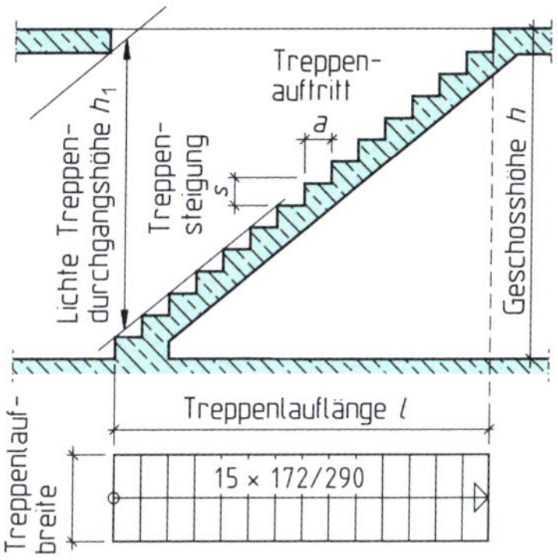

Grenzmaße für	Treppenart	nutzbare Laufbreite in cm	Steigung *s* in mm	Auftritt *a* in mm
Wohngebäude mit bis zu zwei Wohnungen und innerhalb von Wohnungen	baurechtlich notwendige Treppe	≥ 80	140 ... 200	230 ... 370
	baurechtlich nicht notwendige (zusätzliche) Treppe	≥ 50	140 ... 210	210 ... 370[1]
Gebäude im Allgemeinen	baurechtlich notwendige Treppe	≥ 100	140 ... 190	260 ... 370
	baurechtlich nicht notwendige (zusätzliche) Treppe	≥ 50	140 ... 210	210 ... 370[2]

[1] Bei geschlossenen Treppen, deren Treppenauftritt *a* unter 260 mm liegt, muss die Unterschneidung *u* mindestens so groß sein, dass bei der Trittfläche eine Tiefe von insgesamt 260 mm erreicht wird.

[2] Bei baurechtlich nicht notwendigen Treppen, deren Treppenauftritt *a* unter 240 mm liegt, muss die Unterschneidung *u* mindestens so groß sein, dass bei der Trittfläche eine Tiefe von insgesamt 240 mm erreicht wird.

Treppengeländerhöhen

Absturzhöhen	Gebäudearten	Treppengeländerhöhe mind.
bis 12 m, außerdem bei größeren Absturzhöhen, wenn das Treppenauge bis 20 cm breit ist	Wohngebäude und andere Gebäude, die nicht der Arbeitsstättenverordnung unterliegen	90 cm nach Bauordnungsrecht
	Arbeitsstätten	100 cm nach Arbeitsstättenrecht
über 12 m	für alle Gebäudearten	110 cm

Treppenformen

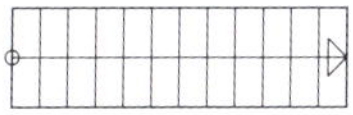
Einläufige gerade Treppe

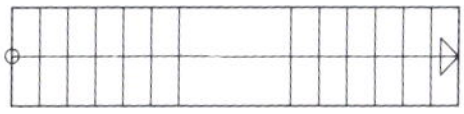
Zweiläufige gerade Treppe mit Zwischenpodest

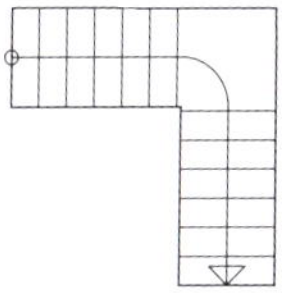
Zweiläufige gewinkelte Treppe

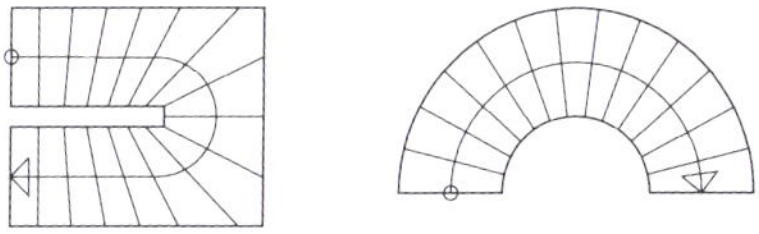
Einläufige halbgewendelte Treppen

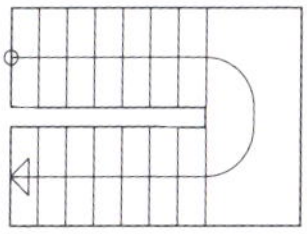
Zweiläufige gegenläufige Treppe mit Zwischenpodest; Änderung der Laufrichtung um 180° (kurz: „Podesttreppe")

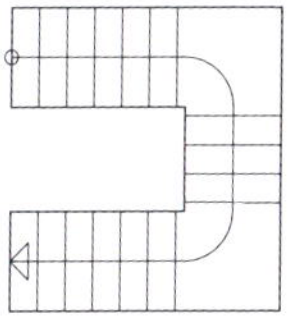
Dreiläufige, zweimal abgewinkelte Treppe mit Zwischenpodesten

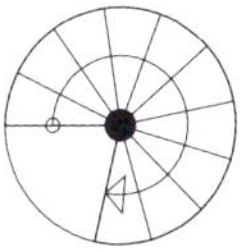
Spindeltreppe; Treppe mit Treppenspindel

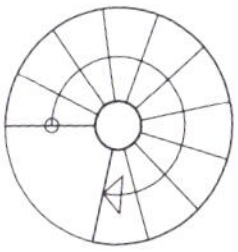
Wendeltreppe; Treppe mit Treppenauge

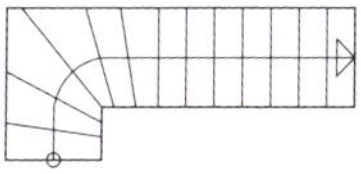
Einläufige, im Antritt viertelgewendelte Treppe

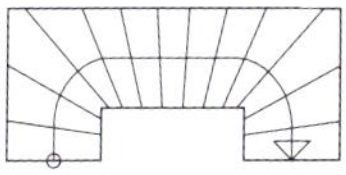
Einläufige, zweimal viertelgewendelte Treppe

Schrittmaßformel:	$2\,s + a = 630$ mm
Bequemlichkeitsformel:	$a - s = 120$ mm
Sicherheitsformel:	$a + s = 460$ mm

Stufenzahl $= \dfrac{\text{Geschosshöhe (cm)}}{\text{ang. Steigung (cm)}}$ $\quad n = \dfrac{h}{s}$

Steigung (cm) $= \dfrac{\text{Geschosshöhe (cm)}}{\text{Stufenzahl}}$ $\quad s = \dfrac{h}{n}$

Treppenlauflänge = Anzahl Auftritte · Auftrittbreite
$l = (n - 1) \cdot a$

Berechnungsbeispiel:

Einläufige gerade Treppe für ein Wohnhaus mit 2,75 m Geschosshöhe. Angenommene Steigung 175 mm.

Stufenzahl $n = \dfrac{275\ \text{cm}}{17{,}5\ \text{cm}} = 15{,}71$

gewählt: **16 Stufen**

Steigung $s = \dfrac{275\ \text{cm}}{16} = \mathbf{17{,}19\ cm}$

Auftritt $a = 63\ \text{cm} - 2 \cdot 17{,}19\ \text{cm}$ $= \mathbf{28{,}62\ cm}$

Treppenlauflänge $l = 15 \cdot 28{,}62\ \text{cm} = \mathbf{429{,}3\ cm}$

Steinformate

Grundlage für die Abmessungen ist DIN 4172, Maßordnung im Hochbau. Die Nennmaße der Steine ergeben sich aus den Rohbaurichtmaßen und den für das Mauerwerk festgelegten Fugendicken. Das Rohbaurichtmaß (RR) 12,5 cm wird auch als Achtelmeter (am) bezeichnet. Die Nennmaße sind die wirklichen Maße, die ein Bauteil haben soll.

Steinformat / Abmessungen	Dünnformat DF 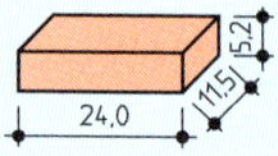	Normalformat NF 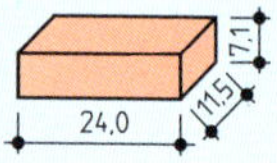	2 DF 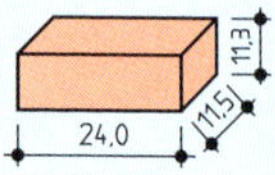
Länge/Stoßfuge		24 cm/1 cm	
Rohbaurichtmaß (RR)		25 cm = 2 am	
Breite/Stoßfuge		11,5 cm/1 cm	
Rohbaurichtmaß (RR)		12,5 cm = $\frac{25}{2}$ cm = 1 am	
Höhe/Lagerfuge	5,2 cm/1,05 cm	7,1 cm/1,2 cm	11,3 cm/1,2 cm
Rohbaurichtmaß (RR)	6,25 cm = $\frac{25}{4}$ cm = $\frac{1}{2}$ am	~ 8,33 cm = $\frac{25}{3}$ cm = $\frac{2}{3}$ am	12,5 cm = $\frac{25}{2}$ cm = 1 am

Bezeichnung		Maße in mm		
$l \cdot b \cdot h$	in am	Länge[2])	Breite	Höhe
DF	$2 \cdot 1 \cdot \frac{1}{2}$	240	115	52
NF	$2 \cdot 1 \cdot \frac{2}{3}$	240	115	71
2 DF	$2 \cdot 1 \cdot 1$	240	115	113
3 DF	$2 \cdot 1\frac{1}{2} \cdot 1$	240	175	113
4 DF	$2 \cdot 2 \cdot 1$	240	240	113
5 DF	$2 \cdot 2\frac{1}{2} \cdot 1$	240	300	113
6 DF	$2 \cdot 3 \cdot 1$	240	365	113
8 DF	$2 \cdot 2 \cdot 2$	240	240	238
10 DF	$2 \cdot 2\frac{1}{2} \cdot 2$	240	300	238
12 DF	$2 \cdot 3 \cdot 2$	240	365	238
14 DF	$3\frac{1}{2} \cdot 2 \cdot 2$	425	240	238
15 DF	$3 \cdot 2\frac{1}{2} \cdot 2$	365	300	238
16 DF	$4 \cdot 2 \cdot 2$	490	240	238
18 DF	$3 \cdot 3 \cdot 2$	365	365	238
20 DF	$4 \cdot 2\frac{1}{2} \cdot 2$	490	300	238
21 DF	$3\frac{1}{2} \cdot 3 \cdot 2$	425	365	238

Rohbaurichtmaße (RR) für Maueröffnungen nach DIN 18100

Kennnummer[1])	Rohbaurichtmaße Breite (mm)	Höhe	Vorzugsgrößen
6 × 16	750	2000	für einflüglige Türen
7 × 15	875	1875	
7 × 16	875	2000	
8 × 16	1000	2000	
14 × 16	1750	2000	für zweiflüglige Türen
16 × 18	2000	2000	
16 × 18	2000	2250	
9 × 10	1125	1250	für Fenster allgemein
9 × 11	1125	1375	
9 × 12	1125	1500	
4 × 7	500	875	für Fensterbänder
5 × 8	625	1000	

[1]) Sie gibt die Anzahl am in der Breite und in der Höhe an.

[2]) Bei Stoßfugenausbildung mit Mörteltaschen erhöht sich die Länge des Mauerziegels um 5 mm, bei Ausführung mit Nut und Feder um 7 oder 8 mm.

Planungsmaße für Mauerwerk

a) Mauerlängen (Nennmaße)

x	Längenmaße in cm		
Anzahl Achtelmeter oder Köpfe	**Anbaumaße = RR** $x \cdot 12{,}5$ cm 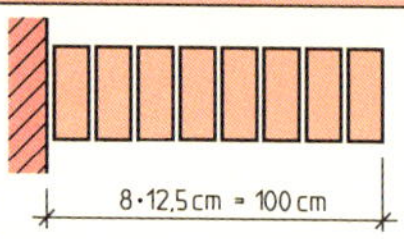	**Außenmaße = RR – 1 cm** $x \cdot 12{,}5$ cm – 1 cm 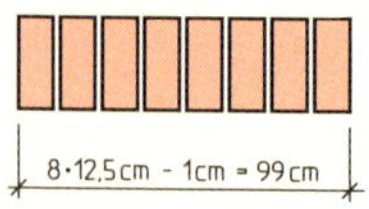	**Innenmaße = RR + 1 cm** $x \cdot 12{,}5$ cm + 1 cm 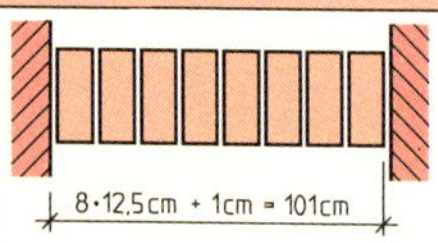
1	12,5	11,5	13,5
2	25,0	24,0	26,0
3	37,5	36,5	38,5
4	50,0	49,0	51,0
5	62,5	61,5	63,5
6	75,0	74,0	76,0
7	87,5	86,5	88,5
8	100,0	99,0	101,0
9	112,5	111,5	113,5

b) Mauerhöhen (Nennmaße)

x	Mauerhöhenmaße *h* (cm) in Abhängigkeit der Steinhöhe und Lagerfugendicke				
Anzahl der Schichten	5,2 cm *h* = *x* · 6,25 cm	7,1 cm *h* = *x* · 8,33 cm	11,3 cm *h* = *x* · 12,5 cm	17,5 cm *h* = *x* · 18,75 cm	23,8 cm *h* = *x* · 25,0 cm
	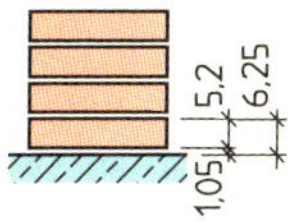	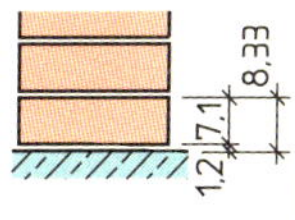	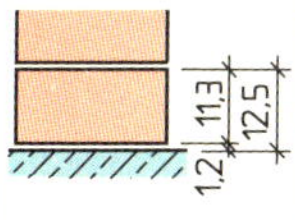	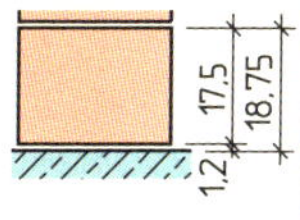	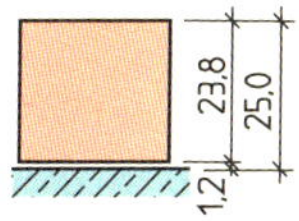
1	6,25	8,33	12,50	18,75	25,00
2	12,50	16,67	25,00	37,50	50,00
3	18,75	25,00	37,50	56,25	75,00
4	25,00	33,33	50,00	75,00	100,00
5	31,25	41,67	62,50	93,75	125,00
6	37,50	50,00	75,00	112,50	150,00
7	43,75	58,33	87,50	131,25	175,00
8	50,00	66,67	100,00	150,00	200,00
9	56,25	75,00	112,50	168,75	225,00
10	62,50	83,33	125,00	187,50	250,00
11	68,75	91,67	137,50	206,25	275,00
12	75,00	100,00	150,00	225,00	300,00
13	81,25	108,33	162,50	243,75	325,00
14	87,50	116,67	175,00	262,50	350,00
15	93,75	125,00	187,50	281,25	375,00
16	100,00	133,33	200,00	300,00	400,00
17	106,25	141,67	212,50	318,75	425,00
18	112,50	150,00	225,00	337,50	450,00
19	118,75	158,33	237,50	356,25	475,00
20	125,00	166,67	250,00	375,00	500,00

c) Mauerdicken (Nennmaße)

Format	Mauerdicken (cm) in Abhängigkeit von Steinformaten und Verbänden					
	11,5	**17,5**	**24**	**30**	**36,5**	**49**
DF/NF	Läufer 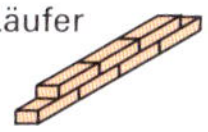 24/11,5/5,2 24/11,5/7,1		Block  24/11,5/5,2 24/11,5/7,1	Läufer mit versetzten Stoßfugen aus 2 DF und 3 DF	Block 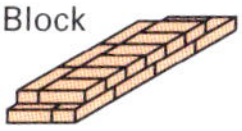 24/11,5/5,2 24/11,5/7,1	Block  24/11,5/5,2 24/11,5/7,1
2 DF	Läufer 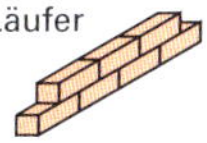 24/11,5/11,3		Block 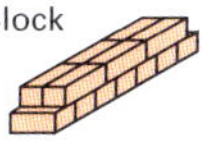 24/11,5/11,3	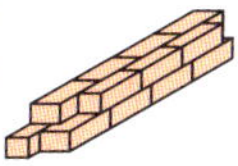 24/11,5/11,3 24/17,5/11,3	Block 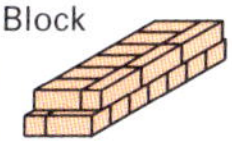 24/11,5/11,3	Block 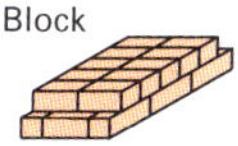 24/11,5/11,3
3 DF		Läufer 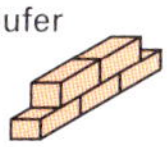 24/17,5/11,3	Läufer 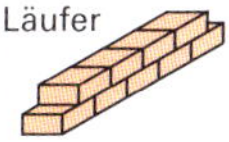 24/17,5/11,3			
4 DF			Läufer 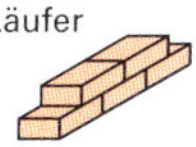 24/24/11,3			
5 DF			Läufer 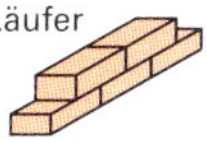 30/24/11,3	Läufer 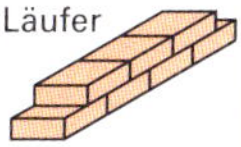 30/24/11,3		

Mauerziegel (DIN EN 771-1/DIN 20000-401)

Es werden zwei **Gruppen** von Mauerziegeln unterschieden:

- **P-Ziegel**: Mauerziegel zur Verwendung im **geschützten Mauerwerk**, das gegen eindringendes Wasser geschützt ist und keinen Kontakt zum Boden oder zum Grundwasser hat.
- **U-Ziegel**: Mauerziegel zur Verwendung im **ungeschützten Mauerwerk**, das Regen, Frost oder Tau ausgesetzt sein kann, und/oder sich ohne geeigneten Schutz in Kontakt mit Boden oder Grundwasser befinden kann.

Nach der **Druckfestigkeit** werden Mauerziegel der Kategorie I und der Kategorie II unterschieden:

- **Kategorie I**: Mauerziegel mit einer vom Hersteller angegebenen Druckfestigkeit, wobei die Wahrscheinlichkeit des Nichterreichens nicht über 5 % liegen darf.
- **Kategorie II**: Mauerziegel, die das Vertrauensniveau der Kategorie I nicht erreichen.

Begriffe, Kurzzeichen und Lochungsart

Gruppe	Ziegelart [1])	Kurzzeichen und Lochungsart	Gesamtlochquerschnitt in % der Lagerfläche [2])	Einzelquerschnitt der Löcher in cm^2 [2])	
P-Ziegel[4])	Vollziegel Planvollziegel	Mz PMz	≤ 15 (einschließlich Mörteltaschen)	≤ 6 (etwaige Grifflöcher)	
	Hochlochziegel	HLzA	> 15 und ≤ 50	≤ 2,5 (etwaige Grifflöcher)	
	Planhochlochziegel	HLzB PHLzB			
	Planhochlochziegel Hochlochziegel	PHLzE HLzE	> 15 und ≤ 45	≤ 6 (etwaige Grifflöcher)	
	Hochlochziegel	HLzW	≤ 50		
U-Ziegel[5])	Vormauer-Vollziegel Vollklinker	VMz KMz	≤ 15 (einschließlich Mörteltaschen)		
	Vormauer-Hochlochziegel Hochlochklinker	VHLzA KHLzA	> 15 und ≤ 50 (≤ 35)[3]	≤ 2,5 (etwaige Grifflöcher)	
	Vormauer-Vollziegel Hochlochklinker	VHLzB KHLzB		≤ 6 (etwaige Grifflöcher)	
P- und U-Ziegel	Langlochziegel	Lz	≤50		
	Mauertafelziegel und Mauertafel-Planziegel		> 15 und ≤ 50	**Loch-kanäle**	**Ausspa-rungen**
		T1A, B oder E		≤ 16	≤ 8
		T2A oder B		> 16 ≤ 25	≤ 12,5
		T3A oder B		> 25 ≤ 50	≤ 25
		T4W		≤ 50	≤ 25

1) Bei Hochlochziegeln, deren Stoßfugen mit Nut und Feder ausgeführt werden, kann die Kurzbezeichnung **N + F** zusätzlich verwendet werden. Mauerziegel, die in den Erdbebenzonen 2 und 3 verwendet werden, sind mit EB zu kennzeichnen. Der Buchstabe **„P"** steht im Kurzzeichen für Planziegel. Planziegel zeichnen sich durch besondere Maßhaltigkeit, vor allem hinsichtlich der Ziegelhöhe, aus. Die Bezeichnungen **„T1, T2, T3"** stehen für Mauertafelziegel.

2) Nach dem Anteil des Gesamtlochquerschnitts in % und der Größe des Locheinzelquerschnitts in cm^2 werden die **Lochungsarten A, B, E** und **W** unterschieden.

3) Werte in Klammern gelten abweichend für **hochfeste Klinker**.

4) engl. protected, dt. geschützt.

5) engl. unprotected, dt. ungeschützt.

Ziegelrohdichteklassen von Mauerziegeln

Gruppe	Rohdichteklasse	Bruttorohdichte[1]) (Mittelwert) kg/m^3
P- und U-Ziegel	0,8	705 … 800[2])
	0,9	805 … 900[2])
	1,0	905 … 1000[2])
	1,2	1010 … 1200
	1,4	1210 … 1400
	1,6	1410 … 1600[3])
	1,8	1610 … 1800[3])
	2,0	1810 … 2000[3])
	2,2	2010 … 2200[3]) (2010 … 2500)[3])
	2,4	2210 … 2400[3])

1) Einzelwerte dürfen die Klassengrenzen um nicht mehr als 100 kg/dm^3 unter- bzw. überschreiten.
Die Werte in Klammern gelten für hochfeste Ziegel.

2) Bei P-Ziegeln dürfen die Einzelwerte die Klassengrenzen um nicht mehr als 50 kg/m^3 unter- bzw. überschreiten.

3) Bei U-Ziegeln darf der Mittelwert die obere Klassengrenze um 100 kg/dm^3 überschreiten.

Sollmaße für Mauerziegel

Maße[1])	Mindestmaß in mm	Höchstmaß in mm
Länge *l*	175	500[4])
Breite *b*	115[2])	500[5])
Höhe *h*	52[3])	249

Vormauerziegel und Klinker, die von den Sollmaßen abweichende Werksmaße erhalten, bekommen zum Kurzzeichen den Buchstaben v bzw. k (z. B. vMZ, kMz).

[1]) Bei Ergänzungs- und Passziegeln sowie Vormauerziegeln und Klinkern sind abweichende Maße zulässig. Für nichttragende Trennwände sind geringere Breiten zulässig.
[2]) 90 mm bei Vormauerziegeln und Klinkern.
[3]) 40 mm bei Vormauerziegeln und Klinkern.
[4]) 530 mm bei Vormauerziegeln und Klinkern.
[5]) 365 mm bei Ziegeln mit der Lochung B.

Druckfestigkeitsklassen und ihre Kennzeichnung

Druckfestigkeitsklasse	Kleinster Einzelwert in MPa (N/mm²)	Umgerechnete mittlere Mindestdruckfestigkeit f_{st} in MPa (N/mm²)	Kennzeichnung
4	4,0	5,0	Für alle Mauerziegel (P- und U-Ziegel), die Anforderungen an die Standsicherheit unterliegen, ist die mittlere Druckfestigkeit f_{st} vom Hersteller anzugeben. **Hochfester Ziegel**: Ziegel mindestens der Druckfestigkeitsklasse 36
6	6,0	7,5	
8	8,0	10,0	
10	10,0	12,5	
12	12,0	15,0	
16	16,0	20,0	
20	20,0	25,0	
28	28,0	35,0	
36	36,0	45,0	
48	48,0	60,0	
60	60,0	75,0	

Kennzeichnung

Mauerziegel sind in der Reihenfolge mit DIN-Hauptnummer, Kurzzeichen, Druckfestigkeitsklasse, Rohdichteklasse und Format-Kurzzeichen zu bezeichnen.

Beispiele:

a) Bezeichnung eines Vollziegels der Druckfestigkeitsklasse 12, der Rohdichteklasse 1,8, der Länge l = 240 mm, der Breite b = 115 mm und der Höhe h = 113 mm:
Ziegel DIN 20000-401 – Mz12 – 1,8 – 2 DF

b) Bezeichnung eines Hochlochklinkers mit Lochung B der Druckfestigkeitsklasse 36, der Rohdichteklasse 1,4, der Länge l = 240 mm, der Breite b = 300 mm und der Höhe h = 113 mm:
Klinker DIN 20000-401 – KHLzB36 – 1,4 – 5 DF

Form und Ausbildung von U-Ziegeln (Beispiele)

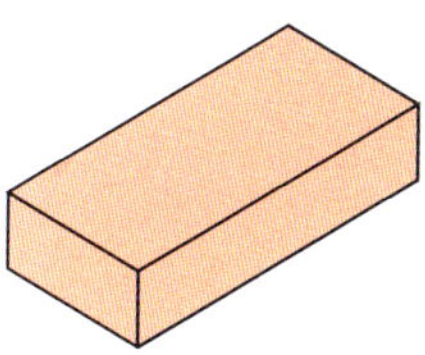
a) Vollziegel

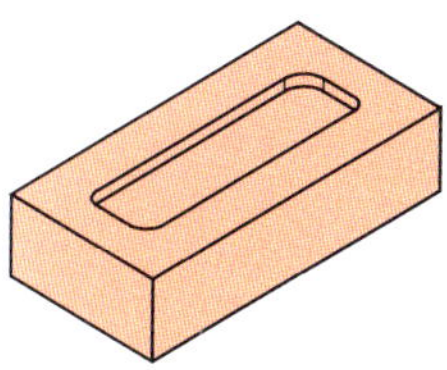
b) Mauerziegel mit Mulde

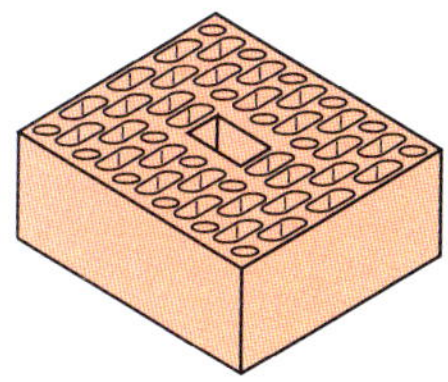
c) Hochlochziegel

Form und Ausbildung von P-Ziegeln (Beispiele)

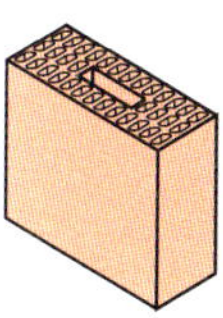
a) Hochlochziegel

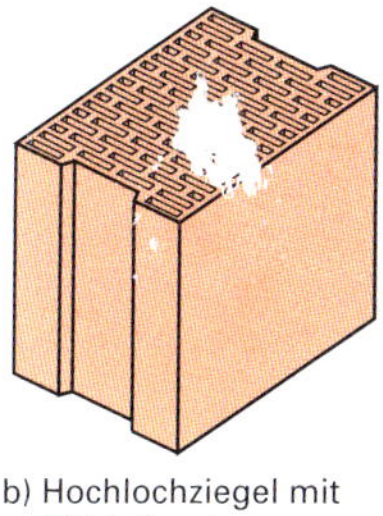
b) Hochlochziegel mit Mörteltasche

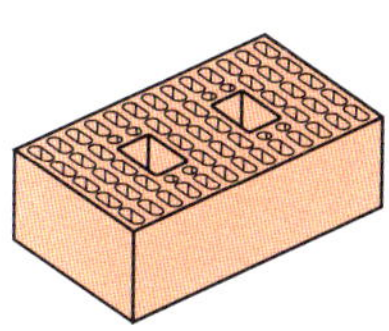
c) Hochlochziegel mit Grifföffnungen

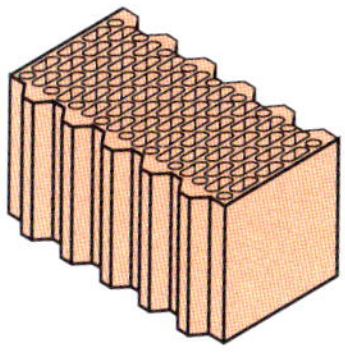
d) Hochlochziegel mit Nut- und Feder-System

Kalksandsteine (DIN EN 771-2/DIN 20000-402)

Begriffe, Erklärungen, Kurzzeichen

Begriffe mit Erklärung	Kurz-zeichen
Vollstein: Fünfseitig geschlossener Mauerstein mit einer Steinhöhe ≤ 123 mm, dessen Querschnitt durch Lochung senkrecht zur Lagerfläche bis 15 % gemindert sein darf	**KS**
Lochstein: Fünfseitig geschlossener Mauerstein mit einer Steinhöhe ≤ 123 mm, dessen Querschnitt durch Lochung senkrecht zur Lagerfläche um mehr als 15 % bis höchstens 50 % gemindert sein darf	**KS L**
Blockstein: Fünfseitig geschlossener Mauerstein mit einer Steinhöhe > 123 mm, dessen Querschnitt durch Lochung senkrecht zur Lagerfläche bis 15 % gemindert sein darf	**KS**
Hohlblockstein: Fünfseitig geschlossener Mauerstein (abgesehen von den durchgehenden Grifföffnungen oder Hantierlöchern) mit einer Steinhöhe > 123 mm, dessen Querschnitt durch Lochung senkrecht zur Lagerfläche um mehr als 15 % bis höchstens 50 % gemindert sein darf	**KS L**
Planstein als Voll-, Loch-, Block- und Hohlblockstein. Die Steine erfüllen durch Einhaltung erhöhter Anforderungen an die Grenzabmaße der Höhe sowie an die Planparallelität und Ebenheit der Lagerflächen die Voraussetzungen zur Vermauerung mit Dünnbettmörteln	**KS P**
Planelement: Großformatiger Vollstein mit einer Höhe > 248 mm und einer Länge ≥ 498 mm, dessen Querschnitt durch Lochung senkrecht zur Lagerfläche bis zu 15 % gemindert sein darf und der durch Einhaltung erhöhter Anforderungen an die Grenzabmaße der Höhe sowie an die Planparallelität und Ebenheit der Lagerflächen die Voraussetzung zur Vermauerung mit Dünnbettmörteln erfüllt	
Arten: **– werkseitig konfektionierte Bauelemente** **– Rasterelemente im Baukastenprinzip** **– ohne Längsnut, ohne Lochung** **– mit Längsnut, ohne Lochung** **– ohne Längsnut, mit Lochung**	**KS XL-PE** **KS XL-RE** **KS XL** **KS XL-N** **KS XL-E**
Fasenstein mit abgefasten Kanten	**KS F**
Bauplatte: Kalksandstein für nichttragende innere Trennwände mit einer Regelhöhe von 248 mm, der mit einem umlaufenden Nut-Feder-System ausgebildet sein kann und an den erhöhte Anforderungen hinsichtlich der Grenzabmaße für die Höhe gestellt werden	**KS BP**
Formstein: Kalksandstein in einer nicht nur von Rechtecken begrenzten Form	
KS-Vormauerstein: Kalksandstein mindestens der Druckfestigkeitsklasse 10, der den Nachweis des Frostwiderstandes erbracht hat	**KS Vm**
KS-Verblender: Kalksandstein mindestens der Druckfestigkeitsklasse 16, an den höhere Anforderungen hinsichtlich Grenzabmaße und Frostwiderstand als an einen KS-Vormauerstein gestellt und für dessen Herstellung besonders ausgewählte Rohstoffe verwendet werden	**KS Vb**
Riemchen: Kalksandstein mit einer Breite 10 mm ≤ b < 90 mm, der für Fassadenbekleidungen verwendet wird und an den erhöhte Anforderungen für KS-Verblender hinsichtlich Frostwiderstand gestellt werden	
Kurzzeichen der Stirnseitengestaltung – glatt – Nut- und Federsystem	**ohne** **-R**

Festlegung von Kalksandsteinen nach DIN EN 771-2

Die Norm unterscheidet nach der Druckfestigkeit Mauersteine der Kategorie I und Mauersteine der Kategorie II.

- **Kategorie I**: Kalksandsteine mit einer vom Hersteller angegebenen Druckfestigkeit, wobei die Wahrscheinlichkeit des Nichterreichens dieser Festigkeit nicht über 5 % liegen darf.
- **Kategorie II**: Kalksandsteine, die das Vertrauensniveau für Steine der Kategorie I nicht erreichen.

Druckfestigkeitsklassen

Druckfestigkeitsklasse	Mindestwert der umgerechneten mittleren Steindruckfestigkeit f_{st} in MPa (N/mm^2)
4	5,0
6	7,5
8	10,0
10	12,5
12	15,0
16	20,0
20	25,0
28	35,0
36	45,0
48	60,0
60	75,0

Steinrohdichteklassen

Rohdichteklasse	Wertebereich der Brutto-Trockenrohdichte in kg/dm^3
0,6[1]	0,51 ... 0,60
0,7[1]	0,61 ... 0,70
0,8[1]	0,71 ... 0,80
0,9[2]	0,81 ... 0,90
1,0	0,91[2] ... 1,00
1,2	1,01 ... 1,20
1,4	1,21 ... 1,40
1,6	1,41 ... 1,60
1,8	1,61 ... 1,80
2,0	1,81 ... 2,00
2,2	2,01 ... 2,20
2,4	2,21 ... 2,40
2,6	2,41 ... 2,60

1) Dies gilt nicht für Kalksandsteine für ungeschütztes Mauerwerk, an das Anforderungen an witterungsbeanspruchtes Mauerwerk gestellt werden.

2) Kalksandsteine für ungeschütztes Mauerwerk, an das Anforderungen an witterungsbeanspruchtes Mauerwerk gestellt werden, müssen in der Rohdichteklasse 1,0 als unteren Grenzwert eine Steinrohdichte ≥ 0,81 kg/dm^3 einhalten.

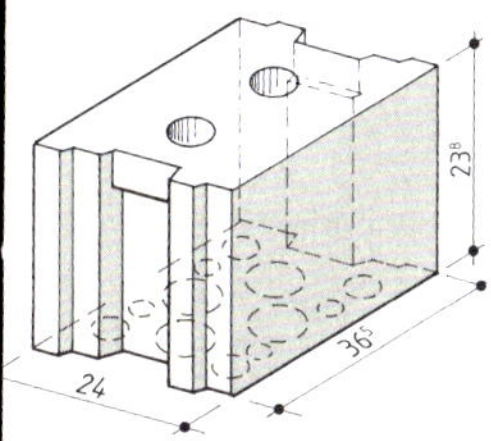

Hohlblockstein

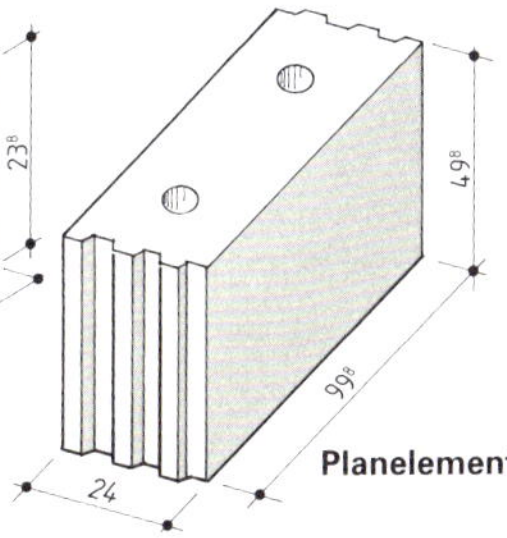

Planelement

Format-Kurzzeichen

Format-Kurzzeichen[1]	Maße in mm			Bemerkungen
	Länge[2]	Breite[3]	Höhe[4]	
DF	240	115	52	
NF	240	115	71	
2 DF	240	115	113	
3 DF	240	175	113	
4 DF (240)	240 (248)	240	113 (123)	
5 DF (300)	240 (248)	300	113 (123)	
6 DF (365)	240 (248)	365	113 (123)	
8 DF (240)	240 (248)	240	238 (248)	
10 DF (300)	240 (248)	300	238 (248)	
12 DF (365)	240 (248)	365	238 (248)	
16 DF (240)	490 (498)	240	238 (248)	
20 DF (300)	490 (498)	300	238 (248)	

Bemerkungen:

1) Bei Steinen der nicht aufgeführten Maßkombinationen sind statt der Format-Kurzzeichen die Maße in der Reihenfolge Länge × Breite × Höhe anzugeben. Bei Steinen mit Nut-Feder-System ist bei der Bestellung die gewünschte Mauerwerksdicke hinter das Format-Kurzzeichen zu setzen, z. B. für eine Wanddicke von 240 mm: 8 DF (240).

2) Für Steine mit Nut-Feder-System gelten zusätzlich die Klammerwerte.

3) Bei Steinen mit Nut-Feder-System entspricht die Steinbreite der Wanddicke. Bei Fasensteinen ist zusätzlich die Aufstandsbreite anzugeben.

4) Die Klammerwerte gelten nur für Plansteine.

Kennzeichnungsbeispiele

Beispiel 1: Bezeichnung eines KS-Steines mit ≤ 15 % Lochflächenanteil, der Druckfestigkeitsklasse 16, der Rohdichteklasse 1,8, der Länge l = 240 mm, der Breite b = 175 mm und der Höhe h = 113 mm:

Kalksandstein DIN 20000-402 – KS16 – 1,8 – 3 DF

Beispiel 2: Bezeichnung eines KS-Steines mit > 15 % Lochflächenanteil mit Nut- und Feder-System an den Stirnseiten als Planstein, der Druckfestigkeitsklasse 10, der Rohdichteklasse 1,0, der Länge l = 498 mm, der Breite b = 240 mm und der Höhe h = 248 mm:

Kalksandstein DIN 20000-402 – KS L – RP – 10 – 1,0 – 16 DF (240)

Beispiel 3: Bezeichnung eines KS-Steines als Verblender mit ≤ 15 % Lochflächenanteil, der Druckfestigkeitsklasse 16, der Rohdichteklasse 2,0, der Länge l = 240 mm, der Breite b = 115 mm und der Höhe h = 71 mm:

Kalksandstein DIN 20000-402 – KS Vb – 16 – 2,0 – NF

Porenbetonsteine
(DIN EN 771-4/DIN 20000-404)

Begriffe

Porenbetonstein	Erklärung
Planstein	– Vollstein, glatt oder mit Nut-Feder-System und Griffhilfe – Durch Einhaltung erhöhter Anforderungen an die Planparallelität und Ebenheit der Lagerflächen wird die Voraussetzung zur Vermauerung mit Dünnbettmörtel erfüllt – Erstellung von tragenden, nichttragenden oder aussteifenden Wandkonstruktionen (Außenwände, Innenwände, Kellerwände, Brandwände, Trennwände) – Ausfachung von Skelettbauten und Ausmauerung von Holzfachwerk
Planelement	– Großformatiger, ungelochter Vollstein, glatt oder mit Nut-Feder-System, Ausführung mit Montagelöchern und/oder seitlichen Griffnuten – Durch Einhaltung erhöhter Anforderungen an die Planparallelität und Ebenheit der Lagerflächen wird die Voraussetzung zur Vermauerung mit Dünnbettmörtel erfüllt – Erstellung von tragenden, nichttragenden oder aussteifenden Wandkonstruktionen (Außenwände, Innenwände, Kellerwände, Brandwände, Trennwände)
Blockstein	– Großformatiger Vollstein – Keine erhöhten Anforderungen an die Grenzabmaße der Höhe sowie an die Planparallelität und Ebenheit der Lagerflächen
Bauplatte	– Vollstein für nichttragende innere Trennwände – Es werden keine erhöhten Anforderungen an die Druckfestigkeit gestellt
Planbauplatte	– Vollstein, glatt oder mit Nut-Feder-System – Erstellung von nichttragenden Wandkonstruktionen (Innenwände, Trennwände) – Abmauerung von Leitungen und Installationen – Vormauerungen und Verkleidungen im Sanitärbau

Steindruckfestigkeitsklasse und Rohdichte (Auswahl)

Produkt	Steindruckfestigkeit		Rohdichte	
	Klasse	Mittelwert MPa (N/mm²)	Klasse	Mittelwert in kg/dm³
Planstein	2	2,5	0,35	> 0,30 … 0,35
			0,40	> 0,35 … 0,40
			0,45	> 0,40 … 0,45
			0,50	> 0,45 … 0,50
	4	5,0	0,50	> 0,45 … 0,50
			0,55	> 0,50 … 0,55
			0,60	> 0,55 … 0,60
	6	7,5	0,65	> 0,60 … 0,65
			0,70	> 0,65 … 0,70
			0,80	> 0,70 … 0,80
Planelement	2	2,5	0,35	> 0,30 … 0,35
			0,40	> 0,35 … 0,40
			0,50	> 0,45 … 0,50
	4	5,0	0,50	> 0,45 … 0,50
			0,55	> 0,50 … 0,55
			0,60	> 0,55 … 0,60
	6	7,5	0,65	> 0,60 … 0,65
			0,70	> 0,65 … 0,70
Planbauplatte	–	–	0,50	> 0,45 … 0,50
			0,55	> 0,50 … 0,55
			0,60	> 0,55 … 0,60
Flachsturz	4,4	–	0,55	> 0,50 … 0,55

Anwendungsübliche Abmessungen von Porenbetonprodukten

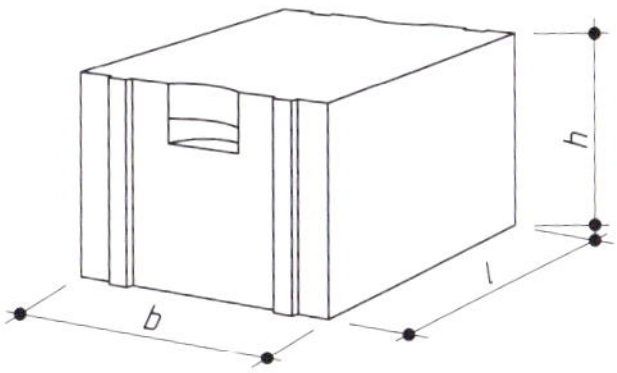

Planstein

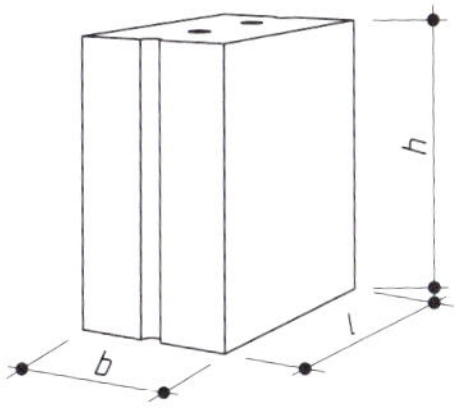

Planelement

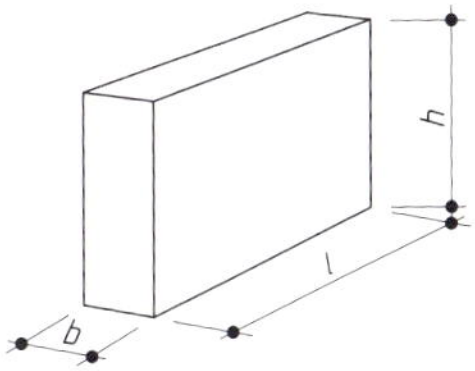

Planbauplatte

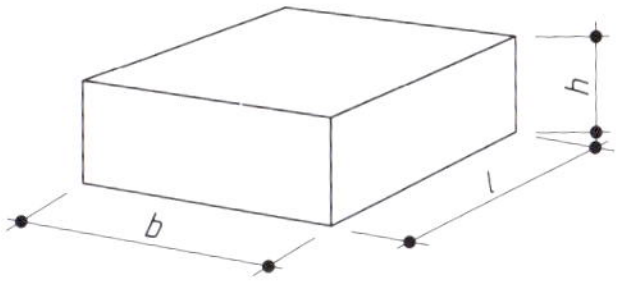

Höhenausgleichsstein

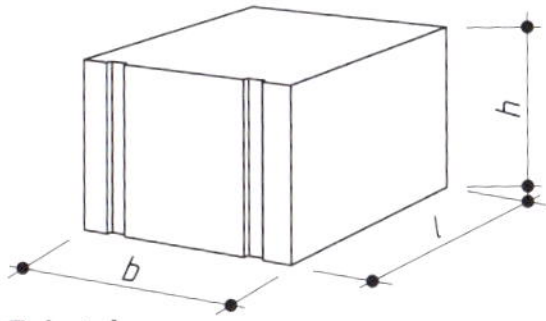

Eckstein

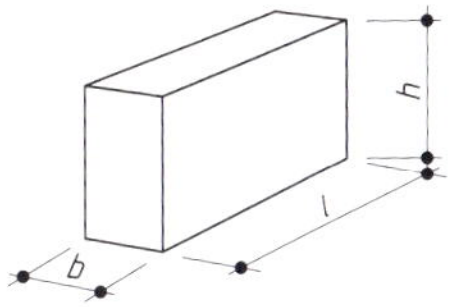

Deckenrandstein

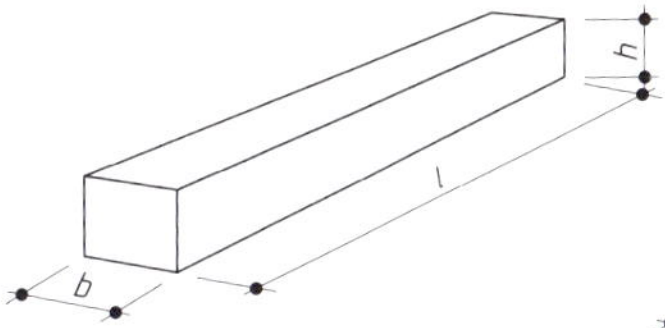

Flachsturz

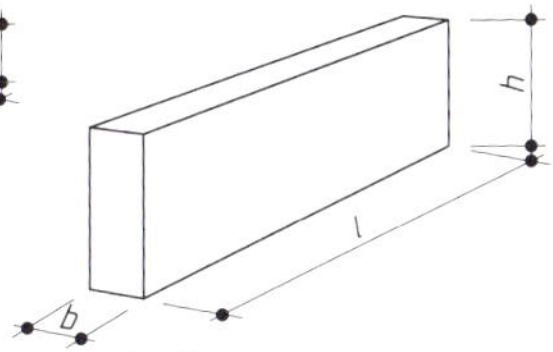

Tragender Sturz

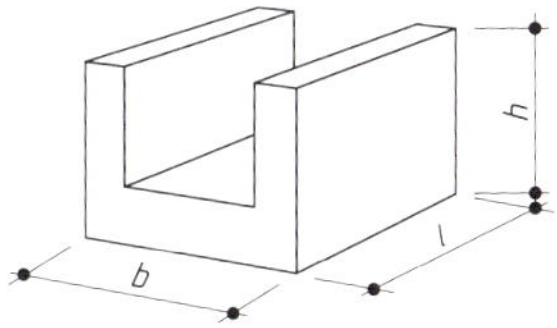

U-Stein/U-Schale

Produkt	Abmessungen in mm		
	Länge *l*	**Breite *b***	**Höhe *h***
Planstein	304, 499, 599, 624	115 … 500	249
Planelement	499, 599, 624, 999	115 … 365	499, 624
Planbauplatte	499, 599, 624	50 … 150	249, 399, 499, 599, 624
Höhenausgleichsstein	499, 599, 624	115 … 500	100, 124, 199
Eckstein	304, 499, 624		249
Deckenrandstein	499, 599, 624	50 … 115	160, 180, 200, 240, 250
Flachsturz	≤ 3000	115, 150, 175 (Auflagertiefe ≥ 115)	124 (+ Übermauerung)
Tragender Sturz	1250 … 2250	175 … 365	249
Nichttragender Sturz	1250	75 … 150	249
U-Stein	500 … 625	175 … 500	249
U-Schale	2500 … 6000	175 … 365	

Mauersteine aus Beton mit dichten und porösen Gesteinskörnungen (DIN EN 771-3 und DIN 20000-403)

Begriffe, Kurzzeichen, Erklärungen

Begriffe	Kurzzeichen	Erklärungen
Vollstein – aus Leichtbeton – aus Normalbeton	V Vn	Sechsseitig geschlossener Normalmauerstein ohne Kammern und ohne Schlitze, jedoch mit Griffloch und mit einer Sollhöhe von 52 … 115 mm
Vollblock ohne Schlitze – aus Leichtbeton – aus Normalbeton	Vbl Vbn	
Vollblock – mit Schlitzen – mit besonderen Wärmedämm-eigenschaften	Vbl S Vbl SW	Vier- oder fünfseitig geschlossener **Normalmauerstein aus Leichtbeton** mit Schlitzen senkrecht zur Lagerfläche und einer Sollhöhhe von 175 … 238 mm
Hohlblock – aus Leichtbeton – aus Normalbeton	Hbl Hbn	Fünfseitig geschlossener Normalmauerstein mit Kammern ohne zusätzliche Schlitze senkrecht zur Lagerfläche mit einer Sollhöhe von 175 … 238 mm und einer Abdeckung oberhalb der Kammern mit einer Dicke von mindestens 10 mm
Vormauerstein	Vm	Vollstein oder Vollblock aus **Normalbeton** mit werksteinmäßig bearbeiteter oder besonders gestalteter Sichtfläche mit einer Sollhöhe von 52 … 238 mm, dessen Frostwiderstand nachgewiesen ist
Vormauerblock	Vmb	Fünfseitig geschlossener Verblender aus **Normalbeton** mit Kammern senkrecht zur Lagerfläche und werkmäßig bearbeiteter oder besonders gestalteter Sichtfläche

Druckfestigkeit und ihre Kennzeichnung

Druckfestigkeitsklasse¹)	umgerechnete mittlere Steindruckfestigkeit f_{st} in MPa (N/mm²) Mindestwert	Farbmarkierung
2	2,5	grün
4	5,0	blau
6	7,5	rot
8	10,0	keine²)
12	15,0	schwarz
20	25,0	gelb
28	35,0	braun
36	45,0	violett
48	60,0	zwei schwarze Streifen

¹) **Mauersteine der Kategorie I**: Mauersteine mit einer angegebenen Druckfestigkeit, wobei die Wahrscheinlichkeit des Nichterreichens dieser Festigkeit 5 % nicht überschreiten darf.
Mauersteine der Kategorie II: Mauersteine, die das Vertrauensniveau für Mauersteine der Kategorie I nicht erreichen.

²) Keine Farbmarkierung, Kennzeichnung erfolgt durch Aufstempelung der Druckfestigkeitsklasse in schwarzer Farbe.

Sollmaße für Mauersteine

Die vom Hersteller deklarierten Maße (Länge, Breite, Höhe) nach DIN EN 771-3 dürfen die in der Tabelle aufgeführten Werte nicht über- bzw. unterschreiten. Das Verhältnis Steinlänge/Steinhöhe muss ≥ 0,95 sein. Ausgenommen sind Ergänzungs- und Formsteine sowie Steine für Verblendschalen.

Maße	Mindestmaß[1])	Höchstmaß[1])
Länge *l*	240[2])	500
Breite *b*	115[3])	500
Höhe *h*	52	238

[1]) Maße in Millimeter
[2]) Bei Vollsteinen V, Vn, bei Vormauersteinen Vm und bei Vormauerblöcken Vmb 190 mm
[3]) Für die Verwendung in Verblendschalen 90 mm

Grenzabmaße

Die Einzelwerte für die Abmaße von den deklarierten Sollmaßen bei Normalmauersteinen müssen mit den in der Tabelle angegebenen Werten übereinstimmen. Für ein Maß oder mehrere Maße dürfen geringere Grenzabmaße angegeben werden. Der Hersteller muss die Abmaßklasse angeben. Die deklarierte Abmaßklasse muss in Deutschland D1 entsprechen.

Abmaßklasse	D1	D2	D3	D4
Länge *l*	+ 3 – 5	+ 1 – 3	+ 1 – 3	+ 1 – 3
Breite *b*	+ 3 – 5	+ 1 – 3	+ 1 – 3	+ 1 – 3
Höhe *h*	+ 3 – 5	± 2	± 1,5	± 1,0

Kurzzeichen der Formate (Beispiele)

Format-Kurzzeichen	Maße in mm		
	Länge *l*[1])	Breite *b*	Höhe *h*
1 DF	240	115	52 (61)
NF	240	115	71
2 DF	240	115	113
3 DF	240	175	113 (115)
4 DF	240	240	113 (115)
5 DF	240	300	113 (115)
6 DF	240	175	238
6 DF	240	365	113 (115)
7 DF	240 (425)	425 (240)	113 (115)
8 DF	240	240	238
9 DF	365	175	238
10 DF	240 (300)	300 (240)	238
12 DF	240 (365)	365 (240)	238
12 DF	490	175	238
14 DF	240 (425)	425 (240)	238
15 DF	365	300	238
16 DF	240 (490)	490 (240)	238
18 DF	365	365	238
20 DF	490	300	238
21 DF	425 (365)	365 (425)	238
24 DF	490 (365)	365 (490)	238

[1]) Bei Stoßfugenausführung mit Nut und Feder erhöht sich die Länge des Mauersteins um 7 mm.

Außenmaße, Kammern und Stege bei Hohlblöcken Hbl und Hbn

Kurzzeichen[1]	Steinbreite[2]	Steinlänge[2][3]	Mindeststegdicken[2]					
			Hbl			Hbn		
			längs	quer[4]	innen	längs	quer[4]	innen
1 K	115	365/490	–	–	–	35	25	25
1 K	150	490	50	30	40	50	0	30
1 K[5]	175	365	50	30	40	40	25	25
2 K		490	35	30	30	30	25	25
2 K	200	490	50	35	35	40	25	25
2 K	240	240 365 490	50	35	35	35	25	25
3 K			35[6]	30	30	30	25	20
4 K			30	30	30	25	20	20
2 K[7]	300	240 365 490	50[8]	35	35[9]	40	25	25
3 K			35	35	30[10]	30	25	20
4 K			30	30	30	30	20	20
5 K			30	30	25	30	20	20
3 K[12]	365	240 365 490	35[11]	30[11]	30[11]	30	25	25
4 K			30[11]	30[11]	30[11]	30	20	20
5 K			30[11]	30[11]	30[11]	25	20	20
6 K			30[11]	30[11]	25[11]	30	30	25
5 K	425	240	35[11]	35[11]	35[11]	30	20	20
6 K			30[11]	30[11]	30[11]	25	25	20
5 K	490	240	35[11]	35[11]	35[11]	35	20	20
6 K			30[11]	30[11]	30[11]	25	20	20

[1] Anzahl der Kammerreihen in Steinquerrichtung
[2] Maße in Millimeter
[3] Bei Mauersteinen mit Nut- und Feder-Ausführung gilt als Länge das Maß von der Feder der einen Stirnseite bis zur Nutengrundfläche der anderen Stirnseite. Der Tabellenwert erhöht sich in diesem Fall um 7 mm.
[4] Bei Hohlblöcken mit ebenflächigen Stirnseiten ist die Mindestdicke der Querstege ebenso groß wie die der Längsstege.
[5] Bei Hbl maximale Kammerbreite 75 mm, bei Hbn maximale Kammerbreite 95 mm
[6] Bei Hohlblöcken aus Leichtbeton Hbl der Druckfestigkeitsklasse 2 sind auch 30 mm zulässig.
[7] Bei Hbl maximale Kammerbreite 82,5 mm, bei Hbn maximale Kammerbreite 97,5 mm
[8] 60 mm bei Steinlängen < 365 mm
[9] 40 mm bei Steinlängen < 365 mm
[10] 35 mm bei Steinlängen < 365 mm
[11] Bei Hohlblöcken Hbl ohne inneren Quersteg sind die Werte um 5 mm zu erhöhen.
[12] Bei Hbl maximale Kammerbreite 80 mm, bei Hbn maximale Kammerbreite 85 mm

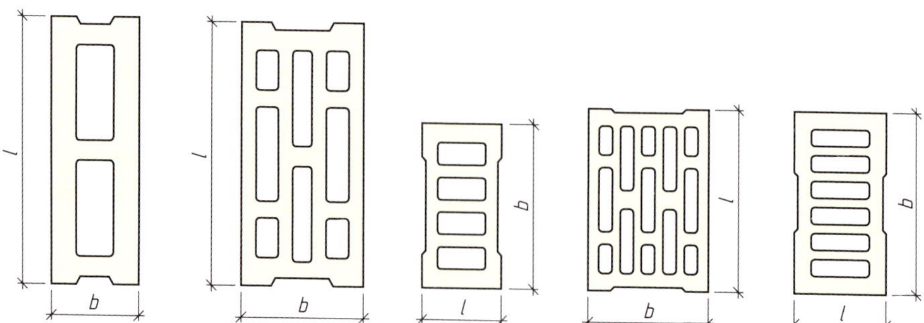

1 K Hbl/Hbn **3 K Hbl/Hbn** **4 K Hbl/Hbn** **5 K Hbl/Hbn** **6 K Hbl/Hbn**

Außenmaße, Schlitze und Stege von Vollblöcken Vbl S und Vbl SW

Steinbreite[1]	Anzahl der Schlitzreihen in Steinquerrichtung	Schlitzlänge[1]	Schlitzbreite[1]	Außenstege längs[1]	Außen- und Innenstege quer[1]
150	2				
175	2				
200	3				
240	3…5	≤ 240	≤ 11	≤ 35	30 (zulässige Abmaße + 3/0)
300	4…7				
365	5…8				
425	5…8				
490	6…9				

Außenmaße, Kammern und Stege von Vormauerblöcken Vmb

Anzahl der Kammern in Steinlängsrichtung	Steinlänge[1]	Steinbreite[1][2]	Kurzzeichen[3]	Mindestdicke[1]		
				der Außenstege		der Innenstege
				längs	quer	
1	190	90	1 K	30	40	–
		100		35	40	–
		115		40	40	–
		140		50	45	–
2	> 190 und ≤ 290	90	1 K	30	40	25
		100		35	40	30
		115		40	40	30
		140		50	45	35
		190	1 K und 2 K	50	45	35
		240		50	45	35
3	> 290 und ≤ 500	90	1 K	30	40	25
		100		35	40	30
		115		40	40	30
		140		50	45	35
		190	1 K und 2 K	50	45	35
		240		50	45	35

[1]) Maße in Millimeter
[2]) Für Zwischenwerte der Breite gelten hinsichtlich der Stegdicken die Festlegung für die nächstgrößere Breite.
[3]) Anzahl der Kammerreihen in Steinquerrichtung

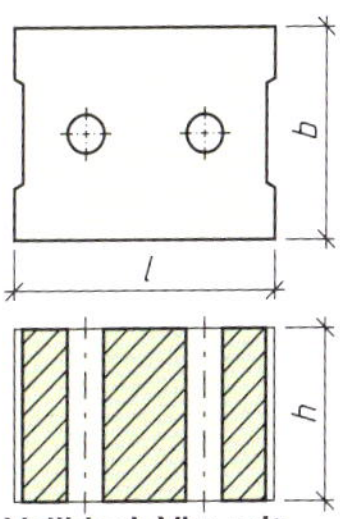

Vollblock Vbn mit Grifflöchern

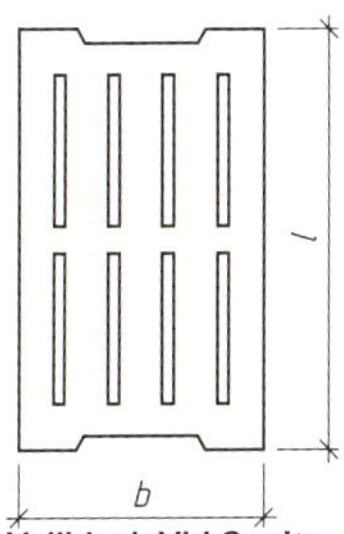

Vollblock Vbl S mit 4 Schlitzreihen

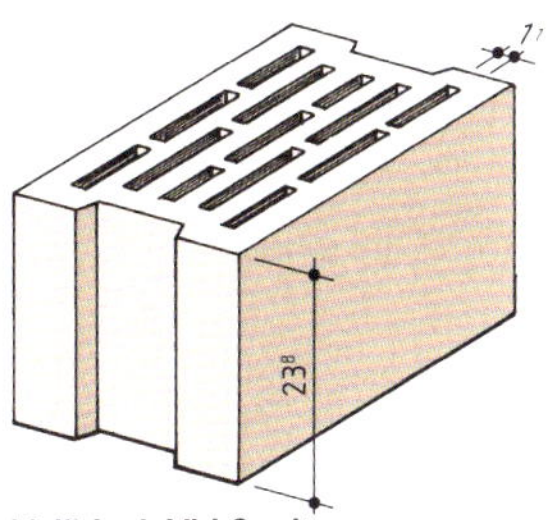

Vollblock Vbl S mit 5 Schlitzreihen

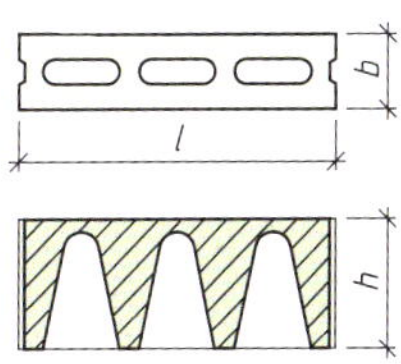

1 Kammer-Vormauerblock 1 K Vmb

Steinrohdichteklassen

Rohdichteklasse	Bruttotrockenrohdichte[1]) (Mittelwerte) kg/m³	zulässige Mauersteine (Kurzzeichen)									
		V	Vbl	Vbl S	Vbl SW	Hbl	Hbn	Vbn	Vn	Vm	Vmb
0,45	405 ... 450[2])										
0,50	455 ... 500[2])										
0,55	505 ... 550[2])										
0,60	555 ... 600[2])				X		–				
0,65	605 ... 650[2])										
0,70	655 ... 700[2])							–	–	–	–
0,80	705 ... 800	X	X	X		X					
0,90	805 ... 900										
1,00	905 ... 1000										
1,20	1010 ... 1200										
1,40	1210 ... 1400						X				
1,60	1410 ... 1600				–						
1,80	1610 ... 1800										
2,00	1810 ... 2000					–		X	X	X	X
2,20	2010 ... 2200	–	–	–							
2,40	2210 ... 2400						–				

[1]) Einzelwerte dürfen die Klassengrenzen um nicht mehr als 100 kg/m³ unter- bzw. überschreiten.
[2]) Einzelwerte dürfen die Klassengrenzen um nicht mehr als 50 kg/m³ unter- bzw. überschreiten.

Bezeichnung

Reihenfolge	Benennung
1.	DIN-Nummer
2.	Steinart (Kurzzeichen), ggf. einschließlich der vorangestellten Kammerreihenzahl in Steinquerrichtung
3.	Rohdichteklasse
4.	Druckfestigkeitsklasse
5.	Format-Kurzzeichen
6.	Steinmaße aus Länge x Breite x Höhe
7.	evtl. Zusatzangaben über die Ausbildung der Stirnfläche, z. B. N + F

Bezeichnungsbeispiele

1. Bezeichnung eines Vollsteins aus Leichtbeton, der Druckfestigkeitsklasse 8, der Rohdichteklasse 1,40, der Länge l = 240 mm, der Breite b = 115 mm, der Höhe h = 113 mm mit ebener Stirnfläche:

Mauerstein DIN 20000-403 – V 8 – 1,40 – 2 DF – 240/115/113

2. Bezeichnung eines Vollsteins aus Normalbeton, der Druckfestigkeitsklasse 20, der Rohdichteklasse 1,8, der Länge l = 240 mm, der Breite b = 365 mm, der Höhe h = 113 mm mit ebener Stirnfläche:

Mauerstein DIN 20000-403 – Vn 20 – 1,8 – 6 DF – 240/265/113

3. Bezeichnung eines Vierkammer-Hohlblocks aus Normalbeton, der Druckfestigkeitsklasse 4, der Rohdichteklasse 1,4, der Länge l = 372 mm, der Breite b = 300 mm, der Höhe h = 238 mm mit Nut und Feder:

Mauerstein DIN 20000-403 – 4K Hbn 4 – 1,4 – 15 DF – 372/300/238 – N + F

4. Bezeichnung eines Vormauerblocks aus Normalbeton, der Druckfestigkeitsklasse 4, der Rohdichteklasse 2,0, der Länge l = 240 mm, der Breite b = 115 mm, der Höhe h = 95 mm mit ebener Stirnfläche:

Mauerstein DIN 20000-403 – Vbm 4 – 2,0 – 4 DF – 240/115/95

MAUERMÖRTEL (DIN EN 998-2/DIN 20000-412/DIN EN 1996-1-1)

Begriffe

Mörtelarten	Erklärungen
Mauermörtel	Gemisch aus einem oder mehreren anorganischen Bindemitteln, Gesteinskörnungen, Wasser und gegebenenfalls Zusatzstoffen und/oder Zusatzmitteln für Lager-, Stoß- und Längsfugen, Fugenglattstrich und nachträgliches Verfugen. Mauermörtel werden entweder nach ihrer Druckfestigkeit, z. B. M5, oder beim Einsatz von Rezeptmörtel nach ihrem Mischungsverhältnis, z. B. Zement : Kalk : Sand = 1 : 1 : 5 in Volumenanteilen, klassifiziert.
Normalmauermörtel (G)*)	Mauermörtel ohne besondere Eigenschaften sind Mörtel nach Eignungsprüfung oder Rezeptmörtel.
Dünnbettmörtel (T)*)	Mauermörtel nach Eignungsprüfung mit einem Größtkorn kleiner oder gleich einem festgelegten Wert.
Leichtmauermörtel (L)*)	Mauermörtel nach Eignungsprüfung mit einer Trockenrohdichte des Festmörtels ≤ 1300 kg/m^3 nach DIN EN 998-2.
Mörtel nach Eignungsprüfung	Mörtel, dessen Zusammensetzung und Herstellungsverfahren so ausgewählt werden, dass bestimmte Eigenschaften erreicht werden (Eignungsprüfungskonzept).
Mauermörtel nach Rezept	In vorbestimmten Mischungsverhältnissen hergestellter Mörtel, dessen Eigenschaften aus den vorgegebenen Anteilen der Bestandteile abgeleitet werden (Rezeptkonzept).
Werkmauermörtel	Mörtel, der im Werk zusammengesetzt und gemischt wird. Es handelt sich hierbei um Trockenmörtel (Zugabe von Wasser) oder um Nassmörtel (gebrauchsfertig geliefert).
werkmäßig hergestellter Mauermörtel	Vordosierter Mauermörtel oder ein vorgemischter Kalk-Sand-Mauermörtel.
vordosierter Mauermörtel	Mörtel, der aus Ausgangsstoffen besteht, die im Werk abgefüllt zur Baustelle geliefert und dort nach Herstellerangaben und -bedingungen gemischt werden.
Kalk-Sand-Werk-Vormörtel	Mörtel, dessen Ausgangsstoffe im Werk zusammengesetzt und gemischt werden, der zur Baustelle geliefert wird, und dem dort weitere Bestandteile nach Anweisung des Werkes oder von diesem geliefert (z. B. Zement) beigefügt werden.
Baustellenmauermörtel	Mörtel, der aus den einzelnen Ausgangsstoffen auf der Baustelle zusammengesetzt und gemischt wird.

*) Bezeichnung nach DIN EN 998-2 und DIN EN 1996-1-1

Druckfestigkeit von Mauermörtel (DIN EN 1996-1-1/NA)

Mauermörtel nach DIN 20000-412 oder DIN 18580[1])		Druckfestigkeit[2]) f_m MPa (N/mm^2)
Normalmauermörtel mit Nachweis über die Erfüllung der Anforderungen an die Fugendruckfestigkeit	M 2,5	2,5
	M 5	5,0
	M 10	10,0
	M 20	20,0
Leichtmauermörtel[3]) mit Nachweis über die Begrenzung der Verformbarkeit und Nachweis über die Erfüllung der Anforderungen an die Fugendruckfestigkeit	M 5	5,0
Leichtmauermörtel[3]) ohne Nachweis über die Begrenzung der Verformbarkeit und Nachweis über die Erfüllung der Anforderungen an die Fugendruckfestigkeit	M 10	5,0
Dünnbettmörtel (DM)	M 10	10,0

1) Siehe Anmerkung 1) auf folgender Seite

2) Mauermörtel für bewehrtes Mauerwerk sollte mindestens eine Druckfestigkeit f_m von 4 MPa (N/mm^2) und für Mauer mit Lagerfugenbewehrung mindestens 2 MPa (N/mm^2) besitzen.

3) Nach DIN 20000-412 wird Leichtmauermörtel in die Gruppen LM 21 und LM 36 eingeteilt.

Zusätzlich ist die Druckfestigkeit des Mörtels in der Fuge zu prüfen. Der Nachweis der **Fugendruckfestigkeit** erfolgt nach drei Verfahren:

Verfahren I: Quaderförmige Prüfkörper werden vollflächig belastet.

Verfahren II: Plattenförmige Prüfkörper werden teilflächig mit einem quadratischen Druckstempel belastet.

Verfahren III: Plattenförmige Prüfkörper, jedoch kleinere Prüfkörper als beim Verfahren II, werden teilflächig mit einem kreisrunden Druckstempel belastet.

Mindestanforderungen an die Druckfestigkeit im Alter von 28 Tagen (DIN 20000-412)

Mörtelart	Mörtelklasse	Fugendruckfestigkeit in MPa (N/mm^2)		
		Verfahren I	Verfahren II	Verfahren III
Normalmauermörtel	M 1	–	–	–
	M 2,5	1,25	2,5	1,75
	M 5	2,5	5,0	3,5
	M 10	5	10,0	7,0
	M 20	10,0	20,0	14,0
Leichtmauermörtel	M 5	2,5	5,0	3,5
Dünnbettmörtel	M 10	–	–	–

Für gemauerte Bauteile, die Anforderungen an die Standsicherheit unterliegen, ist **Mauermörtel nach Eignungsprüfung** zu verwenden. Für diese Mörtel ist die **Verbundfestigkeit** zwischen Mörtel und Mauerstein als Anfangsscherfestigkeit (Haftscherfestigkeit) anzugeben.

Mindestanforderungen an die Verbundfestigkeit nach DIN 20000-412

Mörtelart	Mörtelklasse[1])	Verbundfestigkeit in MPa (N/mm^2) charakteristische Anfangsfestigkeit (Haftscherfestigkeit)
Normalmauermörtel	M 1 M 2,5 M 5 M 10 M 20	– ≥ 0,04 ≥ 0,08 ≥ 0,10 ≥ 0,12
Leichtmauermörtel	M 5 M 10	≥ 0,08 ≥ 0,10
Dünnbettmörtel	M 10	≥ 0,20

Baustellenmörtel (DIN 18580)

Die Herstellung von Mauermörtel auf der Baustelle ist nur für Normalmauermörtel zulässig. Er kann ohne Eignungsprüfung als **Rezeptmörtel** hergestellt werden. Das Abmessen der Bindemittel und der Gesteinskörnungen, gegebenenfalls der Zusatzstoffe und Zusatzmittel, erfolgt durch Waagen oder Zumessbehälter (Mischkästen mit volumetrischer Einteilung).

Geeignete Bindemittel sind Zemente, Putz- und Mauerbinder und Baukalke.

Geeignete Zusatzstoffe sind Gesteinsmehle, Trass, Flugasche und Baukalk.

Zusatzmittel ändern durch ihre chemische oder physikalische Wirkung die Mörteleigenschaften. Geeignet sind Luftporenbildner, Verflüssiger, Dichtungsmittel, Erstarrungsbeschleuniger und Verzögerer.

Zusammensetzung und Mischungsverhältnisse für Normalmauermörtel (DIN 18580) (Angaben in Raumteilen)

Mörtelgruppe[1])	Mörtelklasse nach DIN EN 998-2	Luftkalk		Hydraulischer Kalk (HL 2)	Hydraulischer Kalk (HL 5), Putz- und Mauerbinder (MC 5)	Zement	Sand aus natürlichem Gestein[2])
		Kalkteig	Kalkhydrat				
I	M 1	1	–	–	–	–	4
		–	1	–	–	–	3
		–	–	1	–	–	3
		–	–	–	1	–	4,5
II	M 2,5	1,5	–	–	–	1	8
		–	2	–	–	1	8
		–	–	2	–	1	8
		–	–	–	1	–	3
II a	M 5	–	1	–	–	1	6
		–	–	–	2	1	8
III	M 10	–	–	–	–	1	4

[1]) In Deutschland war nach der zurückgezogenen Normenreihe DIN 1053 die Einteilung in **Mörtelgruppen** (MG I Kalkmörtel, MG II und IIa Kalkzementmörtel, MG III und IIIa Zementmörtel) üblich und wird auch heute noch vielfach angewendet. Diese Mörtelgruppen werden nach DIN 20000-412 und DIN 18580 soweit möglich den Mörtelklassen zugeordnet.

[2]) Die Werte des Sandes beziehen sich auf den lagerfeuchten Zustand.

Bezeichnung von Baustellenmörtel

Baustellenmörtel ist mit der Angabe der Mörtelart, dem Verweis auf DIN 18580 sowie der Mörtelklasse zu bezeichnen.

Beispiele:
Normalmauermörtel – DIN 18580 – M 2,5
Leichtmauermörtel – DIN 18580 – M 5
Dünnbettmörtel – DIN 18580 – M 10

Mörtelmischungen

3 Eimer Sand und 1 Eimer Bindemittel ergeben statt 4 Eimern nur etwa $2^1/_2$ Eimer Mörtel.

Beim Anmachen der trockenen Mörtelbestandteile mit Wasser tritt ein Volumenverlust ein. Das Verhältnis der entstandenen Mörtelmenge (feste Mörtelmenge) zum Volumen der losen Mörtelbestandteile (lose Mörtelmenge) wird als **Mörtelausbeute** bezeichnet. Sie beträgt bei baufeuchtem Sand etwa 63 %, bei trockenem Sand etwa 71 % des Volumens der losen Bestandteile.

Wird das Verhältnis zwischen dem Volumen der Ausgangsstoffe und dem Mörtelvolumen berechnet, so erhält man den **Mörtelfaktor**. Er beträgt bei baufeuchtem Sand 1,6 und bei trockenem Sand 1,4. Für ein bestimmtes Mörtelvolumen wird also das 1,6-fache bzw. 1,4-fache Volumen an Sand und Bindemittel benötigt. Mitunter muss bei bekannter Masse (m) das Volumen (V) ermittelt werden oder umgekehrt. Dies geschieht mithilfe der Dichte (ϱ) (siehe Seite 6) nach der Formel

$$\text{Volumen} = \frac{\text{Masse}}{\text{Dichte}} \qquad V = \frac{m}{\varrho}$$

Volumen der Ausgangsstoffe = Mörtelvolumen · 1,6 bei baufeuchtem Sand bzw. Mörtelvolumen · 1,4 bei trockenem Sand

Mörtelausbeute M_A = Volumen des Mörtels V_M · 100 %: Volumen der Ausgangsstoffe V_A

Mörtelfaktor M_F $= \frac{\text{Volumen der Ausgangsstoffe } V_A}{\text{Volumen des Mörtels } V_M}$

Volumen eines Raumteils = Volumen der Ausgangsstoffe: Summe der Raumteile

Volumen des Bestandteils = Volumen eines Raumteils · Verhältniszahl des Bestandteils

Anzahl Säcke für Bindemittel = Volumen des Bestandteils: Sackinhalt in Liter

Mörtelfaktor = 100 % / Mörtelausbeute

Mörtelausbeute in % = 100 % / Mörtelfaktor

Schüttdichte, Sackmasse und Sackinhalt

Bindemittel	Schüttdichte in kg/dm³	Inhalt pro Sack	
		in kg	in l
Weißkalkhydrat	0,5	20	40
Dolomitkalkhydrat	0,5	20	40
Hydraulischer Kalk HL 2	0,7	25	36
Hydraulischer Kalk HL 3,5	0,8	25	31
Hydraulischer Kalk HL 5	1,0	25	25
Putz- und Mauerbinder MC	1,0	25	25
Zement	1,2	25	21
Stuckgips, Putzgips	0,9	30	33
Calciumsulfatbinder CC	1,0	30	30

1. Berechnungsbeispiel:

Aus 700 l Sand und 8 Sack Zement (= 8 · 21 l) wurden 600 l Zementmörtel hergestellt. Berechnen Sie die Mörtelausbeute und den Mörtelfaktor.

Mörtelausbeute

$M_A = V_M \cdot 100\,\% : V_A$

$= \frac{600\ l \cdot 100\,\%}{700\ l + 168\ l} = \underline{69{,}12\,\%}$

Mörtelfaktor

$M_F = V_A : V_M$

$= \frac{700\ l + 168\ l}{600\ l} = \underline{1{,}45}$

2. Berechnungsbeispiel:

Wie viel Sand und Zement werden für 700 l Zementmörtel, Mischungsverhältnis MV 1 : 4, benötigt?

Volumen der Ausgangsstoffe	= 700 l · 1,6	= 1120 l
Summe der Raumteile	$= 1\ RT_{Ze} + 4\ RT_{Sa}$	= 5 RT
Volumen eines Raumteils	= 1120 l : 5	= 224 l
Sandbedarf	= 4 · 224 l	= 896 l
Zementbedarf	= 1 · 224 l	= 224 l
Anzahl Säcke	= 224 l : 21 l	≈ 11 Säcke

3. Berechnungsbeispiel:

In einem Versuch zur Ermittlung des Mörtelfaktors wird beim Anmachen des Mörtels eine Volumenminderung um 35 % festgestellt. Welchem Mörtelfaktor entspricht dies?

Volumen der Ausgangsstoffe ≙ 100 %

Volumen der Mörtelmenge ≙ 100 % – 35 % = 65 %

Mörtelfaktor $= \frac{100\,\%}{65\,\%} = \underline{1{,}54}$

MAUERWERKSBAUTEN
(DIN EN 1996-1-1/EN 1996-2/EN 1996-3/NA und DIN EN 998-2)

Begriffe

Begriffe		Erklärung
Mauerwerk	Mauerwerk	Gefüge aus Mauersteinen, die in einem bestimmten Verband verlegt und mit Mörtel verbunden sind.
	unbewehrtes Mauerwerk	Mauerwerk, das weniger als die statisch erforderliche Bewehrung enthält.
	bewehrtes Mauerwerk	Mauerwerk, das Stäbe oder Matten enthält, die in Mörtel oder Beton eingebettet sind.
	vorgespanntes Mauerwerk	Mauerwerk, in das planmäßig innere Druckspannungen durch vorgespannte Bewehrung eingeleitet werden. Zum Einsatz kommen Stahldrähte, Stäbe oder Litzen.
	eingefasstes Mauerwerk	Mauerwerk, das mit Bauteilen aus Stahlbeton oder bewehrtem Mauerwerk als Einfassung in vertikaler und horizontaler Richtung versehen ist.
Wandarten	tragende Wand	Wand, die neben ihrer Eigenlast eine Nutzlast zu tragen hat.
	nichttragende Wand	Wand, die keine Lasten aufnehmen muss und deren Entfernung das Tragwerk nicht nachteilig beeinflusst.
	aussteifende Wand	Sie steht rechtwinklig zu einer anderen Wand. Sie dient als Auflager zur Aufnahme von Querkräften oder zur Knickaussteifung und trägt so zur Stabilität des Gebäudes bei.
	Schubwand	Wand, die in ihrer Ebene wirkende Querkräfte aufnimmt.
	einschalige Wand	Wand ohne Zwischenraum oder eine durchlaufende senkrechte Fuge in ihrer Ebene.
	zweischalige Wand – mit Luftschicht – mit Luftschicht und Wärmedämmung – mit Kerndämmung	Wand, die aus zwei parallelen einschaligen Wänden besteht, die durch Maueranker oder Lagerfugenbewehrung statisch wirksam miteinander verankert sind. Der Zwischenraum ist entweder ein durchgehender Hohlraum (Luftschicht) oder teilweise mit Wärmedämmung (Luftschicht und Wärmedämmung) oder ganz mit Wärmedämmung (Kerndämmung) verfüllt.
	zweischalige Wand ohne Luftschicht	Wand, die aus zwei parallelen Schalen mit vertikaler, mit Mörtel voll ausgefüllter Fuge besteht, wobei die Schalen so verankert sind, dass beide Schalen unter Last zusammenwirken.
	verfüllte zweischalige Wand	Wand, die aus zwei parallelen Schalen mit einem Zwischenraum besteht, der mit Beton oder Vergussmörtel verfüllt ist, wobei die Schalen mit Mauerankern oder Lagerfugenbewehrung so verankert sind, dass beide Schalen unter Last zusammenwirken.
	einschaliges Verblendmauerwerk	Wand mit Verblendsteinen als Sichtmauerwerk. Die Wand wird mit den Hintermauersteinen im Verband gemauert, sodass beide Schalen unter Last zusammenwirken.
	Wand mit Randstreifenvermörtelung der Lagerfugen	Wand, bei der die Mauersteine auf zwei Mörtelstreifen verlegt werden, die auf den äußeren Rändern der Lagerflächen aufgetragen werden.
	zweischalige Wand mit Vorsatzschale	Zweischalige Wand mit Vorsatzschale in Sichtmauerwerk, die nicht im Verband mit dem Hintermauerwerk oder Skelett gemauert wird und somit keine Erhöhung der Tragfähigkeit bewirkt.
Festigkeit	normierte Druckfestigkeit eines Mauersteins f_b	Der Bemessung ist die normierte Druckfestigkeit f_b der Mauersteine zugrunde zu legen. Nach DIN EN 771 ist sie entweder durch den Hersteller zu deklarieren oder nach DIN EN 772-1 zu errechnen.
	charakteristische Mauerwerksdruckfestigkeit $f_{k,s}$ bzw. f_k	Die charakteristische Druckfestigkeit von Mauerwerk $f_{k,s}$ wird nach DIN EN 1996-3 mit einer vereinfachten Methode ermittelt. In DIN EN 1996-3/NA sind die Werte für die charakteristische Druckfestigkeit (Symbol f_k) von Einsteinmauerwerk aufgeführt.
	Teilsicherheitsbeiwert γ_M	Der Teilsicherheitsbeiwert γ_M für das Material ist im Grenzzustand der Tragfähigkeit und in außergewöhnlichen Bemessungssituationen anzuwenden.

Teilsicherheitsbeiwerte γ_M für Mauersteine (DIN EN 1996-3/NA)

Material Mauerwerk aus	Teilsicherheitsbeiwert γ_M	
	Bemessungssituation	
	ständig und vorübergehend	außergewöhnlich
Steinen der Kategorie I und Mörtel nach Eignungsprüfung[1])	1,5	1,3
Steinen der Kategorie I und Rezeptmörtel[2])	1,5	1,3

[1]) Anforderungen an Mörtel nach Eignungsprüfung sind in DIN EN 998-2 in Verbindung mit DIN 20000-412 sowie DIN 18580 gegeben.

[2]) Gilt nur für Baustellenmörtel nach DIN 18580. Anmerkung: Steine der Kategorie II sind in Deutschland für tragendes Mauerwerk nicht zugelassen.

Klassifizierung der Umweltbedingungen (DIN EN 1996-2)

Der Eurocode 6 gilt für den Entwurf, die Berechnung und Bemessung von Hoch- und Ingenieurbauwerken bzw. Teilen davon, die mit unbewehrtem, bewehrtem, vorgespanntem oder eingefasstem Mauerwerk ausgeführt werden. Er behandelt ausschließlich Anforderungen an die Tragsicherheit, die Gebrauchstauglichkeit und die Dauerhaftigkeit von Tragwerken.

Bei der Planung des Mauerwerks sind die Makro- und Mikroumweltbedingungen zu beachten.

Makrobedingungen: Klimatische Faktoren, die vom Klima der Gegend, in dem ein Bauwerk errichtet wird, abhängen.
In Bezug auf die Makrobedingungen sollten folgende **Klimafaktoren** berücksichtigt werden:
- Regen und Schnee,
- Kombination von Wind und Regen,
- Temperaturschwankungen,
- Schwankungen der relativen Luftfeuchte.

Mikrobedingungen: Örtliche klimatische und Umweltfaktoren, die von der Lage eines Mauerwerkselements innerhalb der Gebäudestruktur abhängen. Die Mikroumweltbedingungen von fertigem Mauerwerk werden in **Klassen** eingeteilt.

Klassifizierung

Klasse	Mikrobedingungen des Mauerwerks	Beispiele für Mauerwerk im eingebauten Zustand
MX1	**in trockener Umgebung**	Innenmauerwerk für normale Wohnräume und Büros, einschließlich der Innenschale von zweischaligem Mauerwerk; verputztes Außenmauerwerk, das keinem mäßigen oder starken Schlagregen ausgesetzt ist und von Feuchte in benachbartem Mauerwerk oder Bauteilen getrennt ist
MX2	**Feuchte oder Durchnässung ausgesetzt**	
MX2.1	Feuchte, aber keinen Frost-Tau-Wechselbedingungen oder Sulfattreiben oder angreifenden Chemikalien in größeren Mengen ausgesetzt	Innenmauerwerk, das großen Mengen an Wasserdampf ausgesetzt ist, wie z. B. in Wäschereien; Außenwände, die von einem Dachüberstand oder einer Mauerabdeckung geschützt und keinem starken Schlagregen oder Frost ausgesetzt sind; Mauerwerk frostfrei gegründet und in gut entwässerten, nicht angreifenden Böden
MX2.2	Durchnässung, aber keinen Frost- Tau-Wechselbedingungen oder Sulfattreiben oder angreifenden Chemikalien in größeren Mengen ausgesetzt	Mauerwerk, das weder Frost noch angreifenden Chemikalien ausgesetzt ist, z. B. in Außenwänden mit Mauerkronen oder mit Dachüberstand, in Brüstungsmauern, frei stehenden Mauern, im Boden, unter Wasser
MX3	**Feuchte oder Durchnässung und Frost-Tau-Wechseln ausgesetzt**	
MX3.1	Feuchte oder Durchnässung und Frost-Tau-Wechselbedingungen, aber keinem Sulfattreiben oder angreifenden Chemikalien in größeren Mengen ausgesetzt	Mauerwerk wie Klasse MX2.1, aber Frost-Tau-Wechsel ausgesetzt
MX3.2	starker Durchnässung und Frost-Tau-Wechselbedingungen, aber keinem Sulfattreiben oder angreifenden Chemikalien in größeren Mengen ausgesetzt	Mauerwerk wie Klasse MX2.2, aber Frost-Tau-Wechsel ausgesetzt
MX4	**der Einwirkung von salzhaltiger Luft, Meerwasser oder Tausalzen ausgesetzt**	Mauerwerk im Küstenbereich; Mauerwerk an Straßen, auf denen im Winter Tausalz gestreut wird
MX5	**in einer Umgebung mit stark angreifenden Chemikalien**	Mauerwerk in Berührung mit gewachsenen oder aufgefüllten Böden oder Grundwasser, wobei Feuchte und Sulfate in größeren Mengen vorhanden sind; Mauerwerk in Berührung mit stark sauren Böden, kontaminiertem Boden oder Grundwasser; Mauerwerk in der Nähe von Industriegebieten, mit atmosphärisch angreifenden Chemikalien

Klassifizierung (Fortsetzung)

Bei hinreichender Erfahrung kann der Planer bei Baustellenmörtel die Inhaltsstoffe, deren Mischverhältnisse und Mischverfahren detaillierter festlegen. Dies erfolgt auf der Grundlage durchgeführter Prüfungen und/oder anerkannter Referenzen. Für die Beanspruchungsklassen MX1, MX2 oder MX3 wird die Dauerhaftigkeit von Baustellenmörtel unter Verwendung der in DIN EN 998-2 definierten Begriffe wie folgt festgelegt:

Beurteilung der Umgebungsbedingung	Beispiele
Mauerwerk in stark angreifender Umgebung – große Gefahr der Wassersättigung – mit gleichzeitiger Frosteinwirkung	– Außenmauerwerk nahe der Geländeoberkante (2 Lagen darüber und darunter) – unverputzte Brüstungen, die durch keine ausreichende Abdeckung geschützt sind – unverputzte Schornsteine – Mauerkronen, Abdeckungen und Simse in Gegenden mit Frostgefahr – frei stehende Grenzmauern und Windschutzwände ohne Abdeckungen – erdberührte Stützwände ohne Abdeckung und ohne Schutz der erdberührten Seite gegen Wasser
Mauerwerk in mäßig angreifender Umgebung	– Schutz der Wandkronen durch Dachüberstände oder Abdeckungen – Einplanung gekehlter Gesimse – Feuchteabdichtungen im oberen und unteren Bereich der Wände
Mauerwerk in nicht angreifender Umgebung	– Mauerwerk in Außenwänden mit ausreichendem Schutz, z. B. einer dicken Putzlage

Mauerwerk – Konstruktionsdetails

Dehnungsfugen

- Um den Auswirkungen von Wärme- und Feuchtedehnung, Kriechen und Durchbiegung und möglichen internen Spannungen Rechnung zu tragen, sollten senkrechte und waagerechte Dehnungsfugen vorgesehen werden.
- Alle Dehnungsfugen sollten über die gesamte Dicke der Wand verlaufen.
- Der horizontale Abstand zwischen senkrechten Dehnungsfugen in nichttragenden Außenwänden sollte nicht größer als l_m sein.

Empfohlene maximale horizontale Abstände l_m zwischen senkrechten Dehnungsfugen in unbewehrten nichttragenden Wänden

Art des Mauerwerks	l_m in m
Ziegelmauerwerk	12
Kalksandsteinmauerwerk	8
Mauerwerk aus Beton (mit Gesteinskörnungen) und Betonwerksteinen	6
Porenbetonmauerwerk	6
Natursteinmauerwerk	12

Abweichungen

Alle Arbeiten müssen den Planungsvorgaben entsprechend und innerhalb der zulässigen Abweichungen ausgeführt werden.

Zulässige Abweichungen für Mauerwerkselemente

Position	maximale Abweichung
Vertikalität:	
über ein Geschoss	± 20 mm
über die gesamte Gebäudehöhe, bei drei oder mehr Geschossen	± 50 mm
senkrechte Fluchtlinien	± 20 mm
Ebenheit:	
über 1 m	± 10 mm
über 10 m	± 50 mm
Dicke:	
der Wandschale	± 50 mm oder ± 50 % der Schalendicke, wobei der größere Wert maßgebend ist
der zweischaligen Wand	± 10 mm

Charakteristische Festigkeit von Mauerwerk (DIN EN 1996-3/NA)

Die charakteristische Festigkeit von Mauerwerk darf als die mit einer vereinfachten Methode bestimmte **charakteristische Druckfestigkeit f_k** angenommen werden. Die Werte richten sich nach der Steindruckfestigkeitsklasse, der Art der Mauersteine, der Mörtelart und der Mörtelgruppe/Mörtelklasse.

Charakteristische Druckfestigkeit f_k von Einsteinmauerwerk

Steindruck-festigkeits-klasse	Charakteristische Druckfestigkeit f_k in MPa (N/mm²)							
	Hochlochziegel (HLzA, HLzB, HLzE¹)), Mauertafelziegel (T1), Kalksand-Loch-, Hohlblocksteine (KSL) mit Normalmauermörtel				Vollziegel (Mz), Kalksand-Vollsteine und -Blocksteine (KS) mit Normalmauermörtel			
	M 2,5	M 5	M 10	M 20	M 2,5	M 5	M 10	M 20
4	2,1	2,4	2,9	–	2,8	–	–	–
6	2,7	3,1	3,7	–	3,6	4,0	–	–
8	3,1	3,9	4,4	–	4,2	4,7	–	–
10	3,5	4,5	5,0	5,6	4,8	5,4	6,0	–
12	3,9	5,0	5,6	6,3	5,4	6,0	6,7	7,5
16	4,6	5,9	6,6	7,4	6,4	7,1	8,0	8,9
20	5,3	6,7	7,5	8,4	7,2	8,1	9,1	10,1
28	5,3	6,7	9,2	10,3	8,8	9,9	11,0	12,4
36	5,3	6,7	10,6	11,9	10,2	11,4	12,7	14,3
48	5,3	6,7	12,5	14,1	10,2	11,4	15,1	16,9
60	5,3	6,7	14,3	16,0	10,2	11,4	15,1	16,9

¹) Hochlochziegel mit Lochung E (HLzE) nur bei Druckfestigkeitsklassen 8 … 20 und Mörtelklassen M 5 und M 10

	Hochlochziegel (HLZW), Mauertafelziegel (T2, T3, T4), Langlochziegel (LLz) mit Normalmauermörtel				Kalksand-Plansteine und Kalksand-Planelemente mit Dünnbettmörtel			
					Planelemente		Plansteine	
	M 2,5	M 5	M 10	M 20	KS XL	KS XL-N KS XL-E	KS P	KS L-P
4	1,7	2,0	2,3	2,6	2,9	2,9	2,9	2,9
6	2,2	2,5	2,9	3,3	4,0	4,0	4,0	3,7
8	2,5	3,2	3,5	4,0	5,0	5,0	5,0	4,4
10	2,8	3,6	4,0	4,5	6,0	6,0	6,0	5,0
12	3,1	4,0	4,5	5,0	9,4	7,0	7,0	5,6
16¹)	3,7 (3,1)	4,7 (4,0)	5,3 (4,5)	5,9 (5,0)	11,2	8,8	8,8	6,6
20¹)	4,2 (3,1)	5,4 (4,0)	6,0 (4,5)	6,7 (5,0)	12,9	10,5	10,5	7,6
28					16,0	13,8	13,8	7,6
36					16,0	13,8	16,8	7,6
48					16,0	13,8	16,8	7,6
60					16,0	13,8	16,8	7,6

¹) Die Werte in den Klammern gelten für Mauerwerk aus Hochlochziegeln mit Lochung W (HLzW) und Mauertafelziegeln (T4).

	Mauerziegel, Kalksandsteine mit Leichtmauermörtel		Porenbetonsteine mit Dünnbettmörtel	Voll- und Lochsteine aus Leichtbeton mit Leichtmauermörtel	
	LM 21	LM 36		LM 21	LM 36
2	1,2	1,3	1,8	1,4	1,4
4	1,6	2,2	3,0	2,3	2,3
6	2,2	2,9	4,1	3,0	3,0
8	2,5	3,3	5,1	3,6	3,6
10	2,8	3,3			
12	3,0	3,3			
16	3,0	3,3			
20	3,0	3,3			
28	3,0	3,3			

DIN EN 998-2 gibt keine Begrenzung der Lagerfugendicke bei Verwendung von Dünnbettmörtel an. Die Werte für Dünnbettmörtel gelten für eine Dicke von 1 … 3 mm.
Die **charakteristische Festigkeit für Verbandsmauerwerk** mit Normalmauermörtel ist durch Multiplikation des Tabellenwertes mit 0,80 zu ermitteln. Verbandsmauerwerk hat mehr als einen Stein in Richtung Wanddicke.

Charakteristische Druckfestigkeit f_k von Einsteinmauerwerk (Fortsetzung)

Mauersteine	**Steindruck-festigkeits-klasse**	**Charakteristische Druckfestigkeit f_k in MPa (N/mm²)**		
		Normalmauermörtel – Mörtelklasse		
		M 2,5	**M 5**	**M 10, M 20**
Hohlblöcke aus Leichtbeton Hbl Hohlblöcke aus Normalbeton Hbn	2	1,4	1,5	1,7
	4	2,2	2,4	2,6
	6	2,9	3,1	3,3
	8	2,9	3,7	4,0
	10	2,9	4,3	4,6
	12	2,9	4,8	5,1
Vollsteine aus Leichtbeton V Vollblöcke aus Leichtbeton Vbl	2	1,5	1,6	1,8
	4	2,5	2,7	3,0
	6	3,4	3,7	4,0
	8	3,4	4,5	5,0
	10	3,4	5,4	5,9
	12	3,4	6,1	6,7
	16	3,4	6,1	8,3
	20	3,4	6,1	9,8
Vollsteine aus Normalbeton Vn Vollblöcke aus Normalbeton Vbn Vormauersteine aus Normalbeton Vm Vormauerblöcke aus Normalbeton Vmb	4	2,8	2,9	2,9
	6	3,6	4,0	4,0
	8	3,6	4,7	5,0
	10	3,6	5,4	6,0
	12	3,6	6,0	6,7
	16	3,6	6,0	8,0
	≥ 20	3,6	6,0	9,1
Vollblöcke aus Leichtbeton mit Schlitzen Vbl S Vollblöcke aus Leichtbeton mit Schlitzen und besonderen Wärmedämmeigenschaften Vbl SW	2	1,4	1,6	1,8
	4	2,1	2,4	2,9
	6	2,7	3,1	3,7
	8	2,7	3,9	4,4
	10	2,7	4,5	5,0
	12	2,7	5,0	5,6

Mauersteine	**Steindruck-festigkeitsklasse**	**Charakteristische Druckfestigkeit f_k in MPa (N/mm²)**
		Dünnbettmörtel M 10
Planhochlochziegel PHLzB und PHLzE	6	3,1
	8	3,7
	10	4,2
	12	4,7
	16	5,5
	20	6,3

Beispiele:

a) Zu bestimmen ist die charakteristische Druckfestigkeit von Einsteinmauerwerk aus Hochlochziegeln (HLzA, HLzB) der Steindruckfestigkeitsklasse 12 mit Normalmauermörtel der Mörtelklasse M10.
Aus der Tabelle ergibt sich ein Wert **f_k = 5,6 MPa (N/mm²)**.

b) Zu bestimmen ist die charakteristische Druckfestigkeit von Einsteinmauerwerk aus Kalksand-Planelementen (ohne Längsnut, mit Lochung) der Steindruckfestigkeitsklasse 20 mit Dünnbettmörtel.
Aus der Tabelle ergibt sich ein Wert **f_k = 10,5 MPa (N/mm²)**.

c) Zu bestimmen ist die charakteristische Druckfestigkeit von Einsteinmauerwerk aus Porenbetonsteinen der Steindruckfestigkeitsklasse 8 mit Dünnbettmörtel.
Aus der Tabelle ergibt sich ein Wert **f_k = 5,1 MPa (N/mm²)**.

d) Zu bestimmen ist die charakteristische Druckfestigkeit von Einsteinmauerwerk aus Voll- und Lochsteinen aus Leichtbeton der Steindruckfestigkeitsklasse 4 mit Leichtmauermörtel LM 36.
Aus der Tabelle ergibt sich ein Wert **f_k = 2,3 MPa (N/mm²)**.

Berechnung von Mauerwerk

Statische Berechnungen und Bemessungen im Mauerwerksbau durchzuführen, ist die Aufgabe von Bautechnikern und Bauingenieuren. Hier wird lediglich ein kleiner Einblick in dieses Gebiet ermöglicht, um die Zusammenhänge von Belastung, charakteristischer Festigkeit und Bemessungsfestigkeit verstehen zu lernen.
DIN EN 1996-3 lässt eine vereinfachte Berechnungsmethode für unbewehrte Mauerwerkswände bei Gebäuden mit höchstens drei Geschossen zu.

Voraussetzung für die Anwendung der vereinfachten Berechnungsmethode

Wandart	**Voraussetzungen**			
	Wanddicke t	**lichte Wandhöhe** h	**aufliegende Decke**	
			Nutzlast[1] q	**Stützweite** l
	mm	m	kN/m²	m
tragende Innenwände	≥ 115 < 240	≤ 2,75	≤ 5,0	≤ 6,00
	≥ 240	≤ 3,00		
tragende Außenwände und zweischalige Haustrennwände	≥ 115[2] < 150[2]		≤ 3,0	
	≥ 150[2] < 175[3]			
	≥ 175 < 240		≤ 5,0	
	≥ 240	3,00 ≤ 12 t		

1) Einschließlich Trennwandzuschlag.
2) Als einschalige Außenwand nur bei eingeschossigen Garagen und ähnlichen Bauwerken, die nicht für den dauernden Aufenthalt von Menschen vorgesehen sind.
3) Bei charakteristischen Mauerwerksdruckfestigkeiten $f_d < 1{,}8$ MPa (N/mm²) gilt zusätzlich Fußnote2).

Außerdem sind noch folgende Bedingungen einzuhalten:

- Höchstens drei Geschosse über dem Gelände.
- Die Wände sind rechtwinklig zu ihrer Ebene durch Decken, das Dach oder geeignete Konstruktionen in horizontaler Richtung gehalten.
- Die Auflagertiefe der Decken bzw. des Daches beträgt mindestens $^2/_3$ der Wanddicke, mindestens jedoch 85 mm. Bei teilaufliegenden Decken ist eine Mindestwanddicke von 30 cm erforderlich.
- Die kleinste Gebäudeabmessung beträgt mindestens $^1/_3$ der Gebäudehöhe.
- Die Schlankheit der Wand (das Verhältnis der Knicklänge h_{ef} zur effektiven Wanddicke t_{ef}) darf 21 nicht überschreiten.

Schlankheit

$$\text{Schlankheit einer Wand} = \frac{h_{ef}}{t_{ef}}$$

h_{ef} = Knicklänge
t_{ef} = effektive Wanddicke
für einschalige Wände ist t_{ef} gleich der Wanddicke t

Tragfähigkeitsnachweis

Die Tragfähigkeit einer gemauerten Wand wird dadurch nachgewiesen, dass die einwirkende Normalkraft N_{Ed} kleiner oder gleich der zulässigen Normalkraft N_{Rd} ist. Der Nachweis erfolgt mit folgender Formel:

$$N_{Ed} \leq N_{Rd}$$

N_{Ed} = einwirkende Normalkraft
N_{Rd} = aufnehmbare Normalkraft = $c_A \cdot f_d \cdot A$
$N_{Rd} = c_A \cdot f_d \cdot A$

$c_A = 0{,}7$ für $= \frac{h_{ef}}{t_{ef}} \leq 10$ (nur bei vollaufliegender Decke)

$c_A = 0{,}5$ für $10 < \frac{h_{ef}}{t_{ef}} \leq 18$

$c_A = 0{,}36$ für $10 < \frac{h_{ef}}{t_{ef}} \leq 21$

f_d = Bemessungswert der Druckfestigkeit des Mauerwerks
A = Querschnittsfläche der Wand (ohne Öffnungen)

Knicklänge

$$\text{Knicklänge } h_{ef} = \rho_n \cdot h$$

ρ_n = Abminderungsfaktor in Abhängigkeit der Randeinspannung bzw. der Lagerung
h = lichte Wandhöhe

Bemessungswert der Druckfestigkeit des Mauerwerks

$$f_d = 0{,}85 \cdot \frac{f_k}{1{,}50} = \frac{f_k}{1{,}76}$$

0,85 = Faktor zur Berücksichtigung von Langzeiteinwirkungen und weiterer Einflüsse
1,5 = Teilsicherheitsbeiwert γ_M
f_k = charakteristische Druckfestigkeit des Mauerwerks (siehe Tabellen Seiten 87/88)

Bei Wandquerschnittsflächen kleiner 0,1 m² (Pfeilern) wird der Bemessungswert der Druckfestigkeit des Mauerwerks um den Faktor 0,8 verringert.

Ermittlung des Abminderungsfaktors ρ_n

Einspannung durch Decken oder Dach	1. 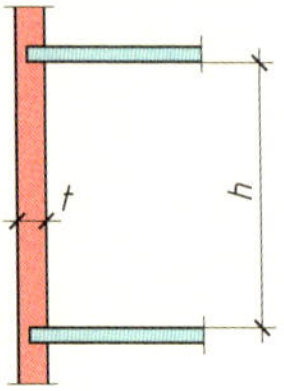	Nur oben und unten horizontal gehaltene Wände. Auflagertiefe der Betondecken mind. $^2/_3$ der Wanddicke, aber nicht weniger als 85 mm. Wenn die Wand als Endauflager einer Decke wirkt. $\rho_2 = 1{,}0$
	2. 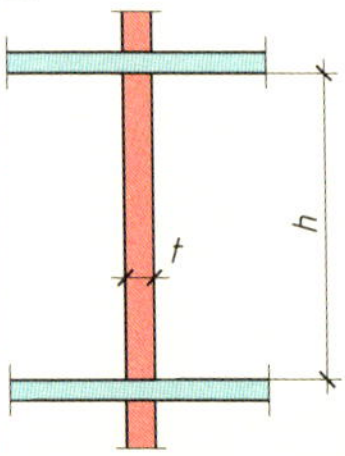	Wie bei 1. Für alle übrigen Wände $\rho_2 = 0{,}75$
Keine Einspannung durch Decken und Dach	3. 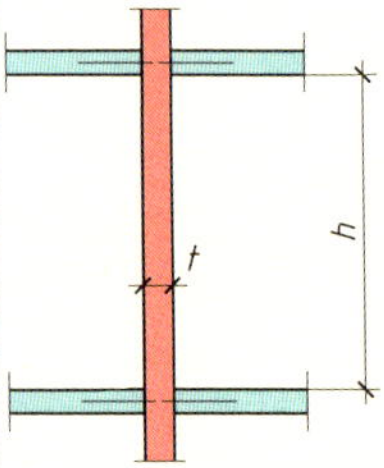	Nur oben und unten horizontal gehaltene Wände (z. B. durch Ringbalken oder Holzbalkendecke), ohne Einspannung durch Decken oder Dach. $\rho_2 = 1{,}0$
Horizontal oben und unten gehalten sowie an einem vertikalen Rand	4. 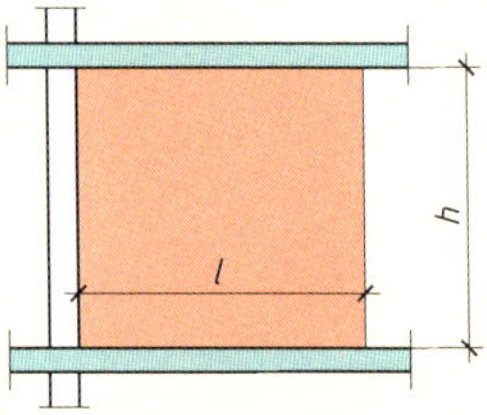	Einspannung oben und unten, wenn die Wand nicht als Endauflager einer Decke wirkt. $\rho_3 = 1{,}5 \cdot \frac{l}{h} \leq 0{,}75$ In allen anderen Fällen nach 1. … 3. $\rho_3 \leq 1{,}0$
Horizontal oben und unten gehalten sowie an beiden vertikalen Rändern	5. 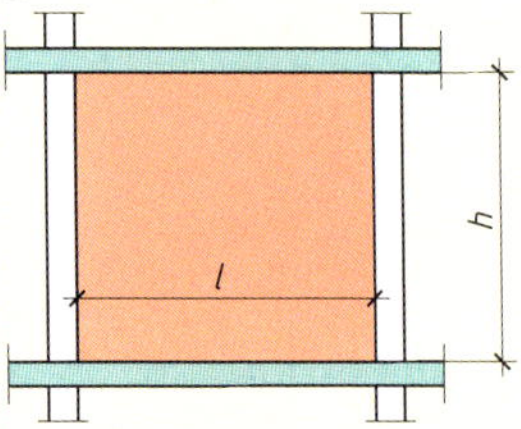	Einspannung oben und unten, wenn die Wand nicht als Endauflager einer Decke wirkt. $\rho_4 = \frac{l}{2\,h} \leq 0{,}75$ In allen anderen Fällen nach 1. … 3. $\rho_4 \leq 1{,}0$

t = Wanddicke, h = lichte Geschosshöhe, l = Abstand zwischen den Halterungen der vertikalen Ränder

Das Berechnungsverfahren als Flussdiagramm

Prüfen der Voraussetzungen für das vereinfachte Berechnungsverfahren

⇩

Ermittlung der Wandbelastung N_{Ed}

(siehe Sicherkeitskonzept Seite 10)

⇩

Ermittlung des Abminderungsfaktors ρ_n

⇩

Ermittlung der Knicklänge $h_{ef} = \rho_n \cdot h$

⇩

Ermittlung der Schlankheit und des Beiwertes c_A

⇩

Ermittlung der Bemessungsfestigkeit f_d **und der aufzunehmenden Normalkraft** N_{Rd}

⇩

Nachweis

$N_{Ed} \leq N_{Rd}$

Mauerverbände

Verbandsarten

Läuferverband

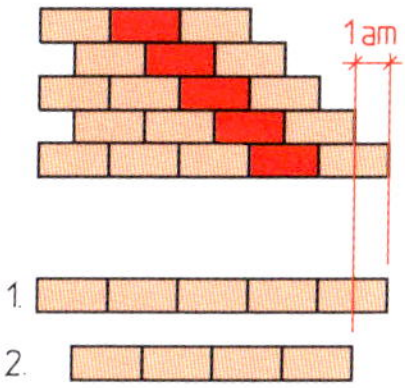

Binderverband

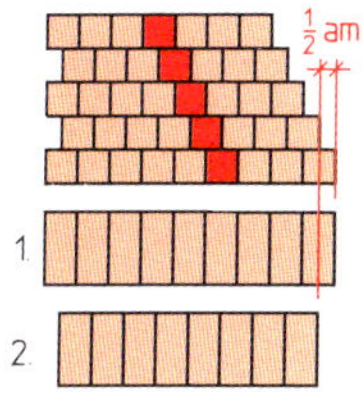

Blockverband

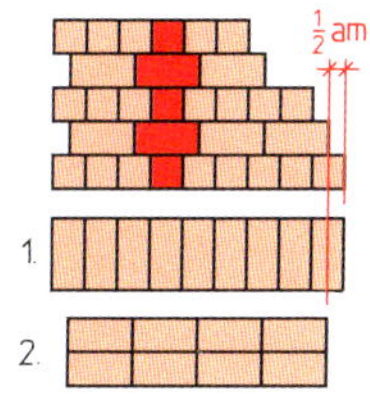

Kreuzverband

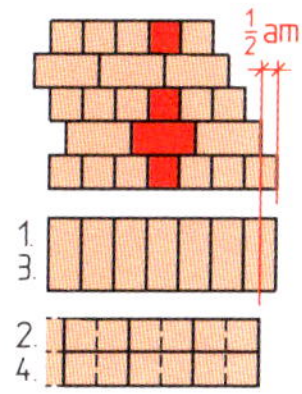

Überbindemaß (DIN EN 1996-1)

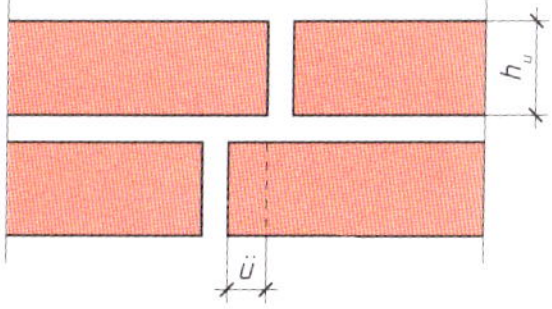

ü – Überbindemaß
h_u – Steinhöhe
$h_u \leq 25$ cm: $ü \geq 0{,}4 \cdot h_u$ oder 4 cm (der größere Wert ist maßgebend)
$h_u \geq 25$ cm: $ü \geq 0{;}2 \cdot h_u$ oder 10 cm (der größere Wert ist maßgebend)

Holländischer Verband

Verband mit Läufer-Binder-Schichten (Gotischer Verband)

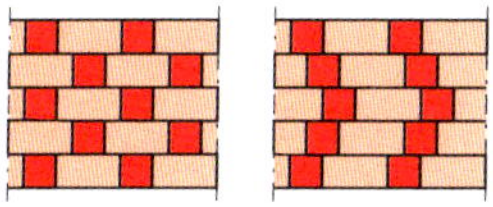

Verband mit Läufer-Läufer-Binder-Schichten (Märkischer Verband)

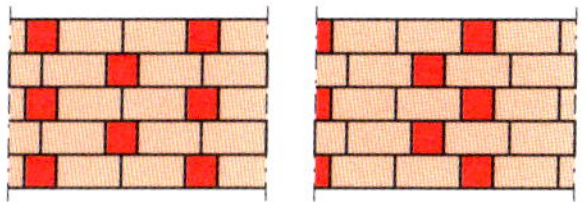

Mauerendverbände

Wanddicke 11,5 cm

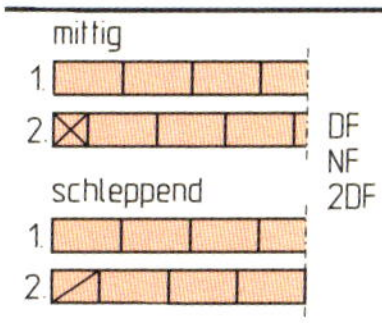

Wanddicke 17,5 cm

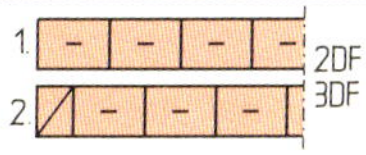

Wanddicke 24 cm

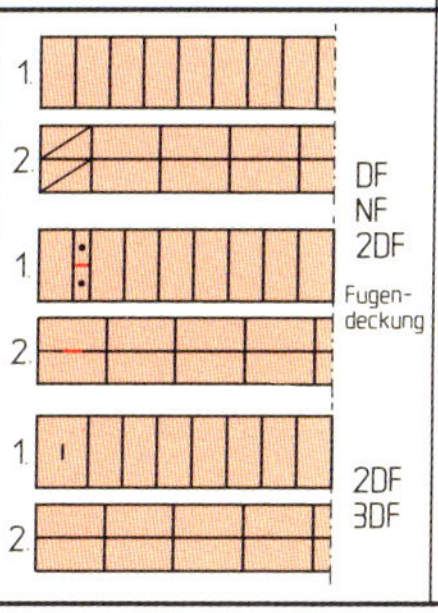

Wanddicke 30 cm

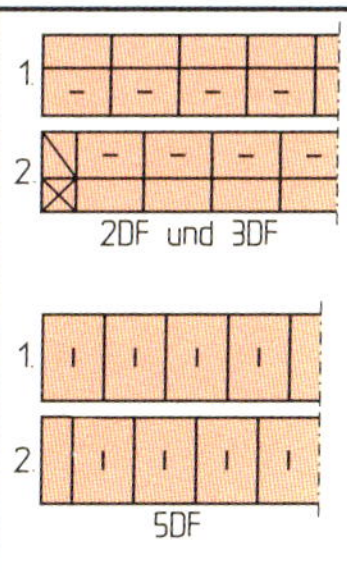

Wanddicke 36,5 cm

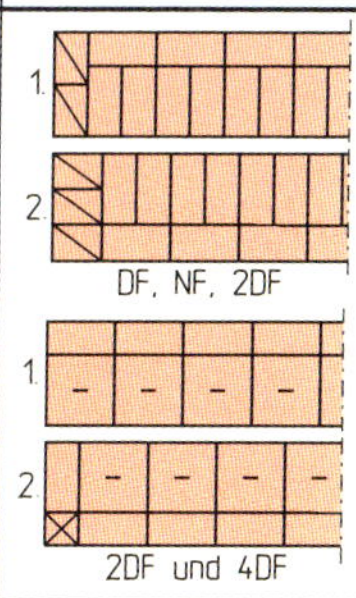

Verbände für Mauerecke, -stoß und -kreuzung

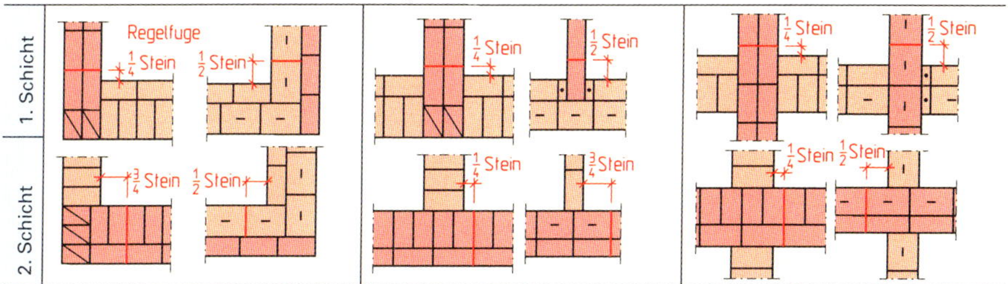

Die durchgehende Schicht ist die Läuferschicht; Binderschicht stößt stumpf an.

Mauerpfeiler

Verbandslösung hängt von der Belastung des Pfeilers ab. Bei gering belasteten Pfeilern ist Fugendeckung zulässig.

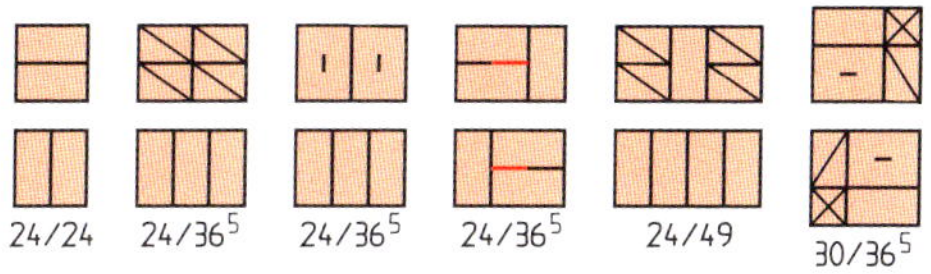

Mauerbogen

Mit gemauerten Bogen werden Öffnungen überdeckt und die darüber liegenden Lasten über die Widerlager auf das angrenzende Mauerwerk übertragen.

Rundbogen

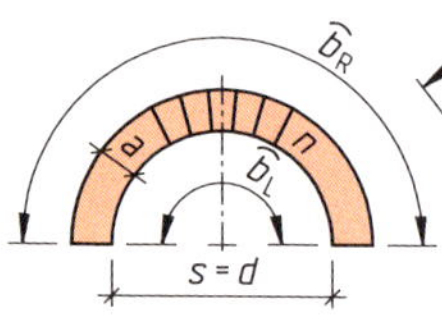

Segmentbogen

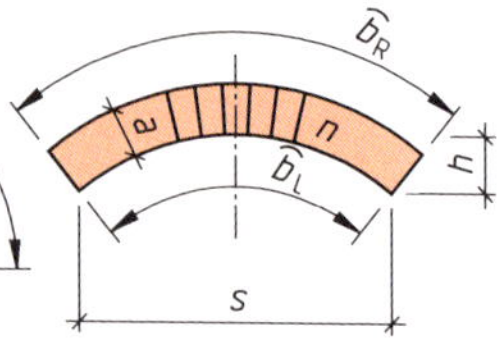

b_R = **Bogenrücken**
b_L = **Bogenlaibung**
s = **Spannweite**
h = **Stichhöhe**
a = **Bogendicke**
n = **Schichtenzahl**

Fugendicken

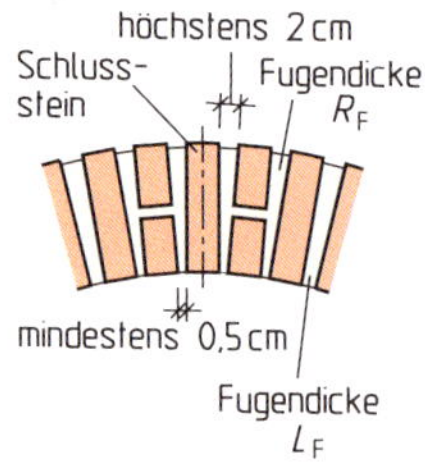

Radius und Bogenlänge beim Segmentbogen

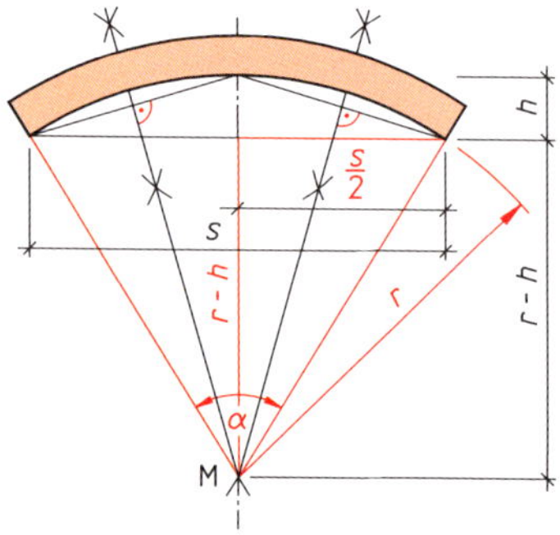

Radius	$r = \frac{h}{2} + \frac{s^2}{8h}$
Länge der Bogenlaibung	$b_L = \frac{d \cdot \pi \cdot \alpha}{360°} = \frac{r \cdot \pi \cdot \alpha}{180°}$
Länge des Bogenrückens	$b_R = \frac{(r + \text{Bogendicke}) \cdot \pi \cdot \alpha}{180°}$
Länge der Spannweite	$s = \sqrt{4 \cdot h \cdot (2 \cdot r - h)}$

Mittelpunktswinkel α und Bogenlänge b_L in Abhängigkeit von der Stichhöhe h

Stichhöhe als Bruchteile der Spannweite	$\frac{1}{6}s$	$\frac{1}{7}s$	$\frac{1}{8}s$	$\frac{1}{9}s$	$\frac{1}{10}s$	$\frac{1}{11}s$	$\frac{1}{12}s$
Mittelpunkts-winkel α	74°	64°	56°	50°	45°	41°	38°
Bogenlänge b_L	$\left(s + \frac{h}{2}\right) \cdot 0{,}99$	$\left(s + \frac{h}{2}\right) \cdot 0{,}983$	$\left(s + \frac{h}{2}\right) \cdot 0{,}98$	$\left(s + \frac{h}{2}\right) \cdot 0{,}979$	$\left(s + \frac{h}{2}\right) \cdot 0{,}978$	$\left(s + \frac{h}{2}\right) \cdot 0{,}977$	$\left(s + \frac{h}{2}\right) \cdot 0{,}977$

Schichtenzahl und Fugendicke

Schichtenzahl	$n = \frac{\text{Bogenlaibung in cm} - \text{angenommene Fugendicke in cm}}{\text{Steindicke in cm} + \text{angenommene Fugendicke in cm}}$
Fugendicke an der Bogenlaibung	$F_L = \frac{\text{Bogenlaibung in cm} - \text{Schichtenzahl} \cdot \text{Steindicke in cm}}{\text{Schichtenzahl} + 1}$
Fugendicke am Bogenrücken	$F_R = \frac{\text{Bogenrücken in cm} - \text{Schichtenzahl} \cdot \text{Steindicke in cm}}{\text{Schichtenzahl} + 1}$

Berechnungsbeispiel
Der dargestellte Segmentbogen hat eine Spannweite von 2,40 m. Die Stichhöhe beträgt $^1/_{12}$ der Spannweite. Zu ermitteln sind:
a) der Radius,
b) die Länge der Bogenlaibung,
c) die Länge des Bogenrückens,
d) die Schichtenzahl,
e) die Fugendicke an der Laibung.

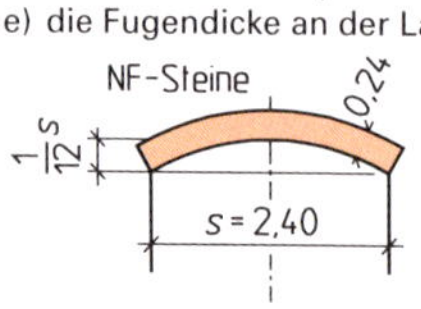

a) $r = \frac{0{,}20\ \text{m}}{2} + \frac{2{,}40\ \text{m} \cdot 2{,}40\ \text{m}}{8 \cdot 0{,}20\ \text{m}} = \underline{3{,}70\ \text{m}}$

b) $b_L = \frac{3{,}70\ \text{m} \cdot 3{,}14 \cdot 38°}{180°} = \underline{2{,}45\ \text{m}}$

c) $b_R = \frac{(3{,}70\ \text{m} + 0{,}24\ \text{m}) \cdot 3{,}14 \cdot 38°}{180°} = \underline{2{,}61\ \text{m}}$

d) $n = \frac{245\ \text{cm} - 0{,}6\ \text{cm}}{7{,}1\ \text{cm} + 0{,}6\ \text{cm}} = \underline{31{,}74}$

gewählt <u>31 Schichten</u>

e) $F_L = \frac{245\ \text{cm} - 31 \cdot 7{,}1\ \text{cm}}{31 + 1} = \underline{0{,}78\ \text{cm}}$

Baustoffbedarf für Mauerwerk

Bedarf an Mauersteinen und Mörtel[1])

Stein-format	Wanddicke in cm	Abmessungen in cm Länge/Breite/Höhe	Bedarf je m² Wand[2])	
			Anzahl Steine	Mörtel in l
a) Steine mit glatten, vermörtelten Stoßflächen				
DF	11,5	24/11,5/5,2	66	35
NF	11,5 24	24/11,5/7,1 11,5/24/7,1	50 100	27 70
2 DF	11,5 24	24/11,5/11,3 11,5/24/11,3	33 66	20 55
3 DF	17,5 24	24/17,5/11,3 17,5/24/11,3	33 44	30 50
2 + 3 DF	30		je 33	65
5 DF	24 30	30/24/11,3 24/30/11,3	26 33	40 55
6 DF	24 36,5	36,5/24/11,3 24/36,5/11,3	22 33	40 65
10 DF	24 30	30/24/23,8 24/30/23,8	13,5 16,5	25 33
12 DF	24 36,5	36,5/24/23,8 24/36,5/23,8	11 16,5	23 38
b) Steine mit Nut und Feder, unvermörtelte Stoßfuge				
6 DF	11,5	37,3/11,5/23,8	11	8
8 DF	11,5	49,8/11,5/23,8	8,3	8
7,5 DF	17,5	30,8/17,5/23,8	13,5	12
9 DF	17,5	37,3/17,5/23,8	11	12
12 DF	17,5	49,8/17,5/23,8	8,3	12
10 DF	24	30,8/24/23,8	13,5	17
12 DF	24	37,3/24/23,8	11	17
16 DF	24	49,8/24/23,8	8,3	17
10 DF	30	24,8/30/23,8	16,5	22
12 DF	30	30,8/30/23,8	13,5	22
20 DF	30	49,8/30/23,8	8,3	22
12 DF	36,5	24,8/36,5/23,8	16,5	26
24 DF	36,5	49,8/36,5/23,8	8,3	26
14 DF	42,5	24,8/42,5/23,8	16,5	30
16 DF	49	24,8/49/23,8	16,5	35
48 DF	17,5	100/17,5/49,9	2	2,2
64 DF	24	100/24/49,9	2	3,0
Ausfugen von Sichtmarken			–	10

[1]) Bedarf an Normal- oder Leichtmauermörtel in Liter für Lochsteine; für Vollsteine und Vollblöcke (Mz, KS, V, Vbl) kann ein um etwa 15% geringerer Bedarf angenommen werden.

[2]) Seit 2006 darf nach VOB (Teil C, DIN 18330) Mauerwerk unabhängig von der Wanddicke nur noch nach Flächenmaß (m²) ausgeschrieben und abgerechnet werden.

Zweischalige Außenwände (DIN 1996-1-1)

Konstruktionsart	Luftschicht-dicke	Dicke der Außenschale	Abstand der Schalen	Dicke der Dämmung
mit Luftschicht	≥ 6 cm, ≤ 15 cm	≥ 9 cm	≥ 6 cm, ≤ 15 cm	–
mit Luftschicht und Wärmedämmung	≥ 4 cm	≥ 9 cm	≤ 15 cm	≤ 11 cm
mit Kerndämmung	–	–[1])	≤ 15 cm	≤ 15 cm
mit Putzschicht	–	≥ 9 cm	2 cm	–

Verankerung der Schalen mit Drahtankern aus nichtrostendem Stahl, $d = 4$ mm; vertikaler Abstand ≤ 50 cm, horizontaler Abstand ≤ 75 cm; je m² 5…9 Drahtanker (je nach Gebäudehöhe und Windlastzone); an freien Rändern zusätzlich 3 Maueranker je m Randlänge.

Bedarf an Porenbetonsteinen je m² Mauerwerk

Mit Stoßfugenvermörtelung (Dünnbettmörtel)

Wanddicke in mm		50		75		100	
Steinabmessungen in mm		**Anzahl Steine/m²**	**Mörtel ≈ kg/m²**	**Anzahl Steine/m²**	**Mörtel ≈ kg/m²**	**Anzahl Steine/m²**	**Mörtel ≈ kg/m²**
Höhe	**Länge**						
249	599	6,7	0,8	6,7	1,2	6,7	1,5
	624	6,4	0,8	6,4	1,2	6,4	1,5

Ohne Stoßfugenvermörtelung (Dünnbettmörtel)

Wanddicke in mm		115		150		175	
Steinabmessungen in mm		**Anzahl Steine/m²**	**Mörtel ≈ kg/m²**	**Anzahl Steine/m²**	**Mörtel ≈ kg/m²**	**Anzahl Steine/m²**	**Mörtel ≈ kg/m²**
249	499	–	–	–	–	–	–
	599	6,7	1,6	6,7	2,0	6,7	2,2
	624	6,4	1,6	6,4	2,0	6,4	2,2
499	499	–	–	–	–	4,0	0,9
	599	–	–	–	–	3,3	0,9
624	249	–	–	–		6,4	0,75
	374	–	–	–	–	4,3	0,75
	624	–	–	–	–	2,6	0,75

Wanddicke in mm		200		240		300	
Steinabmessungen in mm		**Anzahl Steine/m²**	**Mörtel ≈ kg/m²**	**Anzahl Steine/m²**	**Mörtel ≈ kg/m²**	**Anzahl Steine/m²**	**Mörtel ≈ kg/m²**
249	499	–	–	8,0	3,0	8,0	3,6
	599	6,7	2,5	6,7	2,9	6,7	3,5
	624	6,4	2,5	6,4	2,9	6,4	3,5
499	499	–	–	4,0	1,2	4,0	1,5
	599	–	–	3,3	1,2	3,3	1,5
624	249	–	–	6,4	1,0	6,4	1,3
	374	–	–	4,3	1,0	4,3	1,3
	624	–	–	2,6	1,0	2,6	1,3

Wanddicke in mm		365		400		423	
Steinabmessungen in mm		**Anzahl Steine/m²**	**Mörtel ≈ kg/m²**	**Anzahl Steine/m²**	**Mörtel ≈ kg/m²**	**Anzahl Steine/m²**	**Mörtel ≈ kg/m²**
249	499	8,0	4,2	–	–	8,0	4,8
	599	6,7	4,1	6,7	4,5	6,7	4,7
	624	6,4	4,1	–	–	–	–
499	499	4,0	1,8	–	–	–	–
	599	3,3	1,8	–	–	–	–
624	249	6,4	1,6	–	–	–	–
	374	4,3	1,6	–	–	–	–
	624	2,6	1,6	–	–	–	–

Wanddicke in mm		480	
Steinabmessungen in mm		**Anzahl Steine/m²**	**Mörtel ≈ kg/m²**
249	499	8,0	6,0
	599	6,7	5,3
	624	–	–
499	499	–	–
	599	3,3	2,4
624	249	–	–
	374	–	–
	624	–	–

Die angegebenen Mörtelbedarfswerte sind durchschnittliche Verbrauchswerte üblicher Baustellen bei Auftrag mit einer Plankelle bzw. einem Mörtelschlitten.

Je nach Baustelle sind Mörtelverluste bzw. erhöhter Mörtelbedarf einzuplanen, z. B. für:

- Vermörteln von Anschlussfugen bei Anwendung von Stumpfstoßtechnik,
- planmäßiges Vermörteln der Stoßfugen, z. B. zur Herstellung der Druckzone in der Übermauerung von Stürzen,
- Verschließen von unvermörtelten Stoßfugen > 5 mm.

Natursteine

Gestein	Eigenschaften	Verwendung	Vorkommen
Erstarrungsgesteine (Magmatite):			
Granit	hart, witterungsbeständig, nicht feuerbeständig	Bordsteine, Pflastersteine, Treppenstufen	Schwarzwald, Fichtelgebirge, Erzgebirge, Bayerischer Wald
Basalt	sehr druckfest, witterungsbeständig, säurefest	Werksteine (Wasserbau), Splitt, Schotter	Eifel, Rhön, Kaiserstuhl, Hegau, Erzgebirge
Trass	locker, porös	Puzzolanzement	Neuwieder Becken
Bims	Dichte unter 1 kg/dm^3, einzelne Steine Durchmesser bis etwa 300 mm	leichte Gesteinskörnungen	Neuwieder Becken
Ablagerungsgesteine (Sedimentite):			
Bausandstein	rot, hart, witterungsbeständig	Werksteine für alle Zwecke	Schwarzwald, Odenwald
Schilfsandstein	graugrün oder rot, gegen Dauerfeuchte empfindlich	Werksteine außer für Sockel und Fundamente	Kraichgau, Maulbronn, Würzburg
Stubensandstein	weiß bis gelblich, grobkörnig, Eigenschaften wechselnd	Werksteine (sofern kieselig gebunden), Sand	Neckartal, Schönbuch
Elbsandstein	gelblich, Eigenschaften wechselnd	Werksteine, Bruchsteine	Elbsandsteingebirge
Devonkalkstein	grau, hart, witterungsbeständig	Werksteine, Schotter	Rheinisches Schiefergebirge, Eifel
Muschelkalkstein	dunkelgrau, leicht bearbeitbar, nachhärtend	Werksteine, Platten, Schotter	Württemberg, Thüringen, Pfalz u. v. a. O.
Jurakalkstein	weiß bis gelblich, hart	Werksteine, Schotter, Baukalke, Zement, Plattenkalk als Wand- und Bodenbeläge	Schwäbische und Fränkische Alb
Süßwasserkalkstein	hellgrau bis gelb, weich, porös	Werksteine	Schwäbische Alb, Mainzer Becken
Travertin	bunt gebändert, dicht, polierfähig	Werksteine, Platten	Stuttgart, Göttingen, Langensalza/Thüringen
Dolomitstein	gelblich bis grau, hart, beständig	Werksteine, Schotter, Dolomitkalk	Schwäbische und Fränkische Alb
Umprägungsgesteine (Metamorphite):			
Gneis	parallelstrukturiert, wechselnde Festigkeiten	Schotter, Platten, Bruchsteine	Schwarzwald, Fichtel- und Erzgebirge, Thüringer Wald
Tonschiefer	dunkelgrau, oft plattig, gegen Dauerfeuchte empfindlich	Dachschiefer, Wandbeläge	Rheinisches Schiefergebirge, Harz
Marmor	verschiedenste Färbungen und Zeichnungen, oft witterungsempfindlich	Bildhauer- und Schmuckstein	Österreich, Italien, Griechenland
Glimmerschiefer	plattig, glänzende Spaltflächen	Wand- und Bodenplatten	Österreich, Italien, Schweiz

Natursteinmauerwerk (DIN EN 1996-1-1/NA)

Verbandsarten

Findlingsmauerwerk	Bruchstein-Zyklopenmauerwerk	Zyklopenmauerwerk	Bruchstein-Schichtenmauerwerk
		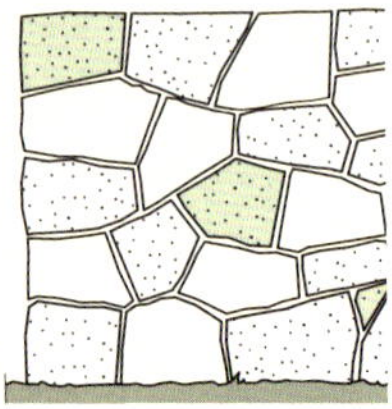	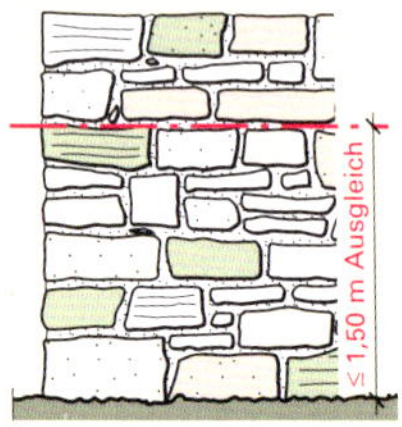
— Wenig oder nicht bearbeitete Steine in rundlichen oder wilden Formen im Verband verlegt.	Güteklasse **N1** Bruchraue Steine in überwiegend polyedrischen Formen im Verband verlegt.	Güteklasse **N1** Hammerrecht bearbeitete Steine in überwiegend polyedrischen Formen im Verband verlegt.	Güteklasse **N1** Wenig bearbeitete Bruchsteine im ganzen Mauerwerk im Verband verlegt. Lagerfuge mind. alle 1,50 m eben ausgeglichen.

Schichtenmauerwerk N2	Unregelmäßiges Schichtenmauerwerk	Regelmäßiges Schichtenmauerwerk	Quadermauerwerk
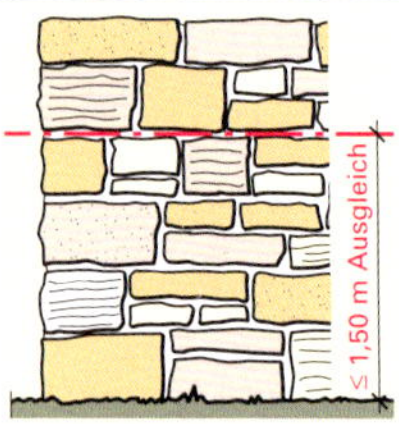	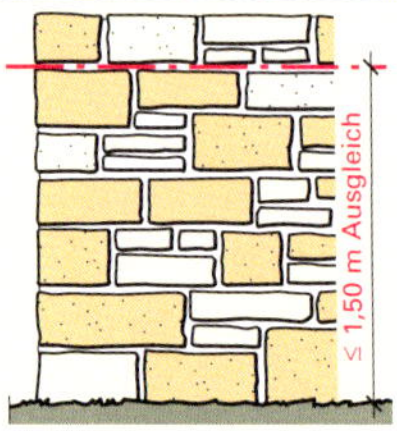		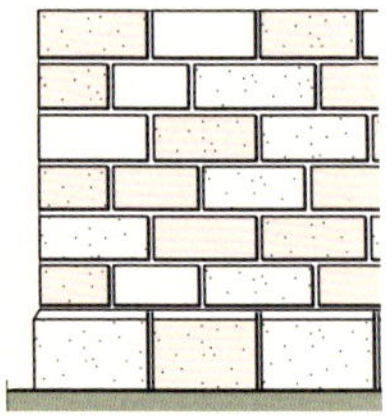
Güteklasse **N2** Steine auf mind. 12 cm Tiefe bearbeitet. Stoß- und Lagerfugen etwa rechtwinklig. Stein- und Schichthöhen können variieren. Mind. alle 1,50 m ausgeglichen.	Güteklasse **N3** Steine auf mind. 15 cm Tiefe bearbeitet, Stoß- und Lagerfugen rechtwinklig. Stein- und Schichthöhen können etwas variieren. Mind. alle 1,50 m ausgeglichen. Fugendicke ≤ 30 mm.	Güteklasse **N3** Steine auf mind. 15 cm Tiefe bearbeitet, Stoß- und Lagerfugen rechtwinklig. Lagerfugen durchgehend, Schichthöhen konstant. Fugendicke ≤ 30 mm.	Güteklasse **N4** Stoß- und Lagerflächen in ganzer Tiefe nach vorgegebenen Maßen bearbeitet. Fugendicke ≤ 20 mm.

Charakteristische Werte f_k der Druckfestigkeit von Natursteinmauerwerk mit Normalmauermörtel

Güteklasse	Steinfestigkeit[1] MPa (N/mm²)	Werte der Druckfestigkeit f_k[2] MPa (N/mm²) in Abhängigkeit von der Mörtelklasse nach DIN EN 998-2			
	f_{bk}	M 1	M 2,5	M 5	M 10
N1	≥ 20	0,6	1,4	2,2	3,3
	≥ 50	0,8	1,7	2,5	3,9
N2	≥ 20	1,1	2,5	3,9	5,0
	≥ 50	1,7	3,0	4,4	5,5
N3	≥ 20	1,4	4,2	5,5	6,9
	≥ 50	1,9	5,5	6,9	9,7
	≥ 100	2,8	6,9	8,3	11,1
N4	≥ 20	3,3	5,5	6,9	8,3
	≥ 50	5,5	9,7	11,1	13,9
	≥ 100	8,3	12,5	15,2	19,4

1) entspricht dem 5%-Quantilwert der Druckfestigkeit bei 95% Aussagewahrscheinlichkeit
2) Zwischenwerte dürfen linear interpoliert werden

Warmgewalzte Erzeugnisse aus Baustählen (DIN EN 10025-2)

Mechanische Eigenschaften für Flach- und Langerzeugnisse aus Stahlsorten mit Werten für die Kerbschlagarbeit

Bezeichnung nach		Des-oxida-tions-art[3])	Mindeststreckgrenze R_{eH}[1]) in MPa (N/mm²) für Nenndicken in mm									Zugfestigkeit R_m[1]) in MPa (N/mm²) für Nenndicken in mm				
Kurzname	Werkstoffnummer		≤ 16	> 16 ≤ 40	> 40 ≤ 63	> 63 ≤ 80	> 80 ≤ 100	> 100 ≤ 150	> 150 ≤ 200	> 200 ≤ 250	> 250 ≤ 400	< 3	≥ 3 ≤ 100	> 100 ≤ 150	> 150 ≤ 250	> 250 ≤ 400
S235JR	1.0038	FN	235	225	215	215	215	195	185	175	–	360 … 510	360 … 510	350 … 500	340 … 490	–
S235J0	1.0114	FN									–					–
S235J2	1.0117	FF									165					330 … 480
S275JR	1.0044	FN	275	265	255	245	235	225	215	205	–	430 … 580	410 … 560	400 … 540	380 … 540	–
S275J0	1.0143	FN									–					–
S275J2	1.0145	FF									195					380 … 540
S355JR	1.0045	FN	355	345	335	325	315	295	285	275	–	510 … 680	470 … 630	450 … 600	450 … 600	–
S355J0	1.0553	FN									–					–
S355J2	1.0577	FF									265					450 … 600
S355K2	1.0596	FF									265					450 … 600
S460JR[2])	1.0507	FF	460	440	420	400	390	390	–	–	–	–	550 … 720	530 … 700	–	–

[1]) Für Blech, Band und Breitflachstahl in Breiten ≥ 600 mm gilt die Richtung quer zur Walzrichtung. Für alle anderen Erzeugnisse gelten die Werte in Walzrichtung.
[2]) Nur für Langerzeugnisse anzuwenden.
[3]) FN: Unberuhigter Stahl nicht zulässig; FF: Vollberuhigter Stahl

Kennzeichnung von Stählen für den Stahlbau (DIN EN 10027-1)

Für jeden Stahl wird nach DIN EN 10027-1 ein **Kurzname** festgelegt. Er enthält **Hauptsymbole**, die die chemischen und mechanischen Eigenschaften des Stahls angeben und **Zusatzsymbole**, die Auskunft über die **Kerbschlagarbeit** geben. Sie ist ein Maß für die Widerstandsfähigkeit des Stahls gegen schlagartige (dynamische) Beanspruchung. Sie ist abhängig von der Temperatur. Die Einheit ist die geleistete Kerbschlagarbeit bezogen auf die Bruchfläche in Joule pro Flächeneinheit (J/cm²).

Aufbau des Kurznamens:
- Kennbuchstabe **S** = Stähle für den Stahlbau
- Zusatzsymbole (Beispiele):
  - C = mit besonderer Kaltformbarkeit, geeignet zum Abkanten
  - F = zum Schmieden
  - H = Hohlprofile
  - L = für tiefere Temperaturen
  - M = thermomechanisch gewalzt
  - N = normalgeglüht oder normalisierend gewalzt
  - P = für Spundbohlen
  - Q = vergütet
  - W = wetterfest

Beispiele:

S355J0C + N
S = Stahl für den Stahlbau
235 = festgelegte Mindeststreckgrenze in MPa (N/mm²)
J0 = Kerbschlagarbeit 27 J bei 0 °C
C = mit besonderer Kaltformbarkeit, geeignet zum Abkanten
+ N = normalgeglüht oder normalisierend gewalzt

S355K2W
S = Stahl für den Stahlbau
355 = festgelegte Mindeststreckgrenze in MPa (N/mm²)
K2 = Kerbschlagarbeit 40 J bei –20 °C
W = wetterfest

- festgelegte Mindeststreckgrenze in **MPa (N/mm²)**

Beispiele für Kurznamen von Stählen für den Stahlbau			
Norm	**Kurzname nach DIN EN 20027-1**		
DIN EN 10025-2	S235JR S355JR S355J0	S355J2 S355K2 S450J0	
DIN EN 10025-3	S355N S355NL		
DIN EN 10025-4	S355M S3545ML		
DIN EN 10025-5	S235J0W S235J2W S355J0WP	S355J2WP S355J0W S355K2W	S355J2W

Kerbschlagarbeit in Joule			Prüftemperatur
27 J	**40 J**	**60 J**	**°C**
JR	KR	LR	+20
J0	K0	L0	0
J2	K2	L2	–20
J3	K3	L3	–30
J4	K4	L4	–40
J5	K5	L5	–50
J6	K6	L6	–60

Lieferzustand

Je nach angewandtem Walzverfahren werden drei Lieferzustände unterschieden:

- **normalisierendes Walzen**: Walzverfahren mit einer Endumformung in einem bestimmten Temperaturbereich; Werkstoffzustand ist dem Normalglühen gleichwertig; Kurzbezeichnung: **+ N**
- **wie gewalzt**: Lieferzustand ohne jegliche Walz- und/oder Wärmebehandlungsbedingungen; Kurzbezeichnung: **+ AR**
- **thermomechanisches Walzen**: Walzverfahren mit einer Endumformung in einem bestimmten Temperaturbereich, das zu einem Werkstoffzustand mit bestimmten Eigenschaften führt, der durch eine Wärmebehandlung allein nicht erreicht wird und nicht wiederholbar ist; Kurzbezeichnung: **M**

Bezeichnung

Beispiel: Baustahl mit einer festgelegten Mindeststreckgrenze bei Raumtemperatur von 355 MPa (N/mm²), mit einer Mindestkerbschlagarbeit von 27 J bei 0 °C, Eignung zum Abkanten und Lieferzustand normalgeglüht.
Bezeichnung: **EN 10025-2-S355JOC + N** oder **EN 10025-2-1.0553 + N**

Querschnittsform			**Bezeichnung**	
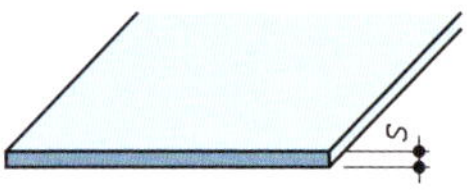	*s* unter 3,0 mm *s* über 3,0 mm	Feinblech und -band Grobblech und -band	Stahlbleche	Flach-erzeug-nisse
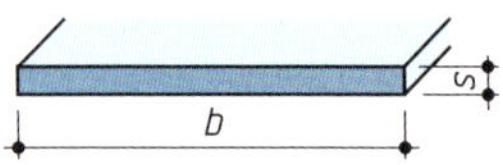	*b* über 150 mm *s* 4 mm und mehr		Breitflachstahl	
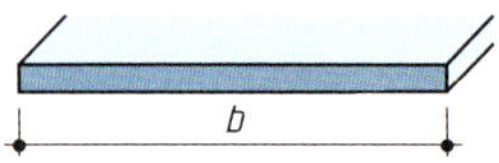	*b* unter 600 mm *b* mind. 600 mm	Schmal- und Mittelband Breitband	Bandstahl	
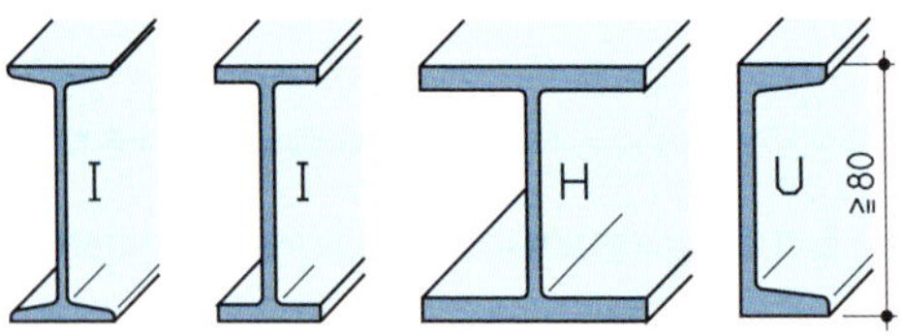			Große I-, H- und U-Profile	Lang-erzeug-nisse
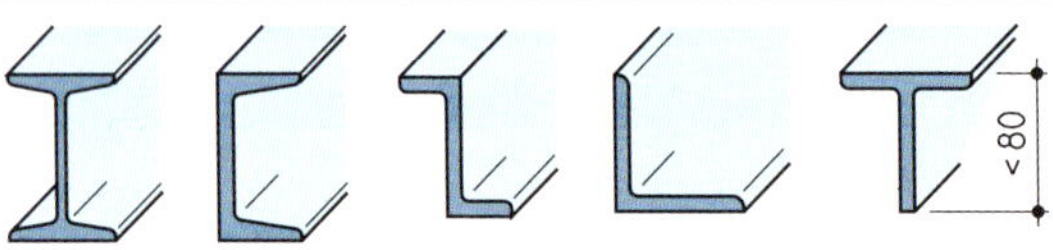			Andere Profile – Kleine U-, I- und H-Profile – Winkelprofile – Gleichschenklige T-Profile	
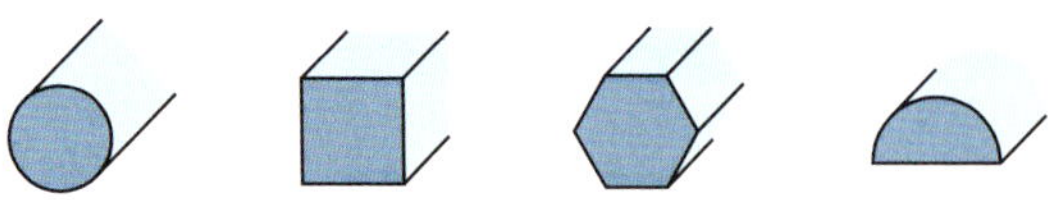			Gewalzte Vollstäbe – Rund-, Vierkant-, Sechskant-, Achtkantstäbe	
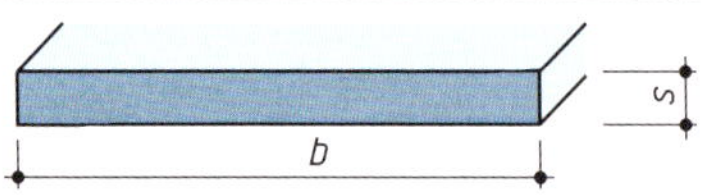	*b* 120 … 150 mm *s* 5 mm und mehr		Flachstäbe	
			Walzdraht, auf 5 mm ausgewalzt, kleinere Durchmesser durch Kaltziehen (z. B. Spanndrähte)	

Stahlbauprofile

Kurzzeichen für Walzmaterial (Beispiele)

Kurzzeichen in Zeichnungen		Bedeutung
I	360 × 6000 I360 DIN 1025–S235JR	**Schmaler** Doppel-T-Träger von 360 mm Höhe und 6000 mm Länge nach DIN 1025 aus Stahl mit dem Kurznamen S235JR.
HE-B	360 × 2000 I-Profil DIN 1025– S235JR–HE 100 B	**Breiter** Doppel-T-Träger mit **parallelen** Flanschflächen, normale Ausführung, von 360 mm Höhe und 2000 mm Länge nach DIN 1025 aus Stahl mit dem Kurznamen S235JR. Nach der Euronorm werden Breitflanschträger in leichter Ausführung mit HE-A und in normaler Ausführung mit HE-B gekennzeichnet.
I PE	360 × 6000 I-Profil DIN 1025– S235JR–IPE360	**Mittelbreiter** Doppel-T-Träger mit **parallelen** Flanschflächen von 360 mm Höhe und 6000 mm Länge nach DIN 1025 aus Stahl mit dem Kurznamen S235JR **(Europa-Träger)**.
HE-M	180 × 2000 I-Profil DIN 1025– S235JR–HE 180 M	**Breitflanschiger Doppel**-T-Träger mit **parallelen** Flanschflächen, **verstärkte** Ausführung von 180 mm Höhe und 2000 mm Länge nach DIN 1025 aus Stahl mit dem Kurznamen S235JR. Nach der Euronorm werden sie mit HE-M gekennzeichnet.
[U	300 × 800 U 300 DIN 1026–S235JR	**U-Stahl** von 300 mm Höhe und 800 mm Länge nach DIN1026 aus Stahl mit dem Kurznamen S235JR.
L	80 × 80 × 10 L EN 10056–1–80 × 80 × 10 S235JRG1	**Gleichschenkliger** Winkelstahl von 80 mm Schenkelbreite, 10 mm Schenkeldicke nach DIN EN 10056-1 aus Stahl mit dem Kurznamen S235JRG1.
L	100 × 75 × 8 L EN 10056–1–100 × 75 × 8 S235JRG1	**Ungleichschenkliger** Winkelstahl von 100 mm und 75 mm Schenkellänge, 8 mm Schenkeldicke nach DIN EN 10056-1 aus Stahl mit dem Kurznamen S235JRG1.

Schmale I-Träger mit geneigten inneren Flanschflächen – I-Reihe (DIN 1025-1)

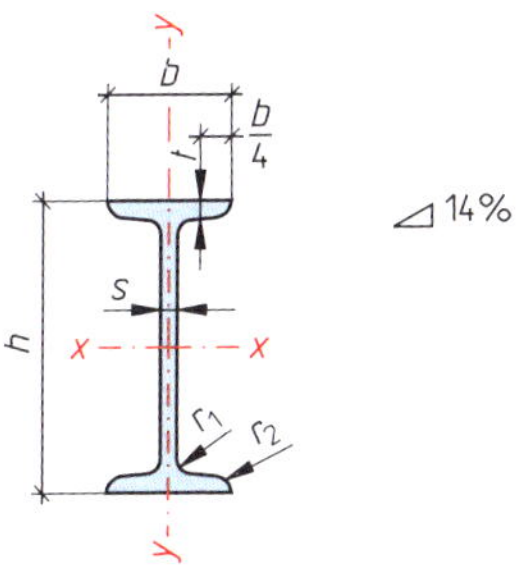

Beispiel:

I-Profil DIN 1025 – S235JRG1 – I 360

Höhe		h = 360 mm
Breite		b = 143 mm
Querschnittsfläche		S = 9700 mm²
Trägheitsmomente	I_x = 19 610 cm⁴	I_y = 818 cm⁴
Widerstandsmomente	W_x = 1090 cm³	W_y = 114 cm³

Kurzzeichen I	Abmessungen in mm				Querschnittsfläche S in mm²	Längenbezogene Masse in kg/m	Trägheitsmomente I in cm⁴ und Widerstandsmomente W in cm³			
	h	b	s	t			I_x	W_x	I_y	W_y
80	80	42	3,9	5,9	757	5,94	77,8	19,5	6,29	3,00
100	100	50	4,5	6,8	1 060	8,34	171	34,2	12,2	4,88
120	120	58	5,1	7,7	1 420	11,1	328	54,7	21,5	7,41
140	140	66	5,7	8,6	1 820	14,3	573	81,9	35,2	10,7
160	160	74	6,3	9,5	2 280	17,9	935	117	54,7	14,8
180	180	82	6,9	10,4	2 790	21,9	1 450	161	81,3	19,8
200	200	90	7,5	11,3	3 340	26,2	2 140	214	117	26,0
220	220	98	8,1	12,2	3 950	31,1	3 060	278	162	33,1
240	240	106	8,7	13,1	4 610	36,2	4 250	354	221	41,7
260	260	113	9,4	14,1	5 330	41,9	5 740	442	288	51,0
280	280	119	10,1	15,2	6 100	47,9	7 590	542	364	61,2
300	300	125	10,8	16,2	6 900	54,2	9 800	653	451	72,2
320	320	131	11,5	17,3	7 770	61,0	12 510	782	555	84,7
340	340	137	12,2	18,3	8 670	68,0	15 700	923	674	98,4
360	360	143	13,0	19,5	9 700	76,1	19 610	1090	818	114
380	380	149	13,7	20,5	10 700	84,0	24 010	1260	975	131
400	400	155	14,4	21,6	11 800	92,4	29 210	1460	1160	149
450	450	170	16,2	24,3	14 700	115	45 850	2040	1730	203
500	500	185	18,0	27,0	17 900	141	68 740	2750	2480	268
550	550	200	19,0	30,0	21 200	166	99 180	3610	3490	349

Mittelbreite I-Träger mit parallelen Flanschen – IPE-Reihe (DIN 1025-5)

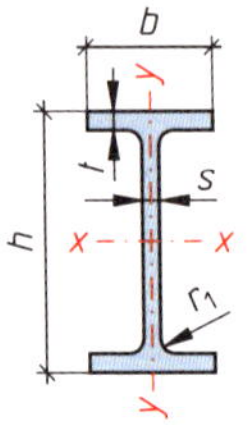

Beispiel:

I-Profil DIN 1025 – S235JRG1 – IPE 200

Höhe		h = 200 mm
Breite		b = 100 mm
Querschnittsfläche		S = 2850 mm²
Trägheitsmomente	I_x = 1940 cm⁴	I_y = 142 cm⁴
Widerstandsmomente	W_x = 194 cm³	W_y = 28,5 cm³

Kurz-zeichen IPE	Abmessungen in mm				Quer-schnitts-fläche S in mm²	Längen-bezogene Masse in kg/m	Trägheitsmomente I in cm⁴ und Widerstandsmomente W in cm³			
	h	b	s	t			I_x	W_x	I_y	W_y
80	80	46	3,8	5,2	764	6,0	80,1	20,0	8,49	3,69
100	100	55	4,1	5,7	1030	8,1	171	34,2	15,9	5,79
120	120	64	4,4	6,3	1320	10,4	318	53,0	27,7	8,65
140	140	73	4,7	6,9	1640	12,9	541	77,3	44,9	12,3
160	160	82	5,0	7,4	2010	15,8	869	109	68,3	16,7
180	180	91	5,3	8,0	2390	18,8	1320	146	101	22,2
200	200	100	5,6	8,5	2850	22,4	1940	194	142	28,5
220	220	110	5,9	9,2	3340	26,2	2770	252	205	37,3
240	240	120	6,2	9,8	3910	30,7	3890	324	284	47,3
270	270	135	6,6	10,2	4590	36,1	5790	429	420	62,2
300	300	150	7,1	10,7	5380	42,2	8360	557	604	80,5
330	330	160	7,5	11,5	6260	49,1	11770	713	788	98,5
360	360	170	8,0	12,7	7270	57,1	16270	904	1040	123
400	400	180	8,6	13,5	8450	66,3	23130	1160	1320	146
450	450	190	9,4	14,6	9880	77,6	33740	1500	1680	176
500	500	200	10,2	16,0	11600	90,7	48200	1930	2140	214
550	550	210	11,1	17,2	13400	106	67120	2440	2670	254
600	600	220	12,0	19,0	15600	122	92080	3070	3390	308

Breite I-Träger, verstärkte Ausführung, IPBv-Reihe (DIN 1025-4)

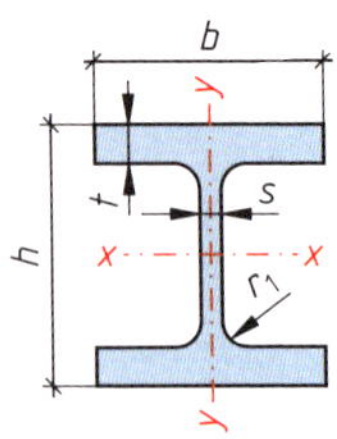

Beispiel:

I-Profil DIN 1025 – S235JR – IPBv 360 oder
I-Profil DIN 1025 – 1.0037 – IPBv 360

Höhe		h = 395 mm
Breite		b = 308 mm
Querschnittsfläche		S = 319 cm²
Trägheitsmomente	I_x = 84870 cm⁴	I_y = 19520 cm⁴
Widerstandsmomente	W_x = 4300 cm³	W_y = 1270 cm³

Kurz-zeichen IPBv	Abmessungen in mm				Quer-schnitts-fläche S in mm²	Längen-bezogene Masse in kg/m	Trägheitsmomente I in cm⁴ und Widerstandmomente W in cm³			
	h	b	s	t			I_x	W_x	I_y	W_y
100	120	106	12	20	5320	41,8	1140	190	399	75,3
120	140	126	12,5	21	6640	52,1	2020	288	703	112
140	160	146	13	22	8060	63,2	3290	411	1140	157
160	180	166	14	23	9710	76,2	5100	566	1760	212
180	200	186	14,5	24	11300	88,9	7480	748	2580	277
200	220	206	15	25	13100	103	10640	967	3650	354
220	240	226	15,5	26	14900	117	14600	1220	5010	444
240	270	248	18	32	20000	157	24290	1800	8150	657
260	290	268	18	32,5	22000	172	31310	2160	10450	780
280	310	288	18,5	33	24000	189	39550	2550	13160	914
300	340	310	21	39	30300	238	59200	3480	19400	1250
320	359	309	21	40	31200	245	68130	3800	19710	1280
340	377	309	21	40	31600	248	76370	4050	19710	1280
360	395	308	21	40	31900	250	84870	4300	19520	1270
400	432	307	21	40	32600	256	104100	4820	19330	1260
450	478	307	21	40	33500	263	131500	5500	19340	1260
500	524	306	21	40	34400	270	161900	6180	19150	1250

U-Profilstahl mit geneigten Flanschflächen (DIN 1026-1)

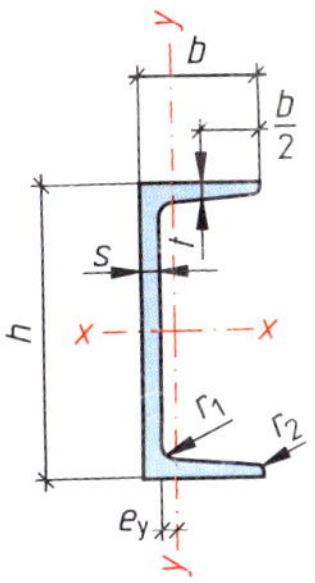

Beispiel:

[-Profil DIN 1026 – U 100 – S235JRG1

Höhe		h = 100 mm
Breite		b = 50 mm
Querschnittsfläche		S = 1350 mm²
Trägheitsmomente	I_x = 206 cm⁴	I_y = 29,3 cm⁴
Widerstandsmomente	W_x = 41,2 cm³	W_y = 8,49 cm³

Neigung bei $h \leq 300$ mm: 8%
Neigung bei $h > 300$ mm: 5%

Kurzzeichen [	Abmessungen in mm				Querschnittsfläche S in mm²	Längenbezogene Masse in kg/m	Trägheitsmomente I in cm⁴ und Widerstandsmomente W in cm³			
	h	b	s	t			I_x	W_x	I_y	W_y
30 × 15	30	15	4	4,5	221	1,74	2,53	1,69	0,38	0,39
30	30	33	5	7	544	4,27	6,39	4,26	5,33	2,68
40 × 20	40	20	5	5,5	366	2,87	7,58	3,79	1,14	0,86
40	40	35	5	7	621	4,87	14,1	7,05	6,68	3,08
50 × 25	50	25	5	6	492	3,86	16,8	6,73	2,49	1,48
50	50	38	5	7	712	5,59	26,4	10,6	9,12	3,75
60	60	30	6	6	646	5,07	31,6	10,5	4,51	2,16
80	80	45	6	8	1100	8,64	106	26,5	19,4	6,36
100	100	50	6	8,5	1350	10,6	206	41,2	29,3	8,49
120	120	55	7	9	1700	13,4	364	60,7	43,2	11,1
140	140	60	7	10	2040	16,0	605	86,4	62,7	14,8
160	160	65	7,5	10,5	2400	18,8	925	116	85,3	18,3
180	180	70	8	11	2800	22,0	1350	150	114	22,4
200	200	75	8,5	11,5	3220	25,3	1910	191	148	27,0
220	220	80	9	12,5	3740	29,4	2690	245	197	33,6
240	240	85	9,5	13	4230	33,2	3600	300	248	39,6
260	260	90	10	14	4830	37,9	4820	371	317	47,7
280	280	95	10	15	5330	41,8	6280	448	399	57,2
300	300	100	10	16	5880	46,2	8030	535	495	67,8
320	320	100	14	17,5	7580	59,5	10870	679	597	80,6
380	380	102	13,5	16	8040	63,1	15760	829	615	78,7
400	400	110	14	18	9150	71,8	20350	1020	846	102

Rundkantiger Z-Stahl (DIN 1027)

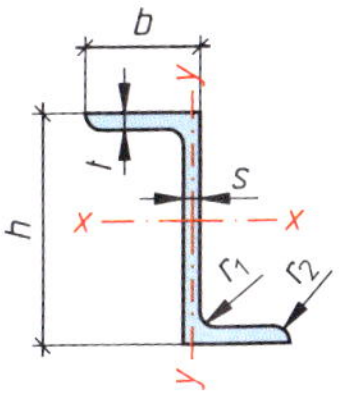

Beispiel:

Z-Profil DIN 1027 – Z40 – S235JRG1

Höhe		h = 40 mm
Breite		b = 40 mm
Querschnittsfläche		S = 543 mm²
Trägheitsmomente	I_x = 13,5 cm⁴	I_y = 17,6 cm⁴
Widerstandsmomente	W_x = 6,75 cm³	W_y = 4,66 cm³

Kurzzeichen ‿	Abmessungen in mm				Querschnittsfläche S in mm²	Längenbezogene Masse in kg/m	Trägheitsmomente I in cm⁴ und Widerstandsmomente W in cm³			
	h	b	s	t			I_x	W_x	I_y	W_y
30	30	38	4	4,5	432	3,39	5,96	3,97	13,7	3,80
40	40	40	4,5	5	543	4,26	13,5	6,75	17,6	4,66
50	50	43	5	5,5	677	5,31	26,3	10,5	23,8	5,88
60	60	45	5	6	791	6,21	47	14,9	30,1	7,09
80	80	50	6	7	110	8,71	109	27,3	47,4	10,1
100	100	55	6,5	8	1450	11,4	222	44,4	72,5	14,0
120	120	60	7	9	1820	14,3	402	67,0	106	18,8
140	140	65	8	10	2290	18,0	676	96,6	148	24,3
160	160	70	8,5	11	2750	21,6	1060	132	204	31,0

Gleichschenklige Winkel (DIN EN 10056-1)

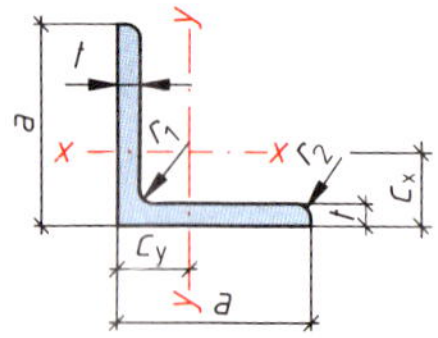

Beispiel:

L EN 10056-1 – 40 × 40 × 4

Schenkelbreite	a = 40 mm
Schenkeldicke	t = 4 mm
Querschnittsfläche	S = 308 mm²
Trägheitsmoment	I = 4,47 cm⁴
Widerstandsmoment	W = 1,55 cm³

Kurzzeichen L	Abmessungen in mm		Querschnittsfläche S in mm²	Längenbezogene Masse in kg/m	Trägheitsmomente I in cm⁴ und Widerstandsmomente W in cm³	
	a	t			I	W
20 × 20 × 3	20	3	112	0,882	0,39	0,28
25 × 25 × 4	25	4	185	1,45	1,02	0,59
30 × 30 × 4	30	4	227	1,78	1,80	0,85
35 × 35 × 4	35	4	267	2,09	2,95	1,18
40 × 40 × 4	40	4	308	2,42	4,47	1,55
50 × 50 × 6	50	6	569	4,47	12,8	3,61
60 × 60 × 6	60	6	691	5,42	22,8	5,29
60 × 60 × 8	60	8	903	7,09	29,2	6,89
70 × 70 × 6	70	6	813	6,38	36,9	7,27
90 × 90 × 8	90	8	1390	10,9	104,0	16,1
90 × 90 × 10	90	10	1710	13,4	127,0	19,8
100 × 100 × 10	100	10	1920	15,0	177,0	24,6
120 × 120 × 12	120	12	2750	21,6	368,0	42,7
150 × 150 × 12	150	12	3480	27,3	737,0	67,7
150 × 150 × 15	150	15	4300	33,8	898,0	83,5
160 × 160 × 15	160	15	4610	36,2	1100,0	95,6
180 × 180 × 18	180	18	6190	48,6	1870,0	145,0
200 × 200 × 18	200	18	6910	54,3	2600,0	181,0
200 × 200 × 24	200	24	9060	71,1	3330,0	235,0

Ungleichschenklige Winkel (DIN EN 10056-1)

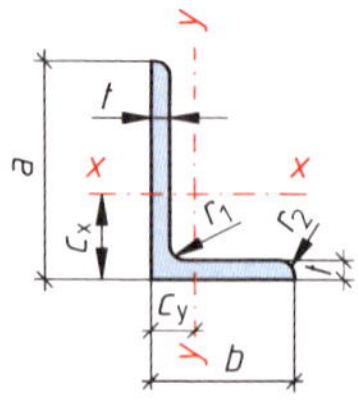

Beispiel:

L EN 10056-1 – 40 × 25 × 4

Schenkellängen	a = 40 mm	b = 25 mm
Schenkeldicke		t = 4 mm
Querschnittsfläche		S = 246 mm²
Trägheitsmomente	I_x = 3,89 cm⁴	I_y = 1,16 cm⁴
Widerstandsmomente	W_x = 1,47 cm³	W_y = 0,62 cm³

Kurzzeichen L	Abmessungen in mm			Querschnittsfläche S in mm²	Längenbezogene Masse in kg/m	Trägheitsmomente I in cm⁴ und Widerstandsmomente W in cm³			
	a	b	t			I_x	W_x	I_y	W_y
30 × 20 × 4	30	20	4	186	1,46	1,59	0,81	0,55	0,38
40 × 20 × 4	40	20	4	226	1,77	3,59	1,42	0,60	0,39
40 × 25 × 4	40	25	4	246	1,93	3,89	1,47	1,16	0,62
50 × 30 × 5	50	30	5	378	2,96	9,36	2,86	2,51	1,11
60 × 30 × 5	60	30	5	428	3,36	15,6	4,07	2,63	1,14
60 × 40 × 5	60	40	5	479	3,76	17,2	4,25	6,11	2,02
60 × 40 × 6	60	40	6	568	4,46	20,1	5,03	7,12	2,38
80 × 40 × 6	80	40	6	689	5,41	44,9	8,73	7,59	2,44
80 × 40 × 8	80	40	8	901	7,07	57,6	11,4	9,61	3,16
100 × 50 × 8	100	50	8	1140	8,97	116,6	18,2	19,7	5,08
120 × 80 × 8	120	80	8	1550	12,2	226,0	27,6	80,8	13,2
120 × 80 × 10	120	80	10	1910	15,0	276,0	34,1	98,1	16,2
150 × 75 × 12	150	75	12	2570	20,2	588,0	61,3	99,6	17,1
150 × 100 × 12	150	100	12	2870	22,5	651,0	64,4	233,0	30,7
200 × 100 × 10	200	100	10	2920	23,0	1220	93,2	210,0	26,3
200 × 100 × 12	200	100	12	3480	27,3	1440	111,0	247,0	31,3

Nichteisenmetalle und ihre Legierungen

Werkstoff	Eigenschaften	Verwendung
Aluminium Al	Dichte 2,7 kg/dm³ (Leichtmetall) Schmelztemperatur 931 K Längenausdehnung bei 10 m Länge und $\Delta\vartheta$ = 100 K — Al 24 mm	Reinaluminium in Form von Blechen zur Dacheindeckung und für Wandverkleidungen
	gute Witterungsbeständigkeit durch vorhandene Oxidschicht nicht beständig gegenüber frischem Kalk- und Zementmörtel Al ist weich und dehnbar, lässt sich gut verarbeiten	Folien zur Feuchtigkeitsabdichtung
Al-Knetlegierung		
AlMn	höhere Festigkeit als Reinaluminium	Bleche zur Dacheindeckung und für Wandverkleidungen
AlMg 1, 2, 3	gute Witterungsbeständigkeit, steigende Festigkeit mit dem Mg-Gehalt	
AlMgSi 0,5	leicht verpressbar	Profile für Fenster,Türen, Fassaden
Al-Gusslegierungen G-AlMg	sehr hohe chemische Beständigkeit, gute Polier- und Anodisierbarkeit	Beschläge, Armaturen, Fittings
Kupfer Cu	Dichte 8,9 kg/dm³ (Schwermetall) Schmelztemperatur 1356 K Längenausdehnung bei 10 m Länge und $\Delta\vartheta$ = 100 K — Cu 17 mm außerordentliche Korrosionsbeständigkeit durch Oxid- und Karbonatschicht; Cu ist weich, zäh und gut verarbeitbar	Bleche, Folien, Rohre, Profile, Drähte für Dacheindeckungen, Dachrinnen, Regenrohre, Verwahrungen, Rohrleitungen, elektrische Leitungen
Kupferlegierungen		Armaturen, Beschläge, Scharniere, Schlossteile, Schrauben
Cu-Zn-Legierung	gut gieß-, stanz- und verformbar	
Cu-Sn-Legierung	hohe Korrosionsbeständigkeit	
Cu-Sn-Zn-Legierung	hohe Korrosionsbeständigkeit	
Zink Zn	Dichte 7,1 kg/dm³ (Schwermetall) Schmelztemperatur 692 K Längenausdehnung bei 10 m Länge und $\Delta\vartheta$ = 100 K — Zn 29 mm	Bleche für Dachdeckungen, Dachrinnen, Regenrohre, Verwahrungen
	witterungsbeständig durch Oxidschicht nicht beständig gegenüber Säuren, Laugen und frischem Kalk- und Zementmörtel	als Überzug für Stahlerzeugnisse
Zinklegierung		
Titanzink	höhere Festigkeit, geringere Wärmedehnung	vorwiegend für Bauklempnerarbeiten
Blei Pb	Dichte 11,35 kg/dm³ Schmelztemperatur 327 K Längenausdehnung bei 10 m Länge und $\Delta\vartheta$ = 100 K — Pb 29 mm gute Korrosionsbeständigkeit durch Oxidschicht nicht beständig gegenüber frischem Kalk- und Zementmörtel Pb ist sehr weich, gut formbar	Bleche für Dacheindeckungen und Verwahrungen Rohre als Wasserabflussrohre Folien als Sperrschichten
Bleilegierungen		
Hartblei	Antimon als Legierungszusatz erhöht Härte und Zerreißfähigkeit	Rohrleitungen, Armaturen, Kabelmäntel

Grundbegriffe

Schall: Unter Schall versteht man mechanische Schwingungen in festen Körpern und Gasen. **Luftschall** entsteht, wenn ruhende Luftmoleküle in Schwingung gesetzt werden. **Körperschall** entsteht, wenn feste Körper in Schwingung gesetzt werden. **Trittschall** ist eine Sonderform des Körperschalls, der beim Begehen von Decken, Stühlerücken oder anderen mechanischen Einflüssen auf den Fußboden entsteht und als Luftschall abgestrahlt wird.

Frequenz: Sie ist die Anzahl der Schwingungen in der Sekunde.
Einheit: Hertz (Hz)

1 Hz = 1 Schwingung/s

Schalldruck: Der Schalldruck p ist der Wechseldruck, der sich im Schallfeld mit dem atmosphärischen Luftdruck überlagert.

Schallpegel: Der Schallpegel ist ein logarithmisches Maß des gemessenen Schalldrucks, bezogen auf einen Ton mit der Frequenz von 1000 Hz.

Einheit: Dezibel (dB)

Lautstärke: Die Lautstärke kennzeichnet das Empfinden des menschlichen Ohrs. Die subjektiv empfundene Lautstärke wird als A-Schallpegel bezeichnet.

Einheit: Dezibel (A) [dB (A)]

Schallabsorption: Schallabsorption (= Schallschluckung) bedeutet die Minderung der Nachhallzeit des Schalls im Raum. Der Schallschluckgrad gibt das Verhältnis der nicht reflektierten zur auftreffenden Schallenergie an.

Schalldämm-Maß R: Das Schalldämm-Maß kennzeichnet die Luftschalldämmung von Bauteilen.

Norm-Trittschallpegel L_n: Der Norm-Trittschallpegel kennzeichnet das Trittschallverhalten eines Bauteils ohne oder mit Deckenauflage.

Die Messwerte für die frequenzabhängige Luft- und Trittschalldämmung von Bauteilen werden anhand von Bezugskurven bestimmt. Mit deren Hilfe lassen sich folgende Einzelangaben erfassen:

- Für die Luftschalldämmung ist es das **bewertete Schalldämm-Maß R_w** und das **bewertete Bau-Schalldämm-Maß R'_w**.

R_w ist die Einzahlangabe des Schalldämm-Maßes eines Bauteils ohne flankierende Übertragung.
R'_w ist die Einzahlangabe der Schalldämmung zwischen zwei Räumen unter Berücksichtigung aller infrage kommenden Schallübertragungswege.

- Für die Trittschalldämmung ist es der **bewertete Norm-Trittschallpegel $L_{n,w}$** von Decken und der **bewertete Norm-Trittschallpegel im Bau $L'_{n,w}$** in Gebäuden.

$L_{n,w}$ ist die Einzahlangabe des Trittschallpegels einer Decke ohne flankierende Übertragung, bezogen auf eine Bezugsabsorptionsfläche von $A_0 = 10\ m^2$.
$L'_{n,w}$ ist die Einzelangabe des Trittschallpegels einer Decke am Bau unter Berücksichtigung aller infrage kommenden Schallübertragungswege, bezogen auf eine Bezugsabsorptionsfläche von $A_0 = 10\ m^2$.

Schallgeschwindigkeit in m/s			
Luft bei 0 °C bei 15 °C	 331,6 340,6	Mauerwerk	3500...4000
		Holz	3500...5000
Kautschuk	35	Stahl	4800...5000
Wasser	1480	Glas	5100...5500

A-Schallpegel für verschiedene Geräusche	
Düsenflugzeug beim Start aus der Nähe	130...140 dB (A)
Tanzkapelle mit elektroakustischen Instrumenten oder Fabriksaal einer Spinnerei	90...100 dB (A)
Verkehrslärm (Hauptstraße)	75...90 dB (A)
laute Sprache und laute Musik	70...80 dB (A)
leise Sprache	50...60 dB (A)
Nachtgrundpegel in Wohngebieten	30...40 dB (A)
Uhrenticken in ruhigem Raum	30 dB (A)

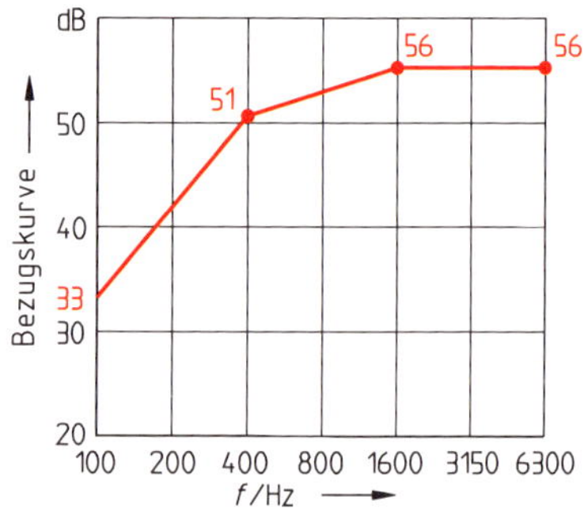

Bezugskurve für Luftschall

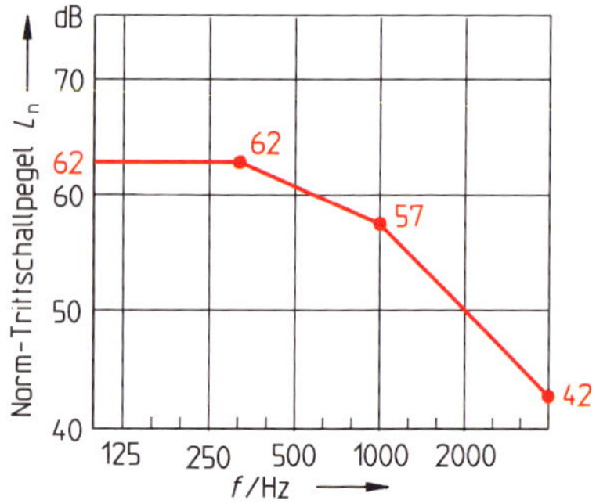

Bezugskurve für Trittschall

Schallschutz im Hochbau (DIN 4109-1)

Anforderungen an die Luft- und Trittschalldämmung in Mehrfamilienhäusern, Bürogebäuden sowie in gemischt genutzten Gebäuden. Die Klammerwerte gelten bei erhöhten Anforderungen an die Schalldämmung (DIN 4109-5).

Bauteile		Anforderungen		Bemerkungen
		R'_w in dB	$L'_{n,w}$ in dB	
	Decken unter allgemein nutzbaren Dachräumen, z. B. Trockenböden, Abstellräumen und ihren Zugängen	≥ 53 (≥ 56)	≤ 52 (≤ 47)	
	Wohnungstrenndecken (auch Treppen)	≥ 54 (≥ 57)	≤ 50[1,2] (≤ 45)	Wohnungstrenndecken sind Bauteile, die Wohnungen voneinander oder von fremden Arbeitsräumen trennen.
	Trenndecken (auch Treppen) zwischen fremden Arbeitsräumen bzw. vergleichbaren Nutzungseinheiten	≥ 54 (–)	≤ 53 (–)	
	Decken über Kellern, Hausfluren, Treppenräumen unter Aufenthaltsräumen	≥ 52 (≥ 55)	≤ 50 (≤ 45)	Die Anforderungen an die Trittschalldämmung gilt für die Trittschallübertragung in fremde Aufenthaltsräume in alle Schallausbreitungsrichtungen.
	Decken über Durchfahrten, Einfahrten von Sammelgaragen und Ähnliches unter Aufenthaltsräumen	≥ 55 (≥ 58)	≤ 50 (≤ 45)	
Decken	Decken unter/über Spiel- oder ähnlichen Gemeinschaftsräumen	≥ 55 (≥ 58)	≤ 46 (≤ 41)	Wegen der verstärkten Übertragung tiefer Frequenzen können zusätzliche Maßnahmen zur Schalldämmung erforderlich sein.
	Decken unter Terrassen und Loggien über Aufenthaltsräumen	– (–)	≤ 50 (≤ 45)	Bezüglich der Luftschalldämmung gegen Außenlärm siehe DIN 4109-1, Abschnitt 7.
	Decken unter Laubengängen	– (–)	≤ 53 (≤ 48)	Die Anforderung an die Trittschalldämmung gilt für die Trittschallübertragung in fremde Aufenthaltsräume in alle Schallausbreitungsrichtungen
	Balkone	– (–)	≤ 58 (≤ 58)	
	Decken und Treppen innerhalb von Wohnungen, die sich über zwei Geschosse erstrecken	– (–)	≤ 50 (≤ 45)	
	Decken unter Bad und WC ohne/mit Bodenentwässerung	≥ 54 (≥ 57)	≤ 53 (≤ 47)	
	Decken unter Hausfluren	– (–)	≤ 50 (≤ 45)	
Treppe	Treppenläufe und -podeste	– (–)	≤ 53 (≤ 47)	
	Wohnungstrennwände und Wände zwischen fremden Arbeitsräumen	≥ 53 (≥ 56)	– (–)	Wohnungstrennwände sind Bauteile, die Wohnungen voneinander oder von fremden Arbeitsräumen trennen.
Wände	Treppenraumwände und Wände neben Hausfluren	≥ 53 (≥ 56)	– (–)	Für Wände mit Türen gilt die Anforderung R'_w (Wand) = R_w (Tür) + 15 dB. Darin bedeutet R_w (Tür) die erforderliche Schalldämmung der Tür von ≥ 27 dB[3]) bzw. ≥ 37 dB[4]). Wandbreiten ≤ 30 cm bleiben dabei unberücksichtigt.
	Wände neben Durchfahrten, Sammelgaragen, einschließlich Einfahrten	≥ 55 (≥ 58)	– (–)	
	Wände von Spiel- oder ähnlichen Gemeinschaftsräumen	≥ 55 (≥ 58)	– (–)	
	Schachtwände von Aufzugsanlagen an Aufenthaltsräumen	≥ 57 (≥ 57)	– (–)	

1) Im Falle von baulichen Änderungen von vor dem 1. Juli 2016 fertiggestellten Gebäuden liegt die Anforderung bei $L'_{n,w}$ ≤ 53 dB.

2) Beim Neubau von Gebäuden mit Deckenkonstruktionen, die DIN 4109-33 (Holz-, Leicht- und Trockenbau) zuzuordnen sind, liegt die Anforderung bei $L'_{n,w}$ ≤ 53 dB.

3) Türen, die von Hausfluren oder Treppenräumen in geschlossene Flure und Dielen von Wohnungen und Wohnheimen oder von Arbeitsstätten führen.

4) Türen, die von Hausfluren oder Treppenräumen unmittelbar in Aufenthaltsräume – außer Fluren und Dielen – von Wohnungen führen.

Anforderungen an die Luft- und Trittschalldämmung zwischen Einfamilien-Reihenhäusern und zwischen Doppelhäusern. Die Klammerwerte gelten bei erhöhten Anforderungen an die Schalldämmung (DIN 4109-5).

Bauteile		Anforderungen		Bemerkungen
		R'_w in dB	$L'_{n,w}$ in dB	
Decken	Decken	–	≤ 41 (≤ 36)	Die Anforderung an die Trittschalldämmung gilt nur für die Trittschallübertragung in fremde Aufenthaltsräume in waagerechter oder schräger Richtung
	Bodenplatten auf Erdreich bzw. Decke über Kellergeschoss	–	≤ 46 (≤ 41)	
Treppe	Treppenläufe und -podeste	–	≤ 46 (≤ 41)	
Wände	Haustrennwände zu Aufenthaltsräumen, die im untersten Geschoss (erdberührt oder nicht) eines Gebäudes gelegen sind	≥ 59 (≥ 62)	–	
	Haustrennwände zu Aufenthaltsräumen, unter denen mindestens ein Geschoss (erdberührt oder nicht) des Gebäudes vorhanden ist	≥ 62 (≥ 62)	–	

Anforderungen an die Luft- und Trittschalldämmung von Bauteilen zwischen „besonders lauten" und schutzbedürftigen Räumen

Art der Räume	Bauteile	Bewertetes Schall-dämm-Maß R'_w in dB		Bewerteter Norm-Trittschallpegel $L'_{n,w}$[1,2]) in dB
		Schalldruckpegel $L_{AF,max}$ in dB		
		75 … 80	81 … 85	
Räume mit „besonders lauten" gebäudetechnischen Anlagen	Decken, Wände	≥ 57	≥ 62	–
	Fußböden	–		≤ 43[3])
Betriebsräume von Handwerks- und Gewerbebetrieben, Verkaufsstätten	Decken, Wände	≥ 57	≥ 62	–
	Fußböden	–		≤ 43
Küchenräume der Küchenanlagen von Beherbergungsstätten, Krankenhäusern, Sanatorien, Gaststätten, Imbissstuben und dergleichen (bis 22:00 Uhr in Betrieb)	Decken, Wände	≥ 55		–
	Fußböden	–		≤ 43
Küchenräume, jedoch auch nach 22:00 Uhr in Betrieb	Decken, Wände	≥ 57[4])		–
	Fußböden	–		≤ 33
Gasträume (bis 22:00 Uhr in Betrieb)	Decken, Wände	≥ 55	≥ 57	–
	Fußböden	–		≤ 43
Gasträume $L_{AF,max}$ ≤ 85 dB (auch nach 22:00 Uhr in Betrieb)	Decken, Wände	≥ 62		–
	Fußböden	–		≤ 33
Räume von Kegelbahnen	Fußböden – Keglerstube – Bahn	– –		≤ 33 ≤ 13
Gasträume $L_{AF,max}$[5]) ≥ 85 dB … ≤ 95 dB, z. B. mit elektroakustischen Anlagen	Decken, Wände	≥ 72		–
	Fußböden	–		≤ 28

[1]) Jeweils in Richtung der Schallausbreitung
[2]) Die für Maschinen erforderliche Körperschalldämmung ist mit diesem Wert nicht erfasst; hierfür sind gegebenenfalls weitere Maßnahmen erforderlich. Ebenso kann je nach Art des Betriebes ein niedrigerer $L'_{n,w}$ notwendig sein; dies ist im Einzelfall zu überprüfen. Wegen der verstärkten Übertragung tiefer Frequenzen können zusätzliche Maßnahmen zur Schalldämmung erforderlich sein.
[3]) Nicht erforderlich, wenn geräuscherzeugende Anlagen ausreichend körperschallgedämmt werden.
[4]) Handelt es sich um Großküchenanlagen und darüberliegende Wohnungen als schutzbedürftige Räume, gilt R'_w ≥ 62 dB.
[5]) Der Schalldruckpegel L_{AF} gibt an, wie laut ein Geräusch zu einem gewissen Zeitpunkt ist.

Grundbegriffe und physikalische Größen (DIN EN ISO 6946)

Wärmestrom ϕ: Er ist die Wärmemenge, die in jeder Sekunde durch einen Baustoff strömt. Die Einheit ist **Watt** (W).

Wärmeleitfähigkeit λ: Sie gibt den Wärmestrom in Watt an, der sich auf einer Fläche von 1 m² bei einer 1 m dicken Schicht einstellt, wenn der Temperaturunterschied an den beiden Schichtoberflächen 1 Kelvin beträgt.

Wärmedurchlasswiderstand (Wärmeleitwiderstand) R: Er ist der Maßstab für den Wärmeschutz der Bauteile. Je größer der Wärmedurchlasswiderstand eines Bauteiles ist, umso größer ist die Wärmedämmung.

Berechnung:

$$R = \frac{d}{\lambda_B}$$

d = Bauteilschichtdicke in m

Wärmeübergangswiderstand R_s: Er stellt den Temperaturunterschied in Kelvin zwischen dem Temperaturstand der Schichtoberfläche und dem Temperaturstand der anliegenden Luft dar, wenn auf einer Fläche von 1 m² ein Wärmestrom von 1 Watt zugeführt wird.

Wärmedurchgangskoeffizient U: Der gesamte Wärmestrom in Watt, der bei 1 K Temperaturunterschied zwischen Wandinnen- und Wandaußenseite durch 1 m² Wandfläche strömt, wird als **Wärmedurchgangskoeffizient U** bezeichnet. Informationen zum Thema „Wärmedurchgangskoeffizient" können auf der Webseite „www.u-wert.net" abgerufen werden.

Gesamt-Wärmedurchgangswiderstand R_{tot}: Er ist der Kehrwert des Wärmedurchgangskoeffizienten und setzt sich zusammen aus dem Wärmedurchlasswiderstand der Konstruktion und den Wärmeübergangswiderständen an den Kontaktflächen mit der Luft.

Berechnung:

$$R_{tot} = R_{si} + R + R_{se}$$

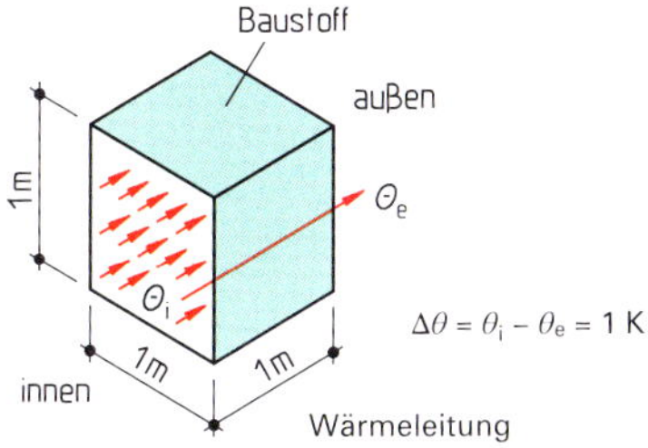

Größe	Symbol	Einheit
Wärmestrom	ϕ	W
Bemessungswert der Wärmeleitfähigkeit	λ_B [1]	W/(m · K)
Nennwert der Wärmeleitfähigkeit	λ_D [2]	W/(m · K)
Bemessungswert des Wärmedurchlasswiderstandes	R	(m² · K)/W
Wärmeübergangswiderstand, innen	R_{si}	(m² · K)/W
Wärmeübergangswiderstand, außen	R_{se}	(m² · K)/W
Gesamt-Wärmedurchgangswiderstand	R_{tot}	(m² · K)/W
Wärmedurchlasskoeffizient	L	W/(m² · K)
Wärmedurchgangskoeffizient	U	W/(m² · K)
Celsius-Temperatur	θ	°C
Innentemperatur	θ_i	°C
Außentemperatur	θ_e	°C
Temperaturdifferenz	$\Delta\theta$	K
Bauteildicke	d	m
Rohdichte	ϱ	kg/m³

[1] λ_B ist in Deutschland durch DIN 4108 geregelt und wird für die U-Wert-Berechnung herangezogen.

[2] λ_D ist ein EU-weit einheitlicher Basiswert, der nicht zur Berechnung des U-Wertes verwendet werden darf. Soll mit dem Wert gerechnet werden, ist ein Sicherheitszuschlag (siehe Tabelle Seite 113) anzusetzen.

Berechnungsbeispiel für eine Außenwand

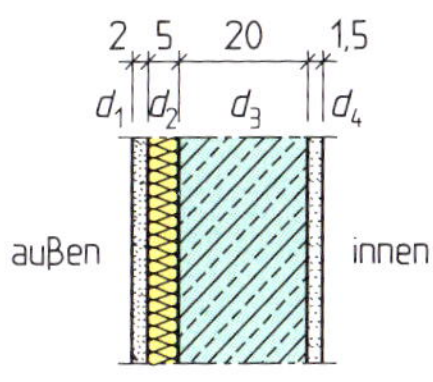

Für Außenwände wird gefordert:
- Wärmedurchlasswiderstand $R \geq 1{,}2$ (m² · K)/W (siehe Tabelle Seite 108)
- Wärmedurchgangskoeffizient $U \leq 0{,}28$ W/(m² · K) (Referenzausführung, siehe Tabelle Seite 115 und 116)

Wandaufbau

Wärmeleitfähigkeiten in W/(m · K):

Kalkzementputz $\lambda_{B1} = 1{,}0$

Holzwolleplatte (WW) $\lambda_{B2} = 0{,}093$

Stahlbeton $\lambda_{B3} = 2{,}30$

Kalkgipsputz $\lambda_{B4} = 0{,}70$

Wärmeübergangswiderstände in (m² · K)/W:

$R_{si} = 0{,}13$ $R_{se} = 0{,}04$ (siehe Seite 109)

$$R = \frac{d_1}{\lambda_{B1}} + \frac{d_2}{\lambda_{B2}} + \frac{d_3}{\lambda_{B3}} + \frac{2_4}{\lambda_{B4}}$$

$$R = \frac{0{,}02}{1{,}0} + \frac{0{,}05}{0{,}093} + \frac{0{,}20}{2{,}30} + \frac{0{,}015}{0{,}70}$$

$$R = 0{,}02 + 0{,}54 + 0{,}09 + 0{,}02$$

$$R = 0{,}67\ (\text{m}^2 \cdot \text{K})/\text{W} < 1{,}2\ (\text{m}^2 \cdot \text{K})/\text{W}$$

$$R_{tot} = R_{si} + R + R_{se}$$

$$R_{tot} = 0{,}13 + 0{,}67 + 0{,}04$$

$$R_{tot} = 0{,}723\ (\text{m}^2 \cdot \text{K})/\text{W}$$

$$U = \frac{1}{R_{tot}}$$

$$U = \underline{1{,}37\ \text{W}/(\text{m}^2 \cdot \text{K})} > 0{,}28\ \text{W}/(\text{m}^2 \cdot \text{K})$$

Die Außenwand entspricht in ihrem Aufbau **nicht** den Anforderungen des Gebäudeenergiegesetzes und der DIN 4108-2.

Wärmeschutz und Energieeinsparung in Gebäuden (DIN 4108)

DIN 4108-2 „Wärmeschutz und Energieeinsparung in Gebäuden" legt die Mindestanforderungen an die Wärmedämmung von Bauteilen und bei Wärmebrücken der Gebäudehülle fest und gibt wärmeschutztechnische Hinweise für die Planung und Ausführung von Aufenthaltsräumen in Hochbauten, die auf **übliche** Innenraumtemperaturen (≥ 19 °C) und auf **niedrige** Innenraumtemperaturen (≥ 12 °C und < 19 °C) beheizt werden.
Bei der Beurteilung des Mindestwärmeschutzes wird unterschieden, ob es sich um schwere Bauteile (flächenbezogene Masse $m' \geq 100$ kg/m²) oder leichte Bauteile (flächenbezogene Masse $m' < 100$ kg/m²) handelt.

Mindestwerte für Wärmedurchlasswiderstände von Bauteilen mit einer flächenbezogenen Gesamtmasse m' von mindestens 100 kg/m²

Bauteile	Beschreibung	Wärmedurchlasswiderstand des Bauteils[1]) R in (m² · K)/W
Wände beheizter Räume	gegen Außenluft, Tiefgaragen, nicht beheizte Räume (auch nicht beheizte Dachräume oder nicht beheizte Kellerräume außerhalb der wärmeübertragenden Umfassungsfläche)	1,2[2])
Dachschrägen beheizter Räume	gegen Außenluft	1,2
Decken beheizter Räume nach oben und Flachdächer	gegen Außenluft	1,2
	zu belüfteten Räumen zwischen Dachschrägen und Abseitenwänden bei ausgebauten Dachräumen	0,90
	zu nicht beheizten Räumen, zu bekriechbaren oder noch niedrigeren Räumen	0,90
	zu Räumen zwischen gedämmten Dachschrägen und Abseitenwänden bei ausgebauten Dachräumen	0,35
Decken beheizter Räume nach unten	gegen Außenluft, gegen Tiefgaragen, gegen Garagen (auch beheizte), Durchfahrten (auch verschließbare) und belüftete Kriechkeller[3])	1,75
	gegen nicht beheizten Kellerraum	0,90
	unterer Abschluss (z.B. Sohlplatte) von Aufenthaltsräumen unmittelbar an das Erdreich grenzend bis zu einer Raumtiefe von 5 m	
	über einem nicht belüfteten Hohlraum, z.B. Kriechkeller, an das Erdreich angrenzend	
Bauteile an Treppenräumen	Wände zwischen beheiztem Raum und direkt beheiztem Treppenraum; Wände zwischen beheiztem Raum und indirekt beheiztem Treppenraum, sofern die anderen Bauteile des Treppenraums die Anforderungen der Tabelle erfüllen	0,07
	Wände zwischen beheiztem Raum und indirekt beheiztem Treppenraum, wenn nicht alle anderen Bauteile des Treppenraums die Anforderungen der Tabelle erfüllen	0,25
	oberer und unterer Abschluss eines beheizten oder indirekt beheizten Treppenraums	wie Bauteile beheizter Räume
Bauteile zwischen beheizten Räumen	Wohnungs- und Gebäudetrennwände zwischen beheizten Räumen	0,07
	Wohnungstrenndecken, Decken zwischen Räumen unterschiedlicher Nutzung	0,35

[1]) bei erdberührten Bauteilen: konstruktiver Wärmedurchlasswiderstand
[2]) bei niedrig beheizten Räumen $R \geq 0{,}55$ (m² · K)/W
[3]) Vermeidung von Fußkälte

Mindestanforderungen an Wärmedurchlasswiderstände von Bauteilen mit einer flächenbezogenen Masse m' von unter 100 kg/m²

Der Wärmedurchlasswiderstand ein- und mehrschaliger Bauteile mit einer flächenbezogenen Masse von $m' < 100$ kg/m² muss mindestens $R = 1{,}75$ (m² · K)/W betragen.
Bei thermisch ungleichen Bauteilen, wie sie beispielsweise bei Skelett-, Rahmen- oder Holzständerbauweisen, aber auch bei Fassaden als Pfosten-Riegel-Konstruktionen vorkommen, ist im Bereich des Gefachs ein Wärmedurchlasswiderstand $R_G \geq 1{,}75$ (m² · K)/W einzuhalten. Zusätzlich gilt für das gesamte Bauteil im Mittel ein Anforderungswert $R_m \geq 1{,}0$ (m² · K)/W.
Auch bei Rollladenkästen gilt für das gesamte Bauteil im Mittel $R_m \geq 1{,}0$ (m² · K)/W. Im Bereich des Deckels muss darüber hinaus ein Wärmedurchlasswiderstand von mindestens $R = 0{,}55$ (m² · K)/W vorhanden sein.

Wärmeschutz und Energieeinsparung in Gebäuden (DIN 4108) (Fortsetzung)

Für Gebäude mit niedrigen Innenraumtemperaturen (12 °C ≤ θ_i < 19 °C) gelten ebenfalls die Werte der Tabelle auf Seite104, jedoch mit der Ausnahme, dass bei Außenwänden ein Mindestwert für den Wärmedurchlasswiderstand von $R \geq 0{,}55$ (m² · K)/W einzuhalten ist.

Wärmeübergangswiderstände (DIN EN ISO 6946)

Innen- bzw. Außenwand	Richtung des Wärmestromes		
	aufwärts	horizontal	abwärts
R_{si}[1])	0,10	0,13	0,17
R_{se}[2])	0,04	0,04	0,04

Wärmeübergangswiderstand *R* in (m² · K)/W

Die angegebenen Werte gelten für ebene Oberflächen, sofern keine besonderen Angaben über Randbedingungen vorliegen. Wenn die Richtung des Wärmestromes von den Angaben abweicht wird empfohlen, die Werte für den horizontalen Wärmestrom zu verwenden.

[1]) innere Oberfläche (engl.: **s**urface **i**nterior)

[2]) äußere Oberfläche (engl.: **s**urface **e**xterior)

Anwendungsgebiete von Wärmedämmungen (DIN 4108-10)

Anwendungsgebiet	Anwendungsbeispiele		Kurzzeichen
Decke Dach	Außendämmung von Dach oder Decke, vor Bewitterung geschützt, Dämmung unter Deckungen		DAD
	Außendämmung von Dach oder Decke, vor Bewitterung geschützt, Dämmung unter Abdichtung		DAA
	Außendämmung des Daches, der Bewitterung ausgesetzt (Umkehrdach)[1])		DUK
	Zwischensparrendämmung, zweischaliges Dach, nicht begehbare, aber zugängliche oberste Geschossdecken		DZ
	Innendämmung der Decke (unterseitig) oder des Daches, Dämmung unter den Sparren/Tragkonstruktionen, abgehängte Decke usw.		DI
	Innendämmung der Decke oder Bodenplatte (oberseitig) unter Estrich	ohne Schallschutzanforderungen	DEO
		mit Schallschutzanforderungen	DES
Wand	Außendämmung der Wand hinter Bekleidung		WAB[1])
	Außendämmung der Wand hinter Abdichtung		WAA
	Außendämmung der Wand unter Putz		WAP[1, 2])
	Außendämmung der Wand im Spritzwasserbereich, auch mit teilweiser Einbindung ins Erdreich		WAS[3])
	Dämmung von zweischaligen Wänden, Kerndämmung		WZ
	Dämmung von Holzrahmen- und Holztafelbauweise und vergleichbaren Gefachen		WH
	Innendämmung der Wand		WI
	Dämmung zwischen Haustrennwänden mit Schallschutzanforderungen		WTH
	Dämmung von Raumtrennwänden		WTR
Perimeter	Außen liegende Wärmedämmung von Wänden gegen Erdreich (außerhalb der Abdichtung)[4])		PW
	Außen liegende Wärmedämmung unter der Bodenplatte gegen Erdreich (außerhalb der Abdichtung)[4])		PB

[1]) Auch für den Anwendungsfall von unten gegen Außenluft.

[2]) Anwendungsgebiet/Kurzzeichen WAP gilt nicht bei Einbindung ins Erdreich und für Dämmstoffplatten in Wärmedämm-Verbundsystemen (WDVS). WDVS sind keine genormte Anwendung.

[3]) Wassereinwirkungsklasse W4-E (siehe Seite 126)

[4]) Es gelten die Festlegungen nach DIN 4108-2

Piktogramme für Anwendungsgebiete von Wärmedämmungen

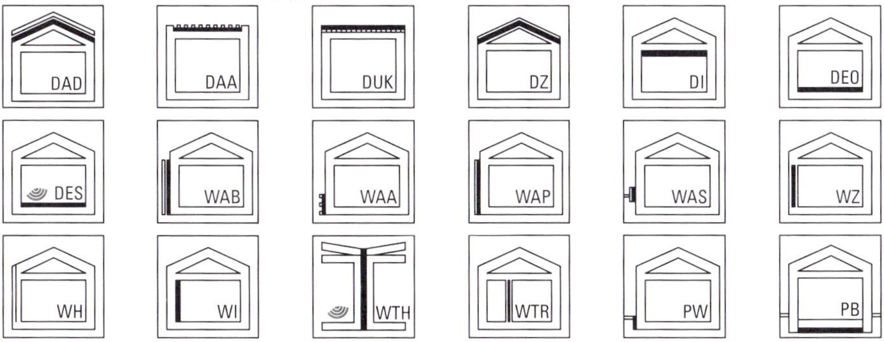

Wärme- und feuchteschutztechnische Bemessungswerte für Baustoffe (DIN 4108-4)

Baustoffe	Rohdichte[1,2]) ϱ in kg/m³	Bemessungswert der Wärmeleitfähigkeit λ_B in W/(m · K)	Richtwert der Wasserdampf-Diffusionswiderstandszahl μ[3])
Putze und Mörtel			
Putzmörtel aus Kalk, Kalkzement und hydraulischem Kalk	(1800)	1,00	15/35
Gipsputzmörtel	900 1000 1200 1400 1500	0,30 0,34 0,43 0,51 0,56	4/10
Leichtputz	< 1300	0,56	
Leichtputz	≤ 1000	0,38	15/20
Leichtputz	≤ 700	0,25	
Kunstharzputz	(1100)	0,70	50/200
Mauermörtel			
– Zementmörtel	(2000)	1,60	
– Normalmauermörtel NM[4])	(1800)	1,20	
– Dünnbettmörtel DM[4])	(1600)	1,00	15/35
– Leichtmauermörtel LM[4])	≤ 1000	0,36	
– Leichtmauermörtel LM[4])	≤ 700	0,21	
– Leichtmauermörtel LM[4])	250 400 700 1000 1500	0,10 0,14 0,25 0,38 0,69	5/20
Estriche			
– Zement-Estrich	(2000)	1,40	
– Calciumsulfat-Estrich (Anhydrit-Estrich)	(2100)	1,20	
– Calciumsulfat-Estrich	(2100)	1,40	15/35
– Magnesia-Estrich	1400 2300	0,47 0,70	
– Gussasphalt-Estrich	(2300)	0,90	dampfdicht
Normalbeton			
– mittlere Rohdichte	1800 2000	1,15 1,35	60/100
	2200	1,65	70/100
– hohe Rohdichte	2400	2,00	
– bewehrt (mit 1 % Stahl)	2300	2,30	80/130
– bewehrt (mit 2 % Stahl)	2400	2,50	
Leichtbeton und Stahlleichtbeton			
– mit geschlossenem Gefüge, hergestellt unter Verwendung von Gesteinskörnungen mit porigem Gefüge, ohne Quarzsandzusatz	800 1000 1200 1400 1600 1800 2000	0,39 0,49 0,62 0,79 1,00 1,15 1,35	70/150
Dampfgehärteter Porenbeton nach DIN EN 12602	400 600 800 1000	0,12 0,18 0,23 0,29	5/10
Leichtbeton mit haufwerksporigem Gefüge			
– aus nichtporigen Gesteinskörnungen nach DIN EN 12620	1600 1800	0,81 1,10	3/10
	2000	1,30	5/10
– aus porigen Gesteinskörnungen nach DIN EN 13055, bei Quarzsand erhöhen sich die Bemessungswerte der Wärmeleitfähigkeit um 20 % (bezogen auf die angegebenen Werte)	800 1200 1600 2000	0,28 0,46 0,75 1,20	5/15

Baustoffe	**Rohdichte[1,2]) ϱ in kg/m³**	**Bemessungswert der Wärmeleitfähigkeit λ_B in W/(m · K)**	**Richtwert der Wasserdampf-Diffusionswiderstandszahl μ[3])**
Leichtbeton mit haufwerkporigem Gefüge (Fortsetzung)			
– aus Naturbims	600	0,18	
	800	0,24	
	1000	0,32	
	1200	0,41	
– aus Blähton	600	0,19	5/15
	800	0,26	
	1000	0,35	
	1400	0,55	
	1600	0,68	
Porenbeton-Bauplatten und Porenbeton-Planbauplatten			
– Bauplatten (Ppl) mit normaler Fugendicke und Mauermörtel verlegt	600	0,24	
	800	0,29	
– Planbauplatten (Pppl) dünnfugig verlegt	400	0,13	5/10
	600	0,19	
	700	0,22	
Gips-Wandbauplatten	800	0,26	4/10
Mauerwerk aus Mauerziegeln			
– Vollklinker, Hochlochklinker, Keramikklinker, Ausführung mit Normalmauermörtel (NM) bzw. Dünnbettmörtel (DM)	1800	0,81	
	2000	0,96	50/100
	2200	1,20	
	2400	1,40	
– Vollziegel, Hochlochziegel, Füllziegel, Ausführung mit Normalmauermörtel (NM) bzw. Dünnbettmörtel (DM)	1400	0,58	
	1800	0,81	
	2000	0,96	5/10
	2200	1,20	
	2400	1,40	
		NM/DM LM 21/LM 36	
– Hochlochziegel mit Lochung A und B, Ausführung mit Normalmauer- bzw. Dünnbettmörtel und Leichtmauermörtel (LM 21 bzw. LM 36)	600	0,33 0,28	
	800	0,39 0,34	
	1000	0,45 0,40	5/10
– Hochlochziegel HLzW und Wärmedämmziegel WDz nach DIN EN 771-1, Ausführung mit NM und mit LM 21/LM 36	600	0,23 0,20	
	800	0,26 0,23	
	900	0,27 0,24	
	1000	0,29 0,26	
Mauerwerk aus Kalksandsteinen, Ausführung mit NM/DM			
– nach DIN EN 771-2: Voll-, Loch-, Hohlblock-, Plansteine, Planelemente, Fasensteine, Bauplatten, Formsteine	1000	0,50	
	1200	0,56	5/10
	1400	0,70	
	1600	0,79	
	1800	0,99	15/25
	2000	1,10	
	2200	1,30	
Mauerwerk aus Porenbeton-Plansteinen (PP)			
– Ausführung mit DM	400	0,13	
	500	0,16	
	600	0,19	5/10
	700	0,22	
	800	0,25	
Mauerwerk aus Betonsteinen		NM LM 21 LM 36[5]) DM[5])	
– Hohlblöcke (Hbl) Gruppe 1 Die Bemessungswerte der Wärmeleitfähigkeit sind bei Hohlblöcken mit Quarzsandzusatz für 2 KHbl um 20 % und für 3 KHbl … 6 KHbl um 15 % zu erhöhen (bezogen auf die angegebenen Werte).	600	0,29 0,24 0,25	
	800	0,35 0,31 0,32	
	1000	0,45	
	1200	0,53	
	1400	0,65	
– Hohlblöcke (Hbl) nach DIN 20000-403 und Hohlwandplatten, Gruppe 2	600	0,32 0,27 0,28	5/10
	800	0,41 0,34 0,36	
	1000	≤ 0,50	
	1200	≤ 0,56	
	1400	≤ 0,70	

Wärme- und feuchteschutztechnische Bemessungswerte für Baustoffe (Fortsetzung)

Baustoffe	Rohdichte[1,2] ϱ in kg/m³	Bemessungswert der Wärmeleitfähigkeit λ_B in W/(m · K)	Richtwert der Wasserdampf-Diffusionswiderstandszahl μ[3]
Mauerwerk aus Betonsteinen (Fortsetzung)		NM LM 21 LM 36[5]) DM[5])	
– Vollblöcke (Vbl S, SW) nach DIN 20000-403	600	0,22 0,17 0,19	
	800	0,27 0,21 0,23	
	1000	0,32 0,28 0,29	
– Vollsteine (V) nach DIN 20000-403	600	0,34 0,24 0,26	5/10
	800	0,40 0,30 0,32	
	1000	0,46 0,36 0,38	
	1400	0,63	
Fußbodenbeläge			
– Gummi	1200	0,17	
– Kunststoff	1700	0,25	10000
– Unterlagen, poröser Gummi oder	270	0,10	
– Kunststoff	120	0,05	15/20
– Filzunterlage	200	0,06	
– Wollunterlage	< 200	0,05	10/20
– Korkunterlage	> 400	0,065	20/40
– Korkfliesen	200	0,06	5
– Teppich/Teppichböden	1200	0,17	800/1000
– Linoleum	1000	0,20	10000
Holz und Holzwerkstoffe			
– Konstruktionsholz (Fichte, Tanne, Kiefer)	500	0,13	20/50
	700	0,18	50/200
– Sperrholz	500	0,13	70/200
	700	0,17	90/220
	1000	0,24	110/250
– zementgebundene Spanplatten	1200	0,23	30/50
– Spanplatten	300	0,10	10/50
	600	0,14	15/50
	900	0,18	20/50
– OSB-Platten	650	0,13	30/50
– Holzfaserplatten, einschließlich MDF	400	0,10	5/10
	600	0,14	12/10
	800	0,18	20/10
Dachziegelsteine			
– Ton	2000	1,00	30/40
– Beton	2100	1,50	60/100
Metalle			
– Aluminiumlegierungen	2800	160	
– Kupfer	8900	380	
– Zink	7200	110	
– Gusseisen	7500	50	∞
– Blei	11300	35	
– Stahl	7800	50	
– nichtrostender Stahl	7900	17	
Gase			
– trockene Luft	1,23	0,025	1
– Kohlendioxid	1,95	0,014	1
Gestein			
– Lava	1600	0,55	15/20
– Basalt	2700 … 3000	3,50	
– Gneis	2400 … 2700	3,50	10000
– Granit	2500 … 2700	2,80	
– Marmor	2800	3,50	
– Schiefer	2000 … 2800	2,20	800/1000
– Kalkstein, weich	1800	1,10	25/40
– Kalkstein, hart	2200	1,70	150/200
– Naturbims	400	0,12	6/8

[1]) Die bei den Steinen angegebenen Rohdichtewerte entsprechen den Rohdichteklassen der zitierten Stoffnormen.
[2]) Die in Klammern angegebenen Rohdichtewerte dienen nur zur Ermittlung der flächenbezogenen Masse.
[3]) Es ist jeweils der für die Baukonstruktion ungünstigere Wert einzusetzen.
[4]) Bezeichnung der Mörtelarten nach DIN EN 1996-1-1/DIN EN 1996-2.
[5]) Wenn keine Werte angegeben sind, gelten die Werte der Spalte „NM".

Wärme- und feuchteschutztechnische Bemessungswerte für Wärmedämmstoffe (DIN 4108-4)

Dämmstoff	**Nennwert λ_D W/(m · K)**	**Bemessungswert λ_B W/(m · K)**	**Richtwert der Wasserdampf-Diffusionswiderstandszahl μ**[4]
Mineralwolle (MW) nach DIN EN 13162[1])	0,030 0,031 ... 0,049	0,031 0,032 ... 0,050	1
Expandierter Polystyrolschaum (EPS) nach DIN EN 13163[1])	0,030 0,031 ... 0,049 0,050	0,031 0,032 ... 0,050 0,052	20/100
Extrudierter Polystyrolschaum (XPS) nach DIN EN 13164[1])	0,022 0,023 ... 0,045	0,023 0,024 ... 0,046	80/250
Polyurethan-Hartschaum (PUR) nach DIN EN 13165[1])	0,020 0,021 ... 0,040	0,021 0,022 ... 0,041	40/200
Phenolharz-Hartschaum (PF) nach DIN EN 13166[1])	0,020 0,021 ... 0,035	0,021 0,022 ... 0,036	10/60
Schaumglas (CG) nach DIN EN 13167[1])	0,037 0,038 ... 0,049 0,050 ... 0,055	0,038 0,039 ... 0,050 0,052 ... 0,057	praktisch dampfdicht
Holzwolleplatten (WW) nach DIN EN 13168[2])	0,060 0,061 ... 0,069 0,10	0,063 0,064 ... 0,072 0,105	2/5
Holzwolle-Mehrschichtplatten (WWC) mit expandiertem Polystyrolschaum (EPS)[1])	0,030 0,031 ... 0,049 0,050	0,031 0,032 ... 0,050 0,052	20/50
Holzwolle-Mehrschichtplatten mit Mineralwolle (MW) nach DIN EN 13162[1])	0,030 0,031 ... 0,049 0,050	0,031 0,032 ... 0,050 0,052	1
Holzwolledeckschichten nach DIN EN 13168[5])	0,10 0,11 0,12 0,13 0,14	0,12 0,13 0,14 0,16 0,17	2/5
Blähperlit (EPB) nach DIN EN 13169[1])	0,045 0,046 ... 0,070	0,046 0,047 ... 0,072	5
Expandierter Kork (ICB) nach DIN EN 13170[3])	0,038 0,039 ... 0,055	0,040 0,041 ... 0,058	5/10
Holzfaserdämmstoffe (WF) nach DIN EN 13171[2])	0,032 0,033 ... 0,060	0,034 0,035 ... 0,063	3/5
Produkte aus Calciumsilicat (CS) nach DIN EN 16977	0,059	0,062	3

[1]) $\lambda_B = \lambda_D \cdot 1{,}03$; aber mindestens ein Zuschlag von 1 m · W/(m · K) [2]) $\lambda_B = \lambda_D \cdot 1{,}05$; aber mindestens ein Zuschlag von 2 m · W/(m · K) [3]) $\lambda_B = \lambda_D \cdot 1{,}10$; aber mindestens ein Zuschlag von 3 m · W/(m · K) [4]) Es ist jeweils der für die Baukonstruktion ungünstigere Wert einzusetzen. [5]) $\lambda_B = \lambda_D \cdot 1{,}23$

GEBÄUDEENERGIEGESETZ (GEG)

Das Gebäudeenergiegesetz (GEG) ersetzt das bisherige Energieeinsparungsgesetz (EnEG), die Energieeinsparverordnung (EnEV) und das Erneuerbare-Energien-Wärmegesetz (EEWärmeG). Es verfolgt die Ziele, die EU-Richtlinien über die Gesamtenergieeffizienz von Gebäuden umzusetzen und dabei das energetische Niveau eines **Niedrigstenergiegebäudes** einzuführen. Dazu wird der Energiebedarf des Gebäudes durch baulichen Wärmeschutz begrenzt und weitgehend durch erneuerbare Energien ersetzt.

Über den Energiebedarf eines Gebäudes pro Jahr bei durchschnittlichem Nutzverhalten und unter Berücksichtigung des Klimas gibt der **Energieausweis** Auskunft. Auch Energiegewinne wie etwa durch Solarenergie werden berücksichtigt. Im Energieausweis sind die **Energieeffizienzklassen** (A+, A ... H) anzugeben.

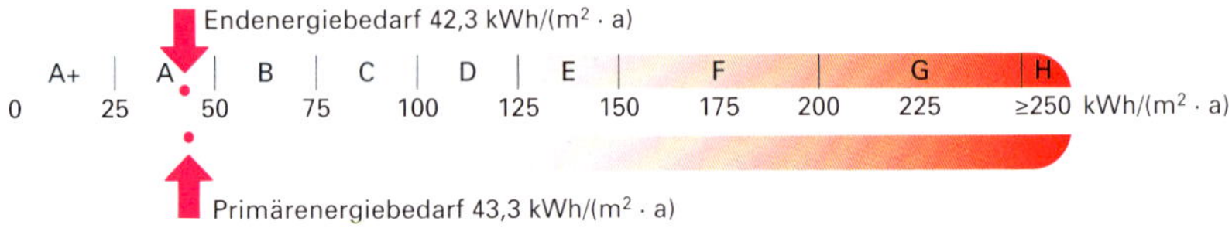

Begriffe

Begriffe	Symbol	Einheit
Jahr, z. B. a^{-1} = pro Jahr	a, a^{-1}	–
wärmeübertragende Umfassungsfläche	A	m^2
Gebäudenutzfläche	A_N	m^2
Geschossdeckenhöhe	h_G	m
beheiztes Gebäudevolumen (Außenmaße)	V_e	m^3
beheiztes Luftvolumen	V	m^3
Lüftungswärmeverlust	H_V	W/K
Transmissionswärmeverlust	H_T	W/K
flächenbezogener Transmissionswärmeverlust	H'_T	W/K
Luftwechselrate	n	1/h, h^{-1}
Energiedurchlassgrad von Fenstern	g	–
Bauteilfläche für Bauteil i	A_i	m^2
Wärmedurchgangskoeffizient für Bauteil i[1]	U_i	$W/(m^2 \cdot K)$
Temperartur-Korrekturfaktor für Bauteil i[1]	F_{xi}	–
Jahres-Primärenergiebedarf[2]	Q	kWh/a
volumenbezogener Jahres-Primärenergiebedarf[3]	Q'	$kWh/(m^3 \cdot a)$
flächenbezogener Jahres-Primärenergiebedarf[4]	Q''_P	$kWh/(m^2 \cdot a)$
flächenbezogener Jahres-Primärenergiebedarf Referenzgebäude	Q''_{Pref}	$kWh/(m^2 \cdot a)$
flächenbezogener Jahres-Heizwärmebedarf	Q''_H	kWh/a
Wärmebrückenzuschlag	ΔU_{WB}	$W/(m^2 \cdot K)$
Transmissionswärmeverlust	Q_T	$kWh/(m^2 \cdot a)$
Ausnutzungsgrad	η	–
solarer Wärmegewinn	Q_s	kWh/a
interner Wärmegewinn	Q_i	kWh/a
Trinkwarmwasserbedarf	Q_{TW}	$kWh/(m^2 \cdot a)$
Primärenergiefaktor	f_p	–
Anlagenaufwandszahl	e_p	–

[1]) i = Zählindex für Gesamtenergiedurchlassgrad.
[2]) Nach GEG wird der Jahres-Primärenergiebedarf allgemein mit dem Formelzeichen Q (kWh/a) abgekürzt.
[3]) Q' (kWh/(m³ · a) kennzeichnet den volumenbezogenen Jahres-Primärenergiebedarf.
[4]) Q'' (kWh/(m² · a) kennzeichnet den flächenbezogenen Jahres-Primärenergiebedarf.

Referenzgebäudeverfahren

Die Höchstwerte des Jahres-Primärenergiebedarfs für Heizung, Warmwasserbereitung, Lüftung und Kühlung eines zu errichtenden Gebäudes werden mithilfe eines **Referenzgebäudeverfahrens** ermittelt. Die Anforderungen werden über ein Gebäude gleicher Geometrie, Gebäudenutzfläche, Ausrichtung und Nutzung einschließlich der Anordnung der Nutzungseinheiten mit festgelegten energetischen Eigenschaften und haustechnischen Anlagen ermittelt. Die Referenzausführung beschreibt die Qualität der wärmeübertragenden Umfassungsfläche des Gebäudes (Gebäudehülle) sowie der Heizungs-, Warmwasser- und Lüftungsanlage einschließlich der Sonnenschutzvorrichtung des Referenzgebäudes. Das zu errichtende Gebäude muss den Primärenergiebedarf des Referenzgebäudes **um 25 % unterschreiten**. Es wird also deutlich besser als das Referenzgebäude ausgeführt.

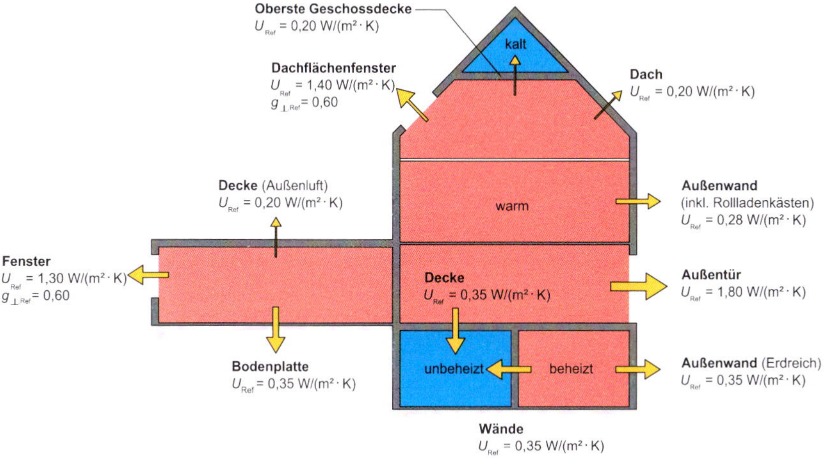

Referenzgebäude

Technische Ausführung des Referenzgebäudes (Wohngebäude) (Auszug)

Nr.	Bauteil/System	Eigenschaft	Wert (Maßeinheit) in W/(m² · K)
1	Außenwand (einschließlich Einbauten, wie Rollladenkästen), Geschossdecken gegen Außenluft	Wärmedurchgangskoeffizient	U = 0,28
2	Außenwand gegen Erdreich, Bodenplatte, Wände und Decken zu unbeheizten Räumen	Wärmedurchgangskoeffizient	U = 0,35
3	Dach, oberste Geschossdecke, Wände zu Abseiten	Wärmedurchgangskoeffizient	U = 0,20
4	Fenster, Fenstertüren	Wärmedurchgangskoeffizient	U_W = 1,3
		Gesamtenergiedurchlassgrad der Verglasung	Bei Berechnung nach • DIN V 4108-6: $g_{\perp}$ = 0,60 • DIN V 18599-2: g = 0,60
5	Dachflächenfenster, Glasdächer und Lichtbänder	Wärmedurchgangskoeffizient	U_W = 1,4
		Gesamtenergiedurchlassgrad der Verglasung	Bei Berechnung nach • DIN V 4108-6: $g_{\perp}$ = 0,60 • DIN V 18599-2: g = 0,60
6	Lichtkuppeln	Wärmedurchgangskoeffizient	U_W = 2,7
		Gesamtenergiedurchlassgrad der Verglasung	Bei Berechnung nach • DIN V 4108-6: $g_{\perp}$ = 0,64 • DIN V 18599-2: g = 0,64

Technische Ausführung des Referenzgebäudes (Fortsetzung)

Nr.	Bauteil/System	Eigenschaft	Wert (Maßeinheit) in W/(m² · K)
7	Außentüren, Türen gegen unbeheizte Räume	Wärmedurchgangskoeffizient	$U = 1{,}8$
8	Bauteile in den Nummern 1 … 7	Wärmebrückenzuschlag	$\Delta U_{WB} = 0{,}05$
9	Luftdichtheit der Gebäudehülle	Bemessungswert n_{50}	Berechnung • mit Dichtheitsprüfung • nach DIN V 18599-2 Kategorie I
10	Sonnenschutzvorrichtung	keine Sonnenschutzvorrichtung	
11	Heizungsanlage	• Wärmeerzeugung durch Brennwertkessel, Erdgas, Aufstellung: – für Gebäude bis zu 500 m² Gebäudenutzfläche innerhalb der thermischen Hülle – für Gebäude mit mehr als 500 m² Gebäudenutzfläche außerhalb der thermischen Hülle • Auslegungstemperatur 55/45 °C, zentrales Verteilsystem innerhalb der wärmeübertragenden Umfassungsfläche, innen liegende Stränge und Anbindeleitungen, Standard-Leitungslängen, Pumpe auf Bedarf ausgelegt, Rohrnetz ausschließlich statisch hydraulisch abgeglichen • Wärmeübergabe mit freien statischen Heizflächen, Anordnung an normaler Außenwand, Thermostatventile bzw. P-Regler[1])	
12	Anlage zur Warmwasserbereitung	zentrale Warmwasserbereitung • gemeinsame Wärmebereitung mit Heizungsanlage nach Nr. 11 • bei Berechnung nach DIN V 18599-8: Solaranlage mit Flachkollektor nach 1998 sowie Speicher • Solaranlage mit Flachkollektor zur ausschließlichen Trinkwassererwärmung mit Speicher, indirekt beheizt, gleiche Aufstellung wie Wämeerzeuger – kleine Solaranlage bei $A_N \leq 500$ m² (bivalenter Solarspeicher)[2]) – große Solaranlage bei $A_N > 500$ m² • Verteilsystem mit Zirkulation, innerhalb der wärmeübertragenden Umfassungsfläche, innen liegende Stränge, gemeinsame Installationswand, Standard-Leitungslängen	
13	Kühlung	keine Kühlung	
14	Lüftung[3])	zentrale Abluftanlage, nicht bedarfsgeführt mit geregeltem DC-Ventilator[4]), • Anlagen-Luftwechsel $n_A = 0{,}4\ h^{-1}$ • DIN V 18599-10: nutzungsbedingter Mindestaußenluftwechsel $n_{Nutz} = 0{,}55\ h^{-1}$	
15	Gebäudeautomation	Klasse C[5]) nach DIN V 18599-11	

[1]) P-Regler sind thermostatisch geregelte Heizkörperventile. Sie haben die Aufgabe, die Regelgrößen zu messen und sie mit den Sollwerten zu vergleichen.

[2]) Beim bivalenten Heizen werden zwei unterschiedliche Energieträger genutzt, beispielsweise eine Solaranlage in Verbindung mit einer Brennwertheizung, einer Wärmepumpe oder einer Biomasseheizung.

[3]) Um die Luftdichtheit der Gebäudehülle sicherzustellen, werden Höchstwerte für die Luftwechselrate bei 50 Pa Druckdifferenz (n_{50}-Werte) empfohlen. Für die Berechnung werden folgende Luftwechselraten (Außenluftwechsel) angenommen:
- ohne Dichtheitsprüfung $n_{50} = 0{,}70\ h^{-1}$,
- mit Dichtheitsprüfung, Fensterlüftung $n_{50} = 0{,}60\ h^{-1}$,
- mit Dichtheitsprüfung, Zu- und Abluftanlage $n_{50} = 0{,}60\ h^{-1}$,
- mit Dichtheitsprüfung, Abluftanlage $n_{50} = 0{,}40 + 0{,}15 = 0{,}55\ h^{-1}$.
- mit Dichtheitsprüfung, Abluftanlage bedarfsgeführt $n_{50} = 0{,}35 + 0{,}15 = 0{,}50\ h^{-1}$.

Nach GEG ist ein Gebäude so zu errichten, dass die wärmeübertragende Umfassungsfläche einschließlich der Fugen nach den anerkannten Regeln der Technik dauerhaft luftundurchlässig abgedichtet ist. Öffentlich-rechtliche Vorschriften über den zum Zweck der Gesundheit und Beheizung erforderlichen Mindestluftwechsel bleiben unberührt.

[4]) DC-Ventilatoren sind Gleichstrom-Elektromotoren (engl.: direct current)

[5]) Bei der Berechnung des Energiebedarfs muss der Grad der Gebäudeautomation (GA) berücksichtigt werden. Beim Referenzgebäude wird die Klasse C zugrunde gelegt. Klasse C entspricht dem Standard.

Bezugsgrößen

Zur Berechnung des Primärenergiebedarfs müssen folgende Bezugsgrößen ermittelt werden:
- Gebäudenutzfläche A
- beheiztes Luftvolumen V
- Lüftungswärmeverlust H_V
- Transmissionswärmeverlust H_T
- flächenbezogener Jahres-Heizenergiebedarf Q''_H
- Anlagenaufwandszahl e_p und Primärenergiefaktor f_p
- vorhandener Jahres-Primärenergiebedarf Q''_{Pvorh}
- zulässiger Jahres-Primärenergiebedarf Q''_{Pmax}

Gebäudenutzfläche A_N

Die Gebäudenutzfläche in m² wird bei Wohngebäuden mit folgender Formel ermittelt:

$$A_N = 0{,}32\ \mathrm{m}^{-1} \cdot V_e$$

Beträgt die durchschnittliche Geschosshöhe h_G mehr als 3 m oder weniger als 2,50 m, wird die Gebäudenutzfläche A_N wie folgt berechnet:

$$A_N = (1 : h_G - 0{,}04\ \mathrm{m}^{-1}) \cdot V_e$$

Anforderungen an die Dichtheit des gesamten Gebäudes

Der bei einer Druckdifferenz von 50 Pa zwischen innen und außen gemessene Volumenstrom – bezogen auf das beheizte oder gekühlte Luftvolumen – darf folgende Werte nicht übersteigen:
- bei Gebäuden ohne raumlufttechnische Anlagen: $3{,}0\ \mathrm{h}^{-1}$,
- bei Gebäuden mit raumlufttechnischen Anlagen: $1{,}5\ \mathrm{h}^{-1}$.

Bei Wohngebäuden, deren Luftvolumen 1500 m³ übersteigt, darf der gemessene Volumenstrom – bezogen auf die Hüllfläche des Gebäudes – folgende Werte nicht übersteigen:
- bei Gebäuden ohne raumlufttechnische Anlagen: $4{,}5\ \mathrm{m} \cdot \mathrm{h}^{-1}$,
- bei Gebäuden mit raumlufttechnischen Anlagen: $2{,}5\ \mathrm{m} \cdot \mathrm{h}^{-1}$.

Beheiztes Luftvolumen V

Bei der Berechnung des Jahres-Primärenergiebedarfs ist das beheizte Luftvolumen gemäß DIN V 18599-1 bzw. DIN EN ISO 13790 vereinfacht nach folgenden Formeln zu berechnen:

$V = 0{,}76 \cdot V_e$ in m³
bei Wohngebäuden bis zu drei Vollgeschossen

$V = 0{,}80 \cdot V_e$ in m³
in den übrigen Fällen

Das beheizte Gebäudevolumen V_e in m³ ist das Volumen, das von der wärmeübertragenden Umfassungsfläche A umschlossen wird.

Lüftungswärmeverlust H_V

Der Lüftungswärmeverlust wird mit folgender Formel berechnet:

$$H_V = 0{,}34\ \mathrm{W/(m^2 \cdot K)} \cdot n \cdot V$$

V – beheiztes Luftvolumen

n – Luftwechselrate

Die Luftwechselrate n besagt, wie häufig das gesamte Luftvolumen in einer Stunde aus-gewechselt wird.

Anlagenaufwandszahl e_p und Primärenergiefaktor f_p

Die Anlagenaufwandszahl e_p wird aus dem Primärenergieaufwand für Trinkwassererwärmung, Heizung und Lüftung errechnet. Berücksichtigt werden die benötigte Energie zur Wärmebereitstellung und zur Wärmeverteilung, die Energieverluste der Anlage, der Beitrag der Wärmeverluste der Anlage zur Gebäudeheizung und die Primärenergiefaktoren f_p. Diese besagen, wie viel nicht erneuerbare Energie in einer Endenergieeinheit steckt, die beim Verbraucher ankommt. Der Primärenergiefaktor beträgt für Gas, Heizöl $f_p = 1{,}1$; für Holz, Pellets $f_p = 0{,}2$; für Strom (netzbezogen) $f_p = 1{,}8$ und für Strom aus Photovoltaik oder Windkraft $f_p = 0{,}0$.

Jahres-Heizwärmebedarf Q''_H

Der Heizwärmebedarf Q''_H ist die Wärme in kWh/(m² · K), die den beheizten Räumen zugeführt werden muss, um die innere Solltemperatur einzuhalten. Dieser Wert wird auch als Netto-Heizenergiebedarf bezeichnet. Mithilfe der DIN 4108-10 wird im Rahmen eines Monatsbilanzverfahrens der Jahres-Heizwärmebedarf ermittelt. Er ergibt sich aus der Differenz der Wärmeverluste und der Wärmegewinne. Für jeden Monat werden die Wärmeverluste aus Transmission Q_T und Lüftung Q_V sowie unter Berücksichtigung eines Ausnutzungsgrades η die solaren Wärmegewinne Q_S und internen Wärmegewinne Q_i bilanziert.

$$Q''_H = (Q_T + Q_V) - \eta \cdot (Q_S + Q_i)$$

Jahres-Primärenergiebedarf Q''_{Pvorh}

Zur Bestimmung des Jahres-Primärenergiebedarfs müssen der Heizwärmebedarf Q_h, der Trinkwasserwärmebedarf Q_{TW} und die Aufwandszahl der Anlagentechnik e_P bekannt sein. Für den Trinkwasserwärmebedarf ist bei Wohngebäuden pauschal ein flächenbezogener Wert von $Q_{TW} = 12{,}5\ \mathrm{kWh/(m^2 \cdot a)}$ zugrunde zu legen. Der Jahres-Primärenergiebedarf wird nach folgender Formel berechnet:

$$Q''_{Pvorh} = (Q_H + Q_{TW}) \cdot e_P \leq Q''_{Pmax}$$

Höchstwerte der Wärmedurchgangskoeffizienten von Außenwänden bei Änderung an bestehenden Gebäuden (Auswahl)

Werden bei beheizten oder gekühlten Räumen eines Gebäudes Außenbauteile erneuert, ersetzt oder erstmalig eingebaut, sind diese Maßnahmen so auszuführen, dass die betroffenen Flächen des Außenbauteils die in der Tabelle angegebenen Wärmedurchgangskoeffizienten nicht überschreiten. Ausgenommen sind Änderungen von Außenbauteilen, die nicht mehr als 10 % der gesamten Fläche der jeweiligen Bauteilgruppe des Gebäudes betreffen.

Bauteilgruppen	**Höchstwerte der Wärmedurchgangskoeffizienten U_{max} in W/(m² · K)**	
	Wohngebäude und Zonen von Nichtwohngebäuden mit Innentemperaturen ≥ 19 °C	**Zonen von Nichtwohngebäuden mit Innentemperaturen von 12 ... < 19 °C**
Außenwände[1])		
– Ersatz oder erstmaliger Einbau – Anbringen von Bekleidungen, Verschalungen, Mauervorsatzschalen oder Dämmschichten auf der Außenseite einer bestehenden Wand oder – Erneuerung des Außenputzes einer bestehenden Wand	U = 0,24	U = 0,35
Fenster, Fenstertüren, Dachflächenfenster, Glasdächer, Außentüren, Vorhangfassaden		
Gegen Außenluft abgrenzende Fenster und Fenstertüren: – Ersatz oder erstmaliger Einbau des gesamten Bauteils oder – Einbau zusätzlicher Vor- oder Innenfenster	U_w = 1,3	U_w = 1,9
Gegen Außenluft abgrenzende Dachflächenfenster: – Ersatz oder erstmaliger Einbau des gesamten Bauteils oder – Einbau zusätzlicher Vor- oder Innenfenster	U_w = 1,4	U_w = 1,9
Gegen Außenluft abgrenzende Fenster, Fenstertüren und Dachflächenfenster – Ersatz der Verglasung oder verglaster Flügelrahmen	U_g = 1,1	keine Anforderung
Vorhangfassaden in Pfosten-Riegel-Konstruktion (Bauart nach DIN EN ISO 12631): – Ersatz oder erstmaliger Einbau des gesamten Bauteils	U_c = 1,5	U_c = 1,9
Gegen Außenluft abgrenzende Glasdächer[2]): – Ersatz oder einmaliger Einbau des gesamten Bauteils oder – Ersatz der Verglasung oder verglaster Flügel	U_w/U_g = 2,0	U_w/U_g = 2,7
Gegen Außenluft abgrenzende Fenstertüren mit Klapp-, Falt-, Schiebe- oder Hebemechanismus: – Einsatz oder erstmaliger Einbau des gesamten Bauteils	U_w = 1,6	U_w = 1,9
Einbau neuer Außentüren (ohne rahmenlose Türanlagen aus Glas, Karusselltüren und kraftbetätigte Türen)	U = 1,8 (Türfläche)	U = 1,8 (Türfläche)
Gegen Außenluft abgrenzende Fenster, Fenstertüren und Dachflächenfenster mit Sonderverglasung[3]): – Ersatz oder erstmaliger Einbau des gesamten Bauteils oder – Einbau zusätzlicher Vor- oder Innenfenster	U_w/U_g = 2,0	U_w/U_g = 2,8
– Ersatz der Sonderverglasung oder verglaster Flügelrahmen	U_w/U_g = 1,6	keine Anforderung

[1]) Wird die höchstmögliche Dämmschichtdicke eingebaut, ist λ_B = 0,035 W/(m · K) einzuhalten. Werden Dämmmaterialien in Hohlräume eingeblasen, ist λ_B = 0,045 W/(m · K) einzuhalten.

[2]) Ist die Glasdicke aus technischen Gründen begrenzt, so gelten die Anforderungen als erfüllt, wenn eine Verglasung mit $U \leq$ 1,3 W/(m² · K) eingebaut wird.

[3]) Sonderverglasungen sind Schallschutzverglasungen, Isolierglas-Sonderaufbauten (Durchschusshemmung, Durchbruchhemmung, Sprengwirkungshemmung) und Isolierglas-Sonderaufbauten als Brandschutzglas.

Höchstwerte der Wärmedurchgangskoeffizienten von Außenwänden bei Änderung an bestehenden Gebäuden (Fortsetzung)

Bauteilgruppen	**Höchstwerte der Wärmedurchgangskoeffizienten U_{max} in W/(m² · K)**	
	Wohngebäude und Zonen von Nichtwohngebäuden mit Innentemperaturen ≥ 19 °C	**Zonen von Nichtwohngebäuden mit Innentemperaturen von 12 ... < 19 °C**
Dachflächen sowie Decken und Wände gegen unbeheizte Dachräume		
Gegen Außenluft abgrenzende Dachflächen einschließlich Dachgauben sowie gegen unbeheizte Dachräume abgrenzende Decken (oberste Geschossdecke) und Wände (einschließlich Abseitenwände)[1]: – Ersatz oder erstmaliger Einbau – Ersatz oder Neuaufbau einer Dachdeckung einschließlich Lattungen und Verschalungen oder – Aufbringen oder Erneuerung von Bekleidungen oder Verschalungen oder Einbau von Dämmschichten auf der kalten Seite von Wänden oder – Aufbringen oder Erneuerung von Bekleidungen oder Verschalungen oder Einbau von Dämmschichten auf der kalten Seite von obersten Geschossdecken	$U = 0{,}24$	$U = 0{,}35$
Gegen Außenluft abgrenzende Dachflächen mit Abdichtung: – Ersatz einer Abdichtung, die flächig das Gebäude wasserdicht abdichtet, durch eine neue Schicht gleicher Funktion (bei Kaltdachkonstruktionen einschließlich darunterliegender Lattungen)[1]	$U = 0{,}20$	$U = 0{,}35$
Wände gegen Erdreich oder unbeheizte Räume (mit Ausnahme von Dachräumen) sowie Decken nach unten gegen Erdreich, Außenluft oder unbeheizte Räume		
Wände, die an Erdreich oder an unbeheizte Räume (mit Ausnahme von Dachräumen) grenzen, und Decken, die beheizte Räume nach unten zum Erdreich oder zu unbeheizten Räumen abgrenzen: – Ersatz oder erstmaliger Einbau – Anbringen oder Erneuern von außenseitigen Bekleidungen oder Verschalungen, Feuchtigkeitssperren oder Drainagen oder – Anbringen von Deckenverkleidungen auf der Kaltseite	$U = 0{,}30$	keine Anforderung
Decken, die beheizte Räume nach unten zum Erdreich, zur Außenluft oder zu unbeheizten Räumen abgrenzen: – Aufbau oder Erneuerung von Fußbodenaufbauten auf der beheizten Seite	$U = 0{,}50$	keine Anforderung
Decken, die beheizte Räume nach unten zur Außenluft abgrenzen: – Ersatz oder erstmaliger Einbau – Anbringen oder Erneuern von außenseitigen Bekleidungen oder Verschalungen, Feuchtigkeitssperren oder Drainagen oder – Anbringen von Deckenbekleidungen auf der Kaltseite	$U = 0{,}24$	$U = 0{,}35$

[1]) Anzuwenden nur auf opake Bauteile. Opak bedeutet im Gegensatz zu transparent undurchsichtig, nicht lichtdurchlässig. Opake Materialien sind z. B. Metalle, Holz und einige Natursteine.

Zulässige Höchstwerte des Transmissionswärmeverlustes H'_{Tmax}

Die Höchstwerte werden über die Gebäudegröße und Gebäudeform festgelegt. Die Anforderungen gelten für die energetische Bewertung eines bestehenden Gebäudes.

Gebäudetyp	Gebäude freistehend $A_N \leq 350$ m²	Gebäude freistehend $A_N \geq 350$ m²	Doppelhaushälfte/ Reihenendhaus einseitig angebaut	Reihenmittelhaus/ sonstige Gebäude
Transmissionswärmeverlust	≤ 0,40 W/(m² · K)	≤ 0,50 W/(m² · K)	≤ 0,45 W/(m² · K)	≤ 0,65 W/(m² · K)

Nachweis nach dem Gebäudeenergiegesetz am Beispiel eines frei stehenden Einfamilienhauses

Für das zu errichtende Wohngebäude und das Referenzgebäude ist der Jahres-Primärenergiebedarf nach DIN/TS 18599-12 zu ermitteln.

Der **Primärenergiebedarf** ist die berechnete Energiemenge, die zusätzlich zum Energieinhalt des notwendigen Brennstoffs und der Hilfsenergien für die Anlagetechnik auch die Energiemengen einbezieht, die durch vorgelagerte Prozessketten außerhalb des Gebäudes bei der Gewinnung, Umwandlung und Verteilung der jeweils eingesetzten Brennstoffe entstehen.

Der **Endenergiebedarf** ist die berechnete Energiemenge, die zur Anlagentechnik (Heizungsanlage, raumlufttechnische Anlage, Anlage zur Trinkwassererwärmung) zur Verfügung gestellt wird, um die festgelegte Rauminnentemperatur, die Erwärmung des Wassers und die gewünschte Beleuchtungsqualität über das ganze Jahr sicherzustellen.

Ein Wohngebäude ist so zu errichten, dass der Jahres-Primärenergiebedarf für Heizung, Warmwasserbereitung, Lüftung und Kühlung das 0,75-Fache des auf die Gebäudenutzfläche bezogenen Wertes des Jahres-Primärenergiebedarfs eines Referenzgebäudes nicht überschreitet.

$$Q''_{Pvorh} \leq Q''_{Pmax} = 0{,}75 \cdot Q''_{PRef}$$

$$Q''_{Pvorh} = (Q''_{H} + Q_{TW}) \cdot e_p \leq Q''_{Pmax}$$

$$Q''_{H} = Q_{H} : A_{N}$$

Einflüsse auf den Jahres-Primärenergiebedarf eines Einfamilienhauses

Regelung nach GEG	Jahres-Primärenergiebedarf Q''_P [kWh/(m² · a]	
	schwere Bauart	leichte Bauart
Ausgangsfall (Referenzausführung): $U_{AW} = 0{,}28$ W/(m² · K); $U_D = 0{,}28$ W/(m² · K); $U_G = 0{,}35$ W/(m² · K); $U_W = 1{,}30$ W/(m² · K); $g = 0{,}60$; $\Delta U_{WB} = 0{,}05$ W/(m² · K); $n = 0{,}55$ h^{-1} Gebäude dichtheitsgeprüft, Abluftanlage; Brennsystem mit zentraler Warmwasserbereitung und Solaranlage, Verteilung im beheizten Bereich; Raumtemperatur < 20 °C, mit Nachtabschaltung; Standort Potsdam	78,1	80,5
Maßnahmen, um die Vorschriften des GEG einzuhalten		
Ausführung wie das Referenzgebäude, aber mit verbesserter Wärmedämmung: $U_{AW} = 0{,}17$ W/(m² · K); $U_D = 0{,}13$ W/(m² · K); $U_G = 0{,}20$ W/(m² · K); $U_W = 0{,}90$ W/(m² · K)	58,3	60,5
Ausführung wie das Referenzgebäude, aber U-Werte wie beim Passivhaus: opake Bauteile $U = 0{,}15$ W/(m² · K); transparente Bauteile $U = 0{,}80$ W/(m² · K)	55,6	57,7
Ausführung wie das Referenzgebäude, aber mit verbesserter Wärmedämmung und detailliertem Wärmebrückennachweis: $U_{AW} = 0{,}20$ W/(m² · K); $U_D = 0{,}15$ W/(m² · K); $U_G = 0{,}24$ W/(m² · K); $\Delta U_{WB} = 0{,}018$ W/(m² · K)	58,2	60,3
Ausführung wie das Referenzgebäude, aber mit Sole-Wasser-Wärmepumpe	44,0	45,0
Ausführung wie das Referenzgebäude, aber mit Sole-Wasser-Wärmepumpe und Lüftung mit Wärmerückgewinnung	41,6	42,5
Ausführung wie das Referenzgebäude, aber mit Luft-Wasser-Wärmepumpe und Lüftung mit Wärmerückgewinnung sowie $\Delta U_{WB} = 0{,}018$ W/(m² · K)	31,7	32,7

Am Beispiel eines Einfamilienhauses wird berechnet, wie sich die Anforderungen des GEG erfüllen lassen.

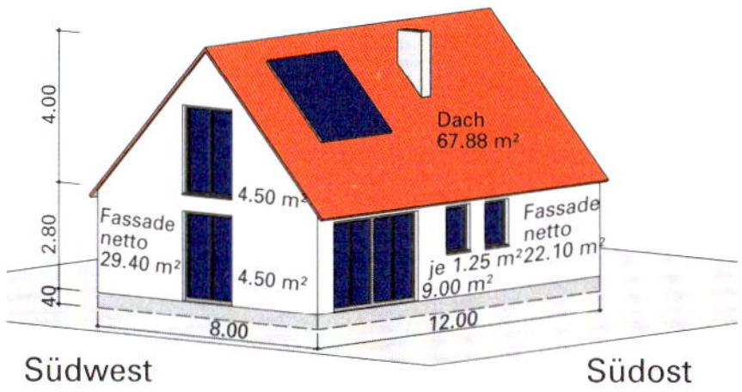

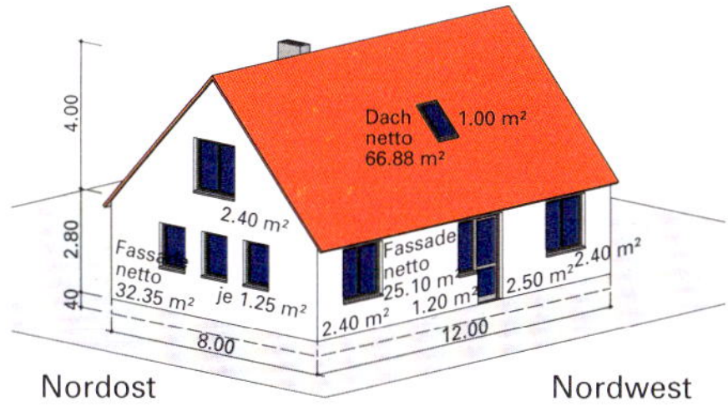

Gebäudedaten (Ausführung: schwere Bauart)

- beheiztes Gebäudevolumen $V_e = 499{,}20\ m^3$
- wärmeübertragende Umfassungsfläche $A = 391{,}76\ m^2$
- Geschosshöhe $h_G = 2{,}90\ m$
- Außenwände: $U_{AW} = 0{,}28\ W/(m^2 \cdot K)$
- Dach: $U_D = 0{,}20\ W/(m^2 \cdot K)$
- Fenster: $U_W = 1{,}30\ W/(m^2 \cdot K)$
- Außenhaustür: $U_{AW} = 1{,}80\ W/(m^2 \cdot K)$
- Wärmebrückenkorrekturwert: $\Delta U_{WB} = 0{,}05\ W/(m^2 \cdot K)$
- Luftwechselrate: $n = 0{,}55\ h^{-1}$
- gesamter Transmissionswärmeverlust H_T wurde mit einer Branchensoftware ermittelt:
  $H_T = U_i \cdot A_i \cdot F_{xi} = 82{,}25\ W/K$
- gesamte Jahresheizwärmebedarf Q_H wurde softwaregestützt ermittelt:
  $Q_H = 5872{,}19\ kWh/a$
- Zentralheizung mit Brennwertkessel und Solaranlage zur Trinkwassererwärmung sowie Abluftanlage (Ausführung wie das Referenzgebäude)

Anforderung gemäß GEG

Zulässiger Jahres-Primärenergiebedarf nach Tabelle
$Q''_{Pmax} = 0{,}75 \cdot Q''_{PRef} = 0{,}75 \cdot 78{,}1\ kWh/(m^2 \cdot a)$ **$= 58{,}60\ kWh/(m^2 \cdot a)$**

1. Ermittlung der Gebäudenutzfläche A_N
$A_N = 0{,}32 \cdot V_e = 0{,}32/m \cdot 499{,}20\ m^3$ **$= 159{,}74\ m^2$**

2. Ermittlung des beheizten Luftvolumens V
$V = 0{,}76 \cdot V_e = 0{,}76 \cdot 499{,}20\ m^3$ **$= 379{,}39\ m^3$**

3. Ermittlung des Lüftungswärmeverlustes H_V
$H_V = 0{,}34\ W/(m^3 \cdot K) \cdot n \cdot V = 0{,}34\ W/(m^3 \cdot K) \cdot 0{,}55 \cdot 379{,}39\ m^3$ **$= 70{,}95\ W/K$**

4. Ermittlung des Transmissionswärmeverlustes H_T
$H_T = (U_i \cdot A_i \cdot F_{xi}) + \Delta U_{WB} \cdot A = 82{,}25\ W/K + 0{,}05\ W/(m^2 \cdot K) \cdot 391{,}76\ m^2$ **$= 101{,}84\ W/K$**

5. Ermittlung des flächenbezogenen Transmissionswärmeverlustes H'_T
$H'_T = H_T : A = 101{,}84\ W/K : 391{,}76\ m^2$ **$= 0{,}26\ W/(m^2 \cdot K)$**

6. Ermittlung des flächenbezogenen Jahres-Primärenergiebedarfs Q''_H
$Q''_H = Q_H : A_N = 5872{,}19\ kWh/a : 159{,}74\ m^2$ **$= 36{,}76\ kWh/(m^2 \cdot a)$**

7. Trinkwasserbedarf Q_{TW}
Er ist definiert mit Q_{TW} **$= 12{,}50\ kWh/(m^2 \cdot a)$**

8. Ermittlung der Anlagenaufwandszahl e_p
Die Anlagenaufwandszahl wurde softwaregestützt mit $e_p = 1{,}183$ ermittelt.

9. Ermittlung des Jahres-Primärenergiebedarfs Q''_{Pvorh}
$Q''_{Pvorh} = (Q''_H + Q_{TW}) \cdot e_p \le Q_{Pmax} = [36{,}76\ kWh/(m^2 \cdot a) + 12{,}5\ kWh/(m^2 \cdot a)] \cdot 1{,}183$ **$= 58{,}27\ kWh/(m^2 \cdot a)$**
Jahres-Primärenergiebedarf des Referenzgebäudes beträgt nach Tabelle Q_{PRef} **$= 78{,}10\ kWh/(m^2 \cdot a)$**

10. Ermittlung des zulässigen Jahres-Primärenergiebedarfs Q''_{Pmax}
$Q''_{Pmax} = 0{,}75 \cdot Q''_{PRef} = 0{,}75 \cdot 78{,}1\ kWh/(m^2 \cdot a)$ **$= 58{,}60\ kWh/(m^2 \cdot a)$**

$Q''_{Pvorh} \le Q''_{Pmax} = 58{,}27\ kWh/(m^2 \cdot a) \le 58{,}60\ kWh/(m^2 \cdot a)$

Grundbegriffe

Absolute Luftfeuchte: Sie gibt an, wie viel g/m³ Wasserdampf tatsächlich in der Luft vorhanden sind.

Maximale Luftfeuchte: Sie gibt die Wasserdampfmenge in *g* an, die in 1 m³ einer mit Wasserdampf gesättigten Luft enthalten ist.

Relative Luftfeuchte: Sie ist das Verhältnis der absoluten Luftfeuchte zur höchstmöglichen Luftfeuchte, in % ausgedrückt.

$$\% \text{ relative Feuchte} = \frac{\text{absolute Luftfeuchte}}{\text{maximale Luftfeuchte}} \cdot 100$$

Dampfteildruck (*p*): Darunter wird der Druck verstanden, den der Wasserdampf in der Luft ausübt. Mit zunehmender Temperatur kann sich der Teildruck erhöhen.

Sättigungsdruck (p_S): Er ist der Dampfdruck, den der Wasserdampf in gesättigter Luft (≙ 100% rel. Feuchte) maximal erreichen kann.

Einheit für *p* und p_S: Pa oder mbar
1 Pa ≙ 0,01 mbar

Tauwasser: Es ist die Feuchtigkeit, die sich aus der Luft an Bauteilen niederschlägt, wenn deren Temperatur unter der Taupunkttemperatur liegt.

Taupunkt: Temperatur der Luft, bei der der Dampfteildruck den Sättigungsdruck erreicht. Bei Unterschreitung fällt Kondensat (Tauwasser) aus.

Wasserdampfdiffusion: Darunter versteht man die Wanderung des Wasserdampfes infolge Dampfdruck- und Temperaturgefälle. Die Wanderung erfolgt in Richtung zur tieferen Temperatur.

Dampfdruckverlauf in einem Bauteil

Ohne Tauwasser

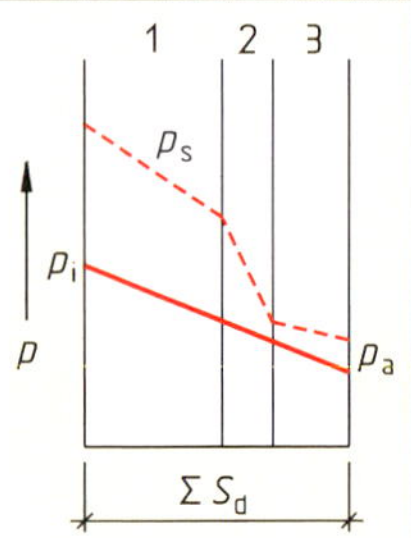

$p_S > p$

Mit Tauwasser

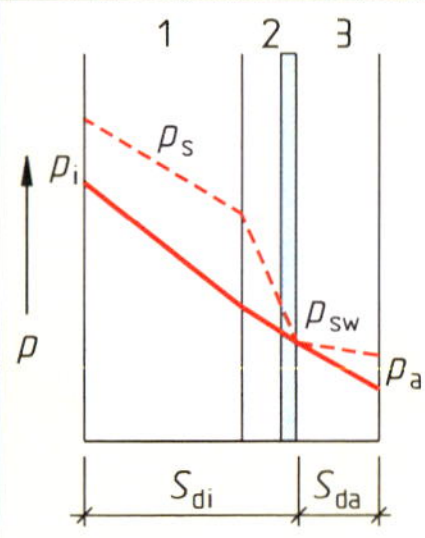

p_S in einem Punkt < *p*

p = Wasserdampfteildruck
p_s = Wasserdampf-Sättigungsdruck
p_i, p_a = Wasserdampf-Sättigungsdruck innen bzw. außen
p_{sw} = Wasserdampf-Sättigungsdruck mit Tauwasseranfall
S_d = diffusionsäquivalente Luftschichtdicke
S_{di}, S_{da} = diffusionsäquivalente Luftschichtdicke innen bzw. außen

Lufttemperatur ϑ °C	Wasserdampf in g/m³ bei relativen Luftfeuchten von:			Dampfdruck in mbar bei 100% Luftfeuchte
	100%	80%	70%	
+ 20	17,3	13,8	12,1	23,4
19	16,3	13,0	11,4	22,0
18	15,4	12,3	10,8	20,6
17	14,5	11,6	10,1	19,4
16	13,7	10,9	9,6	18,2
15	12,8	10,3	8,9	17,1
14	12,1	9,6	8,4	16,0
13	11,4	9,1	8,0	15,0
12	10,7	8,5	7,5	14,0
11	10,0	8,0	7,0	13,1
10	9,4	7,5	6,6	12,3
9	8,8	7,1	6,2	11,5
8	8,3	6,6	5,8	10,7
7	7,7	6,2	5,4	10,0
6	7,3	5,8	5,1	9,35
5	6,8	5,4	4,8	8,72
4	6,4	5,1	4,5	8,13
3	6,0	4,8	4,2	7,59
2	5,6	4,5	3,9	7,05
+ 1	5,2	4,1	3,6	6,57
0	4,8	3,9	3,4	6,11
– 1	4,5	3,6	3,2	5,62
2	4,1	3,3	2,9	5,17
3	3,8	3,1	2,7	4,76
4	3,5	2,8	2,5	4,36
5	3,3	2,6	2,3	4,01
6	3,0	2,4	2,1	3,68
7	2,8	2,2	1,9	3,37
8	2,5	2,1	1,8	3,10
9	2,3	1,9	1,6	2,83
– 10	2,1	1,7	1,5	2,60

Taupunkttemperatur ϑ_S von Luft in Abhängigkeit der Lufttemperatur *T* und der relativen Luftfeuchte

ϑ in °C	50%	60%	70%	80%	90%
+ 23	12,0	14,8	17,2	19,4	21,3
22	11,1	13,9	16,3	18,4	20,3
21	10,2	12,9	15,3	17,4	19,3
20	9,3	12,0	14,4	16,5	18,3
19	8,3	11,1	13,4	15,5	17,3
18	7,4	10,1	12,4	14,5	16,3
17	6,5	9,2	11,5	13,5	15,4
16	5,6	8,2	10,5	12,5	14,3
15	4,7	7,3	9,6	11,6	13,4
14	3,7	6,4	8,6	10,6	12,4
13	2,8	5,4	7,7	9,6	11,4
12	1,9	4,5	6,7	8,7	10,4
11	1,0	3,6	5,8	7,7	9,4
10	0,1	2,6	4,8	6,7	8,4
9	– 0,8	1,7	3,8	5,7	7,5
8	– 1,6	0,7	2,9	4,8	6,4
7	– 2,4	– 0,2	1,9	3,8	5,5
6	– 3,2	– 1,0	0,9	2,8	4,5
5	– 4,0	– 1,9	0,1	1,8	3,5
4	– 4,8	– 2,7	– 0,9	0,9	2,5
3	– 5,7	– 3,5	– 1,7	– 0,1	1,5

BRANDSCHUTZ

Klassifizierung von Baustoffen (DIN 4102)

Bauaufsichtliche Benennung	Baustoffklasse		Beispiele Die Baustoffklasse muss durch Prüfzeugnis oder Prüfzeichen auf der Grundlage von Brandversuchen nach DIN 4102, Teil 1, bzw. durch allgemeine bauaufsichtliche Zulassung nachgewiesen werden
Nichtbrennbare Baustoffe	**A**	A1	Sand, Zement, Kalk, Gips, Schlacke, Steine, Mörtel und Beton aus mineralischen Bestandteilen, Glas, Faserzementplatten, Wärmedämmung aus Mineralwolle (MW), Fireboardplatten, Gusseisen, Stahl, verschiedene Metalle
		A2	Gipsplatten Typ F ≥ 9,5 mm, Wärmedämmung aus Mineralwolle MW ≥15 mm
Brennbare Baustoffe – schwer entflammbar	**B**	B1	Mineralisch gebundene Holzwolleplatten, Gipsplatten (soweit nicht A 2); Werkstoffe, die vorschriftsmäßig mit einem Feuerschutzmittel behandelt wurden
– normal entflammbar		B2	Holz und Holzwerkstoffe > 2 mm, genormte Dachpappe u. a.

Klassifizierung von Bauteilen in Feuerwiderstandsklassen (DIN 4102)

Feuerwiderstandsklasse F*)	Feuerwiderstandsdauer (min)	Baustoffklasse nach DIN 4102, Teil 1, der in den Bauteilen verwendeten Baustoffe für		Benennung	Kurzbezeichnung
		wesentliche Teile	übrige Bestandteile	Bauteile der	
F 30	≥30	B	B	Feuerwiderstandsklasse F 30	F 30-B
F 30	≥30	A	B	Feuerwiderstandsklasse F 30 und in den wesentl. Teilen aus nichtbrennbaren Baustoffen	F 30-AB
F 30	≥30	A	A	Feuerwiderstandsklasse F 30 und aus nichtbrennbaren Baustoffen	F 30-A
F 60	≥60	B	B	Feuerwiderstandsklasse F 60	F 60-B
F 60	≥60	A	B	Feuerwiderstandsklasse F60 und in den wesentl. Teilen aus nichtbrennbaren Baustoffen	F 60-AB
F 60	≥60	A	A	Feuerwiderstandsklasse F 60 und aus nichtbrennbaren Baustoffen	F 60-A
F 90	≥90	B	B	Feuerwiderstandsklasse F 90	F 90-B
F 90	≥90	A	B	Feuerwiderstandsklasse F 90 und in den wesentl. Teilen aus nichtbrennbaren Baustoffen	F 90-AB
F 90	≥90	A	A	Feuerwiderstandsklasse F 90 und aus nichtbrennbaren Baustoffen	F 90-A
F 120	≥120	B	B	Feuerwiderstandsklasse F 120	F 120-B
F 120	≥120	A	B	Feuerwiderstandsklasse F 120 und in den wesentl. Teilen aus nichtbrennbaren Baustoffen	F 120-AB
F 120	≥120	A	A	Feuerwiderstandsklasse F 120 und aus nichtbrennbaren Baustoffen	F 120-A
F 180	≥180	B	B	Feuerwiderstandsklasse F 180	F 180-B
F 180	≥180	A	B	Feuerwiderstandsklasse F 180 und in den wesentl. Teilen aus nichtbrennbaren Baustoffen	F 180-AB
F 180	≥180	A	A	Feuerwiderstandsklasse F 180 und aus nichtbrennbaren Baustoffen	F 180-A

*) Nach DIN EN 1992-1-2 werden für **Tragwerke** die Feuerwiderstandsklassen **R, EI, REI** unterschieden. Die Mindestfeuerwiderstandsdauer beträgt je nach Feuerwiderstandsklasse 30, 60, 90, 120, 180 und 240 Minuten.
R – für Stützen und Balken aus Stahlbeton und Spannbeton R 30, R 60 … R 240
EI – für nichttragende, raumabschließende Trennwände EI 30, EI 60…EI 240
REI – für tragende Betonwände, für Stahlbeton- und Spannbetonplatten, für Flach- und Rippendecken aus Stahlbeton und Spannbeton REI 30, REI 60…REI 240

Kunststoffe im Bauwesen

Kunststoff	Kurz-zeichen	Handelsnamen (Auswahl)	Verwendung im Bauwesen
Thermoplaste:			
weichmacherfreies **P**oly**v**inyl**c**hlorid (~ schlagzäh) (~ hochschlagzäh)	**PVC-U** (PVC-I) (PVC-HI)	Hostalit, Vestolit, Vinoflex, Dynadur, Gabodur, Trovidur	Regenrinnen und -fallrohre, Abwasser- und Dränrohre, Rollladenprofile, Fensterrahmen
weichmacherhaltiges **P**oly**v**inyl**c**hlorid	**PVC-P**	Alcella, Alkor, Mipolam, Pegulan, Skai	Wand- und Bodenbeläge, Fugenbänder, Dichtungsbahnen, Handläufe
Poly**e**thylen (~ hoher Dichte) (~ niederer Dichte)	**PE** (PE-HD) (PE-LD)	Hostalen, Lupolen, Supralen, Vestolen, Eltex	Wasserrohre, Behälter, Schutzhelme
Poly**p**ro**p**ylen	**PP**	Hostalen PP, Novolen, Luparen	Rohre, Behälter, Seile
Poly**s**tyrol (verschäumtes ~)	**PS** (PS-E)	für Polystyrolschaum: Styropor, Frigolit, Poresta	als Polystyrolschaum für: Wärme- und Trittschalldämmplatten, Schalkörper
Poly**i**so**b**utylen	**PIB**	Oppanol	Dichtungsbahnen
Poly**v**inyl**ac**etat	**PVAC**	Mowilith, Vinnapas	Dispersionsfarben, Holzleime
Poly**m**ethyl**m**eth**a**crylat (Acrylglas)	**PMMA**	Plexiglas, Plexol, Resartglas, Degalan	Lichtkuppeln
Duroplaste:			
ungesättigtes **P**olyesterharz	**UP**	mit Glasfaserverstärkung: Tronex, Scobalit, Lamilux, Markolit, Filon, Polydet	mit Glasfaserverstärkung: lichtdurchlässige Wellplatten, Lichtkuppeln, Schutzhelme
Epoxidharz	**EP**	Araldit, Levopox, Epikote	hochwertige Klebstoffe
Elastomere:			
Poly**ur**ethanschaum	**PUR-E**	Neopren, Moltopren, Vulkollan, Herathan, Isovoss	Wärme- und Trittschalldämmplatten, Baulager
Polysulfidkautschuk	(SR)	Thiokol, Thiogutt, Elribon, Bornit, Terostat z. T.	elastische Dichtstoffe
Siliconkautschuk	(SI)	Silopren, Silastene, Silastomer, Durasil, Terostat z. T.	elastische Dichtstoffe

Bitumenhaltige Bindemittel

Bindemittel	Straßenbau-bitumen[1])	Polymermodifizierte Bitumen (PmB)	Verschnittene und gefluxte Bitumen	Kationische Bitumen-emulsionen	Kaltbitumen
Bestandteile	Bitumen	Bitumen + Polymere (= Kunststoffe)	Bitumen + Mineral- oder Pflanzenöle	Bitumen + Wasser + Emulgator	Bitumen + Lösemittel
Verarbeitung	heiß	heiß	warm	kalt	kalt
Sorten	160/220, 70/100, 50/70, 30/45, 20/30	z. B. 10/40-65, 25/55-55, 45/80-50, 40/100-65[2])	z. B. Fm 4 B 6, Fv9 BP 6[3])	z. B. C 60 B 4, C 70 BP 3[3])	KB
Verwendung	Straßenbau Bitumenbahnen	Straßenbau Polymerbahnen	Straßenbau	Straßenbau Bautenschutz	Straßenbau

[1]) Zusätzlich gibt es als spezielle Straßenbaubitumen harte und multigrade Straßenbaubitumen.
[2]) Zusatz A = elastomermodifiziert; C = plastomermodifiziert
[3]) Fm/Fv = mit Mineralöl/Pflanzenöl verschnitten oder gefluxt; C = kationische Emulsion, B = Bitumen, P = mit Polymeren

Wassereinwirkungsklassen (DIN 18533)

Klasse	Zeichnung	Art der Einwirkung	Situation
W1-E		**Bodenfeuchte und nichtdrückendes Wasser**	– Saugwasser, Haftwasser, Kapillarwasser – Sickerwasser bei stark wasserdurchlässigem Baugrund – Dränung bei wenig durchlässigen Böden
W1.1-E	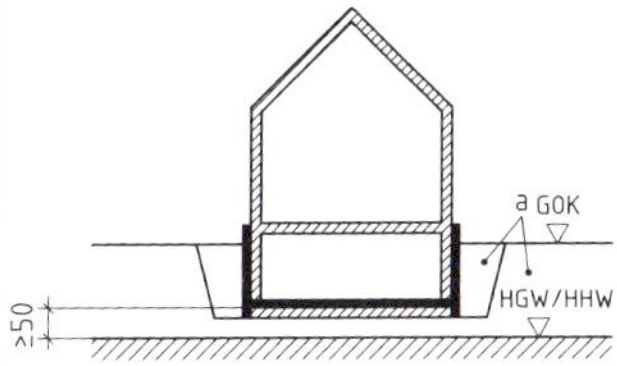	Bodenfeuchte und nichtdrückendes Wasser bei Bodenplatten und erdberührten Wänden	Bei Bodenplatten ohne Unterkellerung und bei Wänden und Bodenplatten mit stark wasserdurchlässigem Baugrund und stark wasserdurchlässiger Baugrubenverfüllung liegt die Abdichtungsebene mindestens 50 cm oberhalb des Bemessungswasserstandes.
W1.2-E	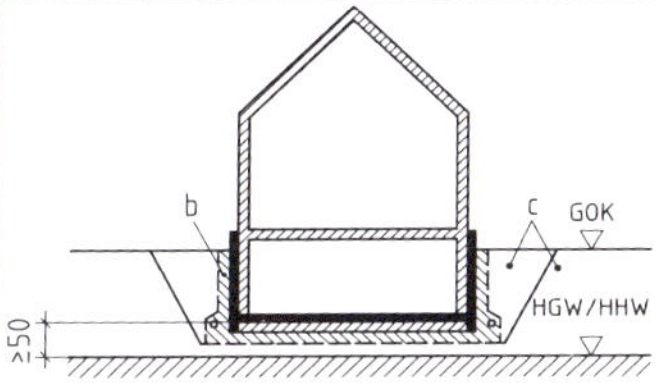	Bodenfeuchte und nichtdrückendes Wasser bei Bodenplatten und erdberührten Wänden mit Dränung	Bei wenig wasserdurchlässigem Baugrund wird Stauwasser durch eine auf Dauer funktionsfähige Dränung zuverlässig vermieden.
W2-E		**Drückendes Wasser**	Stau-, Grund- oder Hochwasser wirkt bis 3 m Wassersäule auf erdberührte Bauteile ein.
W2.1-E	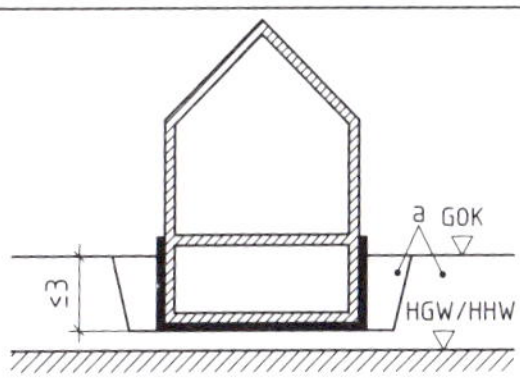	mäßige Einwirkung von drückendem Wasser bis mindestens 3 m Eintauchtiefe	
	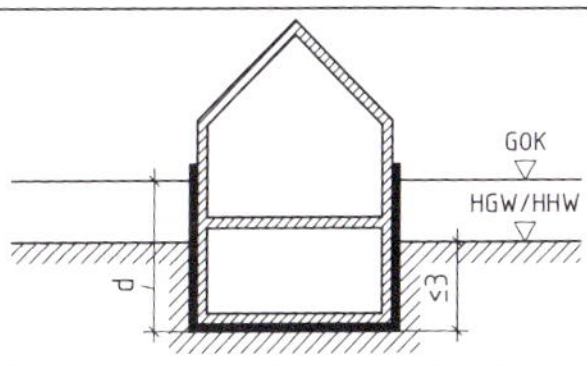	Grundwassereinwirkung bis 3 m	Die unterste Abdichtungsebene liegt bis 3 m unter dem Bemessungswasserstand.
	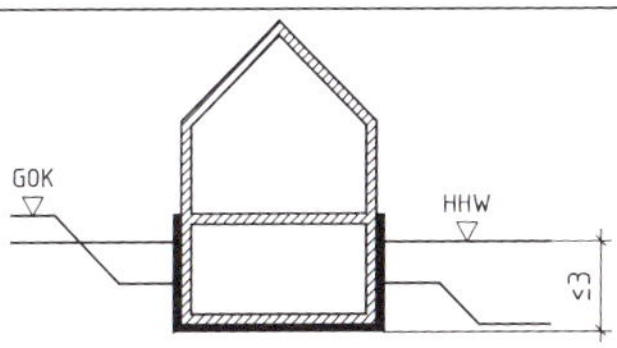	Hochwassereinwirkung bis 3 m	Die Abdichtungsebene liegt im Bereich des Hochwassers oberirdischer Gewässer. Die Druckwassereinwirkung beträgt ≤ 3 m.
W2.2-E	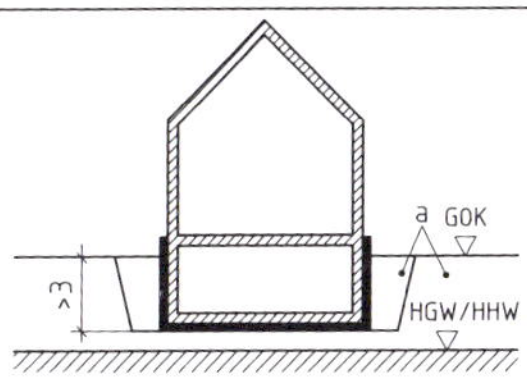	Hohe Einwirkung von drückendem Wasser mehr als 3 m Eintauchtiefe	Die unterste Abdichtungsebene liegt mehr als 3 m unter GOK. Die erdberührten Bauteile befinden sich in wenig wasserdurchlässigem Boden und sind nicht gedränt. Es wirkt mehr als 3 m hoch Stauwasser ein.

Wassereinwirkungsklassen (DIN 18533) Fortsetzung

Klasse	Zeichnung	Art der Einwirkung	Situation
W2.2-E	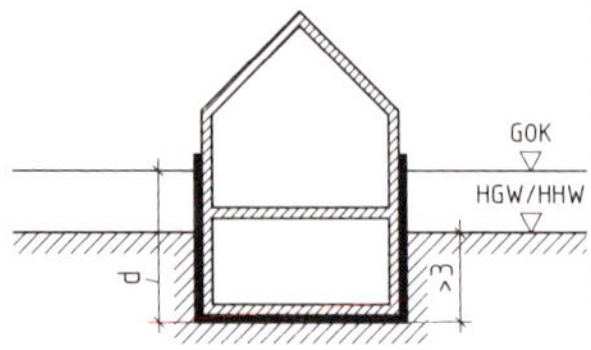	Grund- oder Hochwassereinwirkung mehr als 3 m	Die unterste Abdichtungsebene wird bei Hochwasserstand (HGW und HHW) mehr als 3 m hoch durch Druckwasser belastet.
W3-E	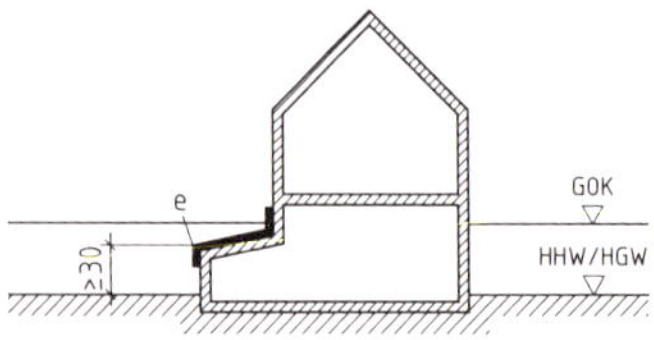	**Nichtdrückendes Wasser auf erdüberschütteten Decken**	Niederschlagswasser, das durch die Erdüberschüttung bis zur Abdichtung absickert, muss dort durch Dränung, Gefälle und wasserdurchlässige Überschüttung abgeleitet werden.
W4-E	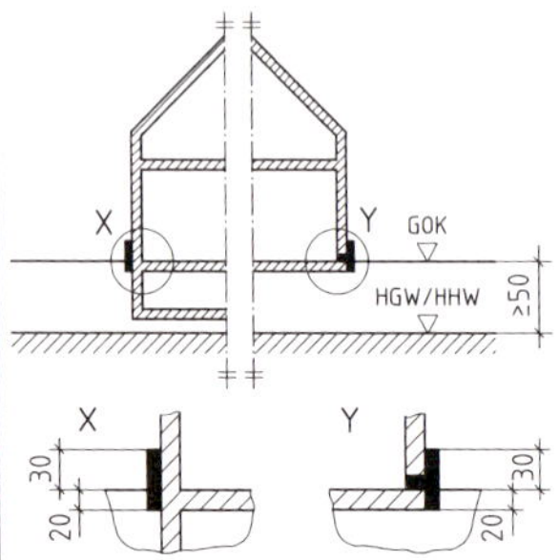	**Spritzwasser und Bodenfeuchte am Wandsockel sowie Kapillarwasser in und unter Wänden**	Am Wandsockel bei ein- und zweischaligem Mauerwerk wirken Spritz- und Sickerwasser auf die Sockeloberflächen, Bodenplatten und Fundamente ein. In und unter Wänden kann Wasser kapillar aufsteigen. Bei zweischaligen Wänden kann abrinnendes Niederschlagswasser in den Schalenzwischenraum sickern. Dies macht eine Wandsockel- und Querschnittsabdichtung erforderlich.

a – stark wasserdurchlässig
b – Dränung
c – wenig wasserdurchlässig
d – beliebig (Einbindetiefe des Bauwerks)
e – tiefster Punkt der Deckenfläche
GOK – Oberkante Gelände
HGW – Bemessungsgrundwasserstand
HHW – Bemessungshochwasserstand

Rissklassen

Risse sind in Bauteilen in der Regel nicht völlig vermeidbar und müssen bei der Wahl der Abdichtungsart berücksichtigt werden.

Klasse	Rissbildung/Rissbreitenänderung
R1-E	(**gering**) ≤ 0,2 mm; Rissbildung und Rissbreitenänderung dieser Größenordnung sind in den üblichen Abdichtungsuntergründen des Hochbaus in der Regel unvermeidbar.
R2-E	(**mäßig**) ≤ 0,5 mm; unbewehrter Beton; Stahlbeton; Mauerwerk
R3-E	(**hoch**) ≤ 1,0 mm und/oder Rissversatz ≤ 0,5 mm in Beton oder im Mauerwerk
R4-E	(**sehr hoch**) ≤ 5,0 mm und/oder Rissversatz ≤ 2,0 mm, z. B. infolge von Umwelteinflüssen wie Erschütterungen oder Erdbeben

Raumnutzungsklassen

Sie definieren unterschiedlich hohe Anforderungen an die Trockenheit von Raumluft von erdseitig abgedichteten Räumen und die Zuverlässigkeit der Abdichtungsart.

Klasse	Raumnutzung
RN1-E	Raumnutzung mit **geringer Anforderung** an die Trockenheit der Raumluft (z. B. offene Werk- oder Lagerhalle, Tiefgarage)
RN2-E	Raumnutzung mit **üblicher Anforderung** an die Trockenheit der Raumluft und Zuverlässigkeit der Abdichtungsbauart (z. B. Aufenthaltsräume; Räume zur Lagerung von feuchteempfindlichen Gütern wie Keller- und Lagernutzungen in üblichen Wohn- und Bürogebäuden)
RN3-E	Raumnutzung mit **hoher Anforderung** an die Trockenheit der Raumluft und hoher Anforderung an die Zuverlässigkeit der Abdichtungsbauart (z. B. Magazin zur Lagerung unersetzlicher Kulturgüter; Raum für den Zentralrechner)

Mauerarbeiten (DIN 18330)

Leistung	Abrechnungs-einheit	Übermessungsregeln	Besonderheiten
Wände	m^2	Übermessen werden: – Aussparungen ≤ 2,5 m^2 Einzelgröße, wie Öffnungen, Nischen und Durchdringungen – Stürze, Rollladenkästen – Unterbrechungen der Mauerwerksfläche ≤ 30 cm durch stabförmige Bauteile – Fugen	durchgehendes Mauerwerk Oberseite Rohdecke bis Oberseite Rohdecke Nicht durchgehendes Mauerwerk wird nach tatsächlicher Höhe abgerechnet. Bei Wanddurchdringungen wird die dickere Wand durchgemessen. Abrechnung getrennt nach Wanddicken
Pfeiler	m	–	Fensterpfeiler: Breite > 50 cm → Mauerwerk, Breite ≤ 50 cm und beidseitige Öffnungen abgezogen → gesonderte Berechnung
Schornsteine aus Formstücken	m	–	getrennt nach Bauart, Maßen, Zahl und Querschnitt der Züge

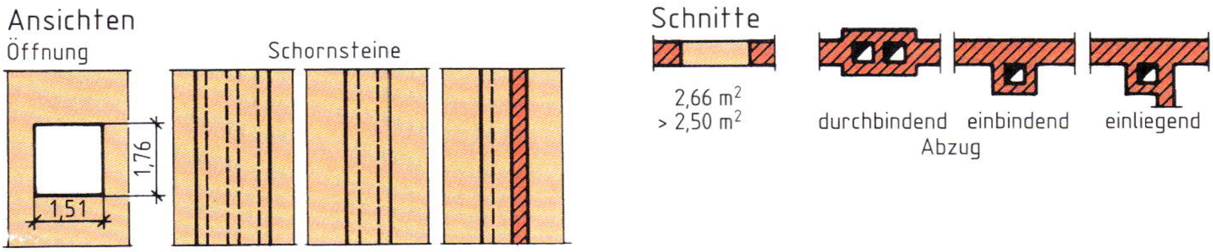

Abzüge bei Flächenmaß

Betonarbeiten (DIN 18331)

Leistung	Abrechnungs-einheit	Übermessungsregeln	Besonderheiten
Massige Bauteile	m^3	Übermessen werden: – Aussparungen, Kassetten, Hohlkörper ≤ 0,5 m^3 Einzelgröße – durchdringende oder einbindende Bauteile ≤ 0,5 m^3 Einzelgröße, wenn sie baulich abgegrenzt sind – Schlitze, Kanäle ≤ 0,1 m^3 je Meter Länge – eingebaute Dämmstoffschichten	z. B. Fundamente, Stützmauern, Widerlager
Wände, Decken	m^2	– Aussparungen ≤ 2,5 m^2 Einzelgröße – eingebaute Dämmstoffschichten – Fugen	Bei Wanddurchdringungen wird die dickere Wand durchgemessen. Bei Wänden wird die Höhe von Oberfläche Rohdecke bis Unterfläche Rohdecke gerechnet.
Stützen	m, Stück	–	Bei Stützen, welche in Decken einbinden, wird die Höhe von Oberfläche Rohdecke bis Unterfläche Rohdecke gerechnet.
Balken und Stürze	m, Stück	–	soweit sie nicht in die Decke einbinden

*) Einzelgröße

Leistung	Einheit	Arbeitszeitbedarf in Std.
Betonarbeiten		
Fundamente, Stützmauern		
mit Krankübel eingebaut	1 m^3	0,8
mit Betonpumpe eingebaut	1 m^3	0,4
Böden, Decken		
mit Krankübel eingebaut	1 m^3	1,0
mit Betonpumpe eingebaut	1 m^3	0,8
Wände $d = 20 \ldots 25$ cm		
mit Krankübel eingebaut	1 m^3	1,2
mit Betonpumpe eingebaut	1 m^3	0,9
Stützen		
mit Krankübel eingebaut	1 m^3	2,2
mit Betonpumpe eingebaut	1 m^3	2,0
Stahlbetontreppe, geradläufig		
mit Krankübel eingebaut	1 m^2	0,40
mit Betonpumpe eingebaut	1 m^2	0,30
Schalarbeiten (Ein-, Ausschalen, Reinigen, Umsetzen mit Kran)		
Stahlbetonwand		
mit Trägerschalung	1 m^2	0,90
mit Rahmenschalung	1 m^2	0,80
mit Großflächenschalung	1 m^2	0,40
Stahlbetondecke		
mit Rahmenschalung	1 m^2	0,90
mit Schaltischen	1 m^2	0,20
mit Modulschalung	1 m^2	0,45
Stahlbetonbalken mit Brettschalung	1 m^2	1,20
Gerade Stahlbetontreppe mit Brettschalung	1 m	3,25
Gewendelte Stahlbetontreppe mit Brettschalung	1 m	5,55
UG-Wand mit Rahmentafelschalungen	1 m^2	0,41
Stahlbetonstütze		
mit Brettschalung	1 m^2	1,50
mit Systemschalung, Elemente einzeln umgesetzt	1 m	0,86
mit Systemschalung als Winkelelemente umgesetzt	1 m	0,45
Bewehrungsarbeiten (Biege- und Verlegearbeiten, Kraneinsatz)		
Betonstabstahl		
Durchmesser bis 10 mm	1 t	40
Durchmesser bis 20 mm	1 t	35
Durchmesser über 20 mm	1 t	32
Betonstahlmatten	1 t	16
Zimmerarbeiten		
Bauholz mit Kran abladen	1 m^3	0,15
Bauholz mit Kran aufladen	1 m^3	0,20
Schnittholz, paketiert, mit Kran laden	1 m^3	0,10
Bauholz mit Holzschutzmittel imprägnieren	1 m^3	0,05
Fachwerkhölzer, bis 12/12 cm abbinden und aufstellen mit Maschinen	1 m	0,25
Wandschalung, gestülpt, aus rauen Brettern, liefern und anbringen	1 m^2	0,55
Deckenbalken abbinden und verlegen mit Maschinen	1 m	0,18
Dachverbandshölzer abbinden und aufstellen mit Maschinen	1 m	0,18
Dachverbandshölzer mit Schiftungen, Grate, Kehlen abbinden und aufstellen mit Maschinen	1 m	0,25
Schifter, Grat- und Kehlsparren abbinden und aufstellen	1 m	0,41

Mauerarbeiten[1, 3])

Steinart		Mauerziegel					Kalksandsteine					Leichtbetonsteine				
Wanddicke		11^5	17^5	24	30	36^5	11^5	17^5	24	30	36^5	11^5	17^5	24	30	36^5
	DF	1,17		1,59					1,56							
	NF	0,97		1,31		1,97	1,02		1,38		2,08					
	2 DF	0,82		1,14		1,71	0,87		1,2		1,8	0,82		1,14		1,71
	3 DF		3,94	1,06				0,72	1,04			0,72	0,69	0,99		
	2/3 DF				1,26	1,60				1,32	1,68				1,26	1,6
	4 DF	0,87		0,93			0,92		0,97			0,87		0,93		
	5 DF	0,82		0,89	1,02		0,87		0,92	1,06		0,82		0,89	1,02	
	6 DF	0,82	0,62	0,77				0,66			0,99			0,8		
	8 DF	0,77					0,82		0,7			0,77		0,73		
	9 DF		0,53		0,69											
	10 DF			0,59	0,66				0,65	0,71				0,66		
	12 DF		0,51	0,59		0,75		0,53			0,77		0,54	0,65		
	15 DF				0,65	0,73				0,65	0,73				0,68	
	16 DF			0,53					0,56					0,56		
	20 DF				0,6										0,6	
	24 DF					0,66										0,68
Einheit		h/m² [4])														

Steinart		Porotonziegel					Porenbeton-Blocksteine					Porenbeton-Plansteine				
Wanddicke		11^5	17^5	24	30	36^5	11^5	17^5	24	30	36^5	17^5	25	30	36^5	37^5
	DF	1,07		1,53												
	NF	0,92		1,25		1,88										
	2 DF	0,77		1,09		1,62										
	3 DF		0,65	0,95												
	2/3 DF				1,17	1,53										
	4 DF	0,77		0,87												
	5 DF	0,72		0,85	0,97											
	6 DF	0,72	0,54[2])													
	8 DF	0,72					0,72									
	9 DF															
	10 DF			0,62[2])	0,72[2])				0,81							
	12 DF		0,51[2])	0,65[2])	0,76[2])	0,89[2])		0,65	0,81							0,89
	15 DF				0,76[2])	0,91[2])		0,59		0,82	1,0	2,59			0,82	0,81
	16 DF			0,61[2])					0,77				0,65			
	20 DF				0,72[2])				0,73	0,84			0,64	0,72		
	24 DF					0,85[2])					0,95				0,84	0,85
Einheit		h/m² [4])														

1) Die Arbeitszeitwerte berücksichtigen das Bereitstellen der Materialien, das Mauern ohne abzugsfähige Öffnungen und mit voller Fuge, den Transport mithilfe eines Krans.
2) Fugenart: Nut und Feder
3) Bei Mauerhöhen von 3 … 4 m kommt ein Zuschlag von 0,03 h/m² hinzu.
4) Seit 2006 darf nach VOB (Teil C, DIN 18330) Mauerwerk unabhängig von der Dicke nur noch nach Flächenmaß (m²) ausgeschrieben und abgerechnet werden.

Die wichtigsten europäischen Nadelhölzer

Holzart	Code nach DIN EN 13556	Rohdichte	äußere Kennzeichen	innere Kennzeichen	Eigenschaften	hauptsächliche Verwendung
Fichte (Rottanne, Pechtanne) 	2.26 PCAB	frisch 740 kg/m³ lufttrocken 480 kg/m³	Bis etwa 50 m hoher Baum mit leicht schräg nach unten hängenden Ästen. Bis 1 cm dicke rötlich braune Rinde, die lange glatt bleibt und sich später in kleinen Schuppen ablöst. Spitze Nadeln mit rautenförmigem Querschnitt. Früchte (Fichtenzapfen) hängen abwärts und fallen als Ganzes ab.	*Reifholzbaum.* Helles, gelblich weißes bis rötlich weißes Holz. Kernbereich glänzend, Splint etwas matter. Deutlich erkennbare Jahrringe. Markstrahlen nicht erkennbar. Wenige Harzgänge, insgesamt jedoch harzreich. Harzgeruch.	Weich bis mittelhart, leicht spaltbar, grobfaserig. Hohe Elastizität und Tragfähigkeit; geringe Biegsamkeit. Dauerhaft ganz unter Wasser und im Trockenen. Weniger dauerhaft im Wechsel von nass und trocken. Leicht entflammbar.	Balken, Kanthölzer, Bohlen, Bretter, Latten. Hauptsächlich im Gebäude, seltener im Freien. Rüstungen und Schalungen im Betonbau. Zur Herstellung von plattenförmigen Holzwerkstoffen.
Tanne (Weißtanne) 	2.1 ABAL	frisch 670 kg/m³ lufttrocken 450 kg/m³	Bis etwa 65 m hoher Baum mit etwas dickerem Stamm als Fichte. Äste bei jüngeren Bäumen leicht nach oben stehend, später waagerecht oder leicht nach unten hängend. Grauweiße glatte Rinde, die im Alter Schuppen absondert. Kurze, stumpfe Nadeln mit zwei weißen Streifen an der Unterseite. Früchte (Tannenzapfen) stehen aufrecht und haben abgerundete, abfallende Schuppen.	*Reifholzbaum.* Helles, strohgelbes bis rötlich weißes Holz. Das etwas dunklere, schmale und harte Spätholz zeichnet sich deutlich vom hellen und weichen Frühholz ab. Mattes, nicht glänzendes Holz. Keine erkennbaren Markstrahlen, keine Harzgänge. Widerlicher Geruch.	Leichter und weicher als Fichtenholz. Grobfaserig, leicht spaltbar. Hohe Elastizität, Tragfähigkeit und Biegsamkeit. Geringeres Arbeiten als Fichtenholz. Dauerhaft ganz unter Wasser und im Trockenen. Im Wechsel von nass und trocken nicht dauerhaft.	Balken, Kanthölzer, Bohlen, Bretter, Latten für Bauteile im Gebäude. Möbel und Innenausbau.

Die wichtigsten europäischen Nadelhölzer (Fortsetzung)

Holzart	Code nach DIN EN 13556	Rohdichte	äußere Kennzeichen	innere Kennzeichen	Eigenschaften	hauptsächliche Verwendung
Kiefer (Föhre, Forche, Forle) 	2.49 BNSY	frisch 700 kg/m³ lufttrocken 530 kg/m³	Je nach Art unterschiedlich hoch (z. B. gemeine Kiefer bis etwa 40 m, Bergkiefer bis etwa 25 m). Stamm verjüngt sich nur wenig und ist selten über 0,70 m dick. Äste nur in großer Höhe, Rinde bei jungen Bäumen dünn, lederartig und schält sich in feinen Häutchen; bei alten Bäumen dicker, am Zopf gelbrot, am Stamm braunrot und borkig. Lange (4…6 cm), spitze Nadeln, die paarweise in einer Blattscheide stehen. Kurze, kegelförmige, nach unten hängende Zapfen.	*Kernholzbaum.* Breiter, heller, weißer bis gelblicher Splint. Gelbroter bis rotbrauner Kern. Deutlich sichtbare Jahrringe. Zum Teil große Harzgänge. Sehr feine Markstrahlen. Sehr harzreich, daher starker Harzgeruch.	Weich bis mittelhart, jedoch härter, dichter und weniger gut spaltbar als Fichtenholz. Geringe Elastizität. Große Tragfähigkeit. Geringes Arbeiten. Durch hohen Harzgehalt sehr dauerhaft, auch im Wechsel von nass und trocken. Bläuegefahr im Splintbereich.	Balken, Kanthölzer, Bohlen, Bretter, Latten. Für Konstruktionen, die der Witterung ausgesetzt sind. Weitgespannte Tragwerke, Treppen, Außentüren, Fenster, Möbel und Innenausbau.
Lärche 	2.21 LACD	frisch 810 kg/m³ lufttrocken 600 kg/m³	Bis etwa 40 m hoher Baum, der verhältnismäßig rasch wächst. Stamm oft abholzig. Rinde bei jungen Bäumen glatt, grau und glänzend; bei alten Bäumen rotgrau und borkig. Hellgrüne, zarte Nadeln in Büscheln, die im Herbst abfallen. Lange, biegsame, nach unten leicht hängende Äste. Kurze, rundliche Zapfen.	*Kernholzbaum.* Schmaler gelblich weißer bis rötlich weißer Splint; rotbrauner bis braunroter Kern, der am Licht und an der Luft stark nachdunkelt. Enge, gleichmäßige Jahrringe, undeutliche Trennung von Früh- und Spätholz. Dünne Harzgänge, unterschiedlich häufige Harzgallen. Sehr harzhaltig. Viele unregelmäßig am Stamm verteilte Äste. Harzgeruch.	Härter, dichter und zäher als Kiefernholz. Grobfaserig, gut bearbeitbar. Große Elastizität und Tragfähigkeit. Geringes Arbeiten. Harzreicher als Kiefernholz, deshalb noch widerstandsfähiger im Wechsel von nass und trocken. Auch im Erdboden und Wasser dauerhaft.	Balken, Kanthölzer, Bohlen, Bretter, Latten. Vorzugsweise für Konstruktionen, die der Witterung ausgesetzt sind. Hoch belastete Tragwerke, Treppen, Fenster, Außentüren, Möbel, Innenausbau.

Die wichtigsten europäischen Laubhölzer

Holzart	Code nach DIN EN 13556	Rohdichte	äußere Kennzeichen	innere Kennzeichen	Eigenschaften	hauptsächliche Verwendung
Eiche a) Stiel- oder Sommereiche b) Stein- oder Wintereiche 	1.216 QCXE	frisch 1050 kg/m³ lufttrocken 750 kg/m³	Dicker, knorriger Stamm. Knorrige Äste schon in geringer Höhe unregelmäßig verteilt. Graubraune, rissige Borke. Stieleiche: Blätter mit kurzem Stiel, büschelig gehäuft, unregelmäßig gebuchtet. Graugrüne Früchte (Eicheln) zu je 1...3 Stück an 3...8 cm langen Stielen. Steineiche: Blätter mit längerem Stiel, regelmäßig gebuchtet. Braungraue Eicheln an kurzen, dicken Stielen traubenförmig gebündelt.	*Kernholzbaum*. Gelblich brauner bis bräunlicher Kern, der am Licht und an der Luft nachdunkelt. Schmaler, gräulich gelbweißer Splint. Deutlich erkennbare Jahrringe. Frühholz mit großen Gefäßporen. Helle, deutlich sichtbare Markstrahlen. Gerbsäuregeruch. Stieleiche: Radialschnitt zeigt Markstrahlen als glänzende Spiegel. Steineiche: Radialschnitt zeigt Markstrahlen als matte Spiegel.	Splintholz unbrauchbar. Kernholz schwer, hart, dicht, leicht bis mäßig schwer spaltbar, langfaserig. Außerordentlich hohe Tragfähigkeit, hohe Elastizität. Durch Gerbsäuregehalt fäulniswidrig. Unter Wasser von nahezu unbegrenzter Haltbarkeit. Witterungsbeständig. Geringes Arbeiten. Breitringiges Holz im Allgemeinen dauerhafter und fester. Stieleiche in der Regel breitringiger, fester und dauerhafter, jedoch weniger elastisch als Steineiche.	Hervorragendes Bauholz für hoch belastete Konstruktionen. Konstruktionen, die der Witterung ausgesetzt sind. Schwellen, Sohlenhölzer. Fußböden, Parkett, Treppen, Außentüren, Möbel, Innenausbau, Furnierherstellung.
Rotbuche 	1.118 FASY	frisch 1000 kg/m³ lufttrocken 750 kg/m³	Bis etwa 30 m hoher Baum mit breiter Krone. Dünne, glatte, weißgrau gefleckte Rinde, die sich im Alter schuppt. Keine Borke. Eiförmig zugespitzte Blätter mit geschweiftem Rand, im Frühjahr gewimpert (fein behaart). Früchte (Bucheckern) 1,5 cm lang, dreikantig, rotbraun und feinstachelig.	*Reifholzbaum*. Rötlich weißes bis rötlich braunes Holz. Deutlich sichtbare Jahrringe. Breite Markstrahlen, im Sehnenschnitt als kurze Striche, im Radialschnitt als matte Spiegel sichtbar. Gesundes Holz ohne Kern. Rotkerniges Holz darf nicht verwendet werden.	Schwer, mittelhart. Hohe Tragfähigkeit, geringe Elastizität. Kurzfaserig, leicht spaltbar. Bei Lufttrocknung starkes Arbeiten und Neigung zur Rissbildung. Bei künstlicher Trocknung geringeres Arbeiten und hohe Biegsamkeit. Dauerhaft im Wasser oder im Trockenen. Im Freien nicht beständig.	Kein ausgesprochenes Bauholz. Auf Druck beanspruchte Konstruktionsteile im Gebäude. Treppen, Parkett, Holzpflaster. Möbel. Zur Herstellung plattenförmiger Holzwerkstoffe.

Die wichtigsten außereuropäischen Nadelhölzer

Holzart Herkunftsland	Code nach DIN EN 13556	Rohdichte bei 12 % Feuchtigkeit	Kennzeichen und Eigenschaften	hauptsächliche Verwendung
Brasilkiefer Südamerika	2.9 ARAN	550 kg/m³	Splintholz gelblich bis gelblich grau. Kernholz gelblich braun mit dunkelbraunen bis roten, unregelmäßigen Streifen. Überwiegend schlichte Zeichnung. Keine Harzkanäle. Gut bearbeitbar. Mittelschwer, ähnlich dem Lärchen- und Kiefernholz. Neigt zum Verziehen.	Innenausbau: Wand- und Deckenverschalungen, Regale, Treppen.
Douglasie Nordamerika	2.52 PSMN	550 kg/m³	Splintholz weiß bis gelblich grau, Kernholz hell gelblich braun bis rotbraun, dunkelt am Licht nach. Deutlich sichtbare Jahrringe, feine Markstrahlen. Dem Lärchenholz ähnlich. Harzkanäle. Sehr hart, hohe Festigkeiten, gut bearbeitbar. Mäßige bis gute Witterungsbeständigkeit. Geringes Arbeiten.	Bauholz für innen und außen. Wand- und Deckenverschalungen. Türen-, Fenster- und Treppenbau.
Hemlock Nordamerika	Eastern-H.: 2.59 TSCN Western-H.: 2.60 TSHT	510 kg/m³	Splintholz hellgrau bis gelblich grau und vom Kernholz kaum zu unterscheiden. Kernholz dunkelt am Licht langsam nach. Gelegentlich mit braunen oder hellgrauen Streifen bzw. Fladern. Deutlich sichtbare feine Jahrringe. Sehr feine, kleine Markstrahlen. Dem Fichtenholz ähnlich. Gut bearbeitbar, mittelschwer, harzfrei und wenig arbeitend. Nicht witterungsbeständig.	Innenausbau: Wand- und Deckenverschalungen. Ausbau von Saunaräumen.
Pitch Pine Amerika	2.31 PNCR 2.40 PNOO 2.41 PNPL	700 kg/m³	Splintholz gelblich weiß bis blassgrau. Kernholz gelblich braun bis braun. Deutlich sichtbare Jahrringe. Sehr kleine, feine Markstrahlen. Harzkanäle als feine, dunkle Linien auf Längsschnitten zu erkennen. Gut bearbeitbar. Eigenschaften weitgehend vom Harzgehalt und der Jahrringbreite abhängig. Splintholz nicht witterungsbeständig, Kernholz witterungsbeständig.	Kernholz: Bauholz für Konstruktionen, die der Witterung ausgesetzt sind, Türen, Tore, Treppen, Verschalungen. Splintholz: Innenausbau, Wand- und Deckenverschalungen, Treppen, Fußböden.
Redwood Westküste der USA	2.53 SESM	400 kg/m³	Splintholz gelblich weiß, Kernholz rötlich braun. Leichtes Holz mit engen Jahrringen. Gut bearbeitbar. Hohe Festigkeiten, besonders bei engen Jahrringen. Hohe Witterungsbeständigkeit. Harzfrei, wenig arbeitend.	Bauholz für innen und außen. Decken- und Wandverschalungen, Türen und Tore. Auch für Feuchträume wie Schwimmbäder und Badezimmer geeignet.
Red Cedar (Rot-Zeder) Westküste der USA	2.58 THPL	350 kg/m³	Splintholz weiß, Kernholz rotbraun. Deutlich sichtbare Jahrringe. Sehr feine, kleine Markstrahlen. Sehr leichtes, gut bearbeitbares Holz. Wenig arbeitend. Hohe Witterungsbeständigkeit. Harzfrei. Mittlere bis geringe Festigkeiten.	Bauholz für innen und außen, wo es keinen oder nur geringen mechanischen Beanspruchungen ausgesetzt ist. Wand- und Deckenverschalungen. Schindeln.

Die wichtigsten außereuropäischen Laubhölzer

Holzart Herkunftsland	Code nach DIN EN 13556	Rohdichte bei 12 % Feuchtigkeit	Kennzeichen und Eigenschaften	hauptsächliche Verwendung
Afzelia tropisches Afrika	1.7 AFXX	800 kg/m³	Splintholz gelblich grau, Kernholz gelblich bis hellbraun, dunkelt am Licht nach. Grobe, zerstreute Poren am Hirnschnitt. Fasern oft drehwüchsig in wechselnder Richtung. Sehr hart, hohe Festigkeiten. Mit bestückten Werkzeugen gut bearbeitbar. Langsam trocknend, gering arbeitend. Große Witterungsbeständigkeit	Bauholz für innen und außen. Hoch belastete Bauteile. Treppen, Fußböden, Brückenbeläge, Fenster, Tore.
Azobé (Bongossi) Westafrika	1.1153 LOAL	1100 kg/m³	Splintholz grau bis blassbraun, Kernholz rotbraun mit leicht violetter Färbung, dunkelt am Licht nach. Grobe, zerstreute Poren am Hirnschnitt. Speicherzellen auf glatten Querschnitten als leicht wellige Linien, auf Längsschnitten als schwache Fladerung erkennbar. Sehr schwer und hart. Schwer bearbeitbar. Hohe Festigkeiten. Hohe Entzündungstemperatur. Sehr witterungsbeständig. Wegen seiner Härte auch als „Eisenholz" bezeichnet.	Bauholz für innen und außen bei sehr starker Beanspruchung. Wasser- und Deichbau. Fußböden, Brückenbeläge, Treppen.
Iroko (Kambala) West- und Zentralafrika	1.164 MIXX	700 kg/m³	Splintholz gelblich grau, Kernholz grau bis grünlich gelb, dunkelt am Licht nach. Grobe, zerstreute Poren. Deutliches Fladerbild. Leicht wachsig glänzende Oberfläche bei glatt geschnittenem oder geschliffenem Holz. Hohe Festigkeiten, hart, mit bestückten Werkzeugen gut bearbeitbar. Sehr witterungsbeständig, wenig arbeitend.	Bauholz für innen und außen. Wand- und Deckenverschalungen, Türen, Tore, Fußböden, Treppen.
Mahagoni Mittel- und Südamerika	1.243 SWMC	550 kg/m³	Splintholz hellgrau bis gelblich grau, Kernholz hell- bis rotbraun, dunkelt am Licht stark nach. Mittelgroße bis grobe Poren. Feine Markstrahlen als Spiegel auf den Längsschnitten gut erkennbar. Deutlich erkennbare Jahrringe. Fladerung. Hohe Festigkeiten, sehr leicht bearbeitbar, sehr wenig arbeitend. Witterungsbeständig. Das Holz zählt sowohl im technischen als auch im dekorativen Bereich zu den besten Hölzern.	Bauholz für innen und außen. Wegen der Witterungsbeständigkeit, des geringen Arbeitens und der leichten Bearbeitbarkeit ist es sehr vielseitig verwendbar. Wand- und Deckenverschalungen, Türen, Tore, Fenster, Treppen.
Sipo Westafrika	1.103 ENUT	650 kg/m³	Splintholz hellgrau, Kernholz hellbraun bis rotbraun. Nachdunkelung am Licht nach der Trocknung. Mäßig große bis grobe Poren, an den Längsschnitten als Rillen. Feine Fladern von dunkler Tönung. Hohe Festigkeiten, leicht bearbeitbar. Bei Bearbeitung quer zur Faser besteht die Gefahr des Ausreißens. Geringes bis mäßiges Arbeiten. Witterungsbeständig.	Bauholz für innen und außen. Türen, Tore, Fenster, Treppen, Wand- und Deckenverschalungen.

Schnittholzeinteilung (DIN 4074)

Schnittholzart	Dicke *d* bzw. Höhe *h*	Breite *b*
Kantholz	$b \leq h \leq 3\ b$	$b > 40$ mm
Bohle[1])	$d > 40$ mm	$b > 3\ d$
Brett[1])	$d \leq 40$ mm[2])	$b \geq 80$ mm
Latte	$d \leq 40$ mm	$b < 80$ mm

[1]) Vorwiegend hochkant biegebeanspruchte Bretter und Bohlen werden wie Kantholz sortiert und entsprechend gekennzeichnet.

[2]) Dieser Grenzwert gilt nicht für Bretter für Brettschichtholz.

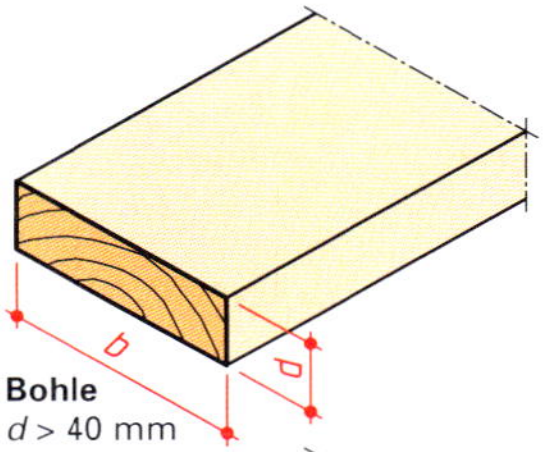

Bohle
$d > 40$ mm
$b > 3\,d$

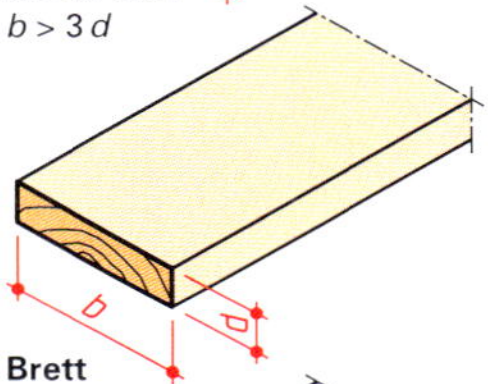

Brett
$d \leq 40$ mm
$b \geq 80$ mm

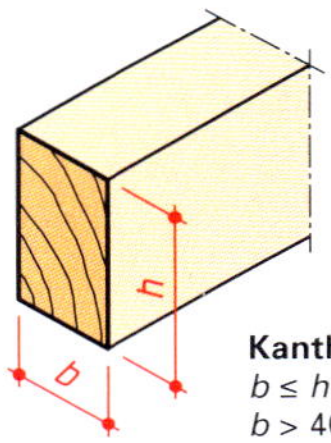

Kantholz
$b \leq h \leq 3b$
$b > 40$ mm

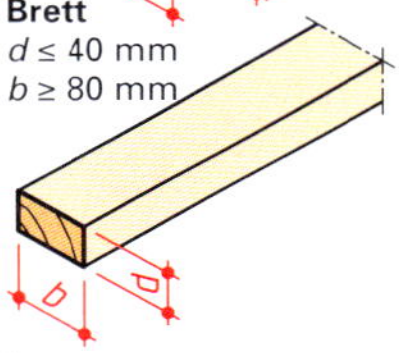

Latte
$d \leq 40$ mm
$b < 80$ mm

(Nach DIN EN 844 gelten Schnitthölzer, bei denen die Summe aus *h* und $b \geq 200$ mm und $h \geq 80$ mm ist, als Kanthölzer bzw. Balken.)

Querschnittsmaße für Vorratskantholz und Latten

Kanthölzer einschließlich Balken (cm/cm)	6/6	6/8	6/12	8/8	8/10	8/12	8/16	10/10
	10/12	10/20	10/22	12/12	12/14	12/16	12/20	12/24
	14/14	14/16	16/16	16/18	16/20	18/22	20/20	20/24
Latten (mm/mm)	24/48	30/50	40/60					

Maße ungehobelter Bretter und Bohlen aus Nadelholz

Breiten (mm)	75	80	100	115	120	125	140	150	160	175
	180	200	220	225	240	250	260	275	280	300

Dicken (mm)	Bretter	16	18	22	24	28	38
	Bohlen	44	48	50	63	70	75

Sortierarten und Sortierklassen (DIN 4074)

Nadelschnittholz wird nach visuell feststellbaren Merkmalen sortiert. Es wird zwischen einer **visuellen** und **apparativ unterstützten visuellen** Sortierung unterschieden.

Visuelle Sortierung	Apparativ unterstützte visuelle Sortierung
Schnittholz nach DIN 4074-1 darf nur von einer dafür **geschulten Fachkraft** visuell sortiert werden. Nach visuell feststellbaren Merkmalen werden die Sortierklassen **S 7, S 10 und S 13** unterschieden.	Schnittholz nach DIN 4074-1 darf mit apparativer Unterstützung nur von **geeigneten Betrieben** und nur mit einer Apparatur sortiert werden, die von einer dafür anerkannten Stelle geprüft worden ist. Für die apparativ unterstützte visuelle Sortierung ist eine zusätzliche Sortierklasse **S 15** möglich.

Sortiermerkmale (DIN 4074)

Sortiermerkmal/Erläuterungsskizze/Berechnungsformel

Äste in Kanthölzern
Maßgebend ist der kleinste sichtbare Durchmesser d der Äste. Die Ästigkeit A wird als Quotient aus d und dem Maß b bzw. h der dazugehörigen Querschnittsseite berechnet.

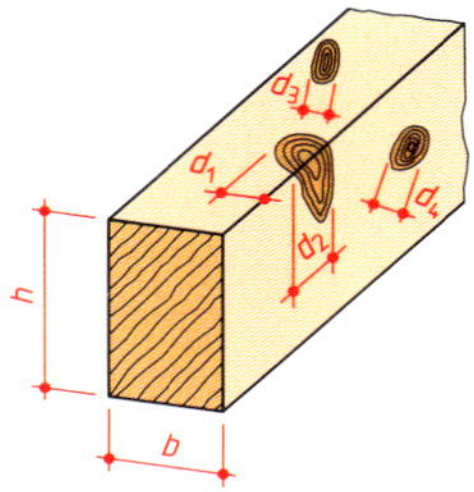

$$A = \max\left(\frac{d_1}{b};\ \frac{d_2}{h};\ \frac{d_3}{b};\ \frac{d_4}{h}\right)$$

Äste in Brettern und Bohlen
Bei den Sortierkriterien wird zwischen Einzelast, Astansammlung und Schmalseitenast unterschieden.

Einzelast:
Ästigkeit A ist der Quotient aus den Astmaßen a auf allen Schnittflächen und dem doppelten Maß der Breite b.

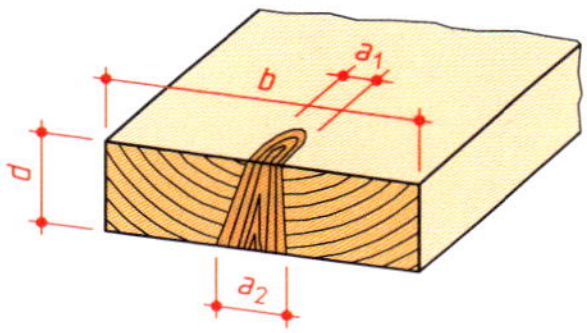

$$A = \frac{a_1 + a_2}{2b}$$

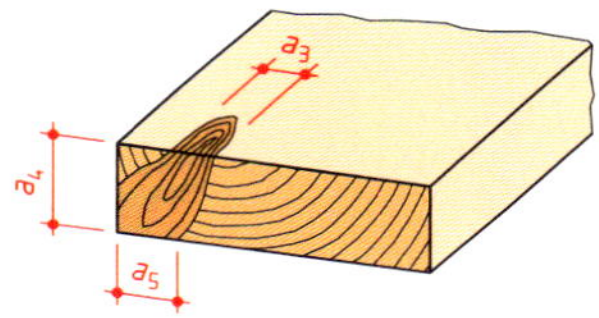

$$A = \frac{a_3 + a_4 + a_5}{2b}$$

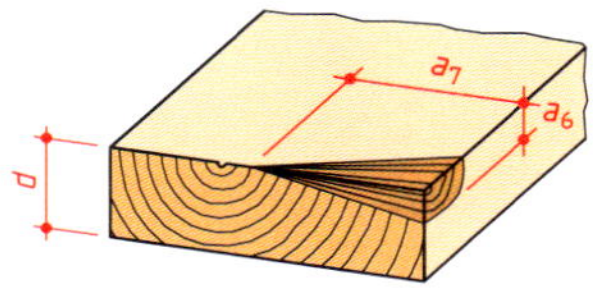

$$A = \frac{a_6 + a_7}{2b} \quad \text{oder} \quad A = \frac{a_6}{2b}$$

der ungünstigere Wert ist maßgebend

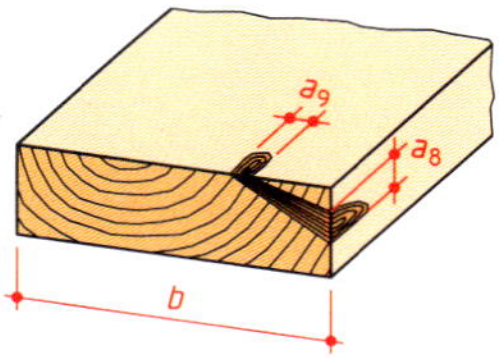

$$A = \frac{a_8 + a_9}{2b}$$

Astansammlung:
Ästigkeit A ist der Quotient aus den Astmaßen a auf allen Schnittflächen, die sich überwiegend in einer Messlänge von 15 cm befinden, und dem doppelten Maß der Breite b. Überlappende Astmaße werden nur einfach berücksichtigt, Astmaße unter 5 mm bleiben unberücksichtigt.

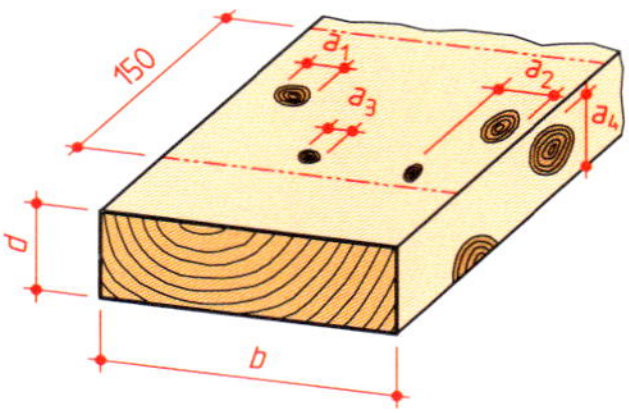

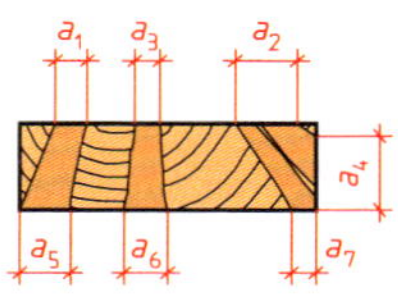

$$A = \frac{a_1 + a_2 + a_3 + a_4 + a_5 + a_6 + a_7}{2b}$$

Sortiermerkmal/Erläuterungsskizze/Berechnungsformel

Äste in Brettern und Bohlen (Fortsetzung)
Schmalseitenast:

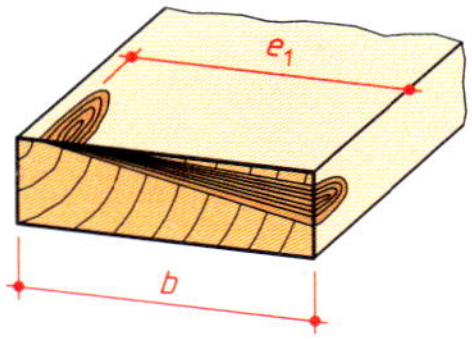

$$E = \frac{e_1}{b}$$

E ist die Summe der auf die Breitseite projizierten Längen *e* der Äste, geteilt durch die Breite *b*.

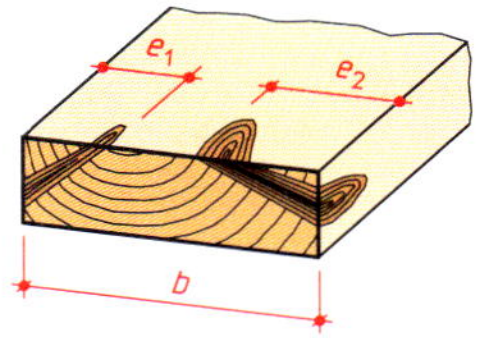

$$E = \frac{e_1 + e_2}{b}$$

Äste bei Latten
Die Äste werden nur auf den Breitseiten kantenparallel gemessen. Bei Latten mit Markröhre werden beidseitig auftretende Kanten- und Schmalseitenäste als ein durchlaufender Ast betrachtet.

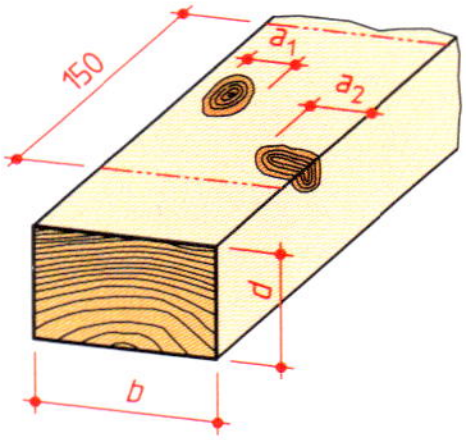

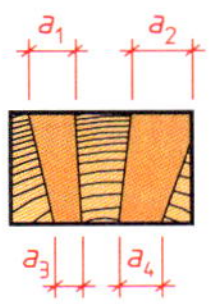

$$A = \max\left(\frac{a_1 + a_2}{b}; \frac{a_3 + a_4}{b}\right)$$

Faserneigung
Die Faserneigung *F* (angegeben als Prozentsatz) wird als Abweichung *x* der Fasern auf die Messlänge *y* bezogen.

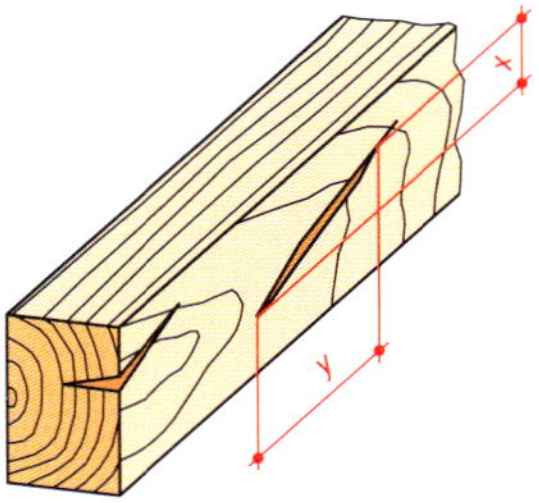

$$F = \frac{x}{y} \cdot 100$$

Markröhre
Es wird zwischen Schnittholz mit und ohne Markröhre unterschieden. Eine Markröhre gilt als vorhanden, auch wenn sie nur teilweise im Schnittholz verläuft.

Jahrringbreite (= Abstand der Jahrringe untereinander)
Bei Schnitthölzern mit Markröhre bleibt ein Bereich von 25 mm (von der Markröhre ausgehend) unberücksichtigt.
Die Messstrecke *l* verläuft winkelrecht zu den Jahrringen.

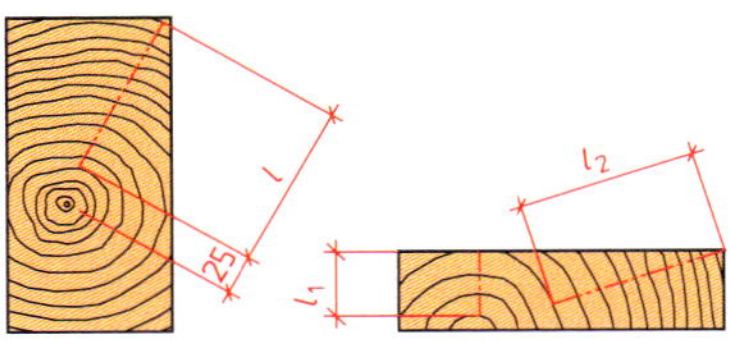

$$l = l_1 + l_2$$

Sortiermerkmal/Erläuterungsskizze/Berechnungsformel

Risse

Es wird zwischen Blitzrissen, Ringschäle und Schwindrissen unterschieden.

Schwindrisse bei Kanthölzern:
Das Sortierkriterium sind die auf die Querschnittsseiten projizierten Risstiefen. Diese werden mit einer Fühlerlehre in den drei Viertelpunkten der Risslänge gemessen. Als Risstiefe r gilt der Mittelwert aus den drei Messungen.

Risslängen bis $^1/_4$ der Schnittholzlänge und maximal 1 m bleiben unberücksichtigt.
R wird als Quotient aus der Summe der im Querschnitt vorhandenen Risstiefen und der dazugehörigen Querschnittsseite berechnet. Risse, die sich überlappen, werden nur einfach berücksichtigt.

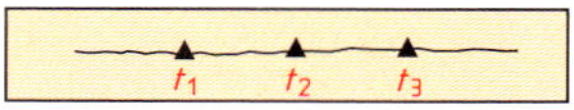

t_1, t_2, t_3 = Messpunkte für die Bestimmung der Risstiefe

$$r = \frac{t_1 + t_2 + t_3}{3}$$

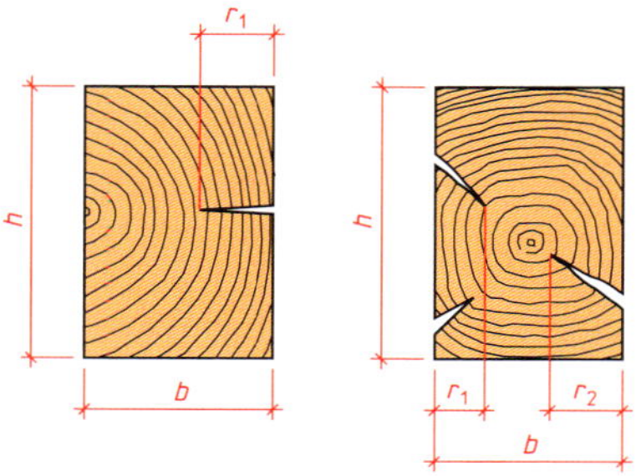

$$R = \frac{r_1}{b}$$

$$R = \frac{r_1 + r_2}{b}$$

Baumkante

K wird als Quotient von der Baumkante ($h - h_1$ bzw. $b - b_1$) und der dazugehörigen Querschnittsseite berechnet.

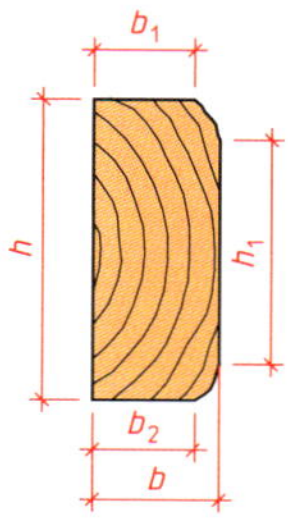

$$K = \max\left(\frac{h - h_1}{h}; \frac{b - b_1}{b}; \frac{b - b_2}{b}\right)$$

Krümmung

Verdrehung und Längskrümmung werden als Pfeilhöhe h an der Stelle der größten Verformung auf einer Länge von 2 m gemessen.

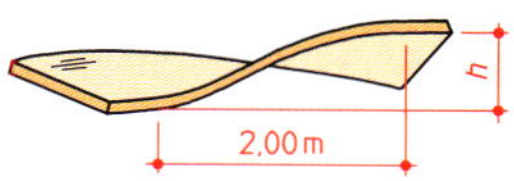

Verdrehung

Sortiermerkmal/Erläuterungsskizze/Berechnungsformel

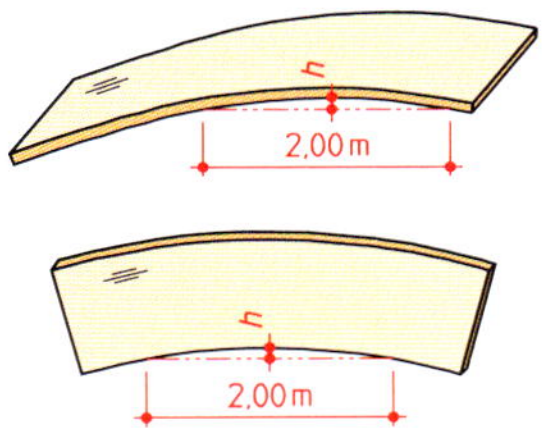

Längskrümmungen

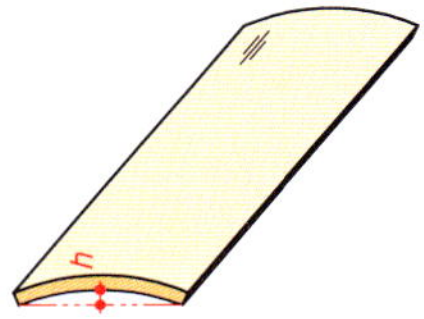

Querkrümmung

h = Pfeilhöhe

Verfärbungen, Fäule
Verfärbungen werden an der Holzoberfläche an der Stelle der größten Ausdehnung rechtwinklig zur Längsachse gemessen.

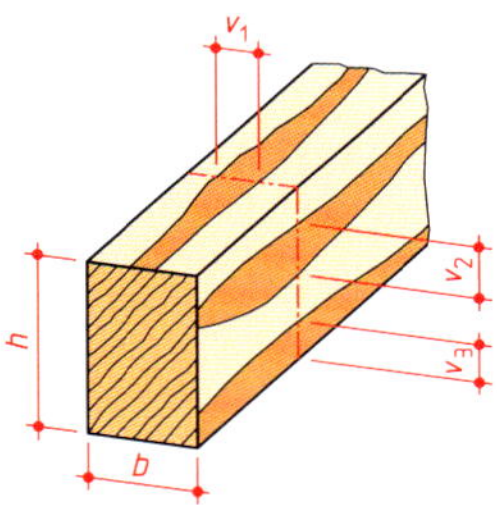

V wird als Quotient aus der Summe aller verfärbten Streifen und dem Umfang des Querschnitts berechnet.

$$V = \frac{v_1 + v_2 + v_3}{2\,(b + h)}$$

Druckholz
Druckholz wird (wie Verfärbungen) an der Holzoberfläche gemessen. Die Berechnung von V erfolgt wie bei Verfärbungen.

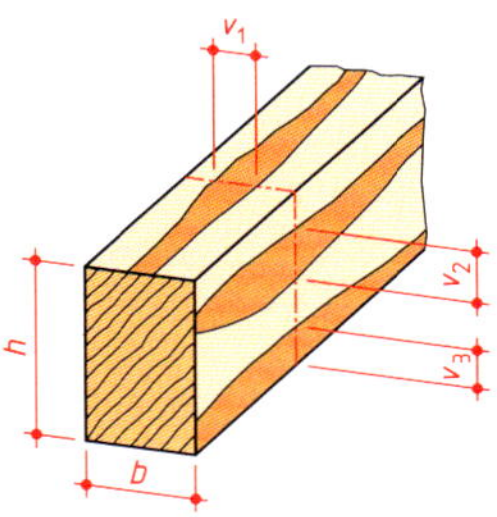

$$V = \frac{v_1 + v_2 + v_3}{2\,(b + h)}$$

Insektenfraß durch Frischholzinsekten
Maßgebend ist die Größe der an der Oberfläche sichtbaren Fraßgänge bzw. Bohrlöcher.

Sonstige Sortiermerkmale
Sonstige Merkmale sind z. B.
- mechanische Schäden
- Mistelbefall
- Rindeneinschluss
- überwallte Stammverletzungen
- Wipfelbruch

Sie werden in Anlehnung an die übrigen Sortiermerkmale sinngemäß bestimmt.

Die Sortierkriterien sind auf eine mittlere Holzfeuchte von 20 % bezogen. Diese Holzfeuchte ist kurzfristig in der Regel nur durch technische Trocknung zu erreichen.

Visuelle Sortierung nach der Tragfähigkeit von Nadelschnittholz

Sortierkriterien für Kanthölzer und vorwiegend hochkant (K) biegebeanspruchte Bretter und Bohlen bei visueller Sortierung (DIN 4074)

Sortiermerkmale	Sortierklasse		
	S 13, S 13 K	**S 10, S 10 K**	**S 7, S 7 K**
Äste	bis 1/5	bis 2/5	bis 3/5
Faserneigung	bis 7 %	bis 12 %	bis 16 %
Markröhre	nicht zulässig[1]	zulässig	
Jahrringbreite – im Allgemeinen – bei Douglasie	 bis 4 mm bis 6 mm	 bis 6 mm bis 8 mm	
Risse – Schwindrisse[2] – Blitzrisse, Ringschäle	 bis 2/5 nicht zulässig	 bis 1/2 nicht zulässig	 bis 3/5 nicht zulässig
Baumkante	bis 1/4	bis 1/3	
Krümmung[2] – Längskrümmung – Verdrehung	 bis 8 mm 1 mm/25 mm Breite		 bis 12 mm 2 mm/25 mm Breite
Verfärbungen, Fäule – Bläue – nagelfeste braune und rote Streifen – Braunfäule, Weißfäule	 zulässig bis 1/5 nicht zulässig	 zulässig bis 2/5 nicht zulässig	 zulässig bis 3/5 nicht zulässig
Druckholz	bis 1/5	bis 2/5	bis 3/5
Insektenfraß durch Frischholzinsekten	Fraßgänge bis 2 mm Durchmesser zulässig		

1) Kanthölzer bei einer Breite > 12 cm zulässig. 2) Bleibt bei trockensortierten Hölzern unberücksichtigt.

Sortierkriterien für Bretter und Bohlen bei visueller Sortierung (DIN 4074)

(vorwiegend hochkant biegebeanspruchte Bretter und Bohlen werden wie Kanthölzer sortiert)

Sortiermerkmale	Sortierklasse		
	S 13	**S 10**	**S 7**
Äste Einzelast Astansammlung Schmalseitenast[1]	 bis 1/5 bis 1/3 bis 1/3	 bis 1/3 bis 1/2 bis 2/3	 bis 1/2 bis 2/3 –
Faserneigung	bis 7 %	bis 12 %	bis 16 %
Markröhre	nicht zulässig	zulässig	
Jahrringbreite – im Allgemeinen – bei Douglasie	 bis 4 mm bis 6 mm	 bis 6 mm bis 8 mm	
Risse – Schwindrisse[2] – Blitzrisse, Ringschäle	 zulässig nicht zulässig		
Baumkante	bis 1/4	bis 1/3	
Krümmung[2] – Längskrümmung – Verdrehung – Querkrümmung	 bis 8 mm 1 mm/25 mm Breite bis 1/50	 bis 8 mm 1 mm/25 mm Breite bis 1/30	 bis 12 mm 2 mm/25 mm Breite bis 1/20
Verfärbungen, Fäule – Bläue – nagelfeste braune und rote Streifen – Braunfäule, Weißfäule	 zulässig bis 1/5 nicht zulässig	 zulässig bis 2/5 nicht zulässig	 zulässig bis 3/5 nicht zulässig
Druckholz	bis 1/5	bis 2/5	bis 3/5
Insektenfraß durch Frischholzinsekten	Fraßgänge bis 2 mm Durchmesser zulässig		

1) Gilt nicht für Bretter für Brettschichtholz. 2) Bleibt bei trockensortierten Hölzern unberücksichtigt.

Sortierkriterien für Latten bei visueller Sortierung (DIN 4074)

Sortiermerkmale	Sortierklasse	
	S13	S10
Äste[1] – im Allgemeinen – bei Kiefer	 bis $^1/_3$ bis $^1/_5$	 bis $^1/_2$ bis $^2/_5$
Faserneigung	bis 7 %	bis 12 %
Markröhre	nicht zulässig	nicht zulässig[2]
Jahrringbreite – im Allgemeinen – bei Douglasie	 bis 6 mm bis 8 mm	
Risse – Schwindrisse[3] – Blitzrisse, Ringschäle	 zulässig nicht zulässig	
Baumkante	bis $^1/_4$	bis $^1/_3$
Krümmung[3] – Längskrümmung – Verdrehung	 bis 8 mm 1 mm/25 mm Breite	 bis 12 mm 1 mm/25 mm Breite
Verfärbungen, Fäule – Bläue – nagelfeste braune und rote Streifen – Braunfäule, Weißfäule	 zulässig bis $^2/_5$ nicht zulässig	 zulässig bis $^3/_5$ nicht zulässig
Druckholz	bis $^2/_5$	bis $^3/_5$
Insektenfraß durch Frischholzinsekten	Fraßgänge bis 2 mm Durchmesser zulässig	
Sonstige Merkmale	sind in Anlehnung an die übrigen Sortiermerkmale sinngemäß zu berücksichtigen	

[1]) Kanten- und Schmalseitenäste, die von einer Schmalseite zur anderen durchlaufen, sind nicht zulässig.
[2]) Bei Fichte zulässig. [3]) Dieses Sortiermerkmal bleibt bei trockensortierten Hölzern unberücksichtigt.

Bezeichnung von Nadelschnittholz (Beispiele)

Beispiel	Schnittholzart	DIN	Sortierklasse	trockensortiert TS als Kantholz sortiert K (soweit zutreffend)	Holzart (Kurzzeichen)
1	Kantholz	DIN 4074	S 10	TS	FI
2	Bohle	DIN 4074	S 13	K	KI

Beispiel 1: Kantholz, Sortierklasse S 10 trockensortiert, aus Fichte.
Beispiel 2: Bohle, Sortierklasse S 13 als Kantholz sortiert, aus Kiefer.

Zuordnung von Sortierklassen von Nadelholzarten zu den Festigkeitsklassen (nach DIN EN 1912)

Festigkeitsklasse	Sortierklasse	Holzart
C 35	S 13	Douglasie
C 30	S 13	Fichte, Tanne, Kiefer, Lärche
C 24	S 10	Douglasie, Fichte, Tanne, Kiefer, Lärche
C 18	S 7	Fichte, Kiefer
C 16	S 7	Douglasie, Tanne, Lärche

Zuordnung von Sortierklassen von Laubholzarten zu den Festigkeitsklassen (nach DIN EN 1912)

Festigkeitsklasse	Sortierklasse	Holzart
D 40	LS 13	Buche
	LS 10 und höher	Esche
D 35	LS 10 und höher	Buche
D 30	LS 10	Eiche
	LS 10 und höher	Ahorn

Grundsätzliches

Statische Berechnungen und Bemessungen im Holzbau durchzuführen, ist Aufgabe von Bautechnikern und Bauingenieuren. Hier wird lediglich ein kleiner Einblick in dieses Gebiet ermöglicht, um die Zusammenhänge von Belastung, charakteristischer Festigkeit und Bemessungsfestigkeit verstehen zu lernen. Die Bemessungsfestigkeit f_d ist eine Spannung in einem Bauteil. Die Spannung ist der Quotient aus der einwirkenden Kraft (Bemessungskraft) F und der beanspruchten Fläche A.

Bei einer Bemessung muss **die vorhandene Spannung** immer kleiner oder gleich der **Bemessungsfestigkeit** sein.

$$\text{vorh } \sigma \leq f_d$$

Für Holzbauteile, die überdacht eingebaut sind und eine Langzeitbelastung erfahren, ist die Bemessungsfestigkeit f_d der Quotient aus der charakteristischen Festigkeit und 2,17.

$$f_d = f_k/2{,}17$$

Ermittlung der Bemessungslast F siehe Sicherheitskonzept Seite 10.

Bemessung (überdacht eingebaut und unter Langzeitbelastung)		
Ermittlung der Bemessungsfestigkeit	Ermittlung der erforderlichen Fläche	Ermittlung der aufzunehmenden Kraft (Bemessungslast)
$f_d = F/A \leq f_k/2{,}17$	erf. $A = F \cdot 2{,}17/f_k$	$F = A \cdot f_k/2{,}17$

Beispiele

Beanspruchung	**Bemessung** (überdacht eingebaut und unter Langzeitbelastung)		
	Ermittlung der Bemessungsfestigkeit	Ermittlung der erforderlichen Fläche	Ermittlung der aufzunehmenden Kraft
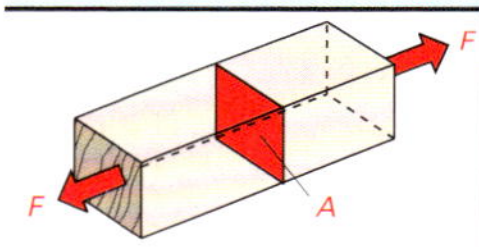 **Zug** in Faserrichtung	Beispiel: Nadelholz C 24, $F = 70$ kN, $f_{t,0,k} = 14{,}5$ N/mm², Querschnitt 12 cm/12 cm		
	$f_d = F/A \leq f_{t,0,k}/2{,}17$ $f_d = \frac{70\,000 \text{ N}}{120 \text{ mm} \cdot 120 \text{ mm}}$ $f_d = 4{,}86 \frac{\text{N}}{\text{mm}^2}$ (= MPa) $< \frac{14{,}5 \text{ MPa}}{2{,}17} = 6{,}68$ MPa	$A = F \cdot 2{,}17/f_{t,0,k}$ $A = 70\,000 \text{ N} \cdot \frac{2{,}17}{14{,}5 \text{ N/mm}^2}$ $A = 10\,476 \text{ mm}^2$ $< (120 \text{ mm})^2$ $= 14\,400 \text{ mm}^2$	$F = A \cdot f_{t,0,k}/2{,}17$ $F = (120 \text{ mm})^2 \cdot \frac{14{,}5 \text{ N/mm}^2}{2{,}17}$ $F = 96\,221$ N $> 70\,000$ N
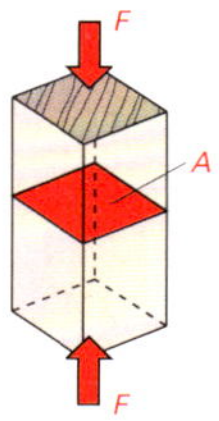 (ohne Knickgefahr) **Druck** in Faserrichtung	Beispiel: Nadelholz C 20, $F = 50$ kN, $f_{c,0,k} = 19$ N/mm², Querschnitt 10 cm/12 cm		
	$f_d = F/A \leq f_{c,0,k}/2{,}17$ $f_d = \frac{50\,000 \text{ N}}{100 \text{ mm} \cdot 120 \text{ mm}}$ $f_d = 4{,}17 \frac{\text{N}}{\text{mm}^2}$ (= MPa) $< \frac{19 \text{ MPa}}{2{,}17} = 8{,}76$ MPa	$A = F \cdot 2{,}17/f_{c,0,k}$ $A = 50\,000 \text{ N} \cdot \frac{2{,}17}{19 \text{ N/mm}^2}$ $A = 5710 \text{ mm}^2$ $< 100 \text{ mm} \cdot 120 \text{ mm}$ $= 12\,000 \text{ mm}^2$	$F = A \cdot f_{c,0,k}/2{,}17$ $F = 100 \text{ mm} \cdot 120 \text{ mm} \cdot \frac{19 \text{ N/mm}^2}{2{,}17}$ $F = 105\,069$ N $> 50\,000$ N
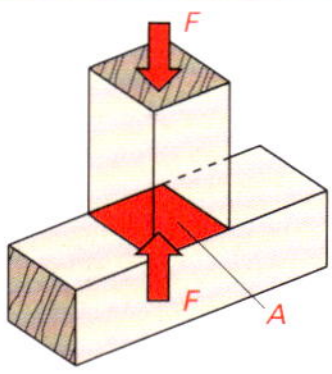 **Druck** rechtwinklig zur Faser	Beispiel: Laubholz D 50, $F = 18$ kN, $f_{c,90,k} = 6{,}2$ N/mm², Querschnitt 10 cm/10 cm		
	$f_d = F/A \leq f_{c,90,k}/2{,}17$ $f_d = \frac{18\,000 \text{ N}}{100 \text{ mm} \cdot 100 \text{ mm}}$ $f_d = 1{,}8 \frac{\text{N}}{\text{mm}^2}$ (= MPa) $< \frac{6{,}2 \text{ MPa}}{2{,}17} = 2{,}86$ MPa	$A = F \cdot 2{,}17/f_{c,90,k}$ $A = 18\,000 \text{ N} \cdot \frac{2{,}17}{6{,}2 \text{ N/mm}^2}$ $A = 6300 \text{ mm}^2$ $< (100 \text{ mm})^2$ $= 10\,000 \text{ mm}^2$	$F = A \cdot f_{c,90,k}/2{,}17$ $F = (100 \text{ mm})^2 \cdot \frac{6{,}2 \text{ N/mm}^2}{2{,}17}$ $F = 28\,571$ N $> 18\,000$ N
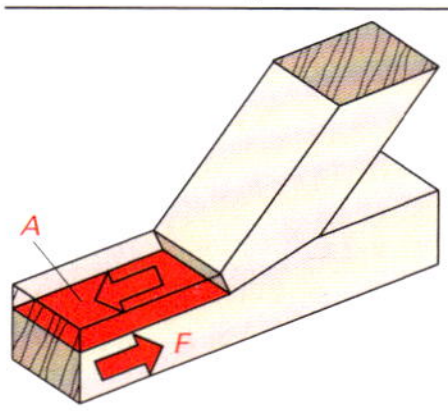 **Schub**	Beispiel: Nadelholz C 30, $F = 25$ kN, $f_{v,k} = 4{,}0$ N/mm², Querschnitt 12 cm/25 cm		
	$f_d = F/A \leq f_{v,k}/2{,}17$ $f_d = \frac{25\,000 \text{ N}}{120 \text{ mm} \cdot 250 \text{ mm}}$ $f_d = 0{,}83 \frac{\text{N}}{\text{mm}^2}$ (= MPa) $< \frac{4{,}0 \text{ MPa}}{2{,}17} = 1{,}8$ MPa	$A = F \cdot 2{,}17/f_{v,k}$ $A = 25\,000 \text{ N} \cdot \frac{2{,}17}{4{,}0 \text{ N/mm}^2}$ $A = 13\,562 \text{ mm}^2$ $< 120 \text{ mm} \cdot 250 \text{ mm}$ $= 30\,000 \text{ mm}^2$	$F = A \cdot f_{v,k}/2{,}17$ $F = 120 \text{ mm} \cdot 250 \text{ mm} \cdot \frac{4{,}0 \text{ N/mm}^2}{2{,}17}$ $F = 55\,300$ N $> 25\,000$ N

KENNGRÖSSEN FÜR FESTIGKEIT, STEIFIGKEIT UND ROHDICHTE

Festigkeitsklassen (auf der Grundlage von Hochkantprüfungen) für Nadelholz (DIN EN 338)

Klasse	C 16	C 18	C 20	C 22	C 24	C 27	C 30	C 35	C 40	C 45
	Festigkeitseigenschaften in MPa (N/mm²)									
Biegung $f_{m,k}$	16	18	20	22	24	27	30	35	40	45
Zug in Faserrichtung $f_{t,0,k}$	8,5	10	11,5	13	14,5	16,5	19	22,5	26	30
Zug rechtwinklig zur Faserrichtung $f_{t,90,k}$	0,4									
Druck in Faserrichtung $f_{c,0,k}$	17	18	19	20	21	22	24	25	27	29
Druck rechtwinklig zur Faserrichtung $f_{c,90,k}$	2,2	2,2	2,3	2,4	2,5	2,5	2,7	2,7	2,8	2,9
Schub $f_{v,k}$	3,2	3,4	3,6	3,8	4,0					

Festigkeitsklassen (auf der Grundlage von Hochkantprüfungen) für Laubholz (DIN EN 338)

Klasse	D 18	D 24	D 30	D 35	D 40	D 50	D60	D 70
	Festigkeitseigenschaften f_k in MPa (N/mm²)							
Biegung $f_{m,k}$	18	24	30	35	40	50	60	70
Zug in Faserrichtung $f_{t,0,k}$	11	14	18	21	24	30	36	42
Zug rechtwinklig zur Faserrichtung $f_{t,90,k}$	0,6							
Druck in Faserrichtung $f_{c,0,k}$	18	21	24	25	27	30	33	36
Druck rechtwinklig zur Faserrichtung $f_{c,90,k}$	4,8	4,9	5,3	5,4	5,5	6,2	10,5	12
Schub $f_{v,k}$	3,5	3,7	3,9	4,1	4,2	4,5	4,8	5,0

Steifigkeitseigenschaften für Nadelholz (DIN EN 338)

Klasse	C 16	C 18	C 20	C 22	C 24	C 27	C 30	C 35	C 40	C 45
	Steifigkeitseigenschaften in MPa (N/mm²)									
Mittelwert des Elastizitätsmoduls in Faserrichtung $E_{m,0,mean}$	8	9	9,5	10	11	11,5	12	13	14	15
5%-Quantil des Elastizitätsmoduls in Faserrichtung $E_{m,0,k}$	5,4	6,0	6,4	6,7	7,4	7,7	8,0	8,7	9,4	10,1
Mittelwert des Elastizitätsmoduls rechtwinklig zur Faserrichtung $E_{m,90,mean}$	0,27	0,30	0,32	0,33	0,37	0,38	0,40	0,43	0,47	0,50
Mittelwert des Schubmoduls G_{mean}	0,50	0,56	0,59	0,63	0,69	0,72	0,75	0,81	0,88	0,94

Steifigkeitseigenschaften für Laubholz (DIN EN 338)

Klasse	D 18	D 24	D 30	D 35	D 40	D 50	D 60	D 70
	Steifigkeitseigenschaften in MPa (N/mm²)							
Mittelwert des Elastizitätsmoduls in Faserrichtung $E_{m,0,mean}$	9,5	10	11	12	13	14	17	20
5%-Quantil des Elastizitätsmoduls in Faserrichtung $E_{m,0,k}$	8	8,4	9,2	10,1	10,9	11,8	14,3	16,8
Mittelwert des Elastizitätsmoduls rechtwinklig zur Faserrichtung $E_{m,90,mean}$	0,63	0,67	0,73	0,80	0,87	0,93	1,13	1,33
Mittelwert des Schubmoduls G_{mean}	0,59	0,63	0,69	0,75	0,81	0,88	1,06	1,25

Rohdichte für Nadelholz (DIN EN 338)

Klasse	C 16	C 18	C 20	C 22	C 24	C 27	C 30	C 35	C 40	C 45
	Rohdichte in kg/m³									
5%-Quantil Rohdichte ϱ_k	310	320	330	340	350	360	380	390	400	410
Mittelwert der Rohdichte ϱ_{mean}	370	380	400	410	420	430	460	470	480	490

Rohdichte für Laubholz (DIN EN 338)

Klasse	D 18	D 24	D 30	D 35	D 40	D 50	D 60	D 70
	Rohdichte in kg/m³							
5%-Quantil der Rohdichte ϱ_k	475	485	530	540	550	620	700	800
Mittelwert der Rohdichte ϱ_{mean}	570	580	640	650	660	740	840	960

Charakteristische Festigkeitseigenschaften für homogenes Brettschichtholz in MPa (N/mm²) (DIN EN 14080)

Eigenschaft/Klasse	GL 20h	GL 22h	GL 24h	GL 26h	GL 28h	GL 30h
Biegung $f_{m,g,k}$	20	22	24	26	28	30
Zug in Faserrichtung $f_{t,0,g,k}$	16	17,6	19,2	20,8	22,3	24
Zug rechtwinklig zur Faserrichtung $f_{t,90,g,k}$	0,5					
Druck in Faserrichtung $f_{c,0,g,k}$	20	22	24	26	28	30
Druck rechtwinklig zur Faserrichtung $f_{c,90,g,k}$	2,5					
Schubfestigkeit (Schub und Torsion) $f_{v,g,k}$	3,5					

Charakteristische Steifigkeitseigenschaften für homogenes Brettschichtholz in MPa (N/mm²) (DIN EN 14080)

Eigenschaft/Klasse	GL 20h	GL 22h	GL 24h	GL 26h	GL 28h	GL 30h
Mittelwert des Elastizitätsmoduls in Faserrichtung $E_{0,g,mean}$	8400	10500	11500	12100	12600	13600
5%-Quantil des Elastizitätsmoduls in Faserrichtung $E_{0,g,05}$	7000	8800	9600	10100	10500	11300
Mittelwert des Elastizitätsmoduls rechtwinklig zur Faserrichtung $E_{90,g,mean}$	300					
5%-Quantil des Elastizitätsmoduls rechtwinklig zur Faserrichtung $E_{90,g,05}$	250					
Mittelwert des Schubmoduls $G_{g,mean}$	650					

Charakteristische Rohdichte für homogenes Brettschichtholz in kg/m³ (DIN EN 14080)

Eigenschaft/Klasse	GL 20h	GL 22h	GL 24h	GL 26h	GL 28h	GL 30h
Mittelwert der Rohdichte $\varrho_{g,mean}$	370	410	420	445	460	480
5%-Quantil der Rohdichte $\varrho_{g,k}$	340	370	385	405	425	430

Charakteristische Festigkeitseigenschaften für kombiniertes Brettschichtholz in MPa (N/mm²) (DIN EN 14080)

Eigenschaft/Klasse	GL 20c	GL 22c	GL 24c	GL 26c	GL 28c	GL 30c
Biegung $f_{m,g,k}$	20	22	24	26	28	30
Zug in Faserrichtung $f_{t,0,g,k}$	15	16	17	19	19,5	19,5
Zug rechtwinklig zur Faserrichtung $f_{t,90,g,k}$	0,5					
Druck in Faserrichtung $f_{c,0,g,k}$	18,5	20	21,5	23,5	24	24,5
Druck rechtwinklig zur Faserrichtung $f_{c,90,g,k}$	2,5					
Schubfestigkeit (Schub und Torsion) $f_{v,g,k}$	3,5					

Charakteristische Steifigkeitseigenschaften für kombiniertes Brettschichtholz in MPa (N/ mm²) (DIN EN 14080)

Eigenschaft/Klasse	GL 20c	GL 22c	GL 24c	GL 26c	GL 28c	GL 30c
Mittelwert des Elastizitätsmoduls in Faserrichtung $E_{0,g,mean}$	10400	10400	11000	12000	12500	13000
5%-Quantil des Elastizitätsmoduls in Faserrichtung $E_{0,g,05}$	8600	8600	9100	10000	10400	10800
Mittelwert des Elastizitätsmoduls rechtwinklig zur Faserrichtung $E_{90,g,mean}$	300					
5%-Quantil des Elastizitätsmoduls in Faserrichtung $E_{90,g,05}$	250					
Mittelwert des Schubmoduls $G_{g,mean}$	650					

Charakteristische Rohdichte für kombiniertes Brettschichtholz in kg/m³ (DIN EN 14080)

Eigenschaft/Klasse	GL 20c	GL 22c	GL 24c	GL 26c	GL 28c	GL 30c
Mittelwert der Rohdichte $\varrho_{g,mean}$	390	390	400	420	420	430
5%-Quantil der Rohdichte $\varrho_{g,k}$	355	355	365	385	390	390

HOLZSCHUTZ

Gebrauchsklassen (GK)

Vorbeugender Holzschutz mit Holzschutzmitteln ist erforderlich, wenn das Holz der Gefahr von Bauschäden durch **Organismen** ausgesetzt ist. Organismen in diesem Zusammenhang sind Holz zerstörende Pilze, Holz verfärbende Pilze, Käfer, Termiten und marine Organismen (Meereswasserorganismen).
In folgender Tabelle werden Holz und Holzprodukte je nach den Gebrauchsbedingungen sechs Gebrauchsklassen zugeordnet. Außerdem enthält die Tabelle auch Informationen über das Auftreten von Organismen.

GK	Holzfeuchte und allgemeine Gebrauchsbedingungen	Gefährdung durch
0	Trocken; Holz unter Dach, nicht der Witterung ausgesetzt	Keine Gefährdung und keine Auswaschbeanspruchung
1	Trocken; Holz unter Dach, nicht der Witterung ausgesetzt	Insekten; keine Auswaschbeanspruchung
2	Gelegentlich feucht; Holz unter Dach, eine hohe Umgebungsfeuchte kann zu gelegentlicher Befeuchtung führen.	Insekten, Pilze; keine Auswaschbeanspruchung
3	Holz nicht unter Dach, mit Bewitterung, aber ohne ständigen Erd- oder Wasserkontakt 3.1 Gelegentlich feucht	Insekten, Pilze; Auswaschbeanspruchung
	3.2 Häufig feucht	
4	Vorwiegend bis ständig feucht; Holz in Kontakt mit Erde und Süßwasser	Insekten, Pilze, Moderfäule; Auswaschbeanspruchung
5	Ständig feucht; Holz ständig dem Meerwasser ausgesetzt	Insekten, Pilze, Moderfäule, Holzschädlinge im Meerwasser; Auswaschbeanspruchung

VERBINDUNGEN DES INGENIEURHOLZBAUS

Verbindungen mit stiftförmigen metallischen Verbindungsmitteln

Stiftförmige Verbindungsmittel sind:
- Stabdübel
- Passbolzen
- Bolzen
- Gewindestangen
- Nägel
- Schrauben
- Klammern

Stabdübel

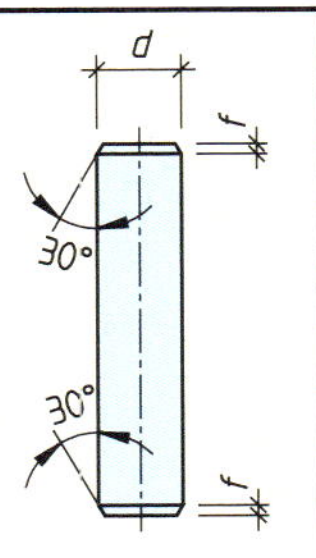

Durchmesser d in mm	Abfasung f in mm
6	1
8	1
10	1,5
12	2
16	2,5
20	3
24	3,5

Bolzen und Passbolzen (Beispiele)

(Festigkeitsklasse 3.6, 4.6, 4.8, 5.6, 5.8 und 8.8)

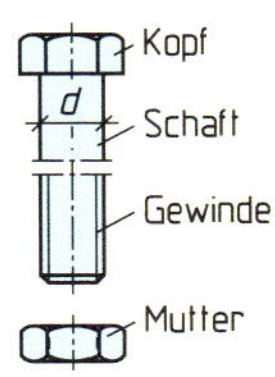

Schraubenbolzen	Durchmesser d in mm
M 12	12
M 16	16
M 20	20
M 22	22
M 24	24

Scheiben für Bolzen und Passbolzen

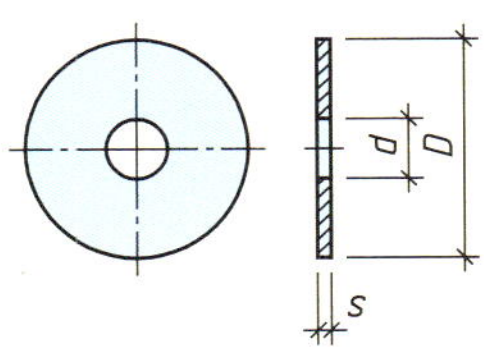

Für Schraubenbolzen	Innendurchmesser d in mm	Außendurchmesser D in mm	Scheibendicke s in mm
M 12	14	58	6
M 16	18	68	6
M 20	22	80	8
M 22	25	92	8
M 24	27	105	8

Mindestabstände für Verbindungen mit stiftförmigen metallischen Verbindungsmitteln

Definition der Verbindungsmittelabstände

Abstände in Faserrichtung innerhalb einer Reihe und rechtwinklig zur Faserrichtung zwischen den Reihen

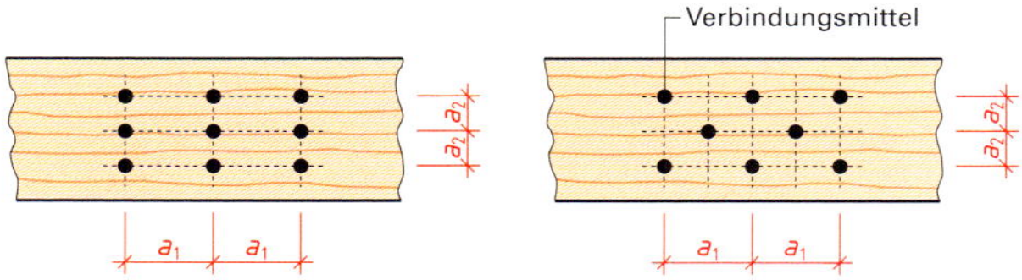

Abstände vom Hirnholzende und vom Rand

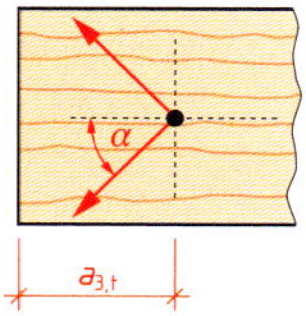

90° ≤ α ≤ 90°
beanspruchtes
Hirnholzende

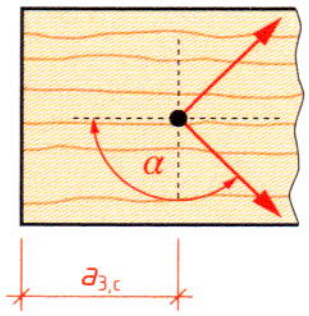

90° ≤ α ≤ 270°
unbeanspruchtes
Hirnholzende

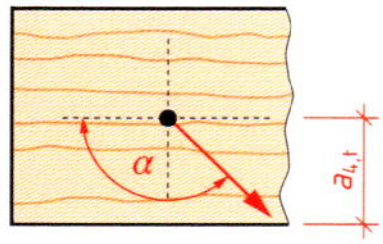

0° ≤ α ≤ 180°
beanspruchter Rand

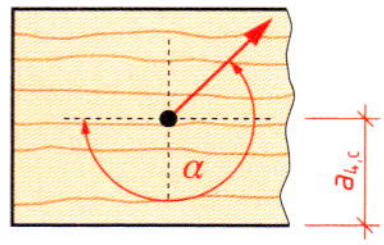

180° ≤ α ≤ 360°
unbeanspruchter Rand

Abstände	Richtung
a_1	Verbindungsmittelabstand innerhalb einer Reihe in Faserrichtung
a_2	Abstand von Verbindungsmittelreihen rechtwinklig zur Faserrichtung
$a_{3,c}$	Abstand zwischen Verbindungsmittel und unbeanspruchtem Hirnholzende

Abstände	Richtung
$a_{3,t}$	Abstand zwischen Verbindungsmittel und beanspruchtem Hirnholzende
$a_{4,c}$	Abstand zwischen Verbindungsmittel und unbeanspruchtem Hirnholzrand
$a_{4,t}$	Abstand zwischen Verbindungsmittelreihen und beanspruchtem Hirnholzrand

Mindestabstände von Stabdübeln und Passbolzen

Abstände (siehe Abbildungen oben)	**Winkel**	**Mindestabstände**
a_1 (in Faserrichtung)	0° ≤ α ≤ 360°	$(3 + 2 \cdot \lvert\cos\alpha\rvert)\,d$
a_2 (rechtwinklig zur Faserrichtung)	0° ≤ α ≤ 360°	$3\,d$
$a_{3,t}$ (beanspruchtes Hirnholzende)	–90° ≤ α ≤ 90°	max (7 d; 80 mm)
$a_{3,c}$ (unbeanspruchtes Hirnholzende)	90° ≤ α < 150° 150° ≤ α < 210° 210° ≤ α < 270°	max $(a_{3,t}\lvert\sin\alpha\rvert)\,d$; $3\,d$) $3\,d$ max $(a_{3,t}\lvert\sin\alpha\rvert)\,d$; $3\,d$)
$a_{4,t}$ (beanspruchter Rand)	0° ≤ α ≤ 180°	max $[(2 + 2\sin\alpha)\,d$; $3\,d]$
$a_{4,c}$ (unbeanspruchter Rand)	180° ≤ α ≤ 360°	$3\,d$

Mindestabstände von Bolzen und Gewindestangen

Abstände (siehe Abbildungen oben)	**Winkel**	**Mindestabstände**
a_1 (in Faserrichtung)	0° ≤ α ≤ 360°	$(4 + \lvert\cos\alpha\rvert)\,d$
a_2 (rechtwinklig zur Faserrichtung)	0° ≤ α ≤ 360°	$4\,d$
$a_{3,t}$ (beanspruchtes Hirnholzende)	–90° ≤ α ≤ 90°	max (7 d; 80 mm)
$a_{3,c}$ (unbeanspruchtes Hirnholzende)	90° ≤ α < 150° 150° ≤ α < 210° 210° ≤ α < 270°	$(1 + 6\lvert\sin\alpha\rvert)\,d$ $4\,d$ $(1 + 6\lvert\sin\alpha\rvert)\,d$
$a_{4,t}$ (beanspruchter Rand)	0° ≤ α ≤ 180°	max $[(2 + 2\sin\alpha)\,d$; $3\,d)]$
$a_{4,c}$ (unbeanspruchter Rand)	180° ≤ α ≤ 360°	$3\,d$

d = Durchmesser des Stabdübels, Passbolzens, Bolzens oder der Gewindestange

Mindestabstände von Nägeln

Abstände (siehe Abbildungen Seite 146)	Winkel α	Mindestabstände		
		vorgebohrt	nicht vorgebohrt	
			$\varrho_k \leq 420$ kg/m³*)	420 kg/m³< ϱ_k < 500 kg/m³*)
Abstand a_1 (in Faserrichtung)	$0° \leq \alpha \leq 360°$	$(4 + \lvert\cos\alpha\rvert)\,d$	$d < 5$ mm: $(5 + 5\lvert\cos\alpha\rvert)\,d$ $d \geq 5$ mm: $(5 + 7\lvert\cos\alpha\rvert)\,d$	$(7 + 8\lvert\cos\alpha\rvert)\,d$
Abstand a_2 (rechtwinklig zur Faserrichtung)	$0° \leq \alpha \leq 360°$	$(3 + \lvert\sin\alpha\rvert)\,d$	$5\,d$	$7\,d$
Abstand $a_{3,t}$ (beanspruchtes Hirnholzende)	$-90° \leq \alpha \leq 90°$	$(7 + 5\lvert\cos\alpha\rvert)\,d$	$(10 + 5\lvert\cos\alpha\rvert)\,d$	$(15 + 5\lvert\cos\alpha\rvert)\,d$
Abstand $a_{3,c}$ (unbeanspruchtes Hirnholzende)	$90° \leq \alpha \leq 270°$	$7\,d$	$10\,d$	$15\,d$
Abstand $a_{4,t}$ (beanspruchter Rand)	$0° \leq \alpha \leq 180°$	$d < 5$ mm: $(3 + 2\sin\alpha)\,d$ $d \geq 5$ mm: $(3 + 4\sin\alpha)\,d$	$d < 5$ mm: $(5 + 2\sin\alpha)\,d$ $d \geq 5$ mm: $(5 + 5\sin\alpha)\,d$	$d < 5$ mm: $(7 + 2\sin\alpha)\,d$ $d \geq 5$ mm: $(7 + 5\sin\alpha)\,d$
Abstand $a_{4,c}$ (unbeanspruchter Rand)	$180° \leq \alpha \leq 360°$	$3\,d$	$5\,d$	$7\,d$

*) Rohdichte des Holzes
d = Nageldurchmesser

Mindestabstände von Klammern

Abstände (siehe Abbildungen Seite 146)	Winkel	Mindestabstände
a_1 (in Faserrichtung) für $\theta \geq 30°$ für $\theta < 30°$	$0° \leq \alpha \leq 360°$	$(10 + 5\lvert\cos\alpha\rvert)\,d$ $(15 + 5\lvert\cos\alpha\rvert)\,d$
a_2 (rechtwinklig zur Faserrichtung)	$0° \leq \alpha \leq 360°$	$15\,d$
$a_{3,t}$ (beanspruchtes Hirnholzende)	$90° \leq \alpha \leq 90°$	$(15 + 5\lvert\cos\alpha\rvert)\,d$
$a_{3,c}$ (unbeanspruchtes Hirnholzende)	$90° \leq \alpha \leq 270°$	$15\,d$
$a_{4,t}$ (beanspruchter Rand)	$0° \leq \alpha \leq 180°$	$(15 + 5\lvert\sin\alpha\rvert)\,d$
$a_{4,c}$ (unbeanspruchter Rand)	$180° \leq \alpha \leq 360°$	$10\,d$

d = Nenndurchmesser der Klammer
α = Winkel zwischen Kraft- und Faserrichtung
θ = Winkel zwischen Klammerrücken und Faserrichtung

Klammer für tragende Verbindungen

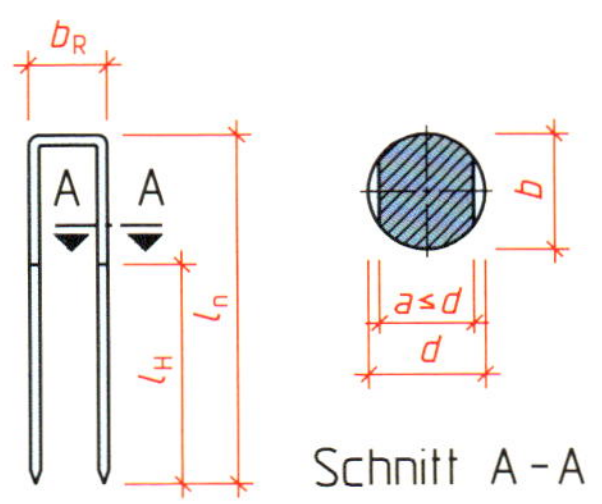

Definition der Abstände bei Klammerverbindungen

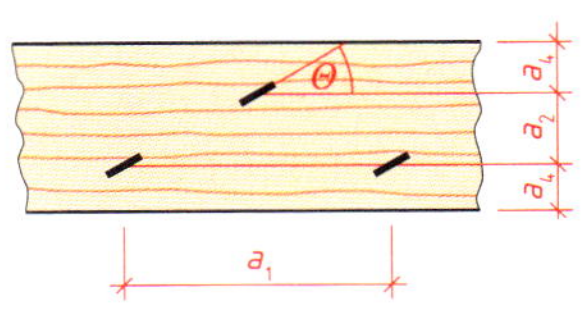

Dübel besonderer Bauart

Dübeltypen, Beispiele

Typ A – Ringdübel	Typ B – Scheibendübel	Typ C – Scheibendübel
Typ A 1 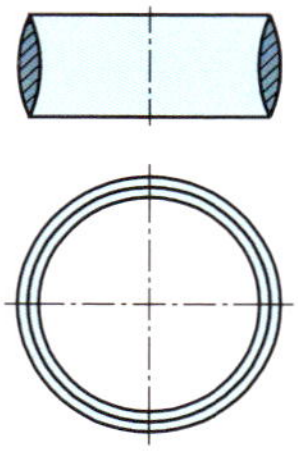	**Typ B 1** 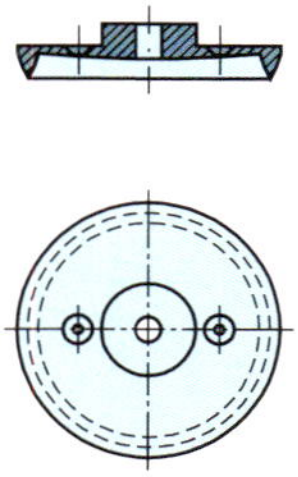	Scheibendübel mit Zähnen **Typ C 1** 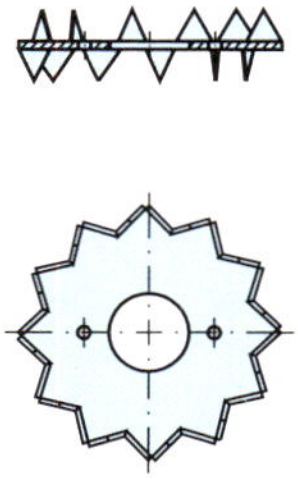 Typ C 2 (wie Typ C 1, jedoch einseitig)

Typ C 3

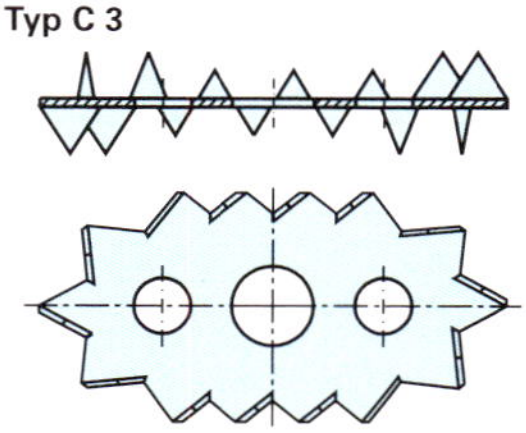

Typ C 4 (wie Typ C 3, jedoch einseitig)

Typ C 5

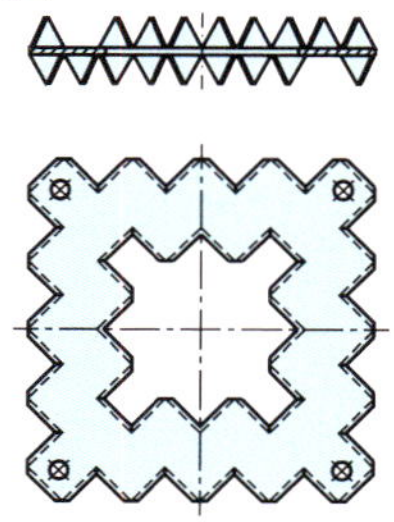

Scheibendübel mit Zähnen (Dornen)
Typ C 10

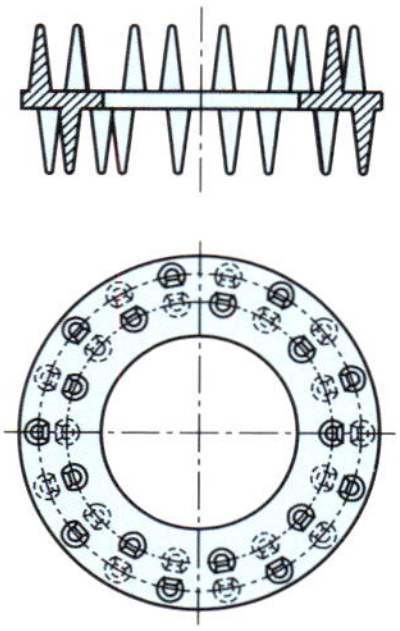

Typ C 11 (wie Typ C 10, jedoch einseitig)

Bei Dübeln besonderer Bauart wird zwischen **einseitigen** und **zweiseitigen** Dübeln unterschieden. Einseitige Dübel sind nur auf einer Seite in eine Holzkontaktfläche eingebettet, zweiseitige Dübel haben einen symmetrischen Querschnitt und sind in beide Kontaktflächen von zwei sich berührenden Holzteilen eingebettet.

Nach der Form wird bei Dübeln besonderer Bauart zwischen **Ringdübeln, Scheibendübeln** und **Scheibendübeln mit Zähnen** (bzw. Dornen) unterschieden.

Dübel besonderer Bauart bestehen aus den Werkstoffen **Stahl, Aluminium-Gusslegierung, Grauguss, Gussmetall** oder **Temperguss**. Außerdem gibt es auch Dübel besonderer Bauart (Dübeltyp D1) als runde Holzscheibendübel aus **Eichenholz**.

Dübel besonderer Bauart dürfen nur für Vollholz, Brettschichtholz, Balkenschichtholz sowie Furnierschichtholz ohne Querlagen und mit einer Rohdichte < 500 kg/m³ verwendet werden.

Alle Verbindungen mit Dübeln besonderer Bauart werden in der Regel durch nachziehbare Bolzen zusammengehalten, wobei jeder Dübel durch einen Bolzen gesichert sein muss. Bei Dübeln mit Durchmessern bzw. Seitenabmessungen ≥130 mm, wenn zwei oder mehr Dübel hintereinander in Kraftrichtung angeordnet sind, werden in der Regel an den Enden der Außenhölzer oder -laschen zusätzliche Klemmbolzen angeordnet.

Anordnung der Bolzen bei Dübelverbindungen

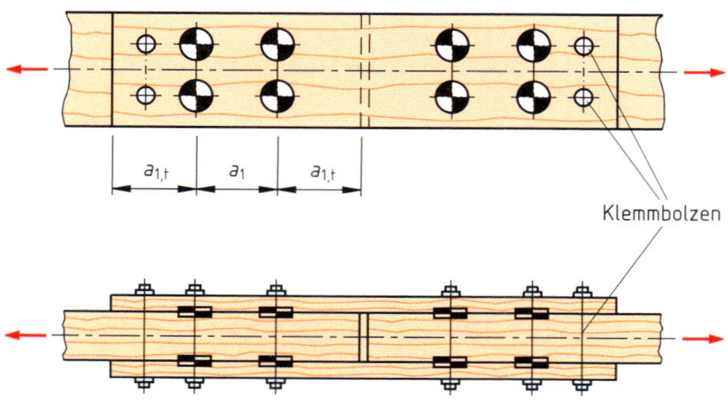

Mindestabstände von Ring- und Scheibendübeln besonderer Bauart

Abstände (siehe Abbildungen Seite 146)	**Winkel**	**Mindestabstände**
a_1 (in Faserrichtung)	$0° \leq \alpha \leq 360°$	$(1{,}2 + 0{,}8\,\lvert\cos\alpha\rvert)\,d_c$
a_2 (rechtwinklig zur Faserrichtung)	$0° \leq \alpha \leq 360°$	$1{,}2\,d_c$
$a_{3,t}$ (beanspruchtes Hirnholzende)	$-90° \leq \alpha \leq 90°$	$1{,}5\,d_c$
$a_{3,c}$ (unbeanspruchtes Hirnholzende)	$90° \leq \alpha \leq 150°$ $150° < \alpha < 210°$ $210° \leq \alpha \leq 270°$	$(0{,}4 + 1{,}6\,\lvert\sin\alpha\rvert)\,d_c$ $1{,}2\,d_c$ $(0{,}4 + 1{,}6\,\lvert\sin\alpha\rvert)\,d_c$
$a_{4,t}$ (beanspruchter Rand)	$0° \leq \alpha \leq 180°$	$(0{,}6 + 0{,}2\,\lvert\sin\alpha\rvert)\,d_c$
$a_{4,c}$ (unbeanspruchter Rand)	$180° \leq \alpha \leq 360°$	$0{,}6\,d_c$

d_c = Dübeldurchmesser
α = Winkel zwischen Kraft- und Faserrichtung

Mindestabstände von Scheibendübeln mit Zähnen Typ C 1...C 9

Abstände (siehe Abbildungen Seite 146)	**Winkel**	**Mindestabstände**
a_1 (in Faserrichtung)	$0° \leq \alpha \leq 360°$	$(1{,}2 + 0{,}3\,\lvert\cos\alpha\rvert)\,d_c$
a_2 (rechtwinklig zur Faserrichtung)	$0° \leq \alpha \leq 360°$	$1{,}2\,d_c$
$a_{3,t}$ (beanspruchtes Hirnholzende)	$-90° \leq \alpha \leq 90°$	$2{,}0\,d_c$
$a_{3,c}$ (unbeanspruchtes Hirnholzende)	$90° \leq \alpha \leq 150°$ $150° < \alpha < 210°$ $210° \leq \alpha \leq 270°$	$(0{,}9 + 0{,}6\,\lvert\sin\alpha\rvert)\,d_c$ $1{,}2\,d_c$ $(0{,}9 + 0{,}6\,\lvert\sin\alpha\rvert)\,d_c$
$a_{4,t}$ (beanspruchter Rand)	$0° \leq \alpha \leq 180°$	$(0{,}6 + 0{,}2\,\lvert\sin\alpha\rvert)\,d_c$
$a_{4,c}$ (unbeanspruchter Rand)	$180° \leq \alpha \leq 360°$	$0{,}6\,d_c$

d_c = Dübeldurchmesser
α = Winkel zwischen Kraft- und Faserrichtung

Blechformteilverbinder (Beispiele)

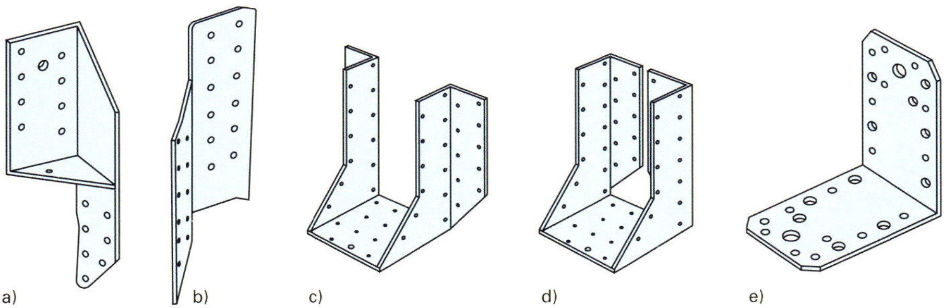

a) b) c) d) e)

a) Universalbeschlag
b) Sparrenpfettenanker
c) Balkenschuh
d) Balkenschuh mit eingebogenen Schenkeln
e) Winkelbeschlag

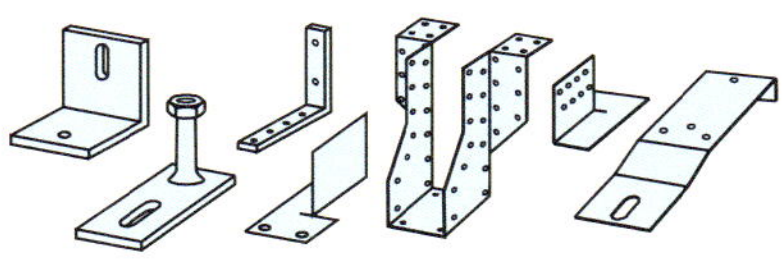

Spezialbeschläge

PLATTENFÖRMIGE HOLZWERKSTOFFE

	Plattenart	Kurz-zeichen	Verleimung	Abmessungen
Sperrholz	**Bau-Furnierplatten**	**BFU**	**IF 20** (Innensperrholz) nicht wetterbeständig **AW 100** (Außensperrholz) wetterbeständig	**Dicke** in mm: 4, 5, 6, 8, 10, 12 **Länge** in cm: 125, 153, 173, 205, 220, 250, 305 **Breite** in cm: 125, 153, 173, 183
	Bau-Tischlerplatten – mit Stäbchen-Mittellage – mit Stab-Mittellage – mit Streifen-Mittellage	**BTI** STAE ST SR		**Dicke** in mm: 13, 16, 19, 22, 25, 30, 38 **Länge** in cm: 153, 173, 183 **Breite** in cm: 460, 510
Spanplatten	**Flachpressplatten**	**FPY**	**V 20** nicht wetterbeständig **V 100** begrenzt wetterbeständig **V 100G** begrenzt wetterbeständig mit Holzschutzmittel geschützt gegen Pilze	**Dicke** (Vorzugsmaße, in mm): 6, 8, 10, 13, 16, 19, 22, 25, 28, 32, 36, 40, 45, 60, 70
	Strangpressplatten Vollplatten Röhrenplatten	 **SV** **SR**		
OSB	**Oriented Strand Boards** – für allgemeine Zwecke	**OSB/1**	nur für den Trockenbereich verwendbar	**Dicke** in mm: 8...30
	– für tragende Zwecke	**OSB/2**		
	– für tragende Zwecke	**OSB/3**	auch für den Feuchtbereich zu verwenden	
	– für tragende Zwecke (hochbelastbar)	**OSB/4**		

QUERSCHNITTSWERTE UND MASSEN FÜR RECHTECKSQUERSCHNITTE

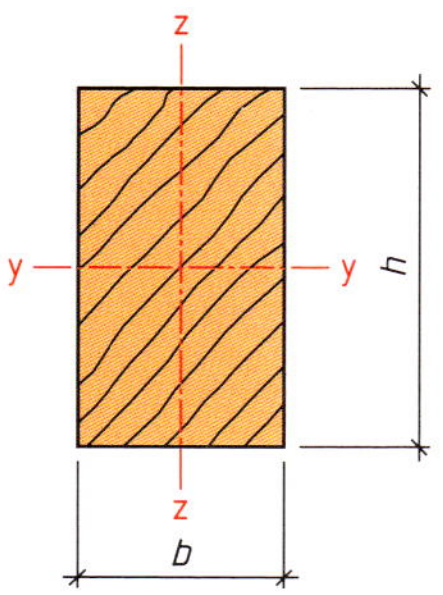

Achsenbezeichnung	Querschnittsfläche in cm²
$y - y$ = Y-Achse $z - z$ = Z-Achse	$A = b \cdot h$

Längenbezogene Masse m' in kg/m

Die längenbezogene Masse ist der Quotient aus Masse und Länge. Die Dichte des Holzes wird mit 600 kg/m³ angenommen.

Widerstandsmoment

$W_y = \frac{b \cdot h^2}{6}$ = Widerstandsmoment in cm³, bezogen auf die Y-Achse

$W_z = \frac{h \cdot b^2}{6}$ = Widerstandsmoment in cm³, bezogen auf die Z-Achse

Flächenmoment 2. Grades (Trägheitsmoment)

$I_y = \frac{b \cdot h^3}{12}$ = Flächenmoment 2. Grades in cm⁴, bezogen auf die Y-Achse

$I_z = \frac{h \cdot b^3}{12}$ = Flächenmoment 2. Grades in cm⁴, bezogen auf die Z-Achse

Trägheitshalbmesser

$i_y = \sqrt{\frac{I_y}{A}}$ = Trägheitshalbmesser in cm, bezogen auf die Y-Achse

$i_z = \sqrt{\frac{I_z}{A}}$ = Trägheitshalbmesser in cm, bezogen auf die Z-Achse

$$i_y = \sqrt{\frac{I_y}{A}} = \sqrt{\frac{b \cdot h^3}{12 \cdot b \cdot h}} = \sqrt{\frac{h^2}{12}} = h \cdot \sqrt{\frac{1}{12}} \approx h \cdot 0{,}289$$

$$i_z = \sqrt{\frac{I_z}{A}} = \sqrt{\frac{h \cdot b^3}{12 \cdot b \cdot h}} = \sqrt{\frac{b^2}{12}} = b \cdot \sqrt{\frac{1}{12}} \approx b \cdot 0{,}289$$

Kanthölzer und Balken

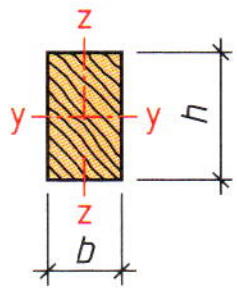

*) Vorratskanthölzer und Vorratsbalken
Fettdruck = Querschnitte mit günstiger Rundholzausnutzung

Der längenbezogenen Masse liegt eine Dichte von 600 kg/m² zugrunde.

Abmessungen b/h cm/cm	Fläche A cm²	Längenbezogene Masse m' kg/m	W_y cm³	I_y cm⁴	i_y cm	W_z cm³	I_z cm⁴	i_z cm
6/6*)	36	2,16	36	108	1,73	36	108	1,73
6/7	42	2,52	49	171	2,02	42	126	1,73
6/8*)	48	2,88	64	256	2,31	48	144	1,73
6/9	54	3,24	81	364	2,60	54	162	1,73
6/10	60	3,60	100	500	2,89	60	180	1,73
6/12*)	72	4,32	144	864	3,46	72	216	1,73
6/14	84	5,04	196	1372	4,04	84	252	1,73
6/16	96	5,76	256	2044	4,62	96	288	1,73
6/18	108	6,48	324	2916	5,20	108	324	1,73
6/20	120	7,20	400	4000	5,77	120	360	1,73
6/22	132	7,92	484	5324	6,36	132	396	1,73
6/24	144	8,64	576	6910	6,94	144	432	1,73
6/26	156	9,36	676	8790	7,51	156	468	1,73
7/7	49	2,94	57	200	2,02	57	200	2,02
7/8	56	3,36	75	298	2,31	65	229	2,02
7/9	63	3,78	94	425	2,60	73	257	2,02
7/10	70	4,20	117	583	2,89	82	286	2,02
7/12	84	5,04	168	1008	3,46	98	343	2,02
7/14	98	5,88	229	1601	4,04	114	400	2,02
7/16	112	6,72	299	2385	4,62	131	457	2,02
7/18	126	7,56	378	3402	5,20	147	514	2,02
7/20	140	8,40	467	4667	5,77	163	572	2,02
7/22	154	9,24	565	6211	6,36	180	628	2,02
7/24	168	10,1	672	8065	6,94	196	686	2,02
7/26	182	10,9	789	10255	7,51	212	743	2,02
8/8*)	64	3,84	85	341	2,31	85	341	2,31
8/9	72	4,32	108	486	2,60	96	384	2,31
8/10*)	80	4,80	133	667	2,89	107	427	2,31
8/12*)	96	5,76	192	1152	3,46	128	512	2,31
8/14	112	6,72	261	1829	4,04	149	597	2,31
8/16*)	128	7,68	341	2731	4,62	171	683	2,31
8/18	144	8,64	432	3888	5,20	192	768	2,31
8/20	160	9,60	533	5333	5,77	213	853	2,31
8/22	176	10,6	645	7099	6,35	235	939	2,31
8/24	192	11,5	768	9216	6,94	256	1024	2,31
8/26	208	12,5	901	11715	7,51	277	1109	2,31
9/9	81	4,86	121	547	2,60	121	547	2,60
9/10	90	5,40	150	750	2,89	135	607	2,60
9/12	108	6,48	216	1296	3,47	162	729	2,60
9/14	126	7,56	294	2058	4,04	189	850	2,60
9/16	144	8,64	384	3072	4,62	216	972	2,60
9/18	162	9,72	486	4374	5,20	243	1093	2,60
9/20	180	10,8	600	6000	5,77	270	1215	2,60
9/22	198	11,9	726	7986	6,35	297	1336	2,60
9/24	216	13,0	864	10368	6,93	324	1458	2,60
9/26	234	14,0	1014	13182	7,51	351	1584	2,60
10/10*)	100	6,0	167	833	2,89	167	833	2,89
10/12*)	120	7,2	240	1440	3,46	200	1000	2,89
10/14	140	8,4	327	2287	4,04	233	1167	2,89
10/16	160	9,6	427	3413	4,62	267	1333	2,89
10/18	180	10,8	540	4860	5,20	300	1500	2,89
10/20*)	200	12,0	667	6667	5,77	333	1667	2,89
10/22*)	220	13,2	807	8873	6,35	367	1833	2,89
10/24	240	14,4	960	11520	6,93	400	2000	2,89
10/26	260	15,6	1127	14647	7,51	433	2167	2,89

Kanthölzer und Balken (Fortsetzung)

Abmessungen b/h cm/cm	Fläche A cm²	Längenbezogene Masse m' kg/m	W_y cm³	I_y cm⁴	i_y cm	W_z cm³	I_z cm⁴	i_z cm
12/12*)	144	8,64	288	1728	3,46	288	1728	3,46
12/14*)	168	10,1	392	2744	4,04	336	2016	3,46
12/16*)	192	11,5	512	4096	4,62	384	2304	3,46
12/18	216	13,0	648	5832	5,20	432	2592	3,46
12/20*)	240	14,4	800	8000	5,77	480	2880	3,46
12/22	264	15,8	968	10648	6,35	528	3168	3,46
12/24	288	17,3	1152	13824	6,93	576	3456	3,46
12/26	312	18,7	1352	17576	7,51	624	3744	3,46
14/14*)	196	11,8	457	3201	4,04	457	3201	4,04
14/16*)	224	13,4	597	4779	4,62	523	3659	4,04
14/18	252	15,1	756	6801	5,20	588	4116	4,04
14/20	280	16,8	933	9333	5,77	652	4573	4,04
14/22	308	18,5	1129	12422	6,35	719	5031	4,04
14/24	336	20,2	1344	16128	6,93	784	5488	4,04
14/26	364	21,8	1577	20505	7,51	849	5945	4,04
14/28	392	23,5	1829	25611	8,08	915	6403	4,04
16/16*)	256	15,4	683	5461	4,62	683	5461	4,62
16/18*)	288	17,3	864	7776	5,20	768	6144	4,62
16/20*)	320	19,2	1067	10667	5,77	853	6827	4,62
16/22	352	21,1	1291	14197	6,35	939	7509	4,62
16/24	384	23,0	1536	18432	6,93	1024	8192	4,62
16/26	416	25,0	1803	23435	7,51	1109	8875	4,62
16/28	448	26,9	2091	29269	8,08	1185	9557	4,62
16/30	480	28,8	2400	36000	8,66	1280	10240	4,62
18/18	324	19,4	972	8748	5,20	972	8748	5,20
18/20	360	21,6	1200	12000	5,78	1080	9720	5,20
18/22*)	396	23,8	1452	15972	6,35	1188	10692	5,20
18/24	432	25,9	1728	20736	6,93	1296	11664	5,20
18/26	468	28,1	2028	26364	7,51	1404	12636	5,20
18/28	504	30,2	2352	32928	8,08	1512	13608	5,20
18/30	540	32,4	2700	40500	8,66	1620	14580	5,20
20/20*)	400	24,0	1333	13333	5,77	1333	13333	5,77
20/22	440	26,4	1613	17747	6,35	1467	14667	5,77
20/24*)	480	28,8	1920	23040	6,93	1600	16000	5,77
20/26	520	31,2	2253	29293	7,51	1733	17333	5,77
20/28	560	33,6	2613	36587	8,08	1867	18667	5,77
20/30	600	36,0	3000	45000	8,66	2000	20000	5,77
22/22	484	29,0	1775	19520	6,35	1775	19520	6,35
22/24	528	31,7	2110	25340	6,93	1936	21296	6,35
22/26	572	34,3	2480	32223	7,51	2097	23071	6,35
22/28	616	37,0	2875	40245	8,08	2259	24845	6,35
22/30	660	39,6	3300	49500	8,66	2420	26620	6,35
24/24	576	34,6	2304	27648	6,93	2304	27648	6,93
24/26	624	37,4	2704	35152	7,51	2496	29952	6,93
24/28	672	40,3	3136	43904	8,08	2688	32256	6,93
24/30	720	43,2	3600	54000	8,66	2880	34560	6,93
26/26	676	40,6	2929	38081	7,51	2929	38081	7,51
26/28	728	43,7	3397	47563	8,08	3155	41011	7,51
26/30	780	46,8	3900	58500	8,66	3380	43940	7,51
28/28	784	47,0	3659	51221	8,08	3659	51221	8,08
28/30	840	50,4	4200	63000	8,66	3920	54880	8,08
30/30	900	54,0	4500	67500	8,66	4500	67500	8,66
mm/mm	**Dachlatten**							
24/48	11,5	0,69	9,2	22,1	1,39	4,57	5,5	0,69
30/50	15,0	0,90	12,5	31,3	1,45	7,5	11,3	0,87
40/60	24,0	1,44	24,0	72,0	1,72	16,0	32,0	1,16

Berechnung von Drehzahlen, Durchmessern und Schnittgeschwindigkeiten

Genaue Berechnung

$$\text{Drehzahl der Werkzeugwelle} = \frac{\text{Drehzahl des Motors} \cdot \text{Riemenscheibendurchmesser des Motors}}{\text{Riemenscheibendurchmesser der Werkzeugwelle}}$$

Riemenscheibendurchmesser des Motors

$$= \frac{\text{Drehzahl der Werkzeugwelle} \cdot \text{Riemenscheibendurchmesser der Werkzeugwelle}}{\text{Drehzahl des Motors}}$$

Schnittgeschwindigkeit

$$= \frac{\text{Werkzeugdurchmeser (Flugkreisdurchmesser)} \cdot \pi \cdot \text{Drehzahl der Werkzeugwelle}}{60} \text{ in m/s}$$

Faustformeln

$$\text{Schnittgeschwindigkeit} = \frac{\text{Drehzahl der Werkzeugwelle} \cdot \text{Werkzeughalbmesser (Flugkreisradius)}}{1000} \text{ in m/s}$$

$$\text{Drehzahl} = \frac{\text{Schnittgeschwindigkeit} \cdot 1000}{\text{Werkzeughalbmesser (Flugkreisradius)}} \text{ in } \frac{1}{\text{min}} \quad (= \text{min}^{-1})$$

$$\text{Werkzeughalbmesser (Flugkreisradius)} = \frac{\text{Schnittgeschwindigkeit} \cdot 1000}{\text{Drehzahl}} \text{ in cm}$$

Achtung: Werkzeughalbmesser (Flugkreisradius) in **cm**

Richtwerte für wirtschaftliche Schnittgeschwindigkeiten

Werkzeug	Schneidenwerkstoffe	
	Stahlschneiden	**Hartmetallschneiden**
Kreissägeblätter	60...70 m/s	70...100 m/s
Fräswerkzeuge	30...50 m/s	45...70 m/s
Bandsägeblätter	20...30 m/s	–

Schneidenwinkel

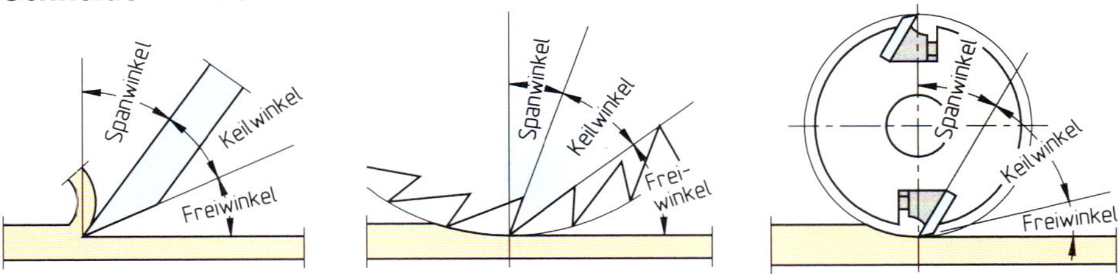

Richtwerte für Schneidenwinkel

Schneidenwinkel	Schneidenwerkstoff		
	Stahlschneide bei Vollholz	**Hartmetallschneide**	
		bei Spanplatten	**bei Kunststoff**
Spanwinkel	30°	20°	10°...15°
Keilwinkel	42°...45°	55°...58°	60°...70°
Freiwinkel	15°...18°	12°...15°	10°...15°

Die wichtigsten Werkstoffe für Dachdeckungen und Dachabdichtungen

Dachdeckungen	**Dachziegel**
	– Strangdachziegel • ohne Falz (Biberschwanz, Hohlpfanne) • mit seitlichem Falz (Strangfalzziegel) – Pressdachziegel • ohne Falz (Mönch und Nonne, Krempziegel) • mit Falz im Überdeckungsbereich (Flachdachpfanne, Verschiebeziegel, Großflächenziegel)
	Betondachsteine
	– Dachstein in Biberformat – Dachstein, ebenflächig mit tiefliegendem Längsfalz und gerundeten Sichtkanten – Dachstein mit hochliegendem Längsfalz, symmetrischem Mittelwulst und gerundeter Sichtkante – Dachstein mit hochliegendem Längsfalz, asymmetrischem Mittelwulst und gerundeter Sichtkante
	Dachschiefer
	Dachplatten aus Faserzement
	– Ebene Platten – Wellplatten
	Sonstige Deckungen
	– Reet, Stroh – Holzschindeln – Bitumenschindeln – Bitumenwellplatten
Abdichtungen	**Bitumenbahnen**
	– aus Polymerbitumen – aus Oxidationsbitumen
	Kunststoff- und Elastomerbahnen

Die wichtigsten Regeldachneigungen

Nach den Fachregeln des Deutschen Dachdeckerhandwerks sind bestimmte **Mindestdachneigungen**, die sogenannten Regeldachneigungen, einzuhalten. Bei Unterschreitung der **Regeldachneigungen** sind immer zusätzliche Maßnahmen vorzusehen, z. B. Anbringung von Unterdächern oder Vordeckung auf Schalung. Wenn von Firmen kleinere mögliche Mindestdachneigungen für ihre Produkte angegeben werden, sollten trotzdem die Vorgaben der Fachregeln beachtet werden. Kehlen müssen wegen des erhöhten Wasseranfalles immer größere Neigungen als die Regeldachneigungen haben.

Ziegeldeckungen (Beispiele)	
– Dachziegel mit mehrfacher Ringverfalzung • (Flachdachziegel unterschiedlicher Krempenausbildung)	22°
– Dachziegel mit unterbrochener Ringverfalzung • (Doppelmuldenfalzziegel, Reformziegel)	30°
– Dachziegel mit Verschiebefalz (Verschiebeziegel)	30°
– Dachziegel mit Seitenverfalzung (Strangfalzziegel)	35°
– Dachziegel mit Seitenaufkantung (Krempziegel)	35°
– gewölbte Dachziegel ohne Verfalzung: • Hohlpfanne (Auf-/Vorschnittdeckung)	35°/40°
• Mönch- und Nonnenziegel	40°
– ebene Dachziegel ohne Verfalzung (Biberschwanzziegel): • Doppel- und Kronendeckung	30°
Dachsteindeckungen	
– Dachsteine mit hochliegendem Längsfalz	22°
– Dachsteine mit tiefliegendem Längsfalz	25°
– Dachstein ohne Falz (Dachsteinbiber), Kronen- und Doppeldeckung	30°
Schieferdeckungen	
– altdeutsche Deckung	25°
– Schuppendeckung	25°
– Spitzwinkeldeckung	30°
Faserzementdeckungen	
– deutsche Deckung	25°
– waagerechte Deckung	30°
– Doppeldeckung	25°
– Welltafeldeckung (mit Kitteinlage), z. B. Dachtiefe bis 10 m über 30 m	 7° 12°
Sonstige Deckungen	
– Reet und Stroh	45°
– Holzschindeln, nach DIN 68119, dreilagig	22°
– Bitumenschindeln, Sparrenlänge ≤ 10 m	15°
– Bitumenwelltafeln, wie bei Welltafeln (s. o.)	

Deckungen mit Biberschwanzziegeln

Einfachdeckung (mit Spließen)

Werkstoffbedarf

Biberschwanzziegel		**Format 18 × 38 cm**		**Format 15,5 × 37,5 cm**	
Dachneigung	**Mindestüberdeckung mm**	**Lattweite cm**	**Ziegelbedarf ≈ Stück/m²**	**Lattweite cm**	**Ziegelbedarf ≈ Stück/m²**
< 40°	170	21	25	20,5	30
≥ 40°…45°	160	22	26	21,5	30
> 45°…50°	150	23	27	22,5	29
> 50°…55°	140	24	28	23,5	28
> 55°	130	25	29	24,5	27
Regeldachneigung ≥ 40° (83,9 %)					

Kronendeckung (Werkstoffbedarf)

Biberschwanzziegel		**Format 18 × 38 cm**	
Dachneigung	**Mindestüberdeckung mm**	**Lattweite cm**	**Ziegelbedarf ≈ Stück/m²**
≤ 30°	90	29	39
> 35°…40°	80	30	37
> 40°…45°	70	31	36
> 45°…60°	60	32	35
> 60°	50	33	34
Regeldachneigung 30°			

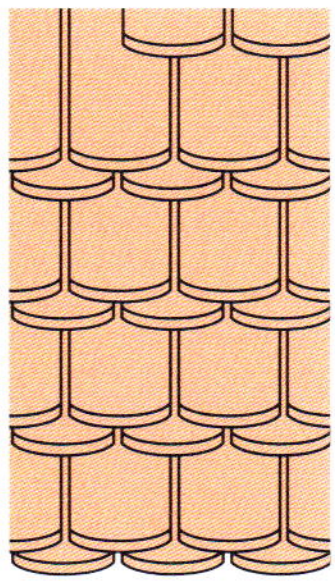

Kronendeckung

Doppeldeckung (Werkstoffbedarf)

Biberschwanzziegel		**Format 18 × 38 cm**	
Dachneigung	**Mindestüberdeckung mm**	**Lattweite cm**	**Ziegelbedarf ≈ Stück/m²**
≥ 30°…35°	90	14,5	38,3
> 35°…40°	80	15,0	37,0
> 40°…45°	70	15,5	35,8
> 45°…60°	60	16,0	34,7
> 60°	50	16,5	33,6
Regeldachneigung 30°			

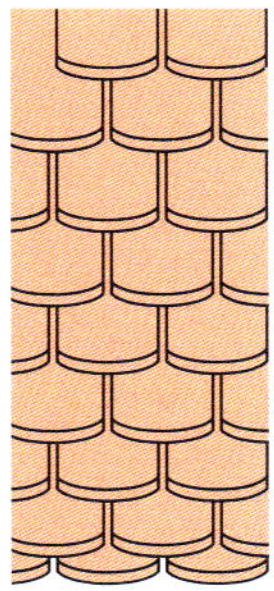

Doppeldeckung

Deckungen mit Hohlpfannen (Hohlziegeln)

Werkstoffbedarf

Hohlpfanne mit Langschnitt

Größe cm	**Deckfläche cm**	**Ziegelbedarf ≈ Stück/m²**
23/40	20/33	15

Aufschnittdeckung

Größe cm	**Deckfläche cm**	**Ziegelbedarf ≈ Stück/m²**	**Lattweite cm**
23/40	20/31	16	31

Dachneigung	**Mindestüberdeckung**
≤ 40°	100 mm
> 40°…45°	90 mm
> 45°	80 mm
Regeldachneigung ≥ 35°	

Deckungen mit Krempziegeln

Werkstoffbedarf

Größe	≈ 26 × 34 cm
Deckfläche	≈ 23 × 26 cm
Bedarf	≈ 17 Stück/m²
Lattweite	26 cm

Deckungen mit Strangfalzziegeln

Werkstoffbedarf

Größe	≈ 20 × 40 cm
Deckfläche	≈ 18 × 30 cm
Bedarf	≈ 18,5 Stück/m²
Lattweite	28 cm

Deckungen mit Falzziegeln

Ermittlung der Decklänge und Deckbreite

Längsschnitt durch die gezogenen Prüfziegel

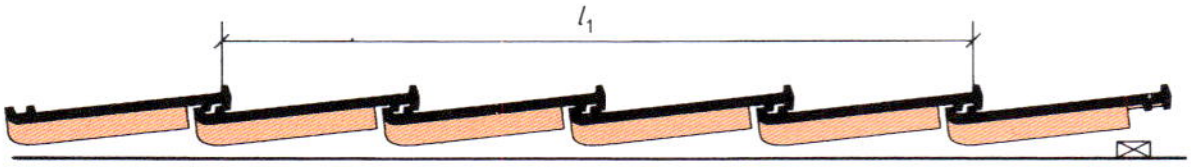

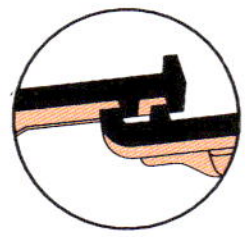

Längsschnitt durch die gestoßenen Prüfziegel

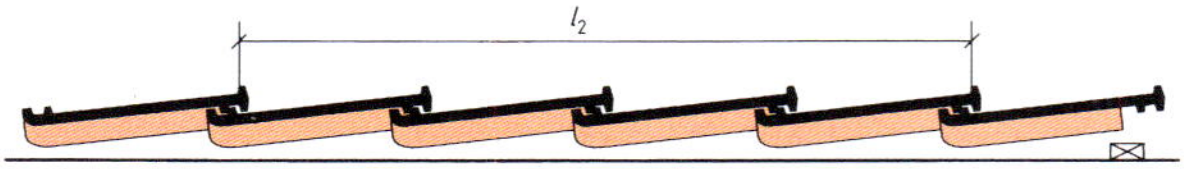

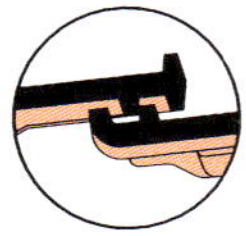

Die Deckläge liegt zwischen der höchsten und niedrigsten Decklänge

Querschnitt durch die gezogenen Prüfziegel

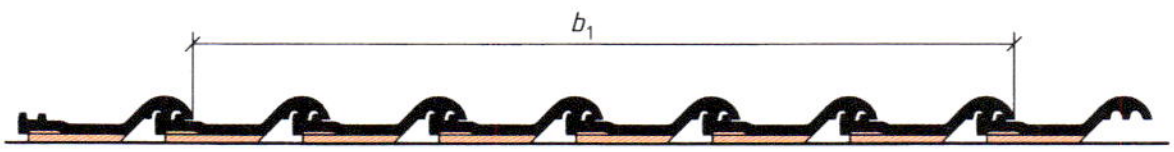

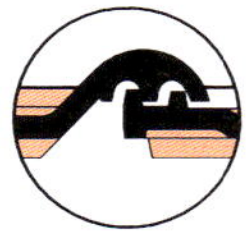

Querschnitt durch die gestoßenen Prüfziegel

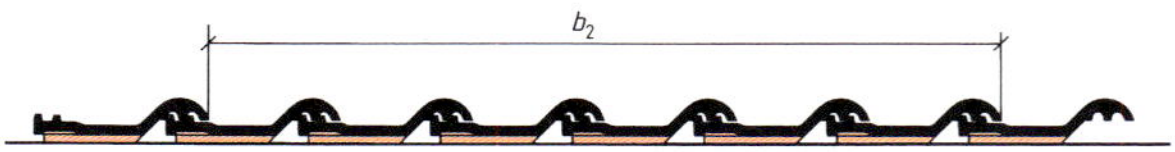

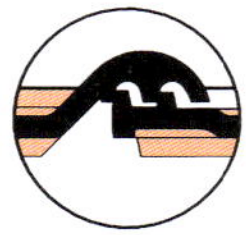

Die Deckbreite liegt zwischen der höchsten und niedrigsten Deckbreite

Werkstoffbedarf

Größe	**Form**	**Latten-abstand in cm**	**Bedarf in Stück/m²**
Flachdach-ziegel 26/42 cm	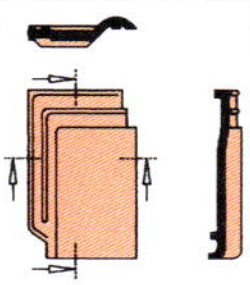	33,3	15
Kronen-kremper 26/43 cm	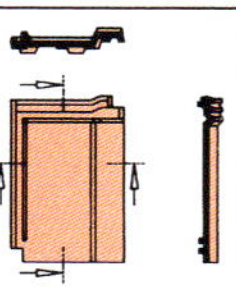	33,3	12
Flach-kremper 26/42 cm	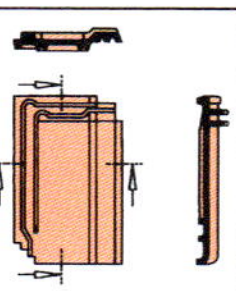	33,3	15

Höchste Decklänge = $\frac{l_1}{n}$ Niedrigste Decklänge = $\frac{l_2}{n}$

Höchste Deckbreite = $\frac{b_1}{n}$ Niedrigste Deckbreite = $\frac{b_2}{n}$

n = Anzahl der Ziegel

Größe	**Form**	**Latten-abstand in cm**	**Bedarf in Stück/m²**
Reform-ziegel 25/42 cm	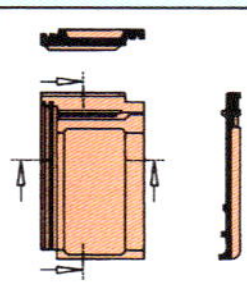	33,3	15
Doppel-mulden-falzziegel 25/42 cm	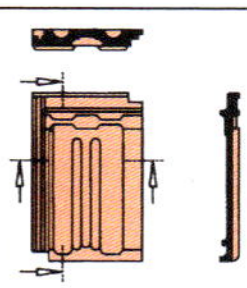	33,3	15

Deckungen mit Dachsteinen in Biberform

Werkstoffbedarf

Doppeldeckung				
Dachneigung	≤ 35°	> 35°	> 40°	> 45°
Mind. Höhenüberdeckung in cm	9,0	8,0	7,0	6,0
Max. Lattenabstand in cm	16,5	17,0	17,5	18,0
Bedarf Stück.../m²	35,65	34,60	33,61	32,68
Regeldachneigung ≥ 30°				
Unterste Dachneigungsgrenze 20°				

Kronendeckung				
Dachneigung	≤ 35°	> 35°	> 40°	> 45°
Mind. Höhenüberdeckung in cm	9,0	8,0	7,0	6,0
Max. Lattenabstand in cm	33,0	34,0	35,0	36,0
Bedarf Stück.../m²	35,65	34,60	33,61	32,68
Regeldachneigung ≥ 30°				
Unterste Dachneigungsgrenze 20°				

Deckungen mit seitenverfalzten Dachsteinen*)

Ermittlung der Deckbreite

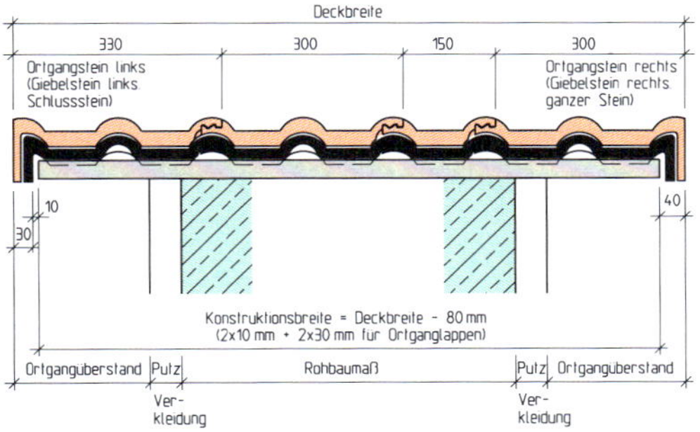

Dachsteine mit hochliegendem Seitenfalz			
Dachneigung	< 22°	22°...30°	> 30°
Mindestüberdeckung	100 mm	85 mm	75 mm
Regeldachneigung 22°			
Unterste Dachneigungsgrenze 10°			

Dachsteine mit tiefliegendem Seitenfalz			
Dachneigung	< 25°	25°...35°	> 35°
Mindestüberdeckung	100 mm	85 mm	75 mm
Regeldachneigung 25°			
Unterste Dachneigungsgrenze 15°			

Werkstoffbedarf

Form mit Abmessungen	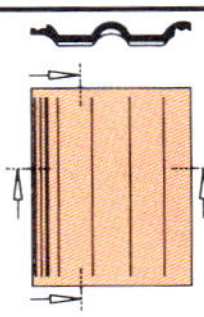 **33/42 cm**	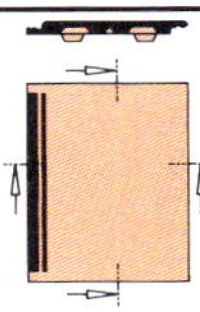 **33,3/42 cm**	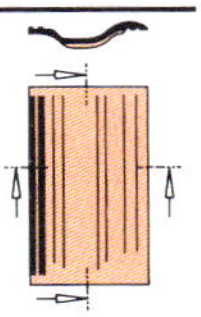 **24,5/42 cm**
Lattenabstand in cm	31,2...34,0	31,2...34,0	31,2...34,5
Bedarf in Stück pro m²	≈ 10	≈ 10	≈ 15
Deckbreite in cm	30	30	20
Masse/Stück in kg	≈ 4,5	≈ 5,7	≈ 3,1

*) Seitenverfalzte Dachsteine sind Dachsteine mit
- tief liegendem Wasserfalz und ebener Oberfläche,
- hoch liegendem Wasserfalz ohne Mittelwulst oder
- hoch liegendem Wasserfalz mit symmetrischem oder asymmetrischem Mittelwulst.

Faserzementplatten

Auswahl gängiger Dach- und Fassadenplatten

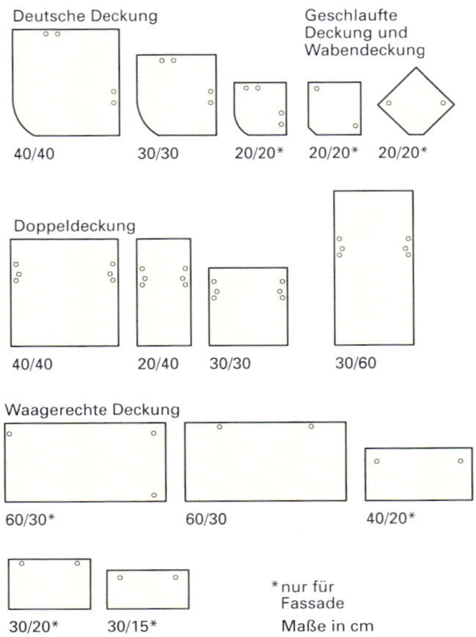

Dachabdichtungen mit Bitumenbahnen

Übersicht

Bitumenbahnen

- **aus Polymerbitumen**
  - Polymerbitumen-Dachdichtungsbahnen
  - Polymerbitumen-Schweißbahnen
- **aus Oxidationsbitumen**
  - Bitumen-Dachbahnen
  - Bitumen-Dachdichtungsbahnen
  - Bitumen-Schweißbahnen

aus Polymerbitumen			aus Oxidationsbitumen		
Polymerbitumen-Dachdichtungsbahnen	Polymerbitumen-Schweißbahnen		Bitumen-Dachbahnen	Bitumen-Dachdichtungsbahnen	Bitumen-Schweißbahnen
PYE mit thermoplastischen Elastomeren	**PYE** mit thermoplastischen Elastomeren	**PYP** mit thermoplastischen Plastomeren			V 60 S4
PYE-G 200 DD	PYE-G 200 S4 PYE-G 200 S5	PYP-G 200 S4 PYP-G 200 S5	V 13	G 200 DD	G 200 S4 G 200 S5
PYE-PV 200 DD	PYE PV 200 S5	PYP-PV 200 S5		PV 200 DD	PV 200 S5

Bitumenbahnen – Verarbeitung und Eigenschaften

Bahnentyp	Verarbeitung	Dicke in mm	Einlage	mechanische Eigenschaften		thermische Eigenschaften	
				Höchstzugkraft längs (quer)	Dehnung bei Höchstzugkraft	Kaltbiegeverhalten	Wärmestandfestigkeit
Bitumen-Dachbahn							
V 13	Gießverfahren	–	Glasvlies	400 (300) N	2 %	0 °C	+70 °C
Bitumen-Dachdichtungsbahn							
G 200 DD	Gießverfahren	–	Glasgewebe	1000 N	2 %	0 °C	+70 °C
PV 200 DD	Gießverfahren	–	Polyestervlies	800 N	35 %	0 °C	+70 °C
Bitumen-Schweißbahn							
V 60 S4	Schweißverfahren	4	Glasvlies	400 (300) N	2 %	0 °C	+70 °C
G 200 S4 (5)	Schweißverfahren	4	Glasgewebe	1000 N	2 %	0 °C	+70 °C
PV 200 S5	Schweißverfahren	5	Polyestervlies	800 N	35 %	0 °C	+70 °C
Polymerbitumen-Dachdichtungsbahn							
PYE-G 200 DD	Gießverfahren	–	Glasgewebe	1000 N	2 %	−25 °C	+100 °C
PYE-PC 200 DD	Gießverfahren	–	Polyestervlies	800 N	35 %	−25 °C	+100 °C
Polymerbitumen-Schweißbahn							
PYE-G 200 S4 (5)	Schweißverfahren	4/5	Glasgewebe	1000 N	2 %	−25 °C	+100 °C
PYP-G 200 S4 (5)	Schweißverfahren	4/5	Glasgewebe	1000 N	2 %	−15 °C	+130 °C
PYE-PV 200 S5	Schweißverfahren	5	Polyestervlies	800 N	35 %	−25 °C	+100 °C
PYP-PV 200 S5	Schweißverfahren	5	Polyestervlies	800 N	35 %	−15 °C	+130 °C

Aufbau der Dachabdichtung

Dachneigung ≥ 2 %	
Zweilagig	**Polymerbitumenbahnen** (wie bei DN < 2 %) oder **Polymerbitumenbahnen** als Oberlage und **Bitumen-Dachdichtungsbahnen/ Bitumen-Schweißbahnen**
Dreilagig	wie bei Dachneigung < 2 %.

Dachneigung < 2 % (Sonderkonstruktionen)	
Zweilagig	**Polymerbitumen-Dachdichtungsbahnen** oder **Polymerbitumen-Schweißbahnen** mit Glasgewebe, oder Polyestervlieseinlage
Dreilagig	**Polymerbitumenbahnen** (wie bei zweilagiger Abdichtung) als Oberlänge und **Bitumen-Dachdichtungsbahnen** oder **Bitumen-Schweißbahnen** mit Polyestervlies- oder Glasgewebeeinlage.

Dachabdichtungen mit Kunststoff- und Elastomerbahnen

Übersicht

Elastomerbahnen	
EPDM	Ethylen-Propylen-Diene-Kautschuk
IIR	Isopren-Isobuten Rubber (Butylkautschuk)
TPE	thermoplastische Elastomere

Kunststoffbahnen	
FPO-P	flexible Polyolefine
PVC-P	Polyvinylchlorid
PIB	Polyisobutylen
EVA	Ethylen-Vinylacetat
PE-C	chloriertes Polyethylen
ECB	Ethylen-Copolymer-Bitumen

Genormte Kunststoff- und Elastomerbahnen

Stoffbezeichnung der Bahn	Mindestnenndicke in mm der Bahnen der Eigenschaftsklasse E1, bei einlagiger Verlegung	
	Anwendungskategorie K1 (Standardausführung)	Anwendungskategorie K2 (höherwertige Ausführung)
ECB Ethylencopolymerisat-Bitumen	2,0	2,3
EVA-BV Ethylen-Vinylacetat-Terpolymer	1,2	1,5
FPO-BV Flexibles Polyethylen	1,2	1,5
PE-C-BV Chloriertes Polyethylen	1,2	1,5
PIB Polyisobutylen	1,5	1,5
PVC-P Polyvinylchlorid weich	1,5	1,8
PVC-P-K, V, E Polyvinylchlorid weich	1,2	1,5
TPE Thermoplastisches Elastomer	1,2	1,5
EPDM-E-GG-TPB-SK/PBS Ethylen-Propylen-Dien-Terpolymer nach DIN 18531-2, Tabelle 8, Nummern 24, 26, 27	1,3	1,6
EPDM-E-GG-TPB-BV Ethylen-Propylen-Dien-Terpolymer	1,3	1,6
EPDM-K-BV Ethylen-Propylen-Dien-Terpolymer	1,1	1,3
IIR-BV Isobutylen-Isopren-Copolymer	1,2	1,5

Genormte Kurzbezeichnungen

K	kaschiert	GV	Glasvlies
V	verstärkt	PV	Polyestervlies
E	Einlage	PPV	Polypropylenvlies
BV	bitumenverträglich	KV	Kunststoffvlies
NB	nicht bitumenverträglich	GG	Glasgelege/Glasgittergelege
SK	Selbstklebeschicht	GW	Glasgewebe/Glasgittergewebe
TPB	thermoplastische Beschichtung	PW	Polyestergewebe
PBS	Polymerbitumenschicht	KG	Kunststoffgelege/-gewebe

Zimmer- und Dachdeckungsarbeiten

Die Grundsätze für Aufmaß und Abrechnung bei Zimmerarbeiten sind in **DIN 18334**, bei Dachdeckungsarbeiten in **DIN 18338** und bei Dachabdichtungsarbeiten in **DIN 18336** geregelt. Die wichtigsten Regeln sind in folgender Tabelle zusammengefasst:

Leistung	Abrechnung	Übermessungsregeln
– Holz für Verzimmerungen, – Holzschutz, – Brettschichtholz, – Brettstapelelemente, Brettsperrholz, – Furnierschichtholz, Balkenschichtholz, keilgezinktes Vollholz.	nach Raummaß (m^3)	
– Wände, Böden, Verschläge, – Bekleidungen, Beplankungen, Schalungen, Lattungen, Unterkonstruktionen, – Holzwerkstoffplatten, Furnierschichtholz, – Dämmstoffschichten, Dampfbremsen, Trenn- und Schutzschichten, – Oberflächenbearbeitungen, z. B. Hobeln, Schleifen, – Holzschutz. (Dachdeckungsarbeiten) – Dachdeckungen, z. B. mit Klammerbefestigung, Verschraubung, Nagelung, – Dachabdichtungen, – Außenwandbekleidungen.	nach Flächenmaß (m^2)	– Aussparungen z. B. in Decken, Wänden, Dächern ≤ 2,5 m^2 Einzelgröße, in Böden ≤ 0,5 m^2 Einzelgröße. – Unterbrechungen in der zu bearbeitenden Fläche mit einer Einzelbreite ≤ 30 cm bei Zwischenböden, Dämmstoffschichten usw. – Aussparungen, z. B. für Pfeilervorlagen, Kamine, Rohrdurchführungen ≤ 0,5 m^2 Einzelgröße, in Böden und den dazugehörigen Dämmstoff-, Trenn- und Schutzschichten, – Zwischenräume bei Lattungen. (Dachdeckungsarbeiten) – eingebaute Formstücke z. B. Lüfterziegel, Einzelformziegel, Eckziegel, Glasformstücke
– Abbinden und Aufstellen, Einbauen oder Verlegen von Stützen, Balken, Trägern, – Schwellen, Schienen, Laibungen, Sohlbänke, Umrahmungen, Überlagshölzer, Lagerhölzer und dergleichen, – Fasen und Profilieren von Holzkanten, – Schalungen und Bekleidungen, z. B. an Ortgängen, – Fugenausbildungen und Fugenabdichtungen, – Fuß- und Scheuerleisten, – Treppenbauteile, z. B. Wangen, Geländer, Handläufe, – Wind- und Aussteifungsverbände, – Holzschutz. (Dachdeckungsarbeiten) – Deckungen oder Abdichtungen von Firsten, Graten, Kehlen, Ortgängen und dergleichen, – Abdichtung über Bauwerksfugen, – Schneefanggitter und dergleichen.	nach Längenmaß (m)	– Unterbrechungen ≤ 1 m Einzellänge, – Fugen.
– Schiftersparrenschnitte, – Abbinden, Aufstellen und Verlegen von Hölzern bei schwierigen Verzimmerungen, z. B. bei Türmen, Kuppeln, Dachgauben, geschweiften Dachflächen, Grat- und Kehlsparren, – Bearbeiten von Sparren-, Pfetten- und Balkenköpfen, – Auswechselungen, z. B. an Kaminen, Treppen, Dachflächenfenstern, – Einsetzen von Einbauteilen, z. B. Einschubtreppen, Lichtbändern, Fenstern, Zargen, Türen, Toren, – Treppen und Treppenbauteile, – statisch nachzuweisende und konstruktiv erforderliche Bauteile, z. B. Dübel, Bolzen, Anker, Verbindungselemente, Stahlblechformteile, – Holzschutz. (Dachdeckungsarbeiten) – Lichtkuppeln, Dachflächenfenster, Lichtplatten, Glasformstücke und dergleichen, – Anschlagpunkte, Sicherheitsdachhaken, – Einzelformziegel und Einzelformstücke, z. B. Lüfterziegel, Eckziegel.	nach Anzahl (Stück)	
– geschweißte Bauteile aus Stahl, – Profilstahl.	nach Masse (kg, t)	

Tabelle nach VOB (**V**ergabe- und Vertrags**o**rdnung für **B**auleistungen)

Klassifizierung keramischer Fliesen und Platten (DIN EN 14411)

Wasseraufnahme E_b / Formgebung	Gruppe I $E_b \leq 3\,\%$	Gruppe II_a $3\,\% < E_b \leq 6\,\%$	Gruppe II_b $6\,\% < E_b \leq 10\,\%$	Gruppe III $E_b > 10\,\%$
Verfahren A stranggepresst	Gruppe AI_a $E_b \leq 0{,}5\,\%$ (Porzellankeramikfliese/-platte) Gruppe AI_b $0{,}5\,\% < E_b \leq 3\,\%$	Gruppe AII_{a-1}[1] Gruppe AII_{a-2}[1]	Gruppe AII_{b-1}[1] Gruppe AII_{b-2}[1]	Gruppe AIII
Verfahren B trocken gepresst	Gruppe BI_a $E_b \leq 0{,}5\,\%$ (Porzellankeramikfliese/-platte) Gruppe BI_b $0{,}5\,\% < E_b \leq 3\,\%$	Gruppe BII_a	Gruppe BII_b	Gruppe BIII[2]

[1]) Gruppen AII_a und AII_b werden in die Teile1 und 2 mit verschiedenen Produktanforderungen unterteilt.
[2]) Gruppe BIII trifft ausschließlich für glasierte Fliesen und Platten zu.

Fliesen- und Plattenbedarf

Modulare Vorzugsmaße

Koordinierungsmaß cm	Stück/m²*)	Koordinierungsmaß cm	Stück/m²*)	Koordinierungsmaß cm	Stück/m²*)
M 10 × 10	100	M 20 × 10	50	M 25 × 25	16
M 15 × 7,5	89	M 20 × 15	34	M 30 × 15	23
M 15 × 15	45	M 20 × 20	25	M 30 × 30	12

Nichtmodulare Maße

Werkmaße in cm		Fugenbreite mm	Stück/ m²*)
Breite	Länge		
7,5	15	2/3	86/84
10	10	2	97
10	15	3	64
10	20	3	48
10,8	10,8	2	83
10,8	21,6	3	42
15	15	2/3	44/43
15	20	2	33

Werkmaße in cm		Fugenbreite mm	Stück/m²*)
Breite	Länge		
15	30	3/4	22
20	20	2	25
20	30	4	17
20	40	5	13
25	25	4	16
30	30	4	11
30	40	5	9
40	40	5	7

*) Je nach Verlegemuster kann ein Zuschlag von 2...5% für Bruch und Verhau erforderlich werden. Außerdem gibt es großformatige Fliesen mit Seitenlängen von bis zu 3,20 m und einer Fläche von über 5 m².

Mörtelbedarf

Als Ansetz- und Verlegemörtel wird Zementmörtel der Mischungsverhältnisse 1:4...1:6 verwendet.

Nebenstehende Tabelle gibt den **Zement- und Sandbedarf pro m³ (1000 l) Mörtel** für die verschiedenen Mischungsverhältnisse an.

Mischungsverhältnis	Zement		Sand
	Liter	Sack	Liter
1:4	320	≈ 16	1280
1:5	267	≈ 14	1334
1:6 (nur für innen)	229	≈ 12	1372

Die erforderliche Mörtelmenge richtet sich nach Fläche und Dicke des Mörtelbettes. **Je m² Fläche und je mm Dicke wird 1 l Mörtel benötigt.**

Beispiel:
Bei 80 m² zu belegender Fläche und einer Mörteldicke von 30 mm werden $80 \cdot 30 = 2400\ l = 2{,}4\ m^3$ Mörtel benötigt.

Der Bedarf an **Dünnbettmörtel** richtet sich nach den Herstellerangaben.

Mörtelbettdicken (DIN 18352)

Belag	Dicke mm
Bodenbeläge	20
Bodenbeläge auf Trennschicht	
– innen	30
– außen	50

Belag	Dicke mm
Bodenbeläge auf Dämmschicht	
– innen	45
– außen	50
Wandbekleidungen	15

Anwendung von Dünnbettmörteln und -klebstoffen

Untergrund	Zementhaltige Mörtel (Typ C)		Dispersionsklebstoffe (Typ D)	Reaktionsharzklebstoffe (Typ R)	
	kunststoffvergütet	hoch vergütet	PVAC Acrylat	hart	elastisch
Boden **im Außenbereich** – Terrassenbelag	●	●		●	●
im Innenbereich trocken: – Zementestrich 4 Wochen alt	●	●		○	●
– Heizestrich		●		○	●
– alte Fliesen	○	●			●
– Spanplatten	○	●			●
– Metall				○	●
nass: – Dusche	●	●		●	●
Wand **im Außenbereich** – Fassade	●	●			●
im Innenbereich trocken: – Beton bis 4 Wochen alt		●	●	○	●
– Beton älter als 6 Monate	●	●	●	●	●
– Porenbeton	●	●	●	●	●
– Gips mit Grundierung	●	●	●	●	●
– Spanplatten	○	●	●	○	●
– Hartschäume mit Schwindneigung		●	●	○	●
nass: – im Duschbereich	●	●		●	●

○ = bedingt geeignet ● = in der Regel geeignet

Klassen für Mörtel und Klebstoffe für Fliesen und Platten (DIN EN 12004)

1	für normale Anforderungen	**T**	mit verringertem Abrutschen
2	für erhöhte Anforderungen	**E**	mit verlängerter offener Zeit
F	schnell erhärtend	**S1, S2**	verformbar, stark verformbar

Zur **Bezeichnung** wird erst der Typ (C, D, R) und dann die Abkürzungen für die Klassen angegeben, zum Beispiel: C 2FTES1 = verformbarer schnell erhärtender zementhaltiger Mörtel für erhöhte Anforderungen mit verringertem Abrutschen und verlängerter offener Zeit.

Estricharten (DIN EN 13813/DIN EN 13318/DIN 18560)

Nach Art des Bindemittels	Nach der Bauart
Zementestrich **CT** (engl. **c**emen**t**itious screed) Calciumsulfatestrich **CA** (engl. **ca**lcium sulfate screed) Kunstharzestrich **SR** (engl. **s**ynthetic **r**esin screed) Magnesiaestrich **MA** (engl. **ma**gnesite screed) Gussasphaltestrich **AS** (engl. mastic **as**phalt screed)	Verbundestrich Estrich auf Trennschicht Estrich auf Dämmschicht Fertigteilestrich

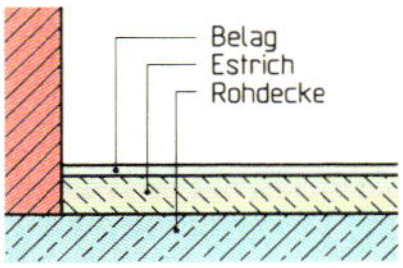

Verbundestrich

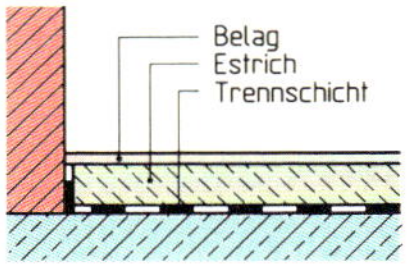

Estrich auf Trennschicht

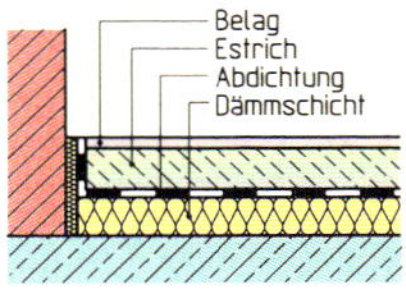

Estrich auf Dämmschicht
(„Schwimmender Estrich")

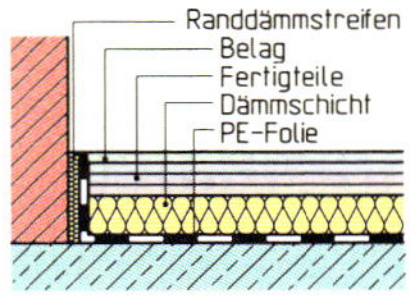

Fertigteilestrich

Druckfestigkeitsklassen für Estrichmörtel (DIN EN 13813)

Klasse	C5	C7	C12	C16	C20	C25	C30	C35	C40	C50	C60	C70	C80
Druckfestigkeit in MPa (N/mm²)	5	7	12	16	20	25	30	35	40	50	60	70	80

Biegezugfestigkeitsklassen für Estrichmörtel (DIN EN 13813)

Klasse	F1	F2	F3	F4	F5	F6	F7	F10	F15	F20	F30	F40	F50
Biegezugfestigkeit in MPa (N/mm²)	1	2	3	4	5	6	7	10	15	20	30	40	50

Kurzbezeichnungen für Estricheigenschaften (DIN EN 13813)

Kurzbezeichnung	Eigenschaft
C	Druckfestigkeit (engl. **c**ompressive strength)
F	Biegezugfestigkeit (engl. **f**lexural tensile strength)
A	Verschleißwiderstand nach Böhme (engl. Böhme **a**brasion resistance)
RWA	Verschleißwiderstand gegen Rollbeanspruchung (engl. **r**olling **w**heel **a**brasion resistance)
AR	Verschleißwiderstand nach BCA (engl. BCA **a**brasion **r**esistance)
SH	Oberflächenhärte (engl. **s**urface **h**ardness)
IC	Eindringtiefe in Würfeln (engl. resistance to **i**ndentation of **c**ubes)
IP	Eindringtiefe in Platten (engl. resistance to **i**ndentation of **p**lates)
RWFC	Widerstand gegen Rollbeanspruchung von Estrichen mit Bodenbelägen (engl. **r**olling **w**heel resistance of screeds with **f**loor **c**overing)
E	Biegeelastizitätsmodul (engl. modulus of **e**lasticity in flexure)
B	Haftzugfestigkeit (engl. **b**ond strength)
IR	Schlagfestigkeit (engl. **i**n-situ crushing **r**esistance)

Beispiele für Bezeichnung von Estrichen

Bezeichnung	Erklärung
EN 13813 CT-C20-F4	Zementestrichmörtel der Festigkeitsklassen C20 und F4 nach DIN EN 13813
EN 13813 MA-C50-F10-SH150	Magnesiaestrichmörtel der Festigkeitsklassen C50 und F10 mit einer Oberflächenhärte von SH150 nach DIN EN 13813
EN 13813 AS-IC10	Gussasphaltestrichmassen mit der Eindringtiefenklasse IC10 nach DIN EN 13813

Fliesen- und Plattenarbeiten (DIN 18352)

Leistung	Abrechnungs-einheit	Abzüge	Besonderheiten
Ausgleichsschichten	m^2	Aussparungen wie z. B. Öffnungen > 0,1 m^2 Einzelgröße	getrennt nach Dicke in cm
Bodenbeläge	m^2	Aussparungen wie z. B. Öffnungen > 0,1 m^2 Einzelgröße	Zu belegende Fläche wird bis zu den begrenzenden senkrechten, unbekleideten Bauteilen gemessen.
Sockel, Kehlen	m	Unterbrechungen > 1 m Einzellänge	Größte, ggf. abgewickelte Bauteillänge ist maßgebend.
Wandbeläge	m^2	Aussparungen wie z. B. Öffnungen > 0,1 m^2 Einzelgröße	Ab Oberseite Bodenbelag bzw. Sockel; bei Schichthöhen bis 30 cm wird bei mehr als halber Schichthöhe volle Schichthöhe abgerechnet.
Beläge an geneigten und gebogenen Flächen	m^2		Zulage zum Belagpreis
Formteile, Zierplatten	Stück		Zulage zum Belagpreis
Profile und Leisten aus Formstücken, Bordüren	m	Unterbrechungen > 1 m Einzellänge	getrennt nach Bauart und Abmessungen
Anarbeiten an Waschtische, Spülbecken, Wannen	Stück		besonderer Ansatz
Anarbeiten an Aussparungen im Belag von > 0,1 m^2 Einzelgröße	Stück		besonderer Ansatz
Einmauern von Wannen	Stück		gesonderter Ansatz, getrennt für Bade- und Duschwannen
Ausbilden und Schließen von Bewegungsfugen	m	Unterbrechungen > 1 m Einzellänge	getrennt nach Querschnitt
Herstellen von Löchern für Installationen und Einbauteile	Stück		soweit besonderer Ansatz im Leistungsverzeichnis
Bekleidungen besonderer Bauteile	m^2, Stück	bei Flächenmaß ggf. wie Wand- und Bodenbeläge	z. B. Säulen, Pfeiler, Brunnen

Klassifizierung der Eigenschaften von Werkputzmörtel (DIN EN 998-1)

Eigenschaften	Kategorien	Werte
Druckfestigkeit nach 28 Tagen	CS I CS II CS III CS IV	0,4...2,5 MPa (N/mm^2) 1,5...5,0 MPa (N/mm^2) 3,5...7,5 MPa (N/mm^2) ≥ 6 MPa (N/mm^2)
Kapillare Wasseraufnahme	W_C 0 W_C 1 W_C 2	Nicht festgelegt $c \leq 0{,}40$ kg/($m^2 \cdot min^{0,5}$) $c \leq 0{,}20$ kg/($m^2 \cdot min^{0,5}$)
Wärmeleitfähigkeit	T 1 T 2	≤ 0,1 W/(m · K) ≤ 0,2 W/(m · K)

Brandverhalten (DIN EN 998-1)

Putzmörtel dürfen ohne Prüfung der Brandverhaltensklasse A 1 zugeordnet werden, wenn der Gehalt an homogen verteilten organischen Stoffen ≤ 1% der Masse oder des Volumens beträgt (wobei der größere Wert maßgebend ist). Andere Putzmörtel sind nach DIN EN 13501-1 zu klassifizieren. Die Brandverhaltensklasse ist anzugeben.

Abkürzungen (DIN EN 998-1)

GP	Normalputzmörtel	**R**	Sanierputzmörtel
LW	Leichtputzmörtel	**T**	Wärmedämmputzmörtel
CR	Edelputzmörtel	**FP**	Bruchbild
OC	Einlagenputzmörtel für außen		

Putzmörtel-/Putzarten mit mineralischen Bindemitteln für Außenputze (DIN EN 13914-1/DIN 18550-1)

Bezeichnung	Beschreibung	Typische Kategorie der Druckfestigkeit nach DIN EN 998-1	Anwendungsbeispiele	Ehemalige Putzmörtelgruppen
Mörtel mit Luftkalk	Putzmörtel mit Luftkalk (lufttrocknender Kalk) als Hauptbindemittel	CS I oder geringer	labile Untergründe, Erhaltung historischer Bauwerke	P I
Hydraulischer Kalkmörtel (NHL, HL)	Putzmörtel mit hydraulischem Kalk als Hauptbindemittel	CS I/CS II	Außenbereich, Erhaltung historischer Bauwerke	P I
Kalk- und Zementmörtel (Kalkzementmörtel)	Putzmörtel, der Kalk und Zement enthält	CS II/CS III	Außenbereich, Sockel	P II
Zementmörtel	Putzmörtel mit Zement als hauptsächlichem Bindemittel	CS III/CS IV	Außenbereich (Sockel, Keller, Außenwände)	P III

Mischungsverhältnisse von Baustellenmörtel für Außenputze (DIN 18550-1) (Mischungsverhältnisse in Raumteilen)

Mörtelart	Baukalke, Luftkalk, Weißkalkhydrat, Kalkhydrat nach DIN EN 459-1	Hydraulischer Kalk, natürlich hydraulischer Kalk nach DIN EN 459-1	Putz- und Mauerbinder nach DIN EN 413-1	Zement nach DIN EN 197 (in der Regel CEM II 32,5R)	Gesteinskörnung (Sand) nach DIN EN 12620
Luftkalkmörtel	1,0				3,5…4,0
Mörtel mit hydraulischem Kalk		1,0			3,0…4,0
Mörtel mit Putz- und Mauerbinder			1,0		3,0…4,0
Kalkzementmörtel	1,5…2,0			1,0	9,0…11,0
Zementmörtel mit Zusatz von Kalkhydrat	≤ 0,5			2,0	6,0…8,0
Zementmörtel				1,0	3,0…4,0

Putzmörtel-/Putzarten mit organischen Bindemitteln für Außenputze (DIN EN 13914-1/DIN 18550-1)

Bezeichnung	Beschreibung	Typische Kategorie der Wasseraufnahme nach DIN EN 15824	Typische Kategorie der Wasserdampfübertragung nach DIN EN 15824	Anwendungsgebiet	Ehemalige Putztypen
Organisch gebundener Silicatputz (Silicatputz)	Putz mit Silicat- und Kunststoffdispersion als Hauptbindemittel	W_2	V_1	Außen	P Org 1
Dispersionsputz (Kunstharzputz)	Putz mit Kunststoffdispersion als Hauptbindemittel	W_3	$V_1 \ldots V_2$	Außen	P Org 1
Siliconharzputz	Putz mit Siliconharz- und Kunststoffdispersion als Hauptbindemittel	W_3	V_1	Außen	P Org 1

Kennwerte für Außenputz (DIN 18550-1)

Putztyp	Normalputz	Leichtputz	
		Typ I	Typ II
Druckfestigkeitsklassen nach DIN EN 998-1	CS II/CS III	CS II	CS I/CS II
Druckfestigkeit in MPa (N/mm²)	3,0…7,0	2,5…5,0	1,0…3,0
Trockenrohdichte in kg/m³	1300…1800	1000…1300	600…1100
Elastizitätsmodul in MPa (N/mm²)	3000…7000	2500…5000	1000…3000

Putzmörtel-/Putzarten mit mineralischen Bindemitteln für Innenputze (DIN 18550-2)

Bezeichnung	Beschreibung	Produktnorm	Druckfestigkeitskategorie	Anwendungsbeispiele	Ehemalige Putzmörtelgruppe
Mörtel mit Luftkalk (CL)	Putzmörtel mit Luftkalk (Kalkhydrat) als Hauptbindemittel	DIN EN 998-1	CS I	Innenbereich, Denkmalpflege	P I
Mörtel mit hydraulischem Kalk (NHL, HL)	Putzmörtel mit Hauptbindemittel hydraulischer Kalk (NHL, HL)	DIN EN 998-1	CS I/CS II	Innenbereich, Denkmalpflege	P I
Kalkzementmörtel	Putzmörtel mit Bindemittel Baukalk (Kalkhydrat) und Zement	DIN EN 998-1	CS II/CS III	Innenbereich, Feuchträume	P II
Zementmörtel	Putzmörtel mit Hauptbindemittel Zement	DIN EN 998-1	CS III/CS IV	Innenbereich, Feuchträume	P III
Gips-/Gipskalkmörtel	Putzmörtel, dessen Hauptbindemittel aus Calciumsulfat besteht	DIN EN 13279-1	B1...B7	Innenbereich, einschließlich häusliche Küchen und Bäder	P IV
Lehmmörtel	Putzmörtel mit Lehm als Bindemittel	DIN 18947	S I/S II	Innenbereich, einschließlich häusliche Küchen und Bäder	–

Mischungsverhältnisse von Baustellenmörtel für Innenputze (DIN 18550-2) (Mischungsverhältnisse in Raumteilen)

Mörtelart	Baukalke, Luftkalk, Weißkalkhydrat, Kalkhydrat nach DIN EN 459-1	Hydraulischer Kalk, natürlich hydraulischer Kalk nach DIN EN 459-1	Putz- und Mauerbinder nach DIN EN 413-1	Zement nach DIN EN 197-1 (in der Regel CEM II 32,5R)	Gipsbinder nach DIN EN 13279-1	Sand nach DIN EN 12620
Luftkalkmörtel	1,0					3,5...4,0
Mörtel mit hydraulischem Kalk		1,0				3,0...4,0
Mörtel mit Putz- und Mauerbinder			1,0			3,0...4,0
Kalkzementmörtel	1,5...2,0			1,0		9,0...11,0
Zementmörtel mit Zusatz von Kalkhydrat	≤ 0,5			2,0		6,0...8,0
Zementmörtel				1,0		3,0...4,0
Gipsmörtel					1,0 (A1, A2, B1)	
Gipssandmörtel					1,0 (A1, A2, B1)	1,0...4,0
Gipskalkmörtel	1,0				0,5...1,0 oder 1,0...2,0 (A1, A2, B1)	3,0...4,0
Kalkgipsmörtel	1,0				0,1...0,2 oder 0,2...0,5 (A1, A2, B1)	3,0...4,0

Materialbedarf

Mörtelmenge Die erforderliche Mörtelmenge richtet sich nach der zu putzenden Fläche und der Dicke des Putzes.
Je m² Fläche und je mm Putzdicke wird 1 l Mörtel (feste Mörtelmenge) benötigt.
Beispiel: Bei 80 m² Putzfläche und einer Putzdicke von 1,5 cm (15 mm) werden
80 · 15 = 1200 l = 1,2 m³ Mörtel benötigt (feste Mörtelmenge).

Sand- und Bindemittelbedarf Bei bekanntem Mischungsverhältnis können Sand- und Bindemittelbedarf berechnet werden.
Berechnung s. S. 83.
Bei Werkputzmörtel sind die Herstellerangaben zu beachten.

Putzmörtel-/Putzarten mit organischen Bindemitteln für Innenputze (DIN 18550-2)

Bezeichnung	Beschreibung	Produktnorm	Anwendungsbeispiele	Ehemaliger Putztyp
Dipersions-Silicatputz (Silicatputz)	Putz, der als eigenschaftsbestimmendes Bindemittel Kaliwasserglas und Polymerdispersion enthält.	DIN EN 15824	Innenbereich	–
Dispersionsputz (Kunstharzputz)	Putz, dessen eigenschaftsbestimmendes Bindemittel aus Polymerdispersion besteht.	DIN EN 15824	Innenbereich	P Org 2
Siliconharzputz	Putz, der als eigenschaftsbestimmendes Bindemittel eine Siliconharzemulsion und Polymerdispersion enthält.	DIN EN 15824	Innenbereich	P Org 2

Beispiel für CE-Kennzeichnung eines Putzmörtels

CE

Mörtel GmbH
Musterstraße 1
D-12345 Musterstadt

03*)

Nr. AAA-PPP-6790-OC

EN 998-1 : 2017

Einlagenputzmörtel OC

Putzmörtel für die Verwendung als Außen- und Innenputz für Wände, Decken, Pfeiler und Trennwände

Brandverhalten:	A 1
Wasseraufnahme:	W_C 1
Wasserdampfdurchlässigkeit:	$\mu \leq 20$
Haftzugfestigkeit nach Bewitterung:	$\geq$ 0,08 N/mm² bei Bruchbild A, B oder C
Wasserdurchlässigkeit nach Bewitterung:	$\leq$ 1 ml/cm² nach 48 h
Wärmeleitfähigkeit:	$\lambda_{10,dry,mat} \leq$ 0,39 W/(m · K) für P = 50 % $\lambda_{10,dry,mat} \leq$ 0,43 W/(m · K) für P = 90 % (Tabellenwerte)
Gefährliche Substanzen:	NPD

*) Jahr, in dem Kennzeichnung erstmalig erfolgt ist.

Mit dem CE-Zeichen (für **C**ommunauté **E**uropéenne = Europäische Gemeinschaft) drückt der Hersteller aus, dass sein Produkt den Anforderungen der EG-Richtlinien entspricht. Das Zeichen ist nur in Verbindung mit der Ausstellung und Aufbewahrung einer EG-Konformitätserklärung (Übereinstimmungserklärung) anzubringen.

Das CE-Zeichen ist auf dem Sack bzw. am Silo anzubringen.

Arten von Gipsplatten (DIN EN 520)

Bezeichnung	Eigenschaften/Verwendung
Gipsplatte Typ **A**	Standard-Gipsplatte, Beschichtung möglich, Wandtrockenputz
Gipsplatte Typ **H**	Gipsplatte mit reduzierter Wasseraufnahmefähigkeit (H1, H2, H3)*
Gipsplatte Typ **E**	Gipsplatte für Beplankungen, besonders von Außenwandelementen
Gipsplatte Typ **F**	Gipsplatte mit verbessertem Gefügezusammenhalt bei hohen Temperaturen (Brandfall)
Gipsplatte Typ **P**	Gipsplatte für Auftrag von Gipsputz (Putzträgerplatte) oder Klebeverbindung
Gipsplatte Typ **D**	Gipsplatte mit definierter Dichte
Gipsplatte Typ **R**	Gipsplatte mit erhöhter (Biegezug-)Festigkeit
Gipsplatte Typ **I**	Gipsplatte mit erhöhter Oberflächenhärte

* Gesamte Wasseraufnahme bei H1 ≤ 5 %, bei H2 ≤ 10 %, bei H3 ≤ 25 %.
Wasseraufnahme der Oberfläche bei H1 180 g/m², bei H2 220 g/m², bei H3 300 g/m².

Gegenüberstellung von Plattenbezeichnungen nach europäischer (DIN EN 520) **und deutscher Norm** (DIN 18180)

Plattenart nach DIN 18180	Kurzbezeichnung nach DIN EN 520	Kurzbezeichnung nach DIN 18180
Bauplatten	Typ A	GKB
Feuerschutzplatten	Typ DF*	GKF
Bauplatten – imprägniert	Typ H2	GKBI
Feuerschutzplatten – imprägniert	Typ DFH2*	GKFI
Putzträgerplatten	Typ P	GKP

* Gipsplatten können Leistungsmerkmale mehrerer Typen aufweisen. In diesem Fall sind jeweils alle Buchstaben aufzuführen, die auf diese Leistungsmerkmale hinweisen.

Kantenausbildung der Gipsplatten

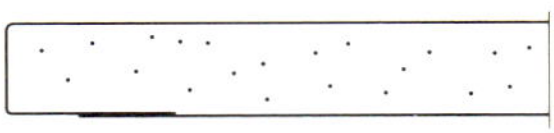

Volle Kante (VK)

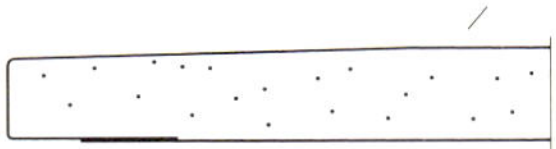

Abgeflachte Kante (AK)

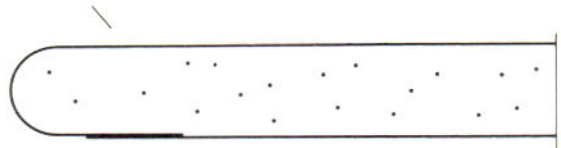

Runde Kante (RK)

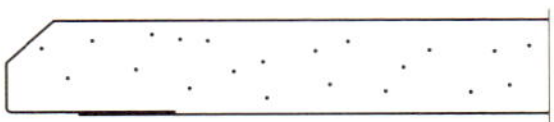

Winkelkante (WK)

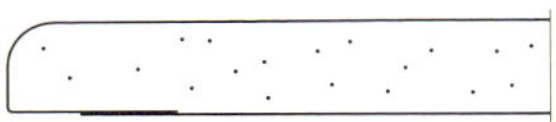

Halbrunde Kante (HRK)

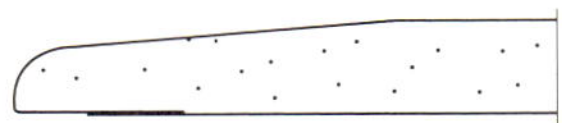

Halbrunde abgeflachte Kante (HRAK)

Kennzeichnung der Gipsplatten

Die Plattenkennzeichnung enthält folgende Angaben:

CE-Zeichen	Produktname	**Plattenart** gemäß DIN EN 520 gemäß DIN 18180	**Brandverhalten (Baustoffklasse)** gem. DIN EN 13501 gem. DIN 4102	**Nr. des Herstellerwerkes**	**Herstelldatum und -zeit**

Der Aufdruck erfolgt bei Feuerschutzplatten in roter Schrift, sonst in blauer Schrift.
Beispiele:

CE	ABC Bauplatte	A-DIN EN 520 GKB-DIN 18180	A2-s1, d0 (B) DIN 4102-A2	XY	2022-05-06 21:56

CE	ABC Feuerschutzplatte	DF-DIN EN 520 GKF-DIN 18180	A2-s1, d0 (B) DIN 4102-A2	XY	2022-05-06 21:56

Faserverstärkte Gipsplatten

Gipsplatten mit Vliesarmierung werden mit **GM**, **Gipsfaserplatten** mit **GF** bezeichnet.

Putz- und Stuckarbeiten (DIN 18350)

Leistung	Abrechnungs-einheit	Übermessungsregeln	Besonderheiten
Wandputz innen	m^2	Übermessen werden: – Aussparungen ≤ 2,5 m^2 Einzelgröße, wie Öffnungen und Nischen – Unterbrechungen der zu bearbeitenden Fläche mit einer Einzelbreite ≤ 30 cm – Fugen	Getrennt nach Art des Putzes; Rohbaumaße maßgebend, auch für Dämmungen, Trenn- und Schutzschichten, Bekleidungen, Putzträger usw. Jeweils größtes, ggf. abgewickeltes Maß zugrunde legen. Rückflächen von Nischen werden gesondert gerechnet; zusammenhängende, verschiedenartige Aussparungen werden getrennt gerechnet. Wandhöhen überwölbter Räume bis Gewölbeanschnitt, Schildwände bis 2/3 des Gewölbestichs rechnen.
Wandputz außen	m^2	– Aussparungen ≤ 2,5 m^2 Einzelgröße, wie Öffnungen und Nischen – Unterbrechungen der zu bearbeitenden Fläche mit einer Einzelbreite ≤ 30 cm – Fugen	Getrennt nach Art des Putzes. Maße der geputzten (behandelten, bekleideten) Flächen maßgebend.
Deckenputz	m^2	– Aussparungen ≤ 2,5 m^2 Einzelgröße, wie Öffnungen und Nischen – Unterbrechungen der zu bearbeitenden Fläche mit einer Einzelbreite ≤ 30 cm – Fugen	Getrennt nach Art des Putzes. Rohbaumaße maßgebend; gewölbte Decken nach Fläche der abgewickelten Untersicht rechnen.
Pfeiler, Lisenen, Stützen, Unterzüge usw. mit einer Breite der Ansichtsfläche ≤ 1 m	m	– Unterbrechungen mit Einzellängen ≤ 1 m	Gesonderte Berechnung, jeweils nach Bauart getrennt.
Laibungen mit einer Breite ≤ 1 m	m	– Unterbrechungen mit Einzellängen ≤ 1 m	Gesonderte Berechnung, jeweils nach Bauart getrennt.
Fensterbänke, Fenster- und Türumrahmungen	m	– Unterbrechungen mit Einzellängen ≤ 1 m	Gesonderte Berechnung, jeweils nach Bauart getrennt.
Stuckprofile, Friese, Putzbänder, Schattenfugen usw.	m	– Unterbrechungen mit Einzellängen ≤ 1 m	Gesonderte Berechnung, jeweils nach Bauart getrennt.
Metallständerwände	m^2	– Aussparungen ≤ 2,5 m^2 Einzelgröße, wie Öffnungen und Nischen – Unterbrechungen der zu bearbeitenden Fläche mit einer Einzelbreite ≤ 30 cm – Fugen	ggf. Zulage für Unterkonstruktion (Mehraufwand)
Gerüste	m^2	–	ohne Berücksichtigung von Öffnungen

Einteilung von Boden und Fels in Homogenbereiche (DIN 18300)

Boden und Fels sind entsprechend ihrem Zustand vor dem Lösen in Homogenbereiche einzuteilen (vormals Boden- und Felsklassen). Der Homogenbereich ist ein begrenzter Bereich, der für einsetzbare Erdbaugeräte vergleichbare Eigenschaften aufweist.

Für Homogenbereiche anzugebende Eigenschaften und Kennwerte
für Boden
ortsübliche Bezeichnung; Korngrößenverteilung mit Körnungsbändern nach DIN 18123; Massenanteil Steine, Blöcke und große Blöcke nach DIN EN ISO 14688-1*; Dichte nach DIN EN ISO 17892-2/DIN 18125-2; undränierte Scherfestigkeit nach DIN 4094-4/DIN 18136/DIN 18137-2; Wassergehalt nach DIN EN ISO 17892-1; Plastizitäts- und Konsistenzzahl nach DIN 18122-1*; Lagerungsdichte* (Definition nach DIN EN ISO 14688-2, Bestimmung nach DIN 18126); organischer Anteil nach DIN 18128; Bodengruppen nach DIN 18196*
für Fels
ortsübliche Bezeichnung; Benennung von Fels nach DIN EN ISO 14689-1*; Dichte nach DIN EN ISO 17892-2/ DIN 18125-2; Verwitterung und Veränderungen, Veränderlichkeit nach DIN EN ISO 14689-1*; einaxiale Druckfestigkeit des Gesteins nach DGGT-Empfehlung Nr. 1; Trennflächenrichtung, Trennflächenabstand, Gesteinskörperform nach DIN EN ISO 14689-1*

* Bei Baugrund in waagerechtem oder schwach geneigtem Gelände, der nach gesicherter örtlicher Erfahrung als tragfähig und setzungsarm bekannt ist (GK 1), sind diese Angaben ausreichend.

Einteilung der Böden nach der Korngröße (DIN EN ISO 14688-1)

Korngröße in mm	**< 0,002**	**0,002...0,063**	**0,063...2,0**	**2,0...63**	**63...200**	**> 200**
Bezeichnung	Ton (Feinstes)	Schluff	Sand	Kies	Steine	Blöcke
Symbol	Cl	Si	Sa	Gr	Co	Bo

Anmerkung: Die Symbole gehen wie in der gesamten europäischen Normung von den englischen Bezeichnungen aus: Ton = **Cl**ay, Schluff = **Si**lt, Sand = **Sa**nd, Kies = **Gr**avel, Steine = **Co**bble, Blöcke = **Bo**ulder. In Deutschland sind daneben noch Kurzzeichen gebräuchlich.

Kurzzeichen zur Klassifizierung für bautechnische Zwecke (DIN 18196)

Bodenbestandteile		**Plastizität**	**Korngrößenabstufung**
G = Kies (**G**rant)	**O** = **O**rgan. Beimengungen	**L** = **l**eicht plastisch	**W** = **w**eit gestuft
S = **S**and	**H** = Torf (**H**umus)	**M** = **m**ittel plastisch	**E** = **e**ng gestuft
U = Schl**u**ff	**F** = **F**aulschlamm (Mudde)	**A** = **a**usgeprägt plastisch	**I** = **i**ntermittierend (unstetig)
T = **T**on	**K** = **K**alk		

Erkennen wichtiger Bodenarten und Bodenbestandteile

Ton	**Schluff**	**Lehm**	**Mergel**	**Org. Böden**	**Sand**	**Kies**
Z. B. Reibeversuch mit nassem Boden:			Schäumt bei HCl-Probe	Moderiger Geruch der frischen Probe	Korngröße erkennbar (etwa bis Stecknadelkopfgröße)	Korngröße erkennbar (etwa bis Hühnereigröße)
seifig, lässt sich trocken nicht von Fingern entfernen	mehlig, lässt sich trocken leicht von Fingern entfernen	zusätzlich Sandkörner spürbar				

Konsistenzbereiche bindiger Böden (DIN EN ISO 14688-1)

Konsistenz	**Beschreibung**
breiig	Boden tritt beim Quetschen mit der Hand zwischen den Fingern hervor.
weich	Finger kann leicht bis 10 mm eingedrückt und der Boden mit leichtem Fingerdruck geknetet werden.
steif	Daumen erzeugt leicht einen Eindruck. Boden kann nicht geknetet, aber in der Hand zu 3 mm dicken Walzen ausgerollt werden.
halbfest	Kann mit Daumen nur wenig eingedrückt werden. Boden bröckelt und reißt beim Ausrollen zu 3 mm dicken Walzen, kann aber erneut zu Klumpen geformt werden.
fest	Kann mit Daumennagel geritzt werden. Boden kann nicht geknetet werden, sondern zerbricht unter Druck.

Physikalische Eigenschaften der Bodenarten

Die Tabelle enthält Erfahrungswerte einiger bodenphysikalischer Kenngrößen für ausgewählte Bodenarten. Bodenphysikalische Untersuchungen im Einzelfall können dadurch nicht ersetzt werden.

Kenngröße	Dichte (erdfeucht) ϱ t/m³	Innerer Reibungswinkel φ' ° (Grad)	Kohäsion c' kN/m²	Proctordichte ϱ_{Pr} t/m³	Optimaler Wassergehalt ω_{Pr} %
Kies, Sand weit gestuft, mitteldicht	1,9	32,5	–	2,1	7
Kies, Sand eng gestuft, mitteldicht	1,7	32,5	–	1,9	12
Schluff mittelplastisch, steif	1,8	22,5	5	1,8	15
Ton leicht plastisch, steif	2,0	22,5	5	1,6	22
Ton ausgeprägt plastisch, steif	1,85	15,0	10	1,45	30

(Detallierte Werte für Wichte, Reibungswinkel und Kohäsion nach DIN 1055-2 s. S. 27)

Zulässige Belastung des Baugrunds

Die zulässige Belastung des Baugrunds ist abhängig von der Bodenart, der Fundamentform, der Fundamentbreite (b) und der Einbindetiefe (d).

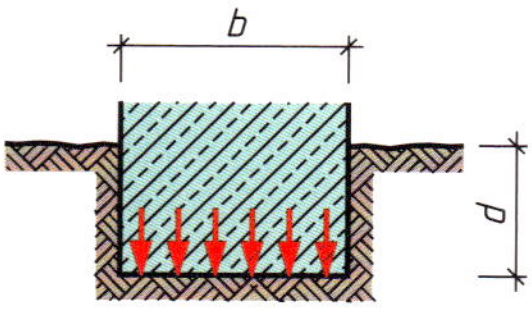

Die Einbindetiefe wird ab Oberkante Gelände bzw. Kellerfußboden gemessen.

In DIN 1054 sind für einfache Fälle Bemessungswerte des Sohlwiderstands angegeben. Die Fundamentlasten müssen gemäß des Sicherheitskonzepts durch Teilsicherheitsbeiwerte erhöht werden (s. S. 10). Vereinfacht entspricht die Bemessungslast dem 1,4-Fachen der charakteristischen Lasten.

Die beiden Tabellen geben **Beispiele für Bemessungswerte $\sigma_{R,d}$ des Sohlwiderstands für Streifenfundamente in kN/m².**

Bemessungswerte $\sigma_{R,d}$ des Sohlwiderstands bei nichtbindigen Bodenarten in kN/m²

Einbindetiefe in m	Fundamentbreite in m				
	0,50	**1,00**	**1,50**	**2,00**	**2,50**
0,50	280	420	460	390	350
1,00	380	520	500	430	380
1,50	480	620	550	480	410
2,00	560	700	590	500	430

Bei Einbindetiefen 0,30…0,50 m und Fundamentbreiten ≥ 0,30 m gilt $\sigma_{R,d}$ = 210

Bemessungswerte $\sigma_{R,d}$ des Sohlwiderstands bei bindigen Bodenarten in kN/m²
(Fundamentbreiten 0,5…2,0 m)

Einbindetiefe in m	Gemischtkörniger Boden		
	steif	halbfest	fest
0,50	210	310	460
1,00	250	390	530
1,50	310	460	620
	Ton		
	steif	halbfest	fest
0,50	130	200	280
1,00	150	250	340
1,50	180	290	380
	Toniger Schluff		
	steif	halbfest	fest
0,50	170	240	390
1,00	200	290	450
1,50	220	350	500
	Schluff		
0,50	180		
1,00	250		
1,50	310		

Baugrubensicherung

Baugruben und Gräben dürfen nur bis zu einer Tiefe von **1,25 m** ohne besondere Wandsicherung erstellt werden. Bei einer Tiefe von **1,25...1,75 m** muss der über 1,25 m überstehende Teil gesichert werden. Bei einer Tiefe von **über 1,75 m** müssen die Wände in ihrer ganzen Höhe gesichert werden. Die Wände können durch **Abböschen** oder **Verbauen** gesichert werden.

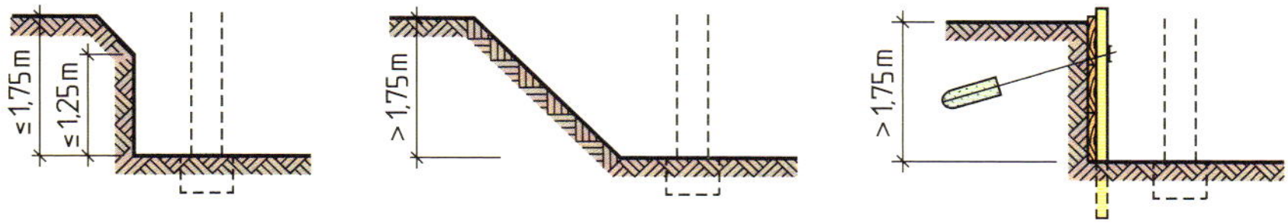

Wandsicherung bei Baugruben

Böschungswinkel

Aus Sicherheitsgründen dürfen ohne rechnerischen Nachweis der Standsicherheit folgende Böschungswinkel nach DIN 4124 nicht überschritten werden:

Bodenarten	**Böschungs-winkel**	**Böschungs-breite**
Nichtbindige oder weiche bindige Böden	**45°**	$1 \cdot h$
Mindestens steife bindige Böden	**60°**	$0{,}58 \cdot h$
Fels	**80°**	$0{,}18 \cdot h$

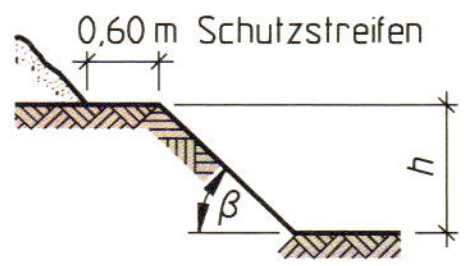

Wenn besondere Einflüsse die Standfestigkeit gefährden, sind flachere Böschungen vorzusehen.
Wenn nichts anderes angegeben ist, können die genannten Böschungswinkel nach DIN 18300 auch für die Abrechnung zugrunde gelegt werden.

Arbeitsraum bei Baugruben

Bei geböschten Baugruben ist ein Arbeitsraum von 50 cm, bei verbauten Baugruben von 60 cm Breite vorzusehen.
Als Arbeitsraum gilt das lichte Maß bzw. das Maß bis zum Böschungsfuß.
Hierzu kommen für Aushub und Abrechnung noch die erforderlichen Maße für Schalungs- und Verbaukonstruktionen.

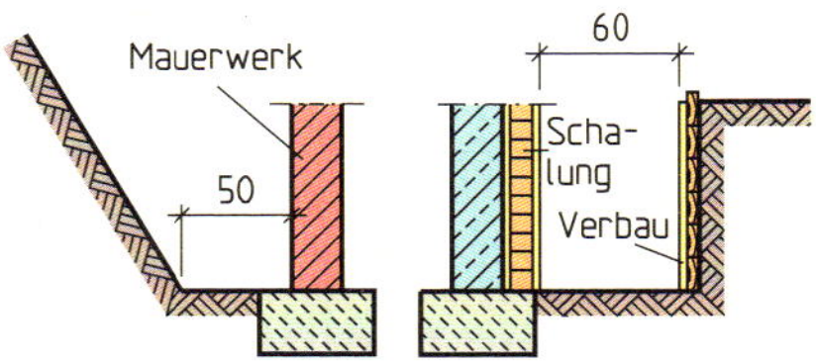

Abmessungen von Gräben

Bei Gräben für **Abwasserleitungen und -kanäle** sind die Mindestbreiten in DIN EN 1610 in Abhängigkeit von der Nennweite (DN), dem horizontalen äußeren Rohrschaftdurchmesser (OD_h)* und der Art der Grabensicherung festgelegt.

DN	**Mindestgrabenbreite ($OD_h + x$) in m**		
	verbauter Graben	**unverbauter Graben**	
		$\beta > 60°$	$\beta \le 60°$
≤ 225	$OD_h + 0{,}40$	$OD_h + 0{,}40$	
> 225... ≤ 350	$OD_h + 0{,}50$	$OD_h + 0{,}50$	$OD_h + 0{,}40$
> 350... ≤ 700	$OD_h + 0{,}70$	$OD_h + 0{,}70$	$OD_h + 0{,}40$
> 700... ≤ 1200	$OD_h + 0{,}85$	$OD_h + 0{,}85$	$OD_h + 0{,}40$
> 1200	$OD_h + 1{,}00$	$OD_h + 1{,}00$	$OD_h + 0{,}40$

Mindestbreite in Abhängigkeit von der **Grabentiefe**:

Grabentiefe	> 1,00...1,75 m	> 1,75 m...4,00 m	> 4,00 m
Mindestbreite	0,80 m	0,90 m	1,00 m

* **OD** von engl. „**o**utside **d**iameter" = Außendurchmesser
h = **h**orizontal

$OD_h + x$ = Lichte Grabenbreite
OD_h = Rohrschaftdurchmesser

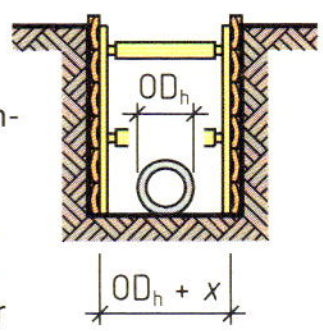

Verbauter Graben

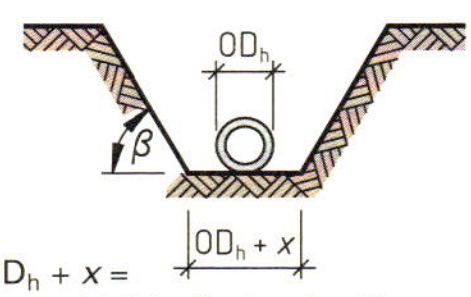

$OD_h + x$ = Lichte Grabenbreite
OD_h = Rohrschaftdurchmesser
β = Böschungswinkel

Nicht verbauter Graben

Abmessungen von Gräben (Fortsetzung)

Bei der Herstellung von **Gräben für alle übrigen Leitungsarten** (z. B. Wasser, Gas) sind die Mindestbreiten in DIN 4124 festgelegt.

Äußerer Leitungs- bzw. Rohrschaft-durchmesser OD m	Lichte Mindestbreite *b* in m			
	verbauter Graben		geböschter Graben	
	Regelfall	Umsteifung	$\beta \leq 60°$	$\beta > 60°$
≤ 0,40	*b* = OD + 0,40	*b* = OD + 0,70	*b* = OD + 0,40	
> 0,40 ≤ 0,80	*b* = OD + 0,70		*b* = OD + 0,40	*b* = OD + 0,70
> 0,80 ≤ 1,40	*b* = OD + 0,85			
> 1,40	*b* = OD + 1,00			

Mindestbreite (mit Arbeitsraum) in Abhängigkeit von der **Grabentiefe** bei **senkrechten Wänden**: ≤ 1,75 m Tiefe: unverbaut 0,60 m, verbaut oder teilweise verbaut 0,70 m; > 1,75...4,00 m Tiefe, verbaut: 0,80 m; > 4,00 m Tiefe, verbaut: 1,00 m.

Begriffe am fertigen Graben (DIN EN 1610)

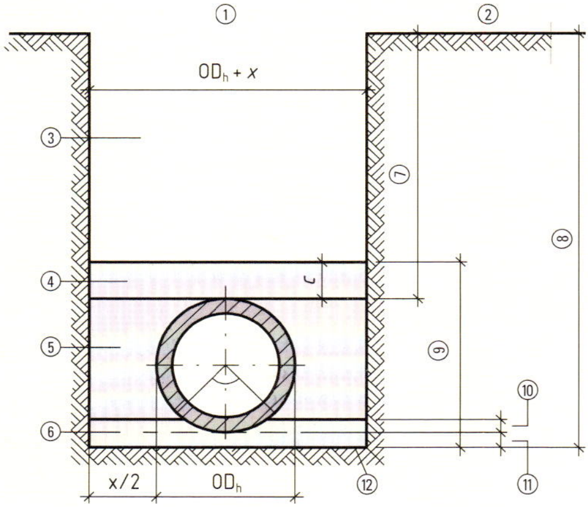

① Graben
② Oberfläche
③ Hauptverfüllung
④ Abdeckung *c*
⑤ Seitenverfüllung
⑥ Bettung
⑦ Überdeckungshöhe
⑧ Grabentiefe
⑨ Leitungszone
⑩ obere Bettungsschicht *a*
⑪ untere Bettungsschicht *b* (bei nicht tragfähigem Baugrund zusätzliche Gründungsschicht)
⑫ Grabensohle

Mindestmaße für *c*:
- 15 cm über dem Rohrschaft
- 10 cm über der Verbindung

Bettungstypen (DIN EN 1610)

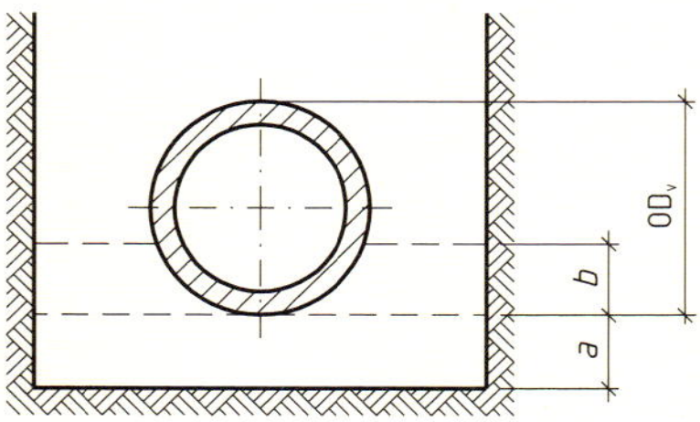

Bettung Typ 1

OD_v = vertikaler Außendurchmesser
a ≥ 10 cm bei normalen Bodenverhältnissen
a ≥ 15 cm bei Fels oder fest gelagerten Böden
b nach statischen Erfordernissen

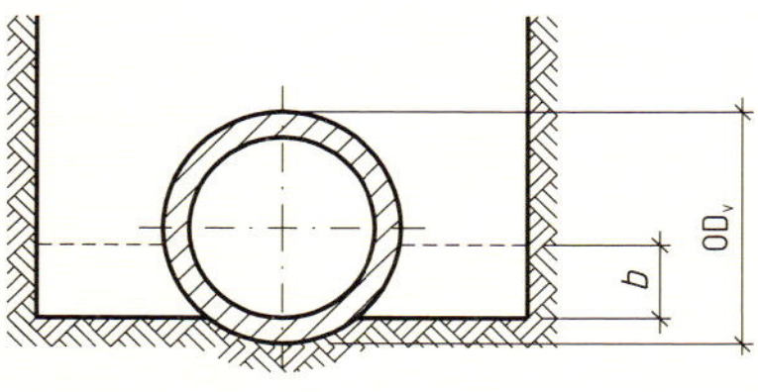

Bettung Typ 2

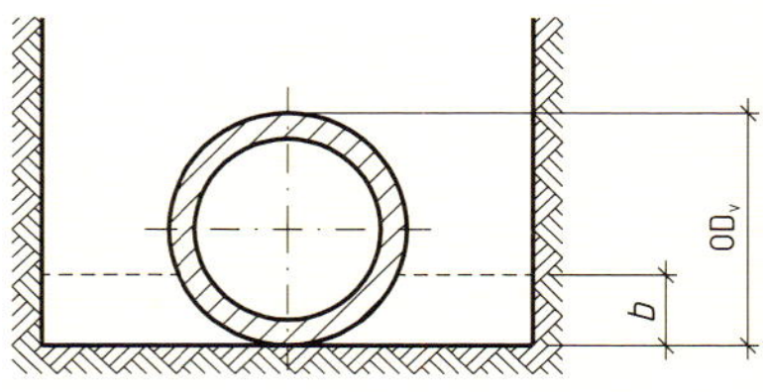

Bettung Typ 3

Fachausdrücke des Straßenbaus

Aufbau einer Straße (Beispiel für Asphaltbauweise)

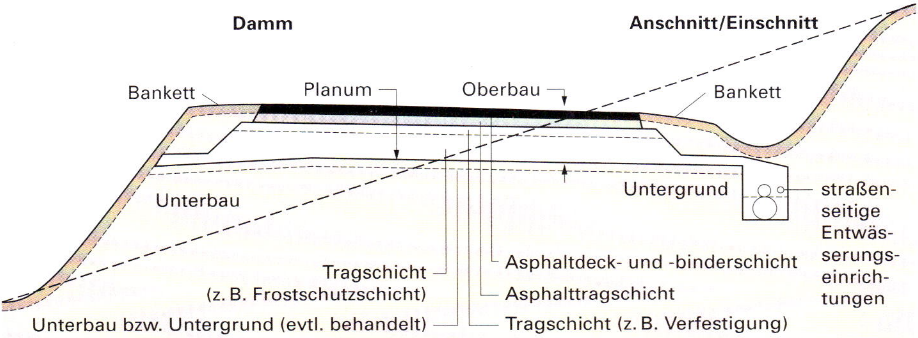

Vorschriften (Abkürzungen)

RAA	**R**ichtlinien für die **A**nlage von **A**utobahnen
RAL	**R**ichtlinien für die **A**nlage von **L**andstraßen
RASt	**R**ichtlinien für die **A**nlage von **St**adtstraßen
RStO	**R**ichtlinien für die **St**andardisierung des **O**berbaus von Verkehrsflächen
ZTV Asphalt-StB	**Z**usätzliche **T**echnische **V**ertragsbedingungen und Richtlinien für den Bau von Verkehrsflächenbefestigungen aus **Asphalt**
TL Asphalt-StB	**T**echnische **L**ieferbedingungen für **Asphalt**mischgut für den Bau von Verkehrsflächenbefestigungen
ZTV Beton-StB	**Z**usätzliche **T**echnische **V**ertragsbedingungen und Richtlinien für den Bau von Tragschichten mit hydraulischen Bindemitteln und Fahrbahndecken aus **Beton**
TL Beton-StB	**T**echnische **L**ieferbedingungen für Baustoffe und Baustoffgemische für Tragschichten mit hydraulischen Bindemitteln und Fahrbahndecken aus **Beton**
ZTV E-StB	**Z**usätzliche **T**echnische **V**ertragsbedingungen und Richtlinien für **E**rdarbeiten im **St**raßen**b**au
ZTV SoB-StB	**Z**usätzliche **T**echnische **V**ertragsbedingungen und Richtlinien für den Bau von **S**chichten **o**hne **B**indemittel im **St**raßen**b**au
TL Gestein-StB	**T**echnische **L**ieferbedingungen für **Gestein**skörnungen im **St**raßen**b**au

Bezeichnungen und Abkürzungen von Asphaltmischgut

Asphaltmischgut	Abkürzungen	Beschreibung
Asphaltbeton	AC (**A**sphalt **C**oncrete)	Asphaltmischgut mit abgestufter Korngrößenverteilung. Asphaltbeton umfasst: – Asphalt**t**ragschichtmischgut (T) – Asphalt**b**inder (B) – Asphaltbeton für Asphalt**d**eckschichten (D) – Asphalt**t**rag**d**eckschichtmischgut (TD)
Splittmastixasphalt	SMA (**S**tone **M**astic **A**sphalt)	Asphaltmischgut mit Ausfallkörnung und Zusätzen als Bindemittelträger.
Gussasphalt	MA (**M**astic **A**sphalt)	Asphaltmischgut, bei dem im heißen Zustand Füller und Bindemittel den Hohlraumgehalt der Gesteinskörnung überschreiten und das deshalb gieß- und streichfähig ist.
Offenporiger Asphalt	PA (**P**orous **A**sphalt)	Asphaltmischgut mit einer Gesteinskörnung > 2 mm sowie Zusätzen als Bindemittelträger, das einen hohen Anteil an miteinander verbundenen Hohlräumen aufweist.

Des Weiteren wird in der Kurzbezeichnung eines Asphaltmischgutes die Beanspruchung angegeben: L = leichte, N = normale und S = besondere Beanspruchung.

Beispiel:

AC 32 T S Asphaltbeton für Tragschichten mit einer oberen Siebgröße von 32 mm für Verkehrsflächen mit besonderer Beanspruchung

Bauweisen mit Asphaltdecke für Fahrbahnen auf F2- und F3-Untergrund/ Unterbau (RStO 12)

Belastungsklasse	Bk100				Bk32				Bk10				Bk3,2				Bk1,8				Bk1,0				Bk0,3			
B [Mio.]	> 32				> 10…32				> 3,2…10				> 1,8…3,2				> 1,0…1,8				> 0,3…1,0				≤ 0,3			
Dicke des frostsich. Oberbaus	55	65	75	85	55	65	75	85	55	65	75	85	45	55	65	75	45	55	65	75	45	55	65	75	35	45	55	65
Asphalttragschicht auf Frostschutzschicht																												
Asphaltdecke	12				12				12				10				4				4				4			
Asphalttragschicht	22 (▼120)				18 (▼120)				14 (▼120)				12 (▼120)				16 (▼120)				14 (▼120)				10 (▼100)			
Frostschutzschicht	Σ34 (▼45)				Σ30 (▼45)				Σ26 (▼45)				Σ22 (▼45)				Σ20 (▼45)				Σ18 (▼45)				Σ14 (▼45)			
Dicke der Frostschutzschicht	–	31	41	51	25	35	45	55	29	39	49	59	–	33	43	53	25	35	45	55	27	37	47	57	21	31	41	51
Asphalttragschicht und Tragschicht mit hydraulischen Bindemitteln auf Frostschutzschicht																												
Asphaltdecke	12				12				12																			
Asphalttragschicht	14				10				8																			
Hydraulisch gebundene Tragschicht (HGT)	15 (▼120)				15 (▼120)				15 (▼120)																			
Frostschutzschicht	Σ41 (▼45)				Σ37 (▼45)				Σ35 (▼45)																			
Dicke der Frostschutzschicht	–	–	34	44	–	28	38	48	–	30	40	50																
Asphalttragschicht und Schottertragschicht auf Frostschutzschicht																												
Asphaltdecke	12				12				12				10				4				4				4			
Asphalttragschicht	18 (▼150)				14 (▼150)				10 (▼150)				10 (▼150)				12 (▼150)				10 (▼150)				8 (▼150)			
Schottertragschicht E_{v2} ≥ 150 (120)	15 (▼120)				15 (▼120)				15 (▼120)				15 (▼120)				15 (▼120)				15 (▼120)				15 (▼100)			
Frostschutzschicht	Σ45 (▼45)				Σ41 (▼45)				Σ37 (▼45)				Σ35 (▼45)				Σ31 (▼45)				Σ29 (▼45)				Σ27 (▼45)			
Dicke der Frostschutzschicht	–	–	30	40	–	–	34	44	–	28	38	48	–	–	30	40	–	24	34	44	16	26	36	46	–	18	28	38
Asphalttragschicht und Kiestragschicht auf Frostschutzschicht																												
Asphaltdecke	12				12				12				10				4				4				4			
Asphalttragschicht	18 (▼150)				14 (▼150)				10 (▼150)				10 (▼150)				12 (▼150)				10 (▼150)				8 (▼120)			
Kiestragschicht E_{v2} ≥ 150 (120)	20 (▼120)				20 (▼120)				20 (▼120)				20 (▼120)				20 (▼120)				20 (▼120)				20 (▼100)			
Frostschutzschicht	Σ50 (▼45)				Σ46 (▼45)				Σ42 (▼45)				Σ40 (▼45)				Σ36 (▼45)				Σ34 (▼45)				Σ32 (▼45)			
Dicke der Frostschutzschicht	–	–	25	35	–	–	29	39	–	–	33	43	–	–	25	35	–	–	29	39	–	31	41	51	–	–	23	33

Dickenangaben in cm; ▼ E_{v2}-Mindestwerte in MPa (MN/m²)

23 kg/m²/cm TS
24 kg/m²/cm BS

Bauweisen mit Betondecke für Fahrbahnen (RStO 12)

Belastungsklasse	Bk100				Bk32				Bk10				Bk3,2				Bk1,8				Bk1,0				Bk0,3			
B [Mio.]	> 32				> 10…32				> 3,2…10				> 1,8…3,2				> 1,0…1,8				> 0,3…1,0				≤ 0,3			
Dicke des frostsich. Oberbaus	55	65	75	85	55	65	75	85	55	65	75	85	45	55	65	75	45	55	65	75	45	55	65	75	35	45	55	65

Tragschicht mit hydraulischen Bindemitteln auf Frostschutzschicht

Betondecke
Vliesstoff
Hydraulisch gebundene Tragschicht (HGT)
Frostschutzschicht

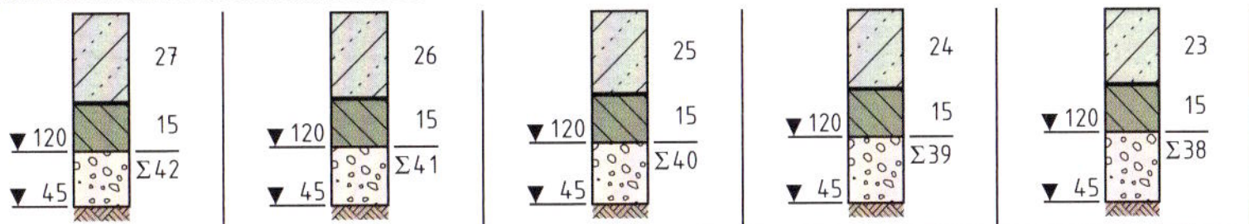

Dicke der Frostschutzschicht	–	–	33	43	–	24	34	44	–	25	35	45	–	–	26	36	–	–	27	37								

Asphalttragschicht auf Frostschutzschicht

Betondecke
Asphalttragschicht
Frostschutzschicht

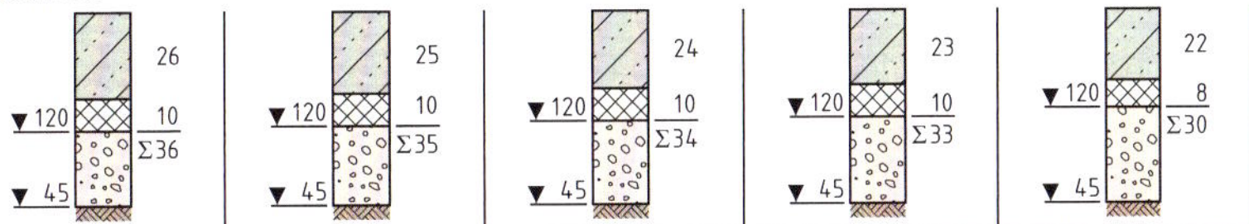

Dicke der Frostschutzschicht	–	29	39	49	–	30	40	50	–	31	41	51	–	–	32	42	–	25	35	45								

Schottertragschicht auf Schicht aus frostunempfindlichem Material

Betondecke
Schottertragschicht
Schicht aus frostunempfindlichem Material

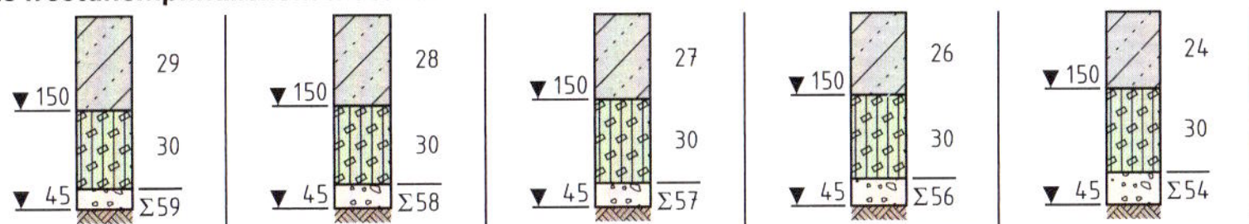

Dicke der Schicht aus frostunempfindlichem Material	Ab 12 cm aus frostunempfindlichem Material, geringere Restdicke ist mit dem darüberliegenden Material auszugleichen

Frostschutzschicht

Betondecke
Frostschutzschicht

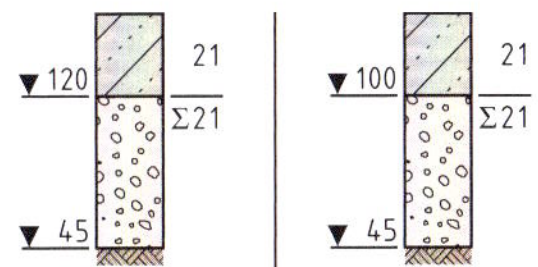

Dicke der Frostschutzschicht																					24	34	44	54	14	24	34	44

Dickenangaben in cm; ▼ E_{v2}-Mindestwerte in MPa (MN/m²)

Bauweisen mit Pflasterdecke für Fahrbahnen und Bauweisen für Rad- und Gehwege (RStO 12)

Belastungsklasse	Bk3,2				Bk1,8				Bk1,0				Bk0,3			
B [Mio.]	> 1,8...3,2				> 1,0...1,8				> 0,3...1,0				≤ 0,3			
Dicke des frostsich. Oberbaus	45	55	65	75	45	55	65	75	45	55	65	75	35	45	55	65
Schottertragschicht auf Frostschutzschicht																
Pflasterdecke Schottertragschicht Frostschutzschicht	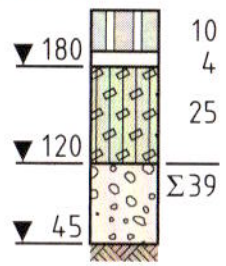 ▼180 ▼120 ▼45; 10 / 4 / 25 / Σ39				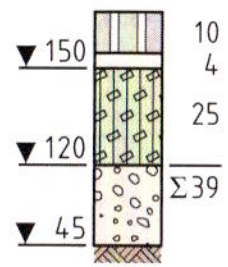 ▼150 ▼120 ▼45; 10 / 4 / 25 / Σ39				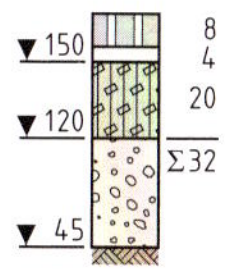 ▼150 ▼120 ▼45; 8 / 4 / 20 / Σ32				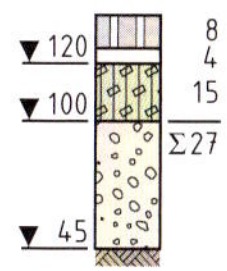 ▼120 ▼100 ▼45; 8 / 4 / 15 / Σ27			
Dicke der Frostschutzschicht	–	–	26	36	–	–	26	36	–	–	33	43	–	18	28	38
Asphalttragschicht auf Frostschutzschicht																
Pflasterdecke Wasserduchlässige Asphalttragschicht Frostschutzschicht	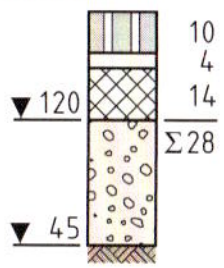 ▼120 ▼45; 10 / 4 / 14 / Σ28				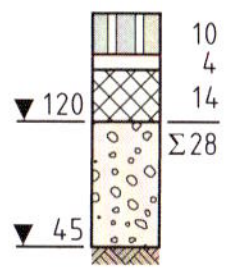 ▼120 ▼45; 10 / 4 / 14 / Σ28				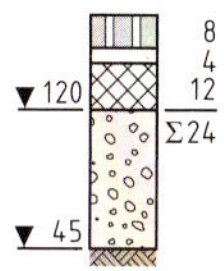 ▼120 ▼45; 8 / 4 / 12 / Σ24				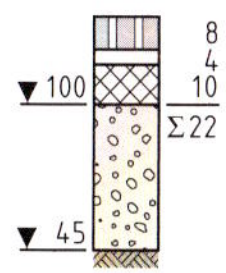 ▼100 ▼45; 8 / 4 / 10 / Σ22			
Dicke der Frostschutzschicht	–	27	37	47	–	27	37	47	–	31	41	51	–	23	33	43
Dränbetontragschicht auf Frostschutzschicht																
Pflasterdecke Dränbetontragschicht (DBT) Frostschutzschicht	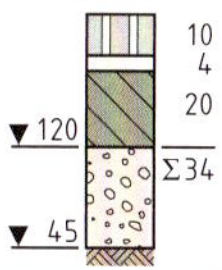 ▼120 ▼45; 10 / 4 / 20 / Σ34				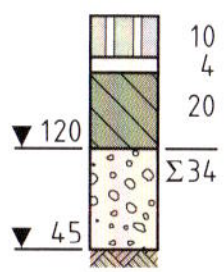 ▼120 ▼45; 10 / 4 / 20 / Σ34				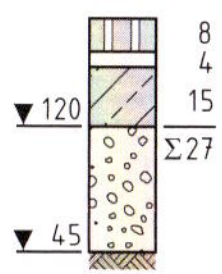 ▼120 ▼45; 8 / 4 / 15 / Σ27				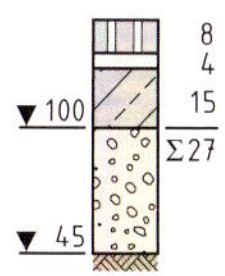 ▼100 ▼45; 8 / 4 / 15 / Σ27			
Dicke der Frostschutzschicht	–	–	31	41	–	–	31	41	18	28	38	48	–	18	28	38

Rad- und Gehwege Bauweisen	Pflaster (Plattenbelag)		ohne Bindemittel	
Dicke des frostsicheren Oberbaus	30	40	30	40
Schotter- oder Kiestragschicht				
Decke Schotter-oder Kies-tragschicht Schicht aus frost-unempfindlichem Material	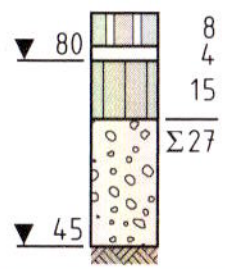 ▼80 ▼45; 8 / 4 / 15 / Σ27		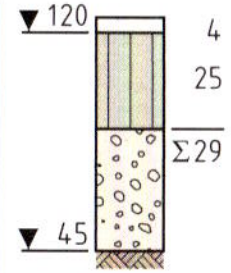 ▼120 ▼45; 4 / 25 / Σ29	
Dicke der Schicht aus frostunempfindlichem Material	–	13	–	11
ToB auf Planum				
Decke Schotter-, Kiestrag-schicht oder Frost-schutzschicht	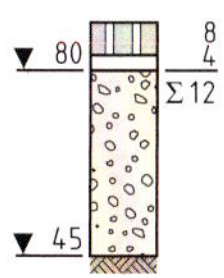 ▼80 ▼45; 8 / 4 / Σ12		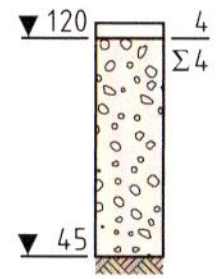 ▼120 ▼45; 4 / Σ4	
Dicke der Schicht aus frostunempfindlichem Material	18	28	26	36

Dickenangaben in cm; ▼ E_{v2}-Mindestwerte in MPa (MN/m²)

Straßenbreiten

Regelquerschnitte (nach RAL/RAA)

RQ 9	**RQ 11**	**RQ 11,5 + [1]**

Abmessungen für Fahrbahn, Fahrstreifen, Randstreifen, Seitenstreifen, Mittelstreifen, Bankette

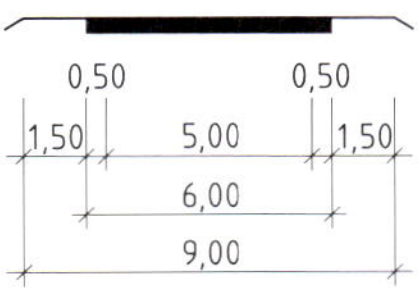

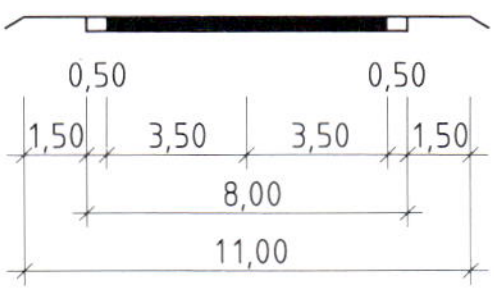

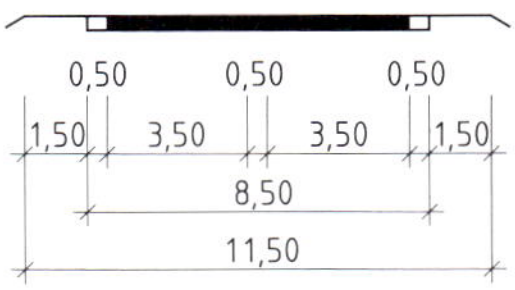

RQ 31

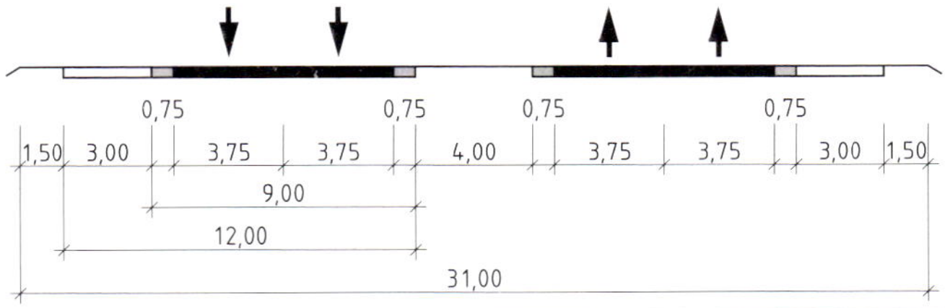

[1]) abschnittsweise mit zusätzlichem Überholstreifen

Randausbildungen

Für die Ausführung gelten die in den Abbildungen angegebenen Mindestmaße (in cm).

Betondecke auf einer Tragschicht mit hydraulischem Bindemittel

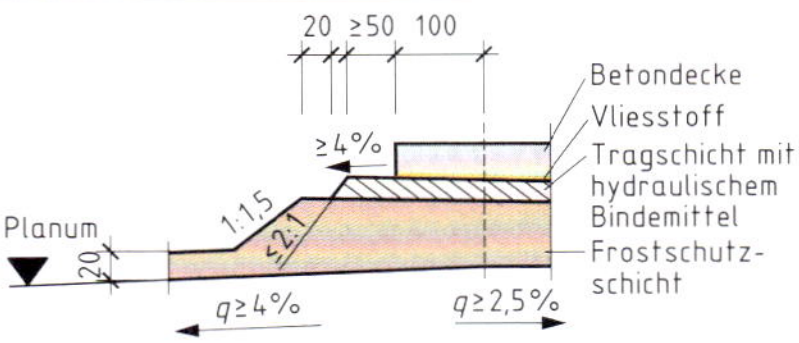

Betondecke auf einer Schottertragschicht (STSuB)

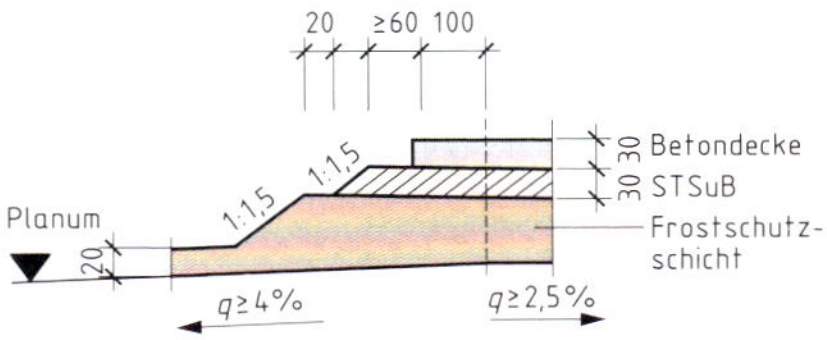

Betondecke auf einer Asphalttragschicht

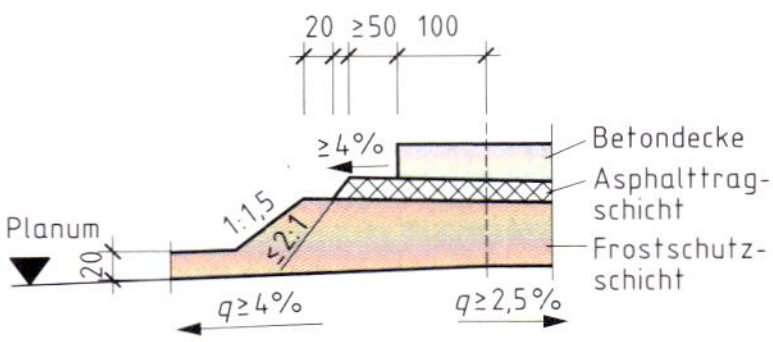

Asphaltbefestigung auf einer hydraulisch gebundenen Tragschicht (HGT)

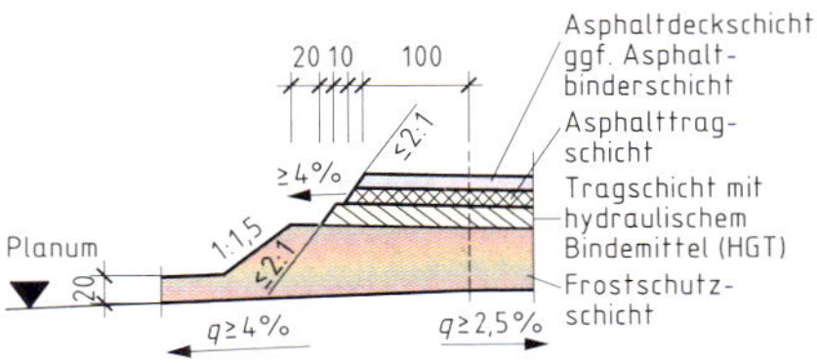

Asphaltbefestigung auf einer Verfestigung

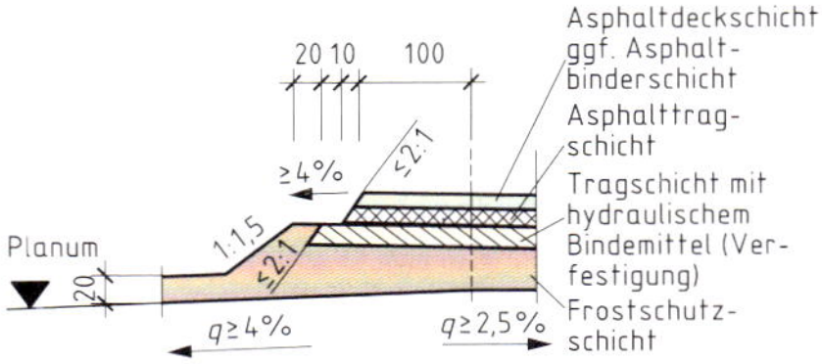

Asphaltbefestigung auf einer Kies-/Schottertragschicht

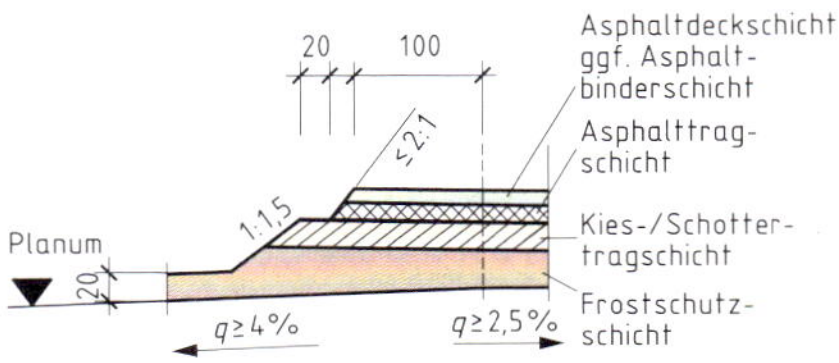

Sieblinienbereiche für Asphaltmischgut

Für Gesteinskörnungen für Asphaltmischgut sind in den TL Asphalt-StB Sieblinienbereiche vorgegeben. Die tatsächliche Zusammensetzung muss zwischen den beiden Linien liegen. (Zum besseren Vergleich wurden Sieblinien gleichen Größtkorns ausgewählt.)

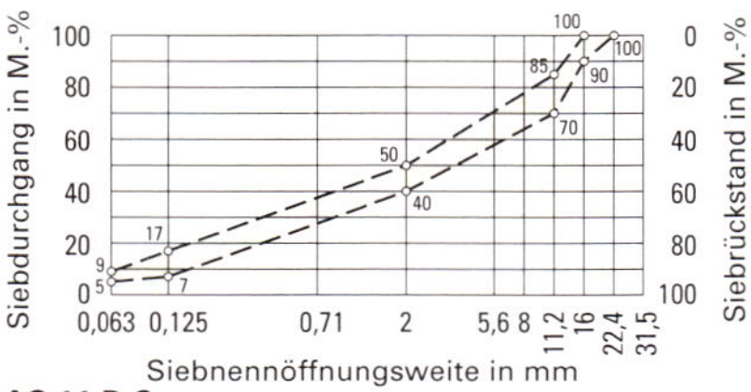

AC 11 D S

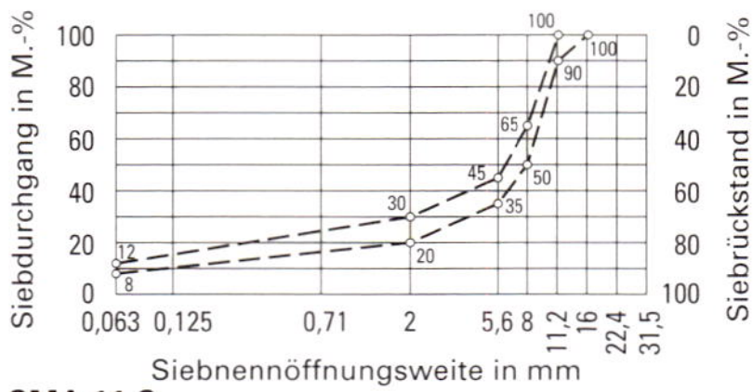

SMA 11 S

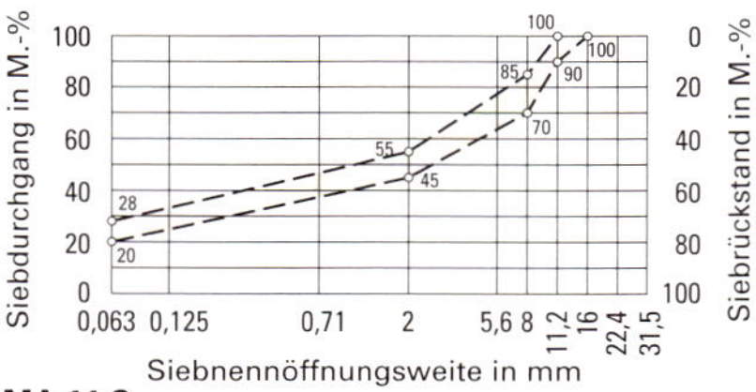

MA 11 S

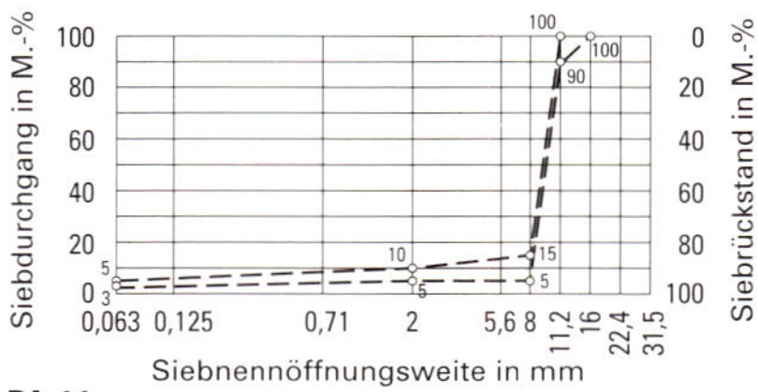

PA 11

Zweckmäßige Bindemittelart und Bindemittelsorte für Asphaltschichten in Abhängigkeit von der zu erwartenden Beanspruchung

<table>
<tr><th rowspan="2">Belastungsklasse/ Flächenart</th><th rowspan="2">Asphalt-tragschicht</th><th rowspan="2">Asphalt-binder-schicht</th><th rowspan="2">Asphalt-tragdeck-schicht</th><th colspan="4">Asphaltdeckschicht aus</th></tr>
<tr><th>Asphalt-beton</th><th>Splitt-mastix-asphalt</th><th>Guss-asphalt</th><th>offen-porigem Asphalt</th></tr>
<tr><td>BK100 und Bk32</td><td rowspan="3">50/70
(30/45)</td><td rowspan="3">25/55-55
30/45
(10/40-65)</td><td rowspan="5">–</td><td>–</td><td rowspan="3">25/55-55</td><td>20/30
30/45
(10/40-65)</td><td rowspan="3">40/100-65</td></tr>
<tr><td>Bk10</td><td>25/55-55</td><td rowspan="2">20/30
30/45
(25/55-55)</td></tr>
<tr><td>Bk3,2</td><td>25/55-55
(50/70)</td></tr>
<tr><td>Bk1,8</td><td>50/70
(70/100)</td><td>50/70</td><td>50/70
(25/55-55)*</td><td>50/70
(25/55-55)**</td><td>30/45
(25/55-55)</td><td rowspan="4">–</td></tr>
<tr><td>Bk1,0</td><td>70/100
(50/70)</td><td rowspan="3">–</td><td>50/70
(70/100)</td><td>50/70</td><td rowspan="3">30/45</td></tr>
<tr><td>Bk0,3</td><td rowspan="2">70/100</td><td rowspan="2">70/100</td><td>50/70
70/100</td><td>70/100</td></tr>
<tr><td>Rad- und Gehwege</td><td>70/100</td><td>–</td></tr>
</table>

– Einsatz nicht vorgesehen ( ) nur in Ausnahmefällen * nur für AC 8 D S ** nur für SMA 11 S

Eine Übersicht über **bitumenhaltige Bindemittel** wird auf Seite 124 gegeben.

Anforderungen an Fahrbahndeckenbeton

Belastungsklasse	Expositionsklasse	Feuchtigkeitsklasse	Druckfestigkeitsklasse	Kornzusammensetzung der Gesteinskörnungen
Bk100...Bk1,8	XF 4, XM 2*)	WS	C 30/37	– mindestens 3 (2) Korngruppen: 0/2, 2/8, > 8 mm oder 0/4, 4/8, > 8 mm oder 0/2 oder 0/4, ≤ 8 (für Größtkorn 8 mm) – Größtkorn: 8, 16, 22 oder 32 mm
Bk1,0...Bk0,3	XF 4, XM 1*)	WA		– mindestens 2 Korngruppen: 0/4 und > 4 mm – Größtkorn: 16, 22 oder 32 mm

*) Nur für Oberbeton

Vorzugsmaße für Bordsteine aus Beton (DIN 483)

Form	Breite *b* mm	Höhe *H* mm	Länge *l* mm
HB (Hochbordstein) 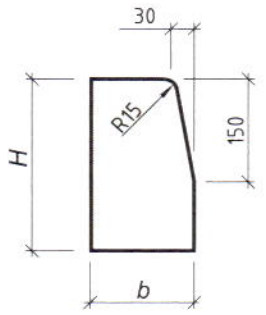 	150 180	250 300	1000[1]
TB (Tiefbordstein) 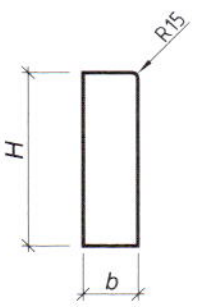 	80 100	200 250 300 400	1000[1]

Form	Breite *b* mm		Höhe *H* mm		Länge *l* mm
RB (Rundbordstein) 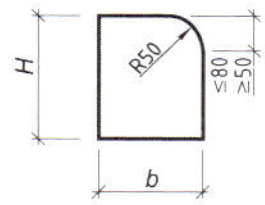 	150 180		220		1000[1]
FB (Flachbordstein) 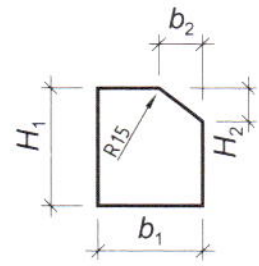 	b_1	b_2	H_1	H_2	1000[1]
	100	50	200	50	
	200	100	200	70	
	200	100	250	100	
	300	200	250	150	

[1]) Als Passstücke und zur Verwendung in Kurven auch 250, 333 und 500 mm.

Abstecken von Kreisbögen

Um Kreisbögen abstecken zu können, werden in den Bogenanfängen A_1 und A_2 Tangenten angelegt. In den Abständen X_1, X_2, X_3 usw. von den Bogenanfängen werden von den Tangenten im rechten Winkel die zugehörigen Abstände Y_1, Y_2, Y_3 usw. abgetragen.

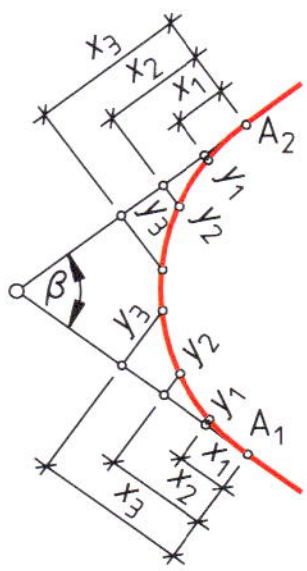

Die *Y*-Werte für verschiedene Radien *R* können berechnet werden.

$$Y = R - \sqrt{R^2 - X^2}$$

Klothoide (Übergangsbogen)

Klothoiden sind Übergangsbögen, die durch stetig veränderten Radius einen kontinuierlichen Übergang zwischen Gerade und Kreisbogen ermöglichen.

Bildungsgesetz für alle Klothoiden: $R \cdot L = A^2$

R = Krümmungsradius an der jeweiligen Stelle
L = Bogenlänge vom Anfangspunkt bis zur jeweiligen Stelle
A = Klothoidenparameter (Konstante, abhängig von Planungsgeschwindigkeit)

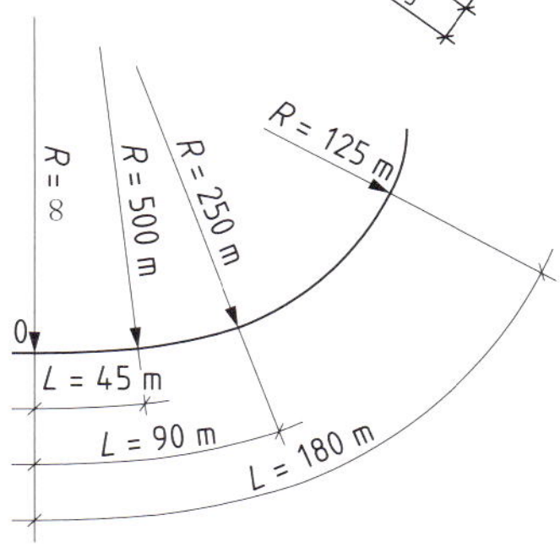

Klothoide A 150

Verwendungsbereiche genormter Abwasserrohre (DIN 1986-4)

Werkstoff	Norm	Anschluss-, Verbindungsleitung	Schmutzwasserfallleitung	Sammelleitung	Grundleitung		Lüftungsleitung	Regenwasserfallleitung im	
					unzugänglich in der Grundplatte	im Erdreich		Gebäude	Freien
Steinzeugrohr	DIN EN 295-1	+	+	+	+	+	+	+	+
Beton-, Stahlfaser- und Stahlbetonrohr Typ 1 und Typ 2	DIN EN 1916 mit DIN V 1201	–	–	–	+	+	–	–	–
Faserzementrohr	DIN EN 12763	+	+	+	–	–	+	+	+
Faserzementrohr	DIN EN 588-1	–	–	–	+	+	–	–	+
Gusseisernes Rohr, Lamellengrafit	DIN EN 877 mit DIN 19522	+	+	+	+	+[1]	+	+	+
Gusseisernes Rohr, duktil	DIN EN 598	–	–	–	+	+	–	–	–
Stahlrohr	DIN EN 1123-1 DIN EN 1123-2	+	+	+	+	+[2]	+	+	+
PVC-U	DIN EN 1401-1	–	–[3]	–[3]	+	+[4]	–	–	–
PVC-U	DIN EN 1329-1 mit DIN 19531-10	+	+	+	+	–	+	+	–
PVC-C	DIN EN 1566-1	+	+	+	+	–	+	+	+[5]
PE-HD	DIN EN 1519-1	+	+	+	+	–	+	+	+
PE-HD	DIN EN 12666-1	–	–	–	+	+	–	–	–
PP	DIN EN 1451-1	+	+	+	+	–	+	+	–

[1] Mit Außenbeschichtung für Erdverlegung
[2] Mit Korrosionsschutz
[3] Zulässig, sofern Abwassertemperatur ≤ 45°
[4] Mindestens SN 4
[5] Nicht als Standrohr

Steinzeugrohre (DIN EN 295)

Rohre DN 100 ... DN 1000 mit Steckmuffe L nach Verbindungssystem F und Steckmuffe K und S nach Verbindungssystem C

Nennweite	Tragfähigkeitsklasse	Scheiteldruckkraft	Dichtung Steckmuffe	Rohrdurchmesser		Muffendurchmesser	Baulänge	Mittl. Masse
DN		kN/m		Innen mm	Außen mm	Außen (max.) mm	m	kg/m
100	–	34	L	100 ± 4	131 ± 3	200	1,00/1,25	15
125	–	34	L	126 ± 4	159 ± 3,5	230	1,00/1,25	19
150	–	34	L	151 ± 5	186 ± 4	260	1,00/1,25/1,50	24
200	200	40	L/S/K	200 ± 5	242 ± 5	340	2,00/2,50	37
200	240	48	S/K	200 ± 5	254 ± 5	360	2,00/2,50	43
250	160	40	S/K	250 ± 6	299 ± 6	400	2,00/2,50	53
250	240	60	S/K	250 ± 6	318 ± 6	440	2,00/2,50	75
300	160	48	S/K	300 ± 7	355 ± 7	470	2,50	72
300	240	72	S/K	300 ± 7	376 ± 7	510	2,50	100
350	160	56	K	348 ± 7	417 ± 7	525	2,00	101
400	160	64	S/K	398 ± 8	486 ± 8	620	2,50	136
400	200	80	S/K	398 ± 8	492 ± 8	650	2,50	152
450	160	72	K	447 ± 8	548 ± 8	720	2,00	196
500	120	60	S/K	496 ± 9	581 ± 9	730	2,50	174
500	160	80	S/K	496 ± 9	609 ± 9	790	2,50	230
600	95	57	S/K	597 ± 12	687 ± 12	860	2,50	230
600	160	96	S/K	597 ± 12	725 ± 12	930	2,50	326
700	200	140	K	694 ± 12	862 ± 12	1106	2,50	468
800	160	128	K	792 ± 12	964 ± 12	1209	2,50	548
900	120	108	K	891 ± 14	1084 ± 14	1322	2,00	675
1000	120	120	K	1056 ± 15	1273 ± 15	1500	2,00	895

In der **Kurzbezeichnung** werden Produktbezeichnung, Norm, Nennweite, Länge in m, Scheiteldruckkraft und Verbindungssystem angegeben.
Beispiel: Rohr EN 295-1 – DN 300 – 2,00 – FN 48 – C

Zu Steinzeugrohren gibt es ein breites Angebot an **Formstücken** wie Bögen, Abzweige, Gelenkstücke, Übergangsstücke und **Zubehör** wie Anschlusselemente, Dichtelemente, Dichtringe usw.

Rohre und Formstücke aus PVC-U für Abwasserleitungen (DIN EN 1401-1)

Rohre		
Nennweite DN/OD	**Nenn-Außendurchmesser**	**Wanddicken*) mm**
110	110	3,2 ... 4,6
125	125	3,2 ... 5,3
160	160	3,2 ... 6,6
200	200	3,9 ... 8,3
250	250	4,9 ... 10,3
315	315	6,2 ... 12,8
355	355	7,0 ... 14,4
400	400	7,9 ... 16,2

*) Je nach Ringsteifigkeit

Formstücke
Bogen: 15°, 22°30′, 30°, 45°, 67°30′, 80° oder 87°30′...90°
Abzweige, auch mit reduzierter Nennweite des Stutzens: 45°, 67°30′ oder 87°30′...90°
Sattelstücke für Klebschellen: bevorzugt 45°
Sonstige: Doppelmuffen, Überschiebmuffen (Reparaturmuffen), Reduzierstücke, Muffenstopfen

Die **Kennzeichnung** eines Rohres muss mindestens enthalten: Norm, Anwendungsgebiet (D = innerhalb, U = außerhalb der Gebäudestruktur), Hersteller, Nennweite (DN/OD), Mindestwanddicke oder Durchmesser/Wanddicken-Verhältnis (SDR), Werkstoff und Steifigkeitsklasse (SN).

Betonrohre (DIN EN 1916/DIN V 1201)

Lieferformen für Betonrohre		
K = Kreisquerschnitt ohne Fuß	**KF** = Kreisquerschnitt mit Fuß	**EF** = Eiquerschnitt mit Fuß
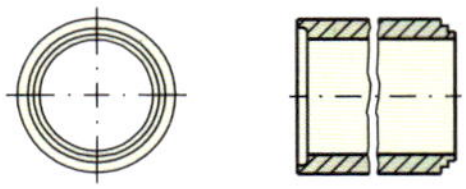	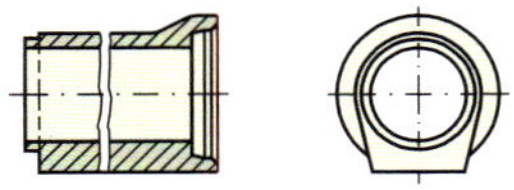	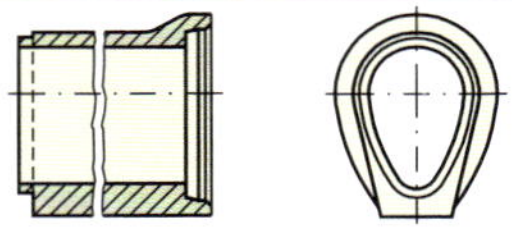
Ausführung mit Falzmuffe (FM)	Ausführung mit Glockenmuffe (GM)	Ausführung mit Glockenmuffe

Falzmuffen werden erst bei Rohren ab etwa DN1400 als Alternative zu Glockenmuffen verwendet.

Typen für Rohre und Formstücke
Typ 1 Expositionsklasse XA 1, vor allem für Regenwasserleitungen, Beton mind. C 35/45;
Typ 2 Expositionsklasse XA 2, auch für Misch- und Schmutzwasserleitungen, Beton mind. C 40/50;
Typ 0 sind Stahlfaserbetonrohre mit festgelegtem Mindestgehalt an Stahlfasern, der ohne Bemessung bestimmt wurde.

Die **Bezeichnung** enthält DIN, Typ, Material, Querschnitt, Verbindung, Nennweite und Baulänge.
Beispiel: Betonrohr DIN 1201 – Typ 2 – B – K – GM – 500 × 3000

Betonrohre, kreisförmig, ohne Fuß, mit Muffe: B – K – GM							
Nennweite[1]) DN	300	400	500	600	800	1000	1200
Masse[2]) kg/m	165	250	420	565	930	1510	2300
Wanddicke[3]) mm	60	75	85	100	130	160	190
Scheiteldruck-festigkeit[4]) kN/m	75	85	95	100	125	152	181
Betonrohre, kreisförmig, mit Fuß, mit Muffe: B – KF – GM							
Nennweite[1]) DN	300	400	500	600	800	1000	1200
Masse[2]) kg/m	205	295	550	630	1070	1670	2400
Wanddicke[3]) mm oben	60	75	85	100	130	160	190
seitlich	60	65	70	85	115	145	170
unten (Fußbereich)	95	110	115	130	170	215	260
Scheiteldruck-festigkeit[4]) kN/m	75	85	95	100	125	152	181

[1]) Übliche Nennweiten, hergestellt werden Betonrohre von DN 100...DN 1500.
[2]) Alle Massen sind Anhaltswerte. Genaue Massen und Baulängen vom Hersteller.
[3]) Gebräuchliche Wanddicken (Mindestwerte)
[4]) Mindestwerte

Stahlbetonrohre werden von DN 250 ... DN 4000 und größer mit den verschiedensten Querschnittsformen (Rechteckquerschnitte, Maulprofile, mit Trockenwetterrinne, mit Drachenprofil) hergestellt.

Faserzementrohre für Hausentwässerungssysteme (DIN EN 12763)

Nenndurchmesser DN	**Innendurchmesser**		**Wanddicke**	**Scheitelbruchlast**
	d_1 **mm**	**Grenzabmaße mm**	e_{min} **mm**	C_L **kN/m**
50	50	±2	6	–
60	60	±2	6	–
70	70	±2	6	–
80	80	±2	6	–
100	100	±2,5	6	15
125	125	±3	7	15
150	150	±4	7	15
200	200	±5	7,5	15
250	250	±6	8,5	15
300	300	±7	9,5	18

Anmerkung: Für Rohre von DN 200 ... 300 kann eine geringere Scheitelbruchlast von mindestens 11 kN/m zwischen Hersteller und Käufer vereinbart werden.

Die Rohre müssen mindestens mit folgenden Angaben **gekennzeichnet** werden:
Norm; Nennweite (DN); Hersteller; Herstelldatum und soweit zutreffend Fremdüberwachungszertifikat sowie Kennzeichnung als Regenwasserrohre.

Rohre und Formstücke aus Gusseisen zur Entwässerung von Gebäuden (DIN EN 877/DIN 19522)

Rohre		
DN	Nennmaß in mm	
	Außendurchmesser (DE)	Wanddicke
40	48	3,0
50	58	3,5
70	78	3,5
75	83	3,5
100	110	3,5
125	135	4,0
150	160	4,0
200	210	5,0
250	274	5,5
300	326	6,0
400	429	6,3
500	532	7,0
600	635	7,7

Formstücke
SML-Bogen 15°, 30°, 45°, 68°, 88°, Bogen mit Beruhigungsstrecke (BB), Doppelbogen (DB), Bogen mit langem Schenkel (LB), Objektanschlussbogen (OL, OW, OH)
SML-Abzweige 45°, 68°, 88°, Eckabzweig (EA), Parallelabzweig (P), Eckabzweig mit langem Schenkel (EAL), Kombinationsabzweig (K)
SML-Anschlussstücke: Anschluss an Steinzeugrohr (E), Flanschanschlussstück (FL)
Sonstige: Reduzierstück (R), Enddeckel (ED), Fallrohrstütze (FS), Reinigungsrohr (RR), Geruchsverschluss (G)
Bezeichnung eines muffenlosen gusseisernen Abflussrohres (SML) nach DIN EN 877/DIN 19522 der Nennweite DN 70 und Baulänge l = 3000 mm: SML-Rohr DIN 19522 – DN 70 × 3000

Rohre und Formstücke aus PE innerhalb der Gebäudestruktur (DIN EN 1519-1)

Rohre		
Nennweite DN/OD	Nenn-Außendurchmesser	Wanddicken*) mm
32	32	
40	40	
50	50	3,0 … 3,5
56	56	
63	63	
75	75	3,0 … 3,5
80	80	3,0 … 3,6
90	90	3,0 … 4,1
100	100	3,2 … 4,4
110	110	3,4 … 4,9
125	125	3,9 … 5,5
160	160	4,9 … 7,1
200	200	6,2 … 8,7
250	250	7,7 … 10,8
315	315	9,7 … 13,6

*) Je nach Rohrreihe S; S16 nur innerhalb von Gebäuden

Formstücke
Bogen mit kleinem oder großem Radius, mit Muffe und Einsteckende, mit beidseitiger Muffe, stumpfgeschweißt aus Segmenten. Nennwinkel: 15°, 22,5°, 30°, 45°, 67,5°, 80°, 87,5°…90°
Abzweige mit reduzierter und ohne reduzierte Nennweite des Stutzens, mit kleinem oder großem Radius, mit Muffe und Einsteckende, mit beidseitigen Muffen. Nennwinkel: 45°, 67,5°, 87,5° … 90°
Andere Formstücke: Übergangsrohre (Reduzierstücke), Reinigungsrohre, Doppelmuffen, Überschiebmuffen, Anschweißmuffen, Muffenstopfen
Die **Kennzeichnung** eines Rohres muss mindestens enthalten: Norm, Hersteller, Nennweite, Mindestwanddicke, Werkstoff, Muffentyp, z. B. N, Anwendungsgebiet (B = innerhalb des Gebäudes, BD = erdverlegt innerhalb der Gebäudestruktur) und bei BD die Nenn-Ringsteifigkeit SN.

Rohre aus PP innerhalb der Gebäudestruktur (DIN EN 1451-1)

Nennweite DN/OD	32	40	50	63	75	80	90	100	110	125	160	200	250	315
Nenn-Außendurchmesser	32	40	50	63	75	80	90	100	110	125	160	200	250	315
Wanddicken*) mm	1,8 … 3,0	1,8 … 3,0	1,8 … 3,0	1,8 … 3,1	1,9 … 3,1	2,0 … 3,3	2,2 … 3,7	2,5 … 4,1	2,7 … 4,4	3,1 … 5,0	3,9 … 6,3	4,9 … 7,7	6,2 … 9,7	7,7 … 12,1

*) Je nach Rohrreihe S; S 20 nur innerhalb von Gebäuden

Formstücke wie bei PE-Rohren, **Kennzeichnung** sinngemäß wie bei PE-Rohren.

Tiefbauarbeiten

Leistung	Abrechnungseinheit	Übermessungsregeln	Besonderheiten
Oberbodenabtrag	m^2, m^3	Es werden übermessen bei Raummaß – Baukörper ≤ 1 m^3 Einzelgröße – Leitungen, Sickerkörper usw. ≤ 0,1 m^2 äußerem Querschnitt bei Flächenmaß – Durchdringungen ≤ 1 m^2 Einzelgröße	Bei Raummaß (m^3) ist die tatsächliche Dicke maßgebend.
Aushub, Abtrag	m^3, m^2, t		Böschungswinkel nach DIN 18300 45°, bei feinkörnigen Böden mit mindestens steifer Konsistenz 60°, bei Fels 80° (s. auch S. 173) Abmessungen von Baugruben und Gräben s. S. 173/174 Mengenermittlung im Abtrag Gestaffelt nach Förderweg, soweit mehr als 50 m.
Einbauen, Überschütten	m^2, m^3, t		Mengenermittlung im fertigen Zustand
Verdichten	m^2, m^3		Mengenermittlung im fertigen Zustand
Entwässerungskanäle und -leitungen	m	– die lichten Weiten der Schächte, aber nur soweit Rohre mit Schachtaufsätzen verwendet werden – Formstücke	Abrechnung nach Achslängen
Schächte	m, Stück	–	Fertigteile nach Stück
Schachtaufsätze	Stück	–	als Zulage
Tragschichten	m^2, m^3, t	Bei Flächen- oder Raummaß – Aussparungen und Einbauten ≤ 1 m^2 Einzelgröße – Fugen – Schienen	Abrechnungseinheit auch vom Material abhängig
Binderschichten	m^2, m^3, t		
Deckschichten	m^2, m^3, t		
Betonwände, Betondecken	m^2	– Aussparungen ≤ 2,5 m^2 Einzelgröße, wie Öffnungen, Nischen und Durchdringungen	DIN 18331 (s. S. 127)
Einfacher Verbau	m^2	– Aussparungen für Leitungen und dergleichen ≤ 1 m^2	Fläche aus Länge und Tiefe des Verbaus ermittelt Länge = Achslänge, Träger werden dabei übermessen

Bauzeichnungen für Entwurf und Bauvorlage

Vorentwurfszeichnungen
Sie enthalten eine mögliche Lösung der Bauaufgabe mit angenäherten Abmessungen von Bauteilen und Räumen.
Die üblichen Maßstäbe sind **1:500** oder **1:200**.

Entwurfszeichnungen
Sie enthalten die Lösung der Bauaufgabe mit den Abmessungen von Bauteilen und Räumen. Der übliche Maßstab ist **1:100**.

Zeichnungen für Bauvorlagen (Baugesuche)
Sie enthalten die Lösung der Bauaufgabe mit den Abmessungen von Bauteilen und Räumen nach den Vorschriften der jeweils zuständigen Baugenehmigungsbehörden. Der übliche Maßstab ist **1:100**.

Bauzeichnungen für die Ausführung

Ausführungszeichnungen
Sie enthalten sämtliche für die Ausführung erforderlichen Maße und Angaben. Der übliche Maßstab ist **1:50**.

Teilzeichnungen (Detailzeichnungen)
Sie ergänzen die Ausführungszeichnungen für bestimmte Bereiche und Ausschnitte des Bauwerkes. Die üblichen Maßstäbe sind **1:1**, **1:2**, **1:5**, **1:10**, **1:20** und **1:25**.

Sonderzeichnungen, Abrechnungszeichnungen, Bauaufnahmen

Sonderzeichnungen
Sie enthalten Angaben über besondere Ausführungen, z. B. des Stahlbaus, des Holzbaus und des Stahlbetons, oder über besondere Einrichtungen, z. B. sanitäre Anlagen, Heizungsanlagen, elektrische Anlagen, wobei andere Einrichtungen oder Bauteile nur so weit dargestellt werden, wie es erforderlich ist.
Der Maßstab wird je nach Erfordernis gewählt.

Abrechnungszeichnungen
Sie enthalten die erforderlichen Angaben und Feststellungen zur Abrechnung.
Der Maßstab wird je nach Erfordernis gewählt.

Bauaufnahmen (Bestandszeichnungen)
Sie enthalten Angaben eines vorhandenen Bauwerkes.
Der Maßstab wird je nach Erfordernis gewählt.

Maßstäbe für Bauzeichnungen

Unter dem **Maßstab 1:*n*** versteht man das Verhältnis, in dem eine Strecke vergrößert oder verkleinert dargestellt ist. Die Zahl n wird als **Verhältniszahl** bezeichnet. **1** bedeutet dabei die **Länge in der Zeichnung**, n bedeutet dabei die **wirkliche Länge** und gibt an, welches Vielfache bzw. welcher Teil der Zeichnungslänge der wirklichen Länge entspricht.

Ist $n > 1$, handelt es sich bei der Zeichnung um eine „Verkleinerung". Bei $n = 1$ ist die Zeichnung genauso groß wie der abgebildete Körper. Ist $n < 1$, handelt es sich bei der Zeichnung um eine „Vergrößerung".

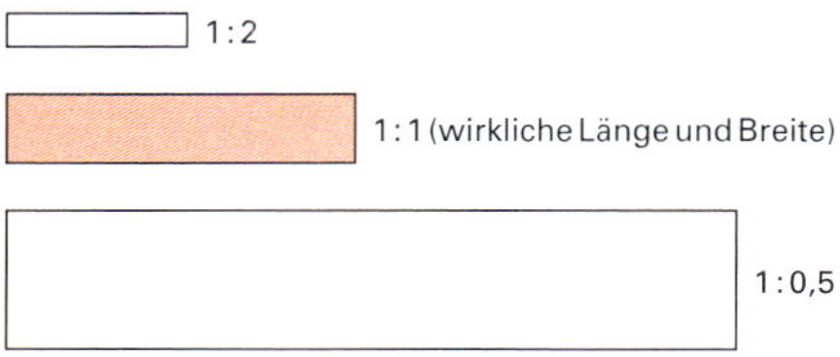

Anwendungsbereiche	Maßstäbe
Lagepläne	1:1000, 1:500
Vorentwurfszeichnungen	1:500, 1:200
Entwurfszeichnungen	1:100
Zeichnungen für Bauvorlagen	1:100
Ausführungszeichnungen	1:50
Teilzeichnungen	1:25, 1:20, 1:10, 1:5, 1:2, 1:1

Wirkliche Längen, Zeichnungslängen und Maßstäbe werden mit folgenden Formeln umgerechnet:

$$\text{Zeichnungslänge} = \frac{\text{wirkliche Länge}}{\text{Verhältniszahl } n}$$

$$\text{Wirkliche Länge} = \text{Zeichnungslänge} \cdot \text{Verhältniszahl } n$$

$$\text{Verhältniszahl } n = \frac{\text{wirkliche Länge}}{\text{Zeichnungslänge}}$$

$$\text{Neue Zeichnungslänge} = \text{alte Zeichnungslänge} \cdot \frac{n_1}{n_2}$$

Blattgrößen und Zeichenflächen (DIN EN ISO 5457)

Die Blattgrößen der A-Reihe weisen ein Seitenverhältnis von 1 : $\sqrt{2}$ auf. Dadurch ergibt sich ein Flächenverhältnis von 1:2; d.h., zwei benachbarte Formate ergeben sich durch Halbieren bzw. durch Verdoppeln.
Das Ausgangsformat A0 hat den Flächeninhalt von 1 m^2.

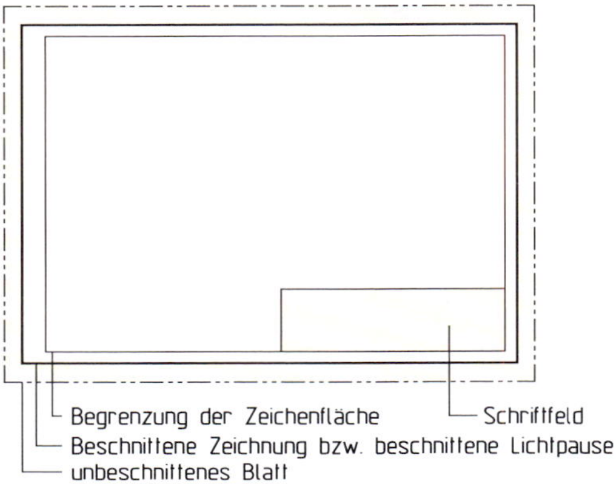

In Sonderfällen können lange Blätter durch Aneinanderreihen gleicher oder benachbarter Formate gewonnen werden.

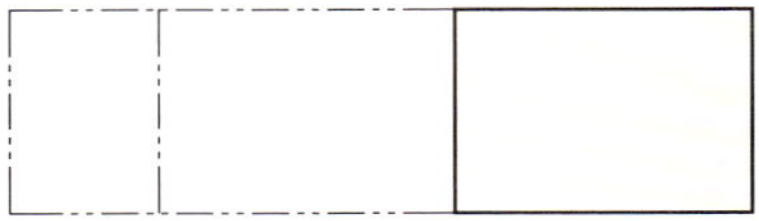

Blattgrößen der Reihe A	Fertigblatt (= beschnittene Zeichnung bzw. beschnittene Lichtpause) in mm	Unbeschnittenes Blatt in mm	Zeichen-fläche in mm
A 0	841 × 1189	880 × 1230	821 × 1159
A 1	594 × 841	625 × 880	574 × 811
A 2	420 × 594	450 × 625	400 × 564
A 3	297 × 420	330 × 450	277 × 390
A 4	210 × 297	240 × 330	180 × 277

Die Blätter aller Größen können in Quer- und Hochlage verwendet werden.

Schriftfeld für Zeichnungen

Das Schriftfeld bei Bauzeichnungen wird grundsätzlich unten rechts angeordnet. Damit es bei Faltung auf A4 für Ordner sichtbar bleibt, dürfen die Maße 190 × 297 mm nicht überschritten werden.

Mögliches Schriftfeld bei Berufsschulzeichnungen

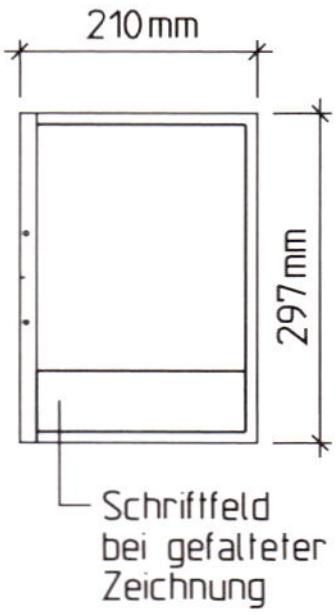

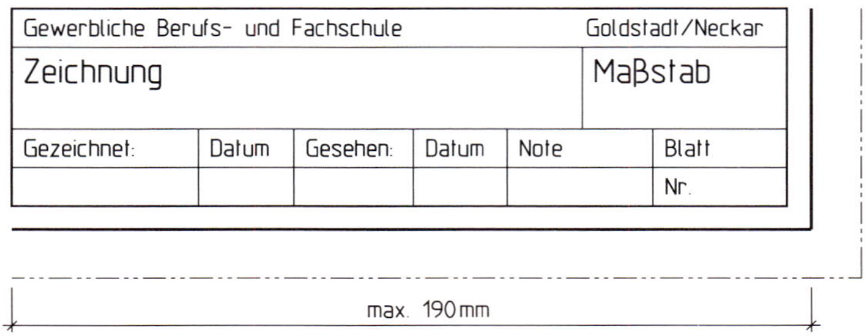

Faltung auf A4 für Ordner (DIN 824)

Fertig gefaltete Zeichnung zum Einheften in Ordner

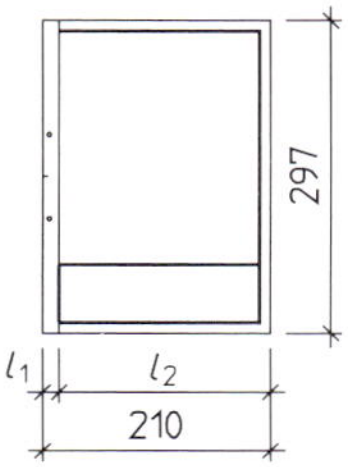

Blattgröße	l_1 in mm	l_2 in mm
A0	20	190
A1	20	190
A2	18	192
A3	20	190

<table>
<tr><th>Blattgröße</th><th>Faltungsskizze
Maße in mm</th><th>Faltungsanleitung</th></tr>
<tr><td>A3</td><td>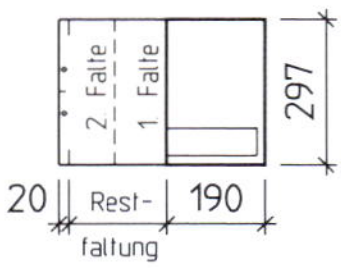</td><td>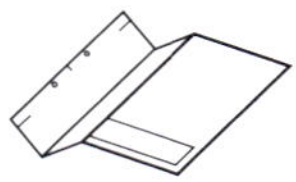</td></tr>
<tr><td>A2</td><td>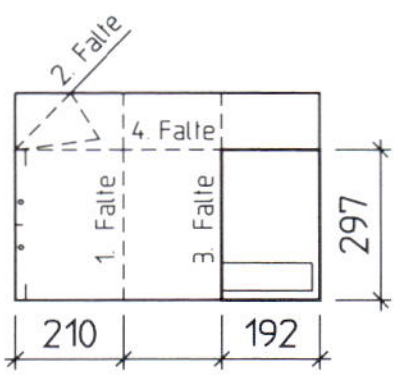</td><td>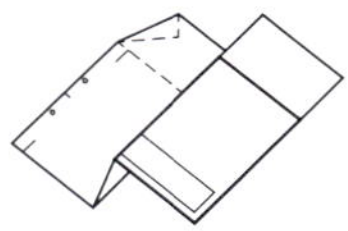
Längsfalten
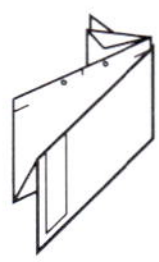
Querfalten</td></tr>
<tr><td>A1</td><td>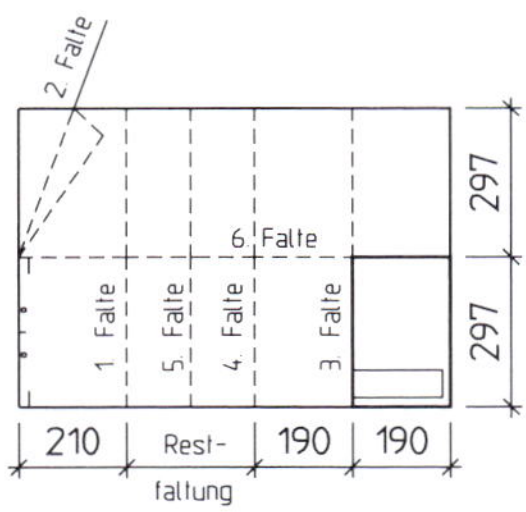</td><td>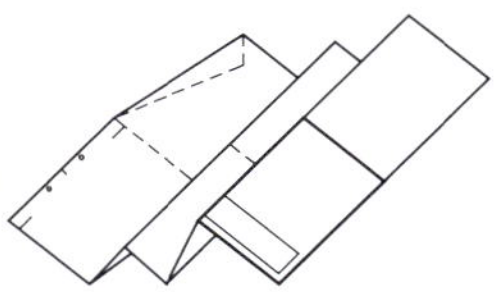
Längsfalten
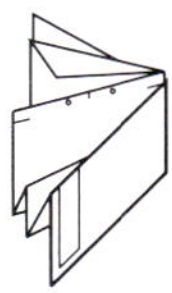
Querfalten</td></tr>
<tr><td>A0</td><td>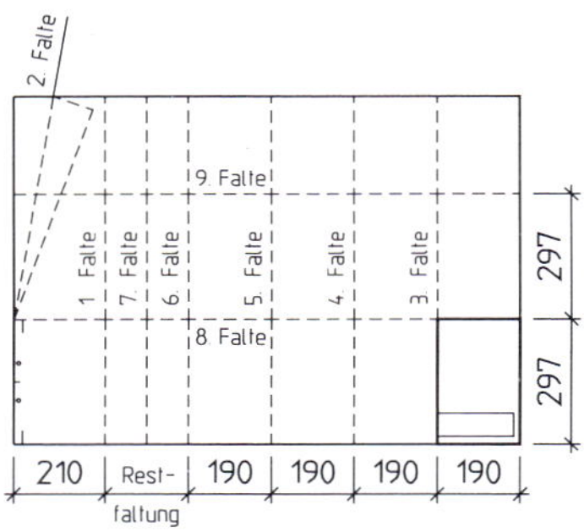</td><td>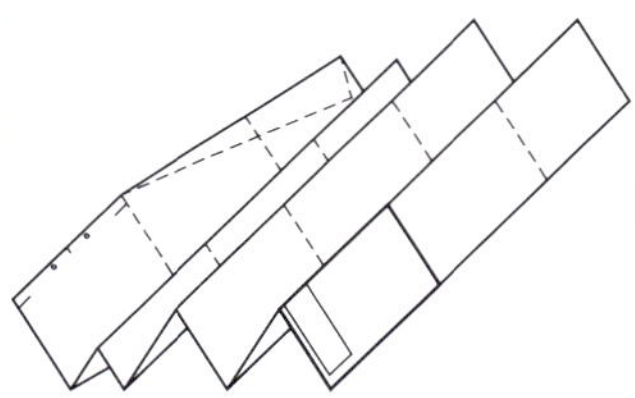
Längsfalten
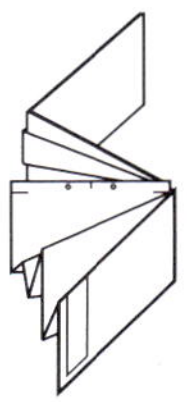
Querfalten</td></tr>
</table>

SCHRIFTEN (DIN EN ISO 3098)

Die wesentlichsten Anforderungen an eine Beschriftung technischer Zeichnungen sind:

- Lesbarkeit,
- Einheitlichkeit,
- Eignung für Mikroverfilmung und weitere fotografische Reproduktionsverfahren sowie
- Eignung für numerisch gesteuerte Zeichensysteme.

Für die Schriften sind folgende Nenngrößen (= Höhe *h* der Großbuchstaben) festgelegt.

1,8 – 2,5 – 3,5 – 5 – 7 – 10 – 14 und 20 mm

Die Schriften dürfen vertikal (V) oder unter einem Winkel von 15° rechts geneigt (S) sein.

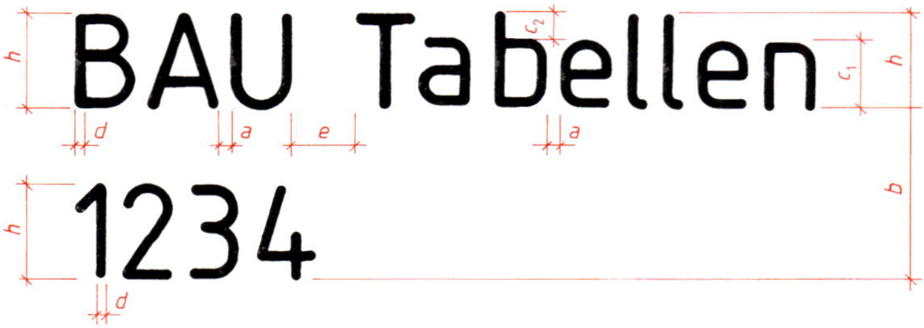

Das **Nennmaß** einer Schrift ist die Höhe *h* der Außenkontur der Großbuchstaben.

Schriftform A (*d* = *h*/14)

Größen und Abstände		Verhältnis zu *h*	Maße in mm							
Schrifthöhe	h	(14/14) h	1,8	2,5	3,5	5	7	10	14	20
Höhe der Kleinbuchstaben	c_1	(10/14) h	1,3	1,8	2,5	3,5	5	7	10	14
Unter- und Oberlängen der Kleinbuchstaben	c_2	(4/14) h	0,52	0,72	1	1,4	2	2,8	4	5,6
Abstand zwischen den Schriftzeichen	a	(2/14) h	0,26	0,36	0,5	0,7	1	1,4	2	2,8
Abstand zwischen den Grundlinien	b	(21/14) h	2,73	3,78	5,25	7,35	10,5	14,7	21	29,4
Abstand zwischen den Wörtern	e	(6/14) h	0,78	1,08	1,5	2,1	3	4,2	6	8,4
Linienbreite	d	(1/14) h	0,13	0,18	0,25	0,35	0,5	0,7	1	1,4

Schriftform B (*d* = *h*/10)

Größen und Abstände		Verhältnis zu *h*	Maße in mm							
Schrifthöhe	h	(10/10) h	1,8	2,5	3,5	5	7	10	14	20
Höhe der Kleinbuchstaben	c_1	(7/10) h	1,26	1,75	2,5	3,5	5	7	10	14
Unter- und Oberlängen der Kleinbuchstaben	c_2	(3/10) h	0,54	0,75	1,05	1,5	2,1	3	4,2	6
Abstand zwischen den Schriftzeichen	a	(2/10) h	0,36	0,5	0,7	1	1,4	2	2,8	4
Abstand zwischen den Grundlinien	b	(15/10) h	2,7	3,75	5,25	7,5	10,5	15	21	30
Abstand zwischen den Wörtern	e	(6/10) h	1,08	1,5	2,1	3	4,2	6	8,4	12
Linienbreite	d	(1/10) h	0,18	0,25	0,35	0,5	0,7	1	1,4	2

Schriftmuster

Schriftform A, vertikal (V)

ABCDEFGHIJKLMNOP

QRSTUVWXYZ

aabcdefghijklmnopq

rstuvwxyz

[(!?:;"-=+×·:√%&)]Ø

12345677890IVX

ÄÖÜäàöüß±□

Schriftform A, geneigt (S)

ABCDEFGHIJKLMNO

PQRSTUVWXYZ

aabcdefghijklmnop

qrstuvwxyz

[(!?:;"-=+×·:√%&)]Ø

12345677890IVX

ÄÖÜäàöüß±

75°

Schriftform B, vertikal (V)

ABCDEFGHIJKLMNO

PQRSTUVWXYZ

aabcdefghijklmnop

qrstuvwxyz

[(!?:;"-=+×·:√%&)]Ø

12345677890 IVX

ÄÖÜäàöüß±□

Schriftform B, geneigt (S)

ABCDEFGHIJKLMN

OPQRSTUVWXYZ

aabcdefghijklmno

pqrstuvwxyz

[(!?:;"-=+×·:√%&)]Ø

12345677890IVX

ÄÖÜäàöüß±

75°

Linienarten

Für Bauzeichnungen werden folgende **Linienarten** verwendet:

Volllinie	**Strichlinie**	**Strichpunktlinie**	**Punktlinie**

Linienbreiten

Bauzeichnungen in Tusche werden mit **Linienbreiten** nach folgender Tabelle ausgeführt:

Anwendungsbereich	**Linienart**	**Liniengruppe**[1]			
		I	**II**	**III**	**IV**
		Zuordnung zu Maßstab			
		≤ 1 : 100		**≥ 1 : 50**	
		Linienbreite (in mm)			
Begrenzung von Schnittflächen	Volllinie	0,5	**0,5**	**1,0**	1,0
Sichtbare Kanten und sichtbare Umrisse von Bauteilen, Begrenzung von Schnittflächen von schmalen und kleinen Bauteilen	Volllinie	0,25	**0,35**	**0,5**	0,7
Maßlinien, Maßhilfslinien, Hinweislinien, Lauflinien, Begrenzung von Ausschnittdarstellungen, vereinfachte Darstellung	Volllinie	0,18	**0,25**	**0,35**	0,5
Verdeckte Kanten und verdeckte Umrisse von Bauteilen	Strichlinie	0,25	**0,35**	**0,5**	0,7
Kennzeichnung der Lage der Schnittebenen	Strichpunktlinie	0,5	**0,5**	**1,0**	1,0
Achsen	Strichpunktlinie	0,18	**0,25**	**0,35**	0,5
Bauteile vor bzw. über der Schnittebene	Punktlinie	0,25	**0,35**	**0,5**	0,7
Schriftgröße (in mm)	Maßzahlen	2,5	**3,5**	**5,0**	7,0

[1] Die Liniengruppe I wird nur angewandt, wenn eine Zeichnung mit der Liniengruppe III angefertigt, im Verhältnis 2 : 1 verkleinert wurde und diese Verkleinerung weiterbearbeitet werden soll.
Die Liniengruppe I erfüllt nicht die Anforderung der Mikroverfilmung.
Die Liniengruppe IV wird für Zeichnungen verwendet, wenn eine Verkleinerung (z. B. vom Maßstab 1:50 in den Maßstab 1 : 100) beabsichtigt wird und diese Verkleinerung den Anforderungen der Mikroverfilmung entsprechen soll. Eine solche Verkleinerung kann dann gegebenenfalls mit den Linienbreiten der Liniengruppe II weiterbearbeitet werden.

Maßeintragung

Der **Umfang** der Maßeintragung ist abhängig von der Art bzw. dem Zweck der Bauzeichnung. Sämtliche zur Klarstellung erforderlichen Maße sind einzutragen.

In Bauzeichnungen werden in der Regel die **Rohbaumaße** eingetragen.

Die **Geschosshöhen** werden in der Regel an der Treppe von Oberkante des Fußbodens bis Oberkante des Fußbodens des nächsten Geschosses angegeben.

Für **Treppen** werden sowohl im Grundriss als auch im Schnitt die Anzahl der Steigungen und das Steigungsverhältnis angegeben, z. B. 15 × 183/270.

Maßanordnung

Die Bemaßung besteht aus **Maßlinie**, **Maßlinienbegrenzung**, **Maßzahl** und gegebenenfalls **Maßhilfslinie**.

Maßlinie und Maßhilfslinie werden als Volllinien dargestellt.

Die Maßzahl wird über der Maßlinie so angeordnet, dass sie in der Zeichnung von unten bzw. von rechts zu lesen ist.

Die Maßlinienbegrenzung erfolgt in Bauzeichnungen in der Regel durch Schrägstrich oder Kreis.

Innen liegende Maßketten sind so anzuordnen, dass die Flächen im mittleren Bereich der Räume frei bleiben.

Bei **Wandöffnungen** (Fenster, Türen) ist die Breite über, die Höhe unter der Maßlinie einzutragen.

Rechteckquerschnitte werden als Verhältnis Breite/Höhe angegeben, z. B. 26/51.

Höhenlagen sind in Grundrissen, Ansichten und Schnitten mit gleichseitigen Dreiecken mit darunter, darüber oder rechts daneben stehender Höhenangabe mit Vorzeichen festzulegen.

Volle Dreiecke bedeuten Rohbauhöhenlagen, leere Dreiecke fertige Höhenlagen.

Runde Querschnitte erhalten vor ihrer Maßzahl das Zeichen ∅, z. B. ∅ 26.

Radien sind vor der Maßzahl mit dem Großbuchstaben *R* zu kennzeichnen.

Bei mehreren parallelen Maßketten sind diejenigen Maßketten, welche die kleineren Maße enthalten, der Darstellung näher anzuordnen.

Beispiele für Maßeintragungen und Maßanordnungen

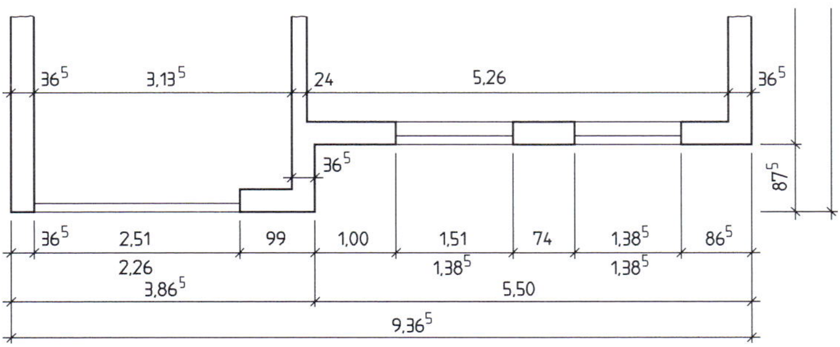

Bemaßung von Pfeilern und Öffnungen

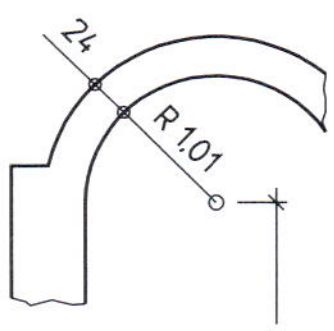

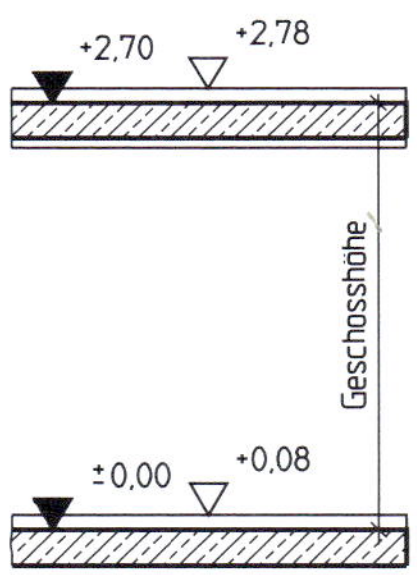

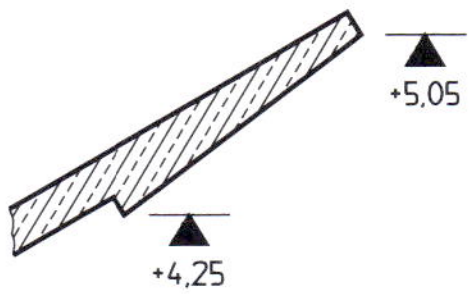

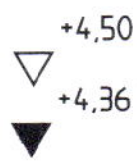

Höhenbemaßung in Grundrissen

Maßbegrenzungen bei Kreisbögen **Höhenbemaßung**

Kennzeichnung von Schnittflächen (Beispiele)

Anwendungsbereich	Kennzeichnung	
	Darstellung schwarz/weiß	Darstellung in Farbe (nicht genormt)
Boden		
Kies	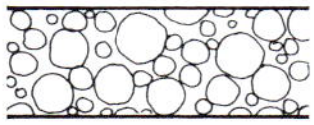	
Sand	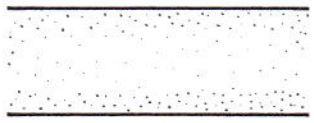	
Beton (unbewehrt)	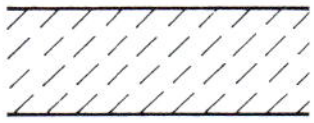	
Beton (bewehrt)	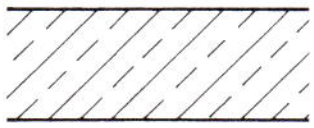	
Mauerwerk	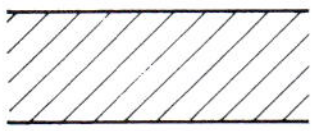	
Holz, quer zur Faser geschnitten		
Holz, längs zur Faser geschnitten	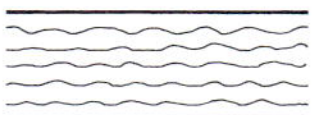	
Metall		
Mörtel, Putz	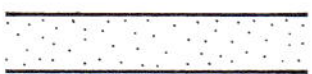	
Dämmstoffe		
Abdichtungen		
Dichtstoffe		
Fertigteil	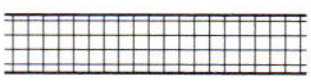	

Allgemeine Zeichen (Beispiele)

Allgemeine Zeichen	Anwendungsbereich
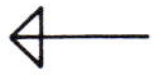	Richtung
	Höhenangabe Oberfläche – Fertigkonstruktion – Rohkonstruktion
	Höhenangabe Unterfläche – Fertigkonstruktion – Rohkonstruktion
	Angabe der Schnittführung in Blickrichtung
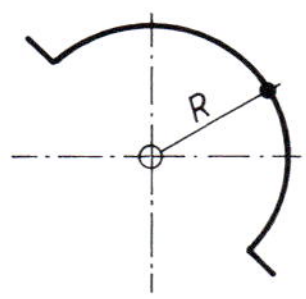	Radius

Tragrichtung von Platten

Tragrichtung	Anwendungsbereich
	Zweiseitig gelagert
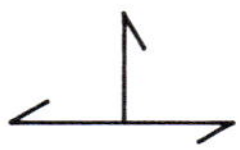	Dreiseitig gelagert
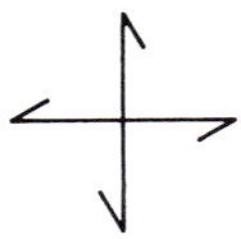	Vierseitig gelagert
	Auskragend

Öffnungsarten von Türen und Fenstern (Beispiele)

Darstellung im Grundriss

Öffnungsarten	Anwendungsbereich
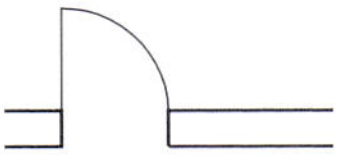	Drehflügel, einflügelig
	Drehflügel, zweiflügelig
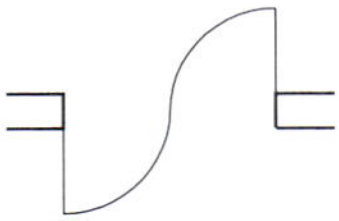	Drehflügel, zweiflügelig gegeneinander schlagend
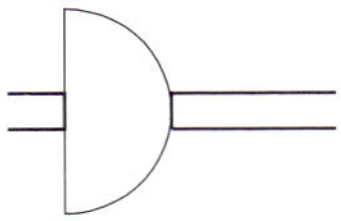	Pendelflügel, einflügelig
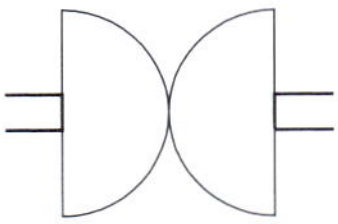	Pendelflügel, zweiflügelig
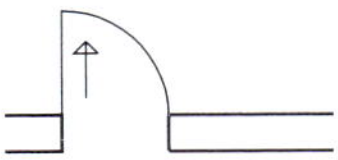	Hebe-Drehflügel
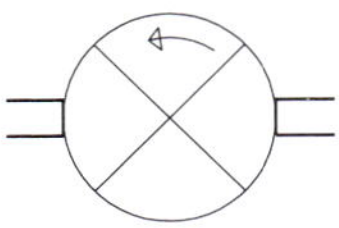	Drehtür
	Schiebeflügel
	Hebe-Schiebeflügel
	Falttür, Faltwand

Darstellung in der Ansicht

Öffnungsarten	Anwendungsbereich
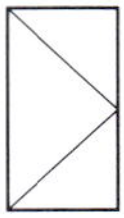	Drehflügel
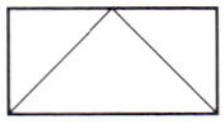	Kippflügel
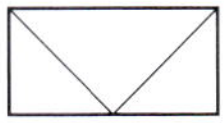	Klappflügel
	Dreh-Kippflügel
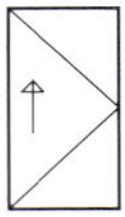	Hebe-Drehflügel
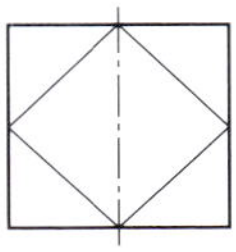	Wendeflügel
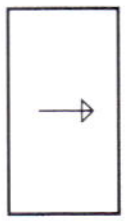	Schiebeflügel, horizontal
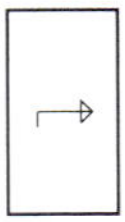	Hebe-Schiebeflügel
	Festverglasung
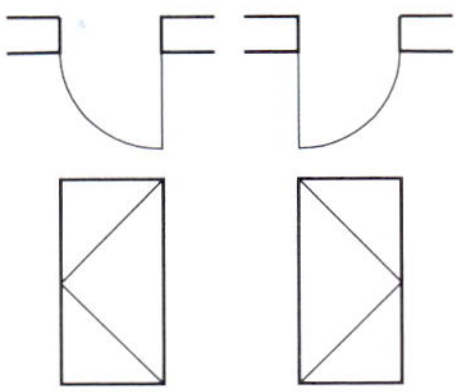 rechts links	Bezeichnung des Anschlags (Bandseite) bei Türen und Fenstern

Steigungsrichtung bei Treppen und Rampen im Grundriss

Steigungsrichtung	Anwendungsbereich
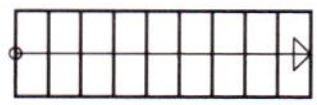	Einläufige Treppe
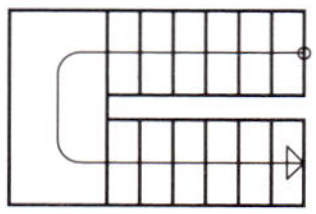	Zweiläufige Treppe
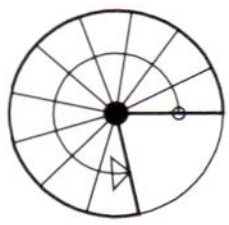	Spindeltreppe
	Treppenlauf, horizontal geschnitten, mit darunterliegendem Lauf
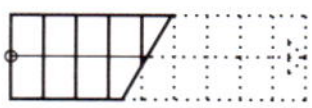	Treppenlauf, horizontal geschnitten, mit Darstellung des Laufes oberhalb der Schnittebene
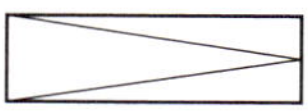	Rampe, die Darstellung von geschnittenen Rampen erfolgt sinngemäß der Darstellung von geschnittenen Treppen

Abgehängte Decken

Abgehängte Decken werden im Grundriss durch eine diagonale Strichlinie gekennzeichnet. Die Strichlinie erhält die Kennzeichnung „abgeh. Decke" und die Höhenangabe für die Unterfläche der Decke.

Abgehängte Decke

Aussparungen

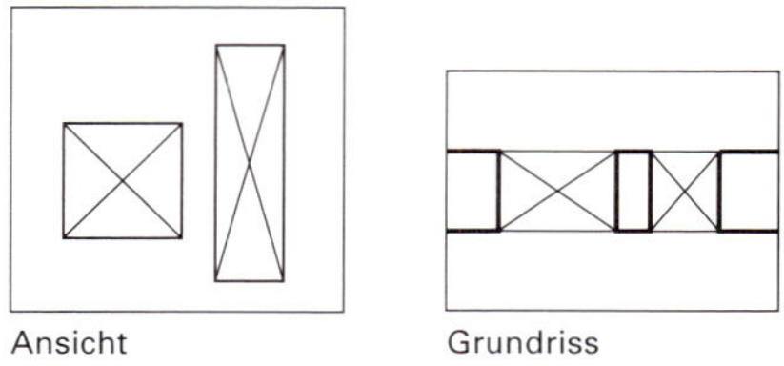

Aussparungen, deren Tiefe gleich der Bauteiltiefe ist

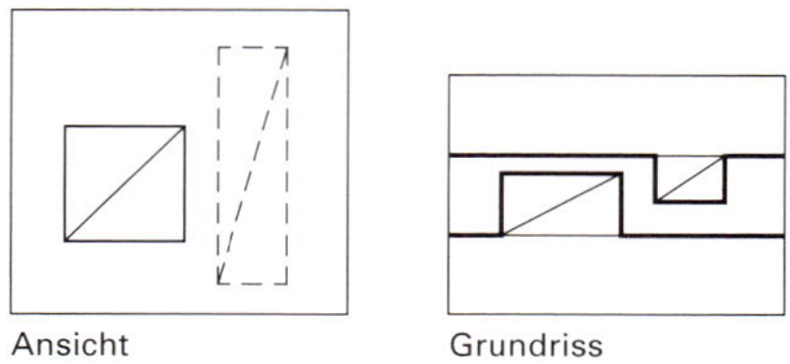

Aussparungen, deren Tiefe kleiner als die Bauteiltiefe ist

Hinweise und Hinweislinien

Hinweise sind in Blockform anzuordnen.
Die Hinweislinien sind aus der Darstellung herauszuziehen. Sie können auch bei Platzmangel für Maße angewendet werden.
Hinweislinien werden rechtwinklig angeordnet und sollen höchstens einmal abgewinkelt sein.

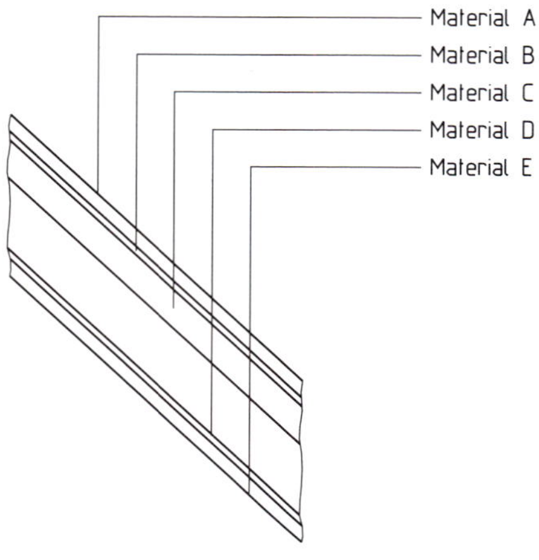

Hinweise, Hinweislinien

Symbole für Fachzeichnungen (Beispiele)

Entwässerungspläne (DIN 1986-100)

- Schmutzwasserleitung
- Regenwasserleitung
- Mischwasserleitung
- Lüftungsleitung
- Fallleitung
- Richtungshinweise
- Werkstoffwechsel
- Rohrverschluss
- Reinigungsrohr
- Reinigungsverschluss
- Nennweitenänderung

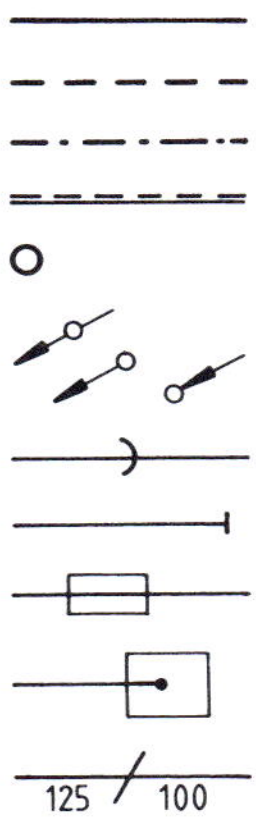

	Grundriss	Aufriss
Ablauf ohne Geruchsverschluss		
Ablauf mit Geruchsverschluss		
Schlammfang		
Benzinabscheider		
Badewanne		
Waschtisch		

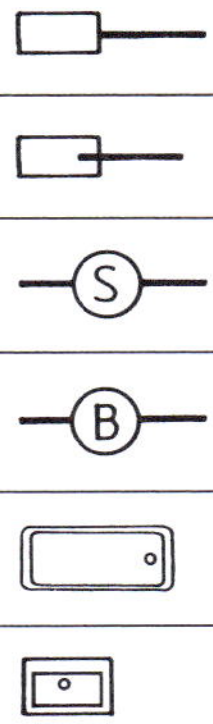

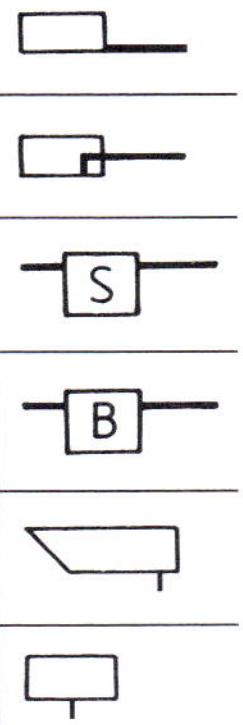

Baustelleneinrichtungspläne

- Baugrube Böschungen
- Oberboden Aushub zum Verfüllen des Arbeitsraums
- Polier Aufenthaltsraum Personal
- Toilette
- Magazin
- Kran
- Betonpumpe mit Verteilermast

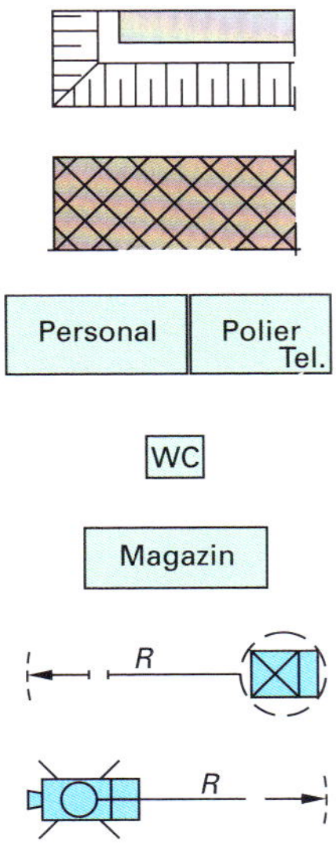

- Lkw-Stellplatz, Fahrmischer
- Kreissäge
- Mörtelsilo
- Baustromverteiler
- Hydrant, Kanalanschluss
- Schuttmulde
- Schalmaterial
- Mauersteine
- Bewehrung
  - Betonstabstahl, teils gebogen
  - Betonstahlmatten
- Betonfertigteile

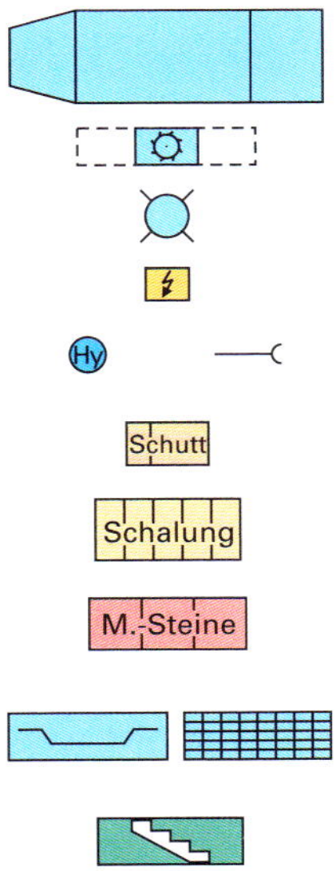

Elektroinstallationspläne (DIN EN 60617-11)

- Schutzkontaktsteckdose
- Antennensteckdose
- Schalter
- Serienschalter (einpolig)

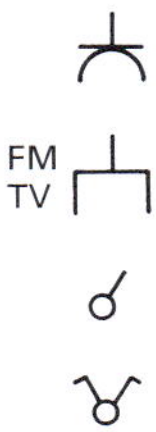

- Wechselschalter
- Leuchtenauslass
- Leuchte für Leuchtstofflampen

Einrichtungspläne (Die Symbole werden grundsätzlich maßstäblich dargestellt; sie sind nicht genormt)

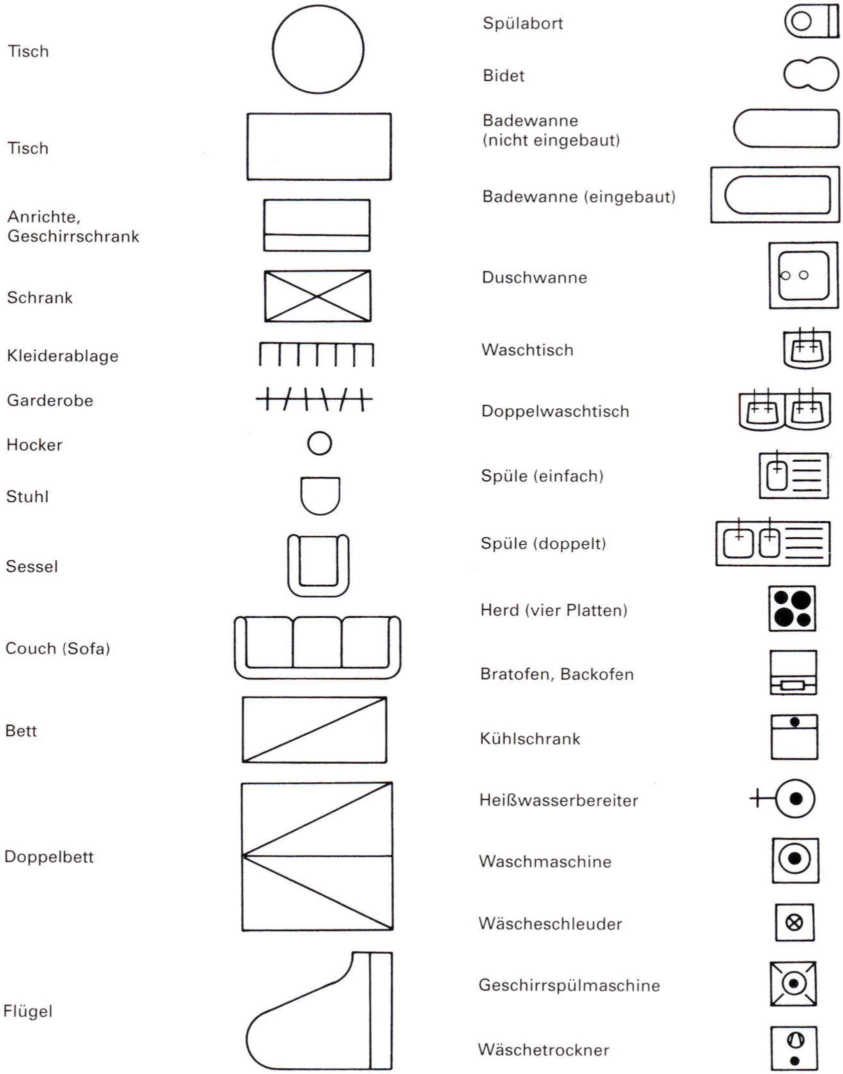

Holzbausymbole

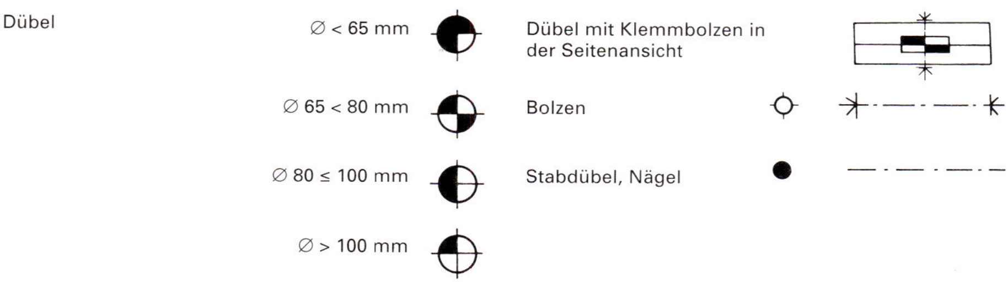

Tief- und Straßenbausymbole (Beispiele)

	Asphaltdeckschicht
	Asphaltbinderschicht
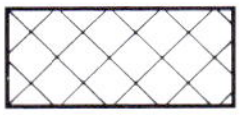	Asphalttragschicht
	Schottertragschicht
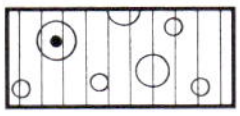	Kiestragschicht
	Bodenverfestigung mit Zement oder bitumenhaltigen Bindemitteln
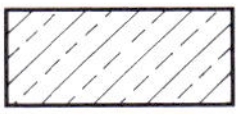	Fahrbahndecke aus Beton
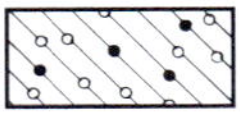	EPS-Beton
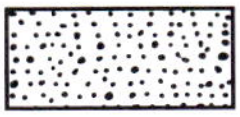	Eng gestuftes frostsicheres Material (Sand)
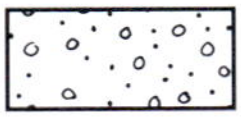	Weit gestuftes frostsicheres Material (Kiessand)
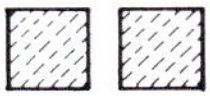	Betonpflaster
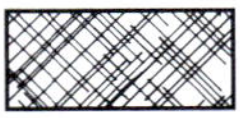	Unsortiertes Gestein
	Natursteinpflaster
	Natürlicher Boden
	Geschütteter Boden
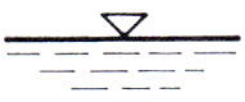	Wasseroberfläche
	Böschung

Symbole für Bodenarten (Beispiele)

Darstellung schwarz/weiß		Darstellung in Farbe
	Steine, Blöcke	
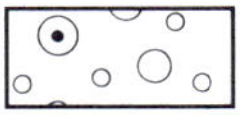	Kies	
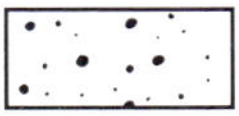	Sand	
	Schluff	
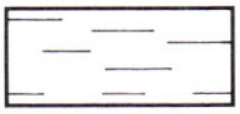	Ton	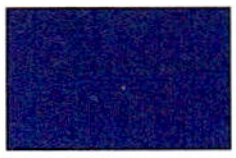
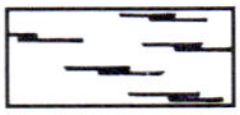	Torf, Humus	

Planzeichen für Lagepläne im Straßenbau (Beispiele)

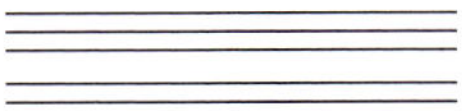	Trasse zweibahnig einbahnig
	bei starken Verkleinerungen
	Stationierung
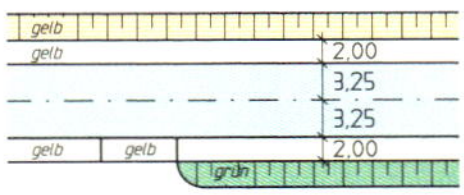	Einschnittsböschung Gehweg Fahrbahn Gehweg mit Zufahrt Dammböschung
	Querneigung
	Hochpunkt
	Tiefpunkt
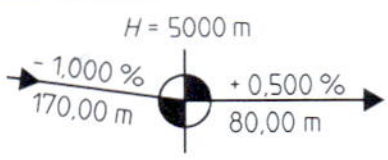	Neigungsbrechpunkt
	Brücke
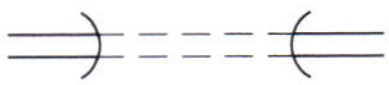	Tunnel
	Lärmschutzwall

Planzeichen zur Entwässerung (Beispiele)

Flächenentwässerung

Querneigung der Fahrbahn
(V=Verwindungsbereich)

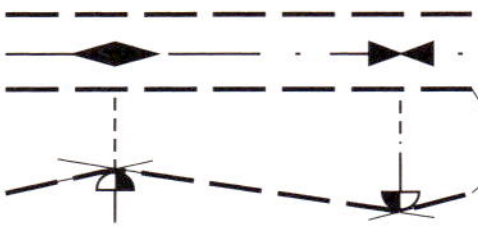

Hoch- und Tiefpunkt in der Fahrbahnachse

im Grundriss
im Höhenplan

Schächte, Abläufe

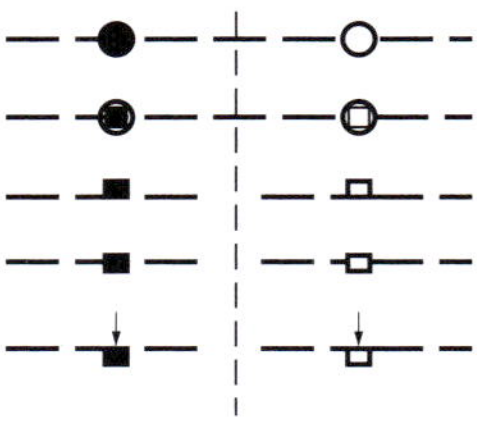

Prüfschacht

Ablaufschacht

Straßenablauf (Pultaufsatz)

Straßenablauf (Kombiaufsatz)

Seitenablauf

Schacht li **Schacht re** **Schacht li u. re**

Mulden, Gräben, Rinnen

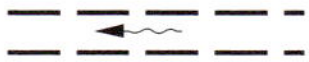

Straßenmulde, Befestigungsart angeben

Straßengraben, Abfanggraben, Vorflutgraben, Befestigungsart angeben

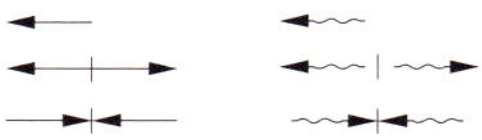

Fließrichtung
Hochpunkt
Tiefpunkt

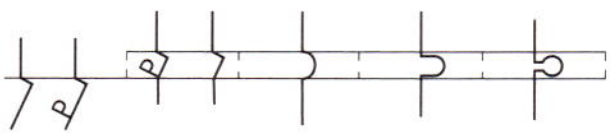

Bord-, Spitz-, Mulden-, Kasten-, Schlitzrinne
(P=als Pendelrinne)

Rohrleitung

geplant vorhanden
im Entwässerungsplan

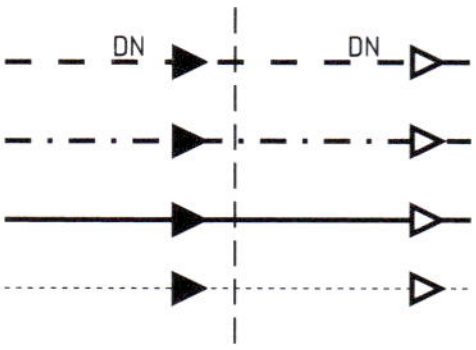

Regenwasserleitung

Mischwasserleitung

Schmutzwasserleitung

Sickerrohrleitung

RS =	Rohrsohle
AS =	Ablaufschacht
KS =	Kontrollschacht
Mu =	Mulde
Gr =	Graben
DN 300/150 =	Sammelleitung 300 mm und Sickerrohrleitung 150 mm

Durchlässe

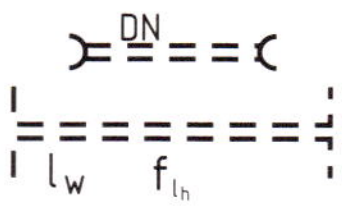

Rohrdurchlass mit Böschungsstück

größerer Durchlass mit Endbauwerken

RECHTWINKLIGE PARALLELPROJEKTION (Dreitafelprojektion)

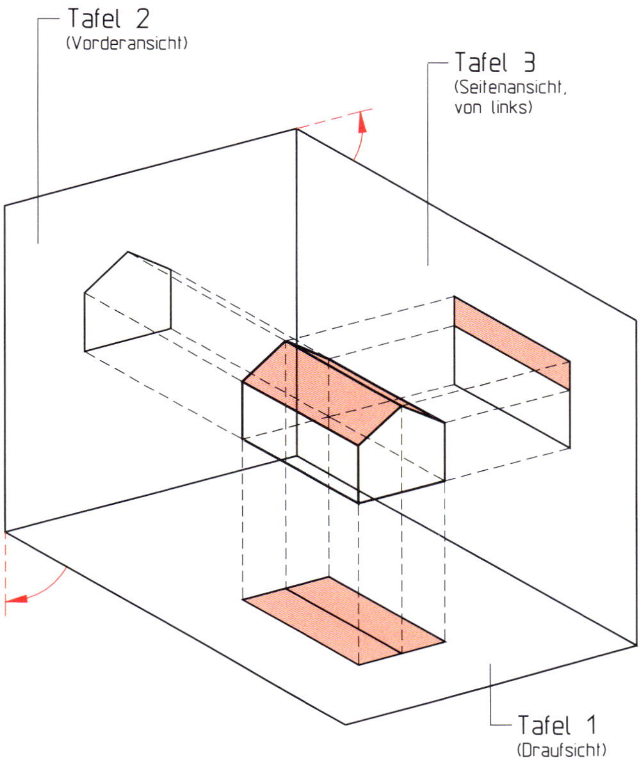

Der Körper wird auf drei rechtwinklig zueinander stehenden Tafeln parallel projiziert. Werden die Tafeln so aufgeklappt, dass sie eine Ebene bilden, entsteht die bei technischen Zeichnungen übliche Abbildung des Körpers.

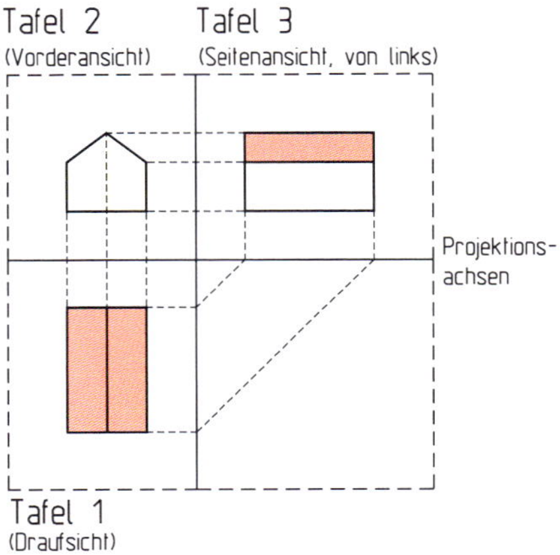

Aufgeklappte Tafeln

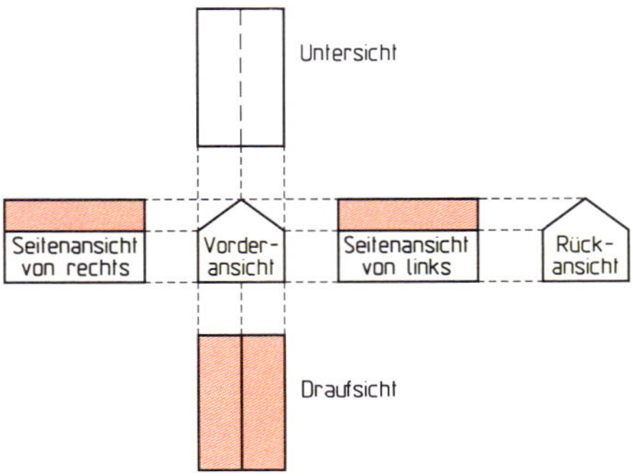

Alle möglichen Ansichten eines Körpers

Kavalier-Projektion und Kabinett-Projektion

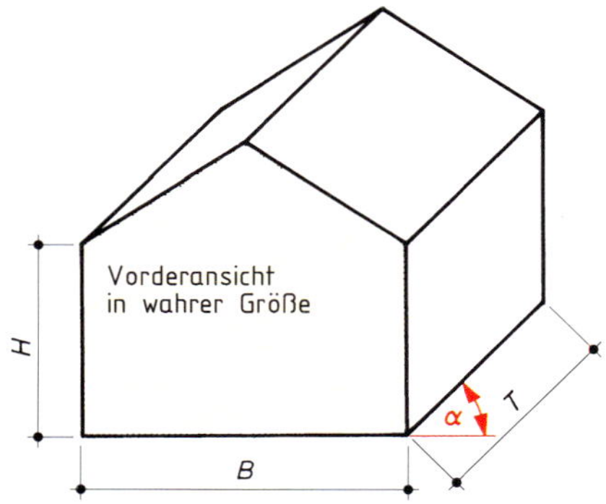

Kavalier-Projektion und Kabinett-Projektion sind die einfachsten räumlichen Darstellungsweisen. Die Vorderansichten bleiben dabei unverändert.

α = 45°

Verhältnisse	
Kavalier-Projektion	**Kabinett-Projektion**
***B*:*H*:*T* = 1:1:1**	***B*:*H*:*T* = 1:1:0,5**

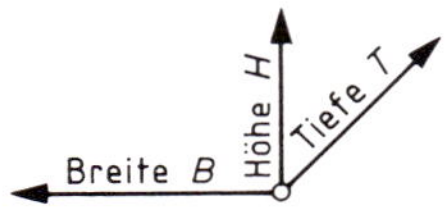

Isometrische Projektion

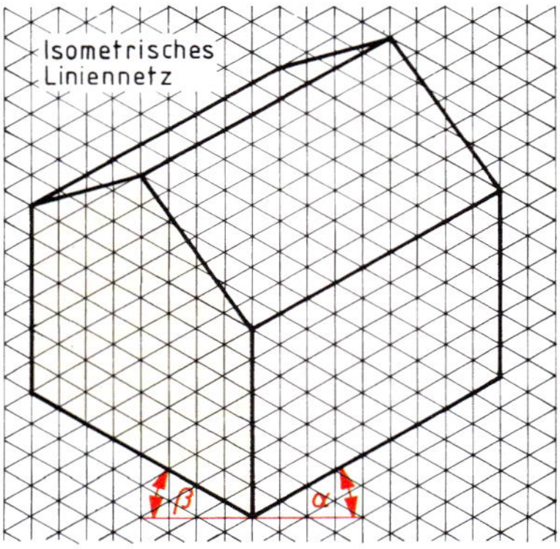

Höhen, Breiten und Tiefen in wahrer Länge.

$\alpha = \beta$ = 30° zur Waagerechten

Verhältnisse
***B*:*H*:*T* = 1:1:1**

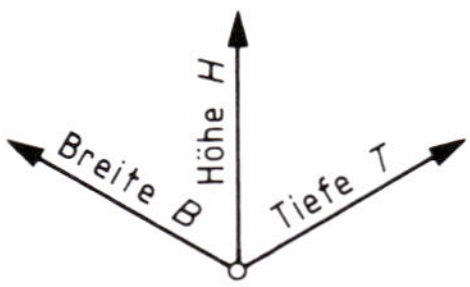

Dimetrische Projektion

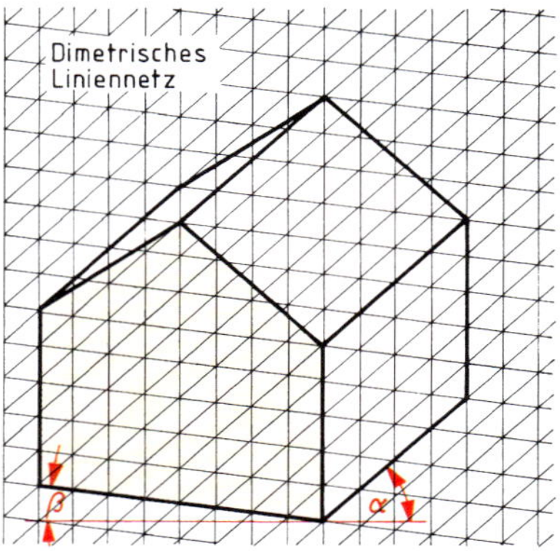

Höhen und Breiten in wahrer Länge.
Tiefen um die Hälfte verkürzt.

α = 42° zur Waagerechten

β = 7° zur Waagerechten

Verhältnisse
***B*:*H*:*T* = 1:1:0,5**

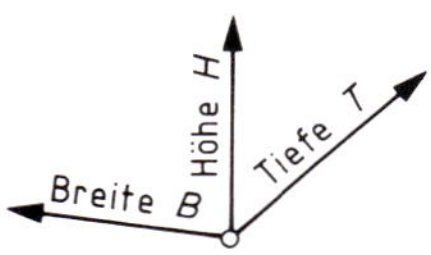

Grundrissdarstellung am Beispiel eines Wohnhauses

Entwurfszeichnung

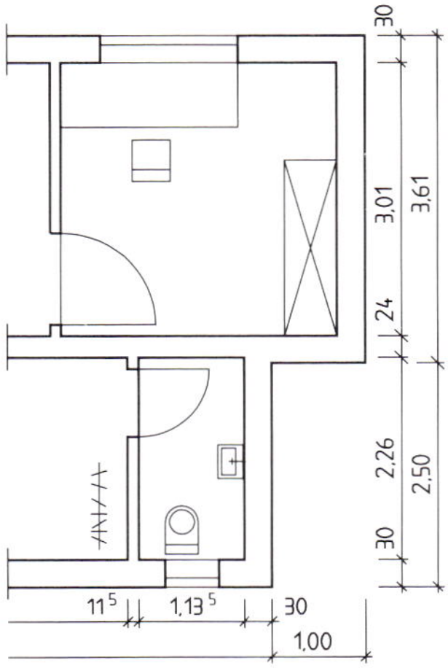

Ausführungszeichnung

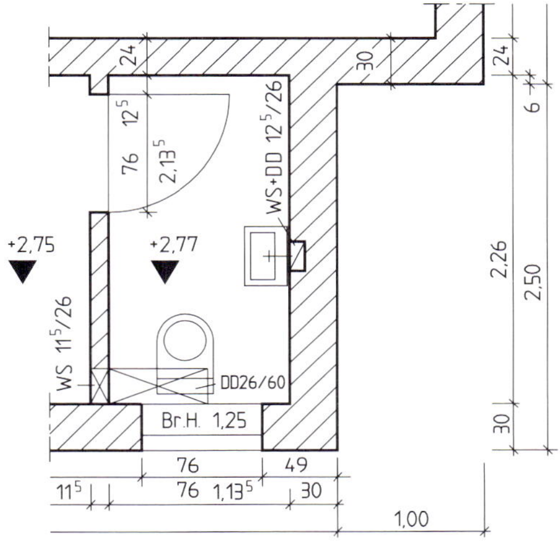

Darstellung einer Treppe in Grundriss und Schnitt (ohne Bemaßung)

Entwurfszeichnung

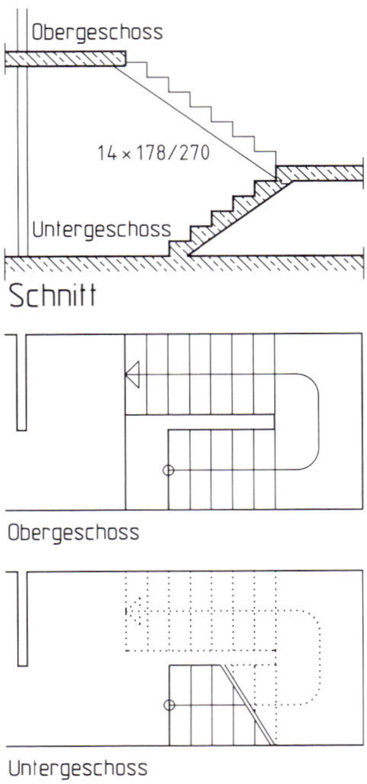

Ausführungszeichnung

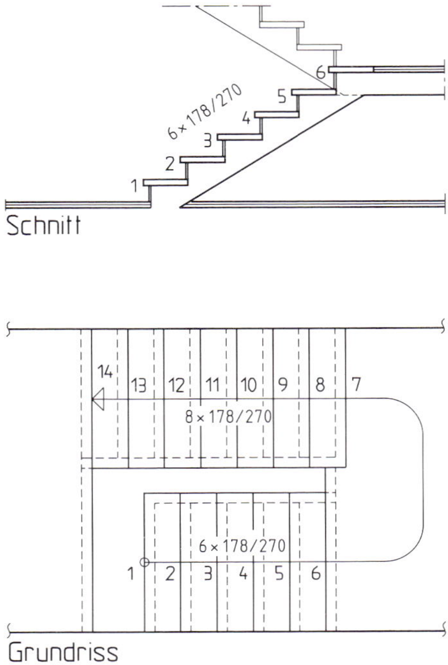

Grundflächen (DIN 277)

Lage von Flächen

Schräg liegende Flächen werden in ihren lotrechten Projektionen auf eine waagerechte Ebene gemessen.

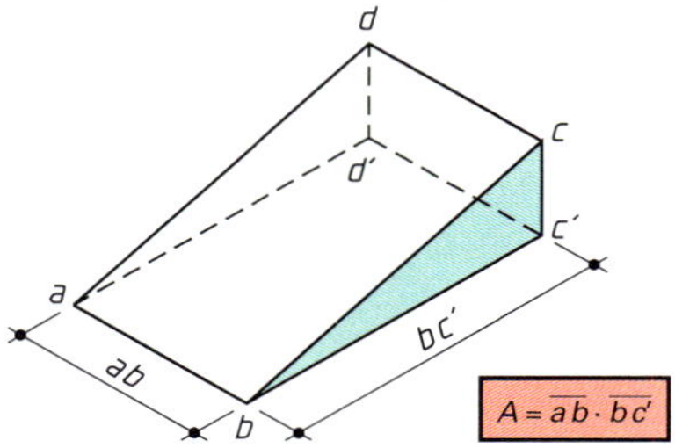

Grundstücksfläche (GF)

Zur Grundstücksfläche (GF) gehören die bebaute Fläche (BF) und die unbebaute Fläche (UF). Die Grundstücksfläche (GF) ist aus den Abmessungen innerhalb der Grundstücksgrenzen zu ermitteln.

Zur bebauten Fläche (BF) gehören die Teilflächen der Grundstücksfläche (GF), die durch Bauwerke oberhalb der Geländeoberfläche überbaut bzw. überdeckt oder durch Bauwerke unterhalb der Geländeoberfläche unterbaut sind.

Zur unbebauten Fläche (UF) gehören ausschließlich die Teilflächen der Grundstücksfläche (GF), die nicht durch Bauwerke überbaut bzw. überdeckt oder unterbaut sind.

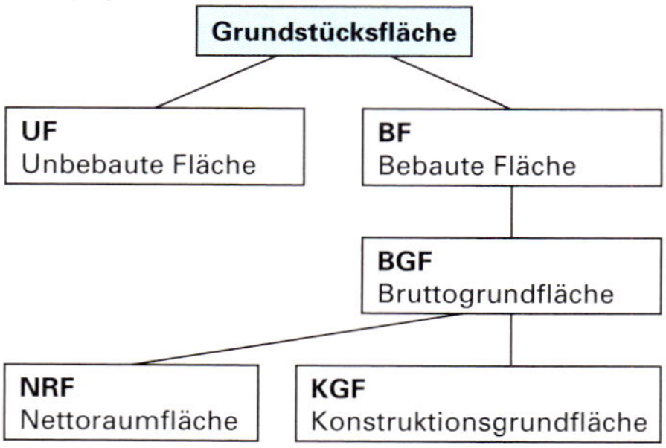

Bruttogrundfläche (BGF)

Zur Bruttogrundfläche (BGF) gehören die nutzbaren Nettoraumflächen (NRF) und die Konstruktionsgrundflächen (KGF) aller Grundrissebenen eines Bauwerks.

Nicht zur Bruttogrundfläche (BGF) gehören:

- Flächen von außerhalb des Bauwerks befindlichen Baukonstruktionen (z. B. Terrassen, Treppen), die an das Bauwerk anschließen, aber nicht mit ihm verbunden sind,
- Flächen unter Lufträumen (z. B. von Atrien und in Galeriegeschossen, Deckenöffnungen) mit einem lichten Querschnitt $>1{,}0\ m^2$,
- Aufstellflächen und Zugangswege für technische Anlagen auf dem Bauwerk,
- Flächen, die ausschließlich der Wartung, Inspektion und Instandsetzung von Baukonstruktionen und technischen Anlagen dienen,
- Flächen in Dachräumen, die keinen Zugang haben, nicht begehbar oder aus anderen Gründen nicht nutzbar sind,
- Flächen in Hohlräumen von Kaltdachkonstruktionen,
- Flächen in Lichtschächten, Luftschächten und Montageschächten, die außen am Bauwerk liegen.

Rauminhalte (DIN 277)

Getrennte Ermittlung entsprechend der Raumumschließung

Grundflächen und Rauminhalte werden entsprechend ihrer **unterschiedlichen Raumumschließung** nach den folgenden Bereichen getrennt ermittelt:

1. Regelfall der Raumumschließung (R)

Den Regelfall der Raumumschließung (R) stellen Räume und Grundflächen dar, die bei allen Begrenzungsflächen des Raums (Boden, Decke, Wand) vollständig umschlossen sind. Dazu gehören nicht nur Innenräume, die vor der Witterung geschützt sind, sondern auch solche allseitig umschlossenen Räume, die über Öffnungen mit dem Außenklima verbunden sind (z. B. über Rollgitter in Garagen).

2. Sonderfall der Raumumschließung (S)

Den Sonderfall der Raumumschließung (S) stellen Räume und Grundflächen dar, die mit dem Bauwerk konstruktiv (durch Baukonstruktionen) verbunden sind, jedoch nicht bei allen Begrenzungsflächen des Raums (Boden, Decke, Wand) vollständig umschlossen sind (z. B. Loggien, Balkone, Terrassen auf Flachdächern, unterbaute Innenhöfe, Eingangsbereiche, Außentreppen).

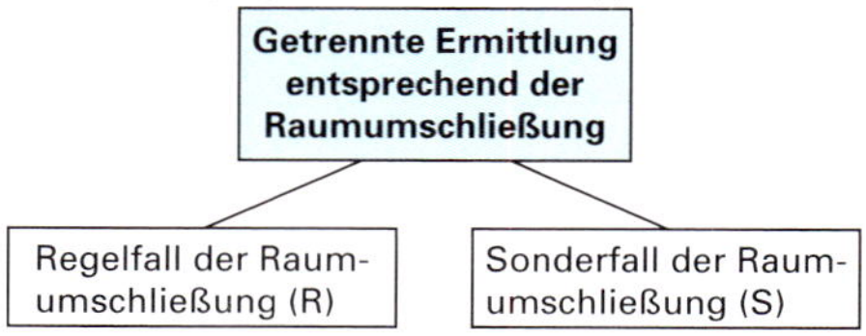

Bruttorauminhalt (BRI)

Zum Bruttorauminhalt (BRI) gehören die Rauminhalte aller Räume und Baukonstruktionen, die sich über den Bruttogrundflächen (BGF) des Bauwerks befinden.

Der Bruttorauminhalt (BRI) wird von den äußeren Begrenzungsflächen umschlossen, die von den konstruktiven Bauwerkssohlen, den Außenwänden und den Dächern einschließlich Dachgauben oder Dachoberlichtern gebildet werden.

Nicht zum Bruttorauminhalt (BRI) gehören die Rauminhalte von folgenden Elementen:

① Tief- und Flachgründungen,
② Lichtschächte,
③ nicht mit dem Bauwerk durch Baukonstruktionen verbundene Außentreppen und Außenrampen,
④ Eingangsüberdachungen,
⑤ Dachüberstände und auskragende Sonnenschutzanlagen,
⑥ Schornsteinköpfe, Lüftungsrohre oder Lüftungsschächte, die über den Dachbelag hinausreichen,
⑦ Lichtkuppeln $\leq 1{,}0\ m^3$,
⑧ Pergolen und befestigte Freisitze oder Terrassen,
⑨ Kriechkeller.

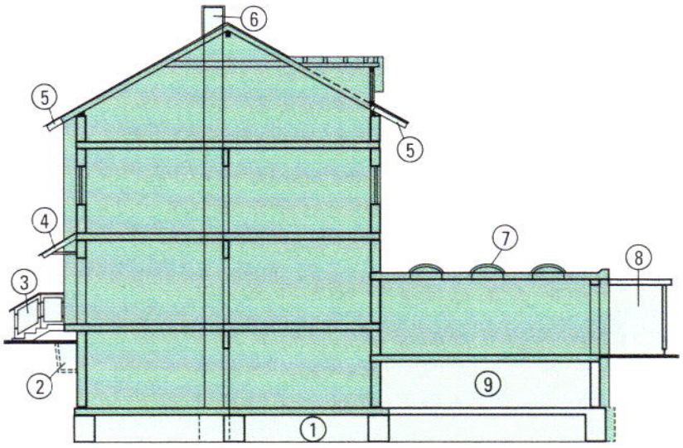

= Querschnittsfläche des Bruttorauminhaltes (BRI)
= Nicht zum BRI gehörende Rauminhalte

Der Bruttorauminhalt (BRI) ist aus den ermittelten Bruttogrundflächen (BGF) und den dazugehörigen Höhen zu ermitteln. Als Höhen für die Ermittlung des Bruttorauminhalts (BRI) gelten die vertikalen Abstände zwischen den Oberflächen der Deckenbeläge in den jeweiligen Grundrissebenen bzw. bei Dächern die Oberflächen der Dachbeläge.
Beim untersten Geschoss des Bauwerks gilt als Höhe der Abstand von der Unterseite der Unterböden und Bodenplatten, die nicht der Fundamentierung dienen, bis zur Oberseite des Deckenbelags der darüberliegenden Grundrissebene.
Bei Bauwerken oder Bauwerksteilen, die von nicht vertikalen oder nicht waagerechten Flächen begrenzt werden, ist der Rauminhalt nach entsprechenden geometrischen Formeln zu ermitteln.
Für die Höhen von Rauminhalten des Bereichs S sind die Oberkanten der begrenzenden Baukonstruktionen (z. B. Brüstungen, Attiken, Geländer) maßgebend.

Als Höhen gelten
- im Untergeschoss → Unterfläche Kellerboden bis Oberfläche Fußboden EG,
- im Erdgeschoss und in den Obergeschossen → Oberfläche Fußboden bis Oberfläche Fußboden,
- im Dachgeschoss → Oberfläche Fußboden bis Oberfläche Dachhaut.

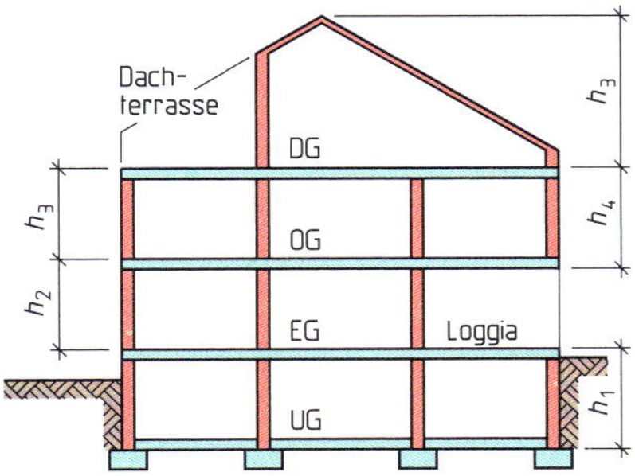

bei Balkonen

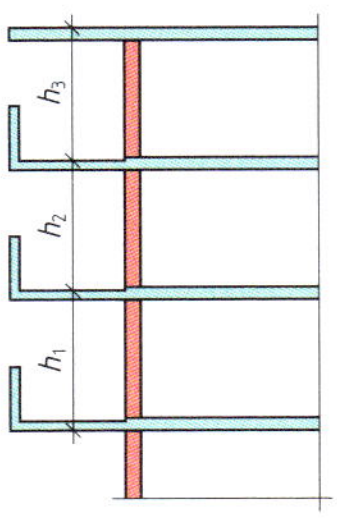

bei Dachterrassen und Balkonen

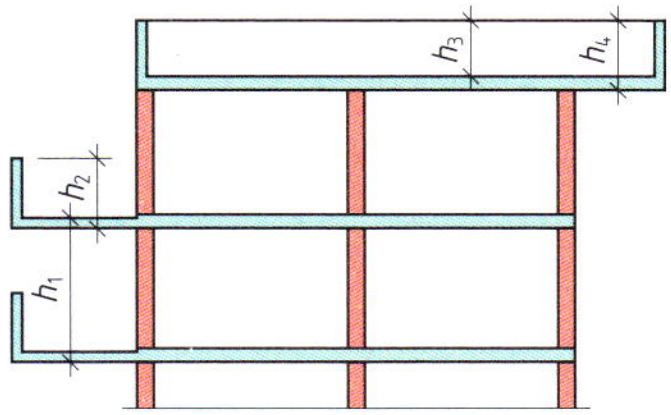

Wohnfläche

(nach Wohnflächenverordnung – WoFlV)

Ermittlung der Grundfläche
Die Grundfläche ist nach den lichten Maßen zwischen den Bauteilen zu ermitteln. Von der Grundfläche abzuziehen sind die Grundflächen von

- Schornsteinen, Vormauerungen, Bekleidungen, frei stehenden Pfeilern, wenn sie eine Höhe > 1,50 m haben und ihre Grundfläche > 0,1 m² ist
- Treppen mit über drei Steigungen und deren Podeste
- Türnischen
- Fenster- und offene Wandnischen, die nicht bis zum Fußboden herunterreichen oder bis zum Fußboden herunterreichen und 0,13 m oder weniger tief sind

Anrechnung der Grundflächen
Voll angerechnet werden
- die Grundflächen von Räumen mit einer lichten Höhe ≥ 2 m

Zur Hälfte werden angerechnet die Grundflächen
- von Räumen mit einer lichten Höhe ≥ 1 m…< 2 m
- von unbeheizbaren Wintergärten, Schwimmbädern u. ä., nach allen Seiten geschlossenen Räumen

In der Regel **zu einem Viertel** werden angerechnet die Grundflächen
- von Balkonen, Loggien, Dachgärten und Terrassen, höchstes jedoch zur Hälfte

Grundflächen in Gebäuden	
Wohnflächen	**Nutzflächen**
Wohnflächen müssen getrennt ermittelt werden für – Wohn- und Schlafräume, – Küchen, – Nebenräume wie Dielen, Flure, Abstellräume, Windfänge, WCs, Bäder, Speisekammern usw.	Nutzflächen, die mit einer Wohnung im Zusammenhang stehen, sind – Wirtschaftsräume wie Arbeitsräume, Ställe, Scheunen, – gewerbliche Räume wie Läden, Gaststätten, Büros, Lagerräume, Werkstätten.

Wohn- und Nutzflächen dürfen nicht addiert werden.

Wohnflächen (nach WoFlV)	
dazu gehören	dazu gehören **nicht**
– Flächen von Wohnräumen, – Flächen von Räumen eines Wohnheimes, die zur allgemeinen und gemeinschaftlichen Nutzung bestimmt sind, – Wintergärten, – Schwimmbäder, – Balkone, Loggien, Dachgärten, Terrassen, wenn sie ausschließlich zu Wohnungen gehören.	– Garagen, – Kellerräume, – Heizungsräume, – Bodenräume, – Abstellräume außerhalb der Wohnung, – Waschküchen, – Trockenräume, – Geschäftsräume.

Planzeichen für Flächennutzungspläne

Schwarz-weiß	Farbig	Bedeutung
W	W	Wohnbauflächen rot mittel
M	M	Gemischte Bauflächen braun mittel
G	G	Gewerbliche Bauflächen grau mittel
S	S	Sonderbauflächen orange mittel
		Straßenverkehrsflächen goldocker
		Bahnanlagen violett mittel
		Grünflächen grün mittel

Planzeichen für Flächennutzungen, in schwarz-weißer und farbiger Darstellung

- öffentliche Verwaltung
- Schule
- soziale Einrichtung
- gesundheitliche Einrichtung
- kulturelle Einrichtung
- Kirche
- Post
- Feuerwehr
- Sportanlage
- Parkanlage
- Friedhof
- Spielplatz

Planzeichen für besondere Einrichtungen

Weitere Festsetzungen im Bebauungsplan:

- E Nur Einzelhäuser zulässig
- D Nur Doppelhäuser zulässig
- ED Einzel- und Doppelhäuser zulässig
- H Nur Hausgruppen zulässig

Traufhöhe **TH**
z. B: **TH** 5,80 m über Gehweg

Firsthöhe **FH**
z. B: **FH** 194,30 m über NHN

Oberkante **OK**
z.B: **OK** 119,0 ... 121,0 m über NHN

Ga Garagen

St Stellplätze

▲ Zufahrt

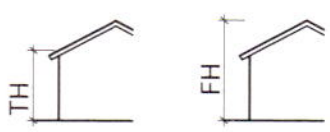

Planzeichen für Bebauungspläne

Schwarz-weiß	Farbig	Bedeutung
WS	WS	Kleinsiedlungsgebiete (für Wohngebäude mit Nutzgärten und landwirtschaftlichem Nebenerwerb)
WR	WR	Reine Wohngebiete (dienen grundsätzlich nur dem Wohnen)
WA	WA	Allgemeine Wohngebiete (dienen vorwiegend dem Wohnen)
WB	WB	Besondere Wohngebiete (Gebiete zur Erhaltung und Entwicklung von Wohnnutzung)
MD	MD	Dorfgebiete (Mischgebiete für Wohnzwecke, landwirtschaftliche und nicht störende gewerbliche Betriebe)
MI	MI	Mischgebiete (dienen dem Wohnen und nicht wesentlich störenden Gewerbebetrieben)
MK	MK	Kerngebiete (überwiegend für Handelsbetriebe, Einrichtungen der Wirtschaft, Verwaltung und Kultur)
GE	GE	Gewerbegebiete (für nicht erheblich belästigende Gewerbebetriebe wie Lagerhäuser, öffentliche Betriebe, Verwaltungsgebäude, Tankstellen, Sportanlagen)
GI	GI	Industriegebiete (ausschließlich für Gewerbebetriebe aller Art, vorwiegend solche, die in anderen Gebieten unzulässig sind)

Nutzungsschablone

Baugebiet	Zahl der Vollgeschosse
WA	II
Grundflächenzahl	**Geschossflächenzahl**
GRZ 0,3	GFZ (0,6)
Bauweise	**Dachform und -neigung**
offen	SD 35° – 45°

Grundflächenzahl (GRZ)

$$\text{GRZ} = \frac{\text{Grundfläche}}{\text{Grundstücksfläche}}$$

Geschossflächenzahl (GFZ)

$$\text{GFZ} = \frac{\text{Geschossfläche}}{\text{Grundstücksfläche}}$$

Baumassenzahl (BMZ)

$$\text{BMZ} = \frac{\text{Baumasse (Volumen)}}{\text{Grundstücksfläche}}$$

Verband/Institution/Firma/Thema	Internetadresse
Arbeitsgemeinschaft Mauerziegel e.V.	www.ziegel.de
Arbeitsgemeinschaft Pflasterklinker e.V.	www.ziegel.de
Arbeitsgemeinschaft Ziegeldach e.V.	www.ziegeldach.de
AusbauGuide – Internetführer für das Ausbauhandwerk	www.ausbauguide.de
BauNetz	www.BauNetz.de
Baustahlgewebe GmbH	www.baustahlgewebe.com
Berufsgenossenschaft der Bauwirtschaft	www.bgbau.de
Beton.Wiki	www.wiki.beton-informationen.de
Bund für Umwelt und Naturschutz Deutschland e.V.	www.bund.net
Bundesamt für Bauwesen und Raumordnung	www.bbr.bund.de
Bundesanstalt für Arbeitsschutz und Arbeitsmedizin	www.baua.de
Bundesministerium für Verkehr, Bau- und Wohnungswesen	www.bmvbw.de
Bundesverband Ausbau und Fassade im ZDB	www.stuckateur.de
Bundesverband Baustoffe – Steine und Erden e.V.	www.bvbaustoffe.de
Bundesverband der Deutschen Kalkindustrie e.V.	www.kalk.de
Bundesverband der Deutschen Ziegelindustrie e.V.	www.ziegel.de
Bundesverband der Gipsindustrie e.V.	www.gipsindustrie.de
Bundesverband Kalksandsteinindustrie e.V.	www.kalksandstein.de
Bundesverband Leichtbeton e.V.	www.leichtbeton.de
Bundesverband Porenbetonindustrie e.V.	www.bv-porenbeton.de
dach-info	www.dach-info.com
DDH – Das Dachdeckerhandwerk	www.ddh.de
Deutsche Bauchemie e.V.	www.deutsche-bauchemie.de
Deutsche Gesellschaft für Mauerwerksbau e.V. (DGfM)	www.dgfm.de
Deutsche Gesetzliche Unfallversicherung (DGUV)	www.dguv.de
Deutsche Vereinigung für Wasserwirtschaft, Abwasser und Abfall e.V. (DWA)	www.dwa.de
Deutscher Asphaltverband e.V.	www.asphalt.de
Deutscher Ausschuss für Stahlbeton e.V.	www.dafstb.de
Deutscher Beton- und Bautechnik-Verein e.V.	www.betonverein.de
Deutscher Holz- und Bautenschutzverband e.V.	www.dhbv.de
Deutsches Institut für Bautechnik	www.dibt.de
Deutsches Kupfer-Institut	www.kupferinstitut.de
die bitumenbahn GmbH	www.derdichtebau.de
DIN Bauportal	www.din-bauportal.de
DIN Deutsches Institut für Normung e.V.	www.din.de
eurobitume	www.eurobitume.eu
Eurocode online	www.eurocode-online.de
Fachportal vorgehängte hinterlüftete Fassaden e.V. (FVHF)	www.fvhf.de

Verband/Institution/Firma/Thema	Internetadresse
Fachverband Mineralwolleindustrie e. V. (FMI)	www.fmi-mineralwolle.de
Fachvereinigung Deutscher Betonfertigteilbau e. V. (FDB)	www.fdb-fertigteilbau.de
FBS – Fachvereinigung Betonrohre und Stahlbetonrohre e. V.	www.fbsrohre.de
FGSV – Forschungsgesellschaft für Straßen- und Verkehrswesen	www.fgsv.de
Fraunhofer-Informationszentrum Raum und Bau (IRB)	www.irb.fhg.de
Fraunhofer-Institut für Bauphysik (IBP)	www.ibp.fraunhofer.de
Gesamtverband der Aluminiumindustrie e. V. (GDA)	www.aluinfo.de
Gesellschaft für Rationelle Energieverwendung e. V. (GRE)	www.gre-online.de
Gütegemeinschaft Nagelplattenprodukte e. V. (GIN)	www.nagelplatten.de
Hauptverband der Deutschen Bauindustrie e. V.	www.bauindustrie.de
HeidelbergCement Group	www.heidelbergcement.com
Holzbau Baden-Württemberg Bildzungszentrum	www.zimmererzentrum.de
Holzbauforum	www.holzbauforum-online.de
Industrieverband Hartschaum e. V. (IVH)	www.ivh.de
Informationsdienst Holz	www.informationsdienst-holz.de
InformationsZentrum Beton	www.beton.org
Institut für Baubiologie + Nachhaltigkeit IBN	www.baubiologie.de
Institut für Bauforschung e. V. (IfB)	www.bauforschung.de
IVPU Industrieverband Polyurethan-Hartschaum e. V.	www.ivpu.de
Kunststoffrohrverband e. V.	www.krv.de
Naturstein-Datenbank	www.naturstein-datenbank.de
Ökologisches Branchenbuch und Lexikon	www.oekoadressen.de
Richtig Betonieren	www.richtig-betonieren.de
Solarserver	www.solarserver.de
Umweltbundesamt	www.umweltbundesamt.de
UNIPOR-Ziegel Marketing GmbH	www.unipor.de
U-Wert-Rechner	www.u-wert.net
Verband Bauen in Weiß (VBiW)	www.vbiw.de
Verband für Dämmsysteme, Putz und Mörtel e. V. (VDPM)	www.vdpm.info
Verein Deutscher Zementwerke e. V. (VDZ)	www.vdz-online.de
VOB-online	www.vob-online.de
Wissenschaftlich-Technische-Arbeitsgemeinschaft für Bauwerkserhaltung und Denkmalpflege e. V. (WTA)	www.wta.de
Zentralverband des Deutschen Baugewerbes e. V. (ZDB)	www.zdb.de
Zentralverband des Deutschen Dachdeckerhandwerks e. V.	www.dachdecker.de
Zentralverband des Deutschen Handwerks (ZDH)	www.zdh.de
Zentrum für Umweltbewusstes Bauen e. V.	www.zub-kassel.de

Bildquellenverzeichnis

Verfasser und Verlag danken den genannten Firmen und Institutionen für die Überlassung von Vorlagen und Abdruckgenehmigungen:

Texas Instruments Education Technology GmbH, Freising, Seite 19

© Bundesverband Porenbetonindustrie e. V., Berlin, Seite 75

Verband für Dämmsysteme, Putz und Mörtel e. V., Berlin, Seite 168, Beispiel für CE-Kennzeichnung

Forschungsgesellschaft für Straßen- und Verkehrswesen FGSV, Köln, Seiten 175...181

Das FGSV-Regelwerk 499, RStO, Ausgabe 2012 ist mit Erlaubnis der Forschungsgesellschaft für Straßen- und Verkehrswesen e. V. wiedergegeben worden. Maßgebend für das Anwenden des FGSV-Regelwerkes ist dessen Fassung mit dem neuesten Ausgabedatum, die beim FGSV Verlag, Wesselinger Straße 17, 50999 Köln, erhältlich ist.

Unser Dank geht auch an die Firma Steinzeug-Keramo für die Unterstützung bei der Aktualisierung der Tabelle auf Seite 183.